普通高等教育"十二五"规划教材
汽车类高端技能人才实用教材

新能源汽车技术

李瑞明　主编

李　勇　陈跃敏　副主编

电子工业出版社
Publishing House of Electronics Industry
北京·BEIJING

内 容 简 介

本书比较全面地介绍新能源汽车的概念、特点、分类和组成，对新能源汽车所涉及的各种技术的基本原理进行较为详细的讨论，并介绍一些技术的研究发展前沿知识。

全书共 8 章。其中，第 1 章主要介绍新能源汽车的定义、分类、基本结构、性能指标；第 2 章是对纯电动汽车、混合动力电动汽车、太阳能电动汽车、燃料电池电动汽车、气体燃料和生物燃料汽车的总体分析，包括定义、组成结构、动力驱动系统原理、储能系统原理等内容；第 3 章是对各种电动机驱动技术的讨论；第 4 章是对各种储能技术的讨论；第 5～8 章讨论新能源汽车所特有的能量管理技术、充放电技术、循环冷却技术和辅助系统（包括电动助力转向、线控转向、线控制动、电控悬架和电动空调等）技术。

本书可作为汽车工程类本科、高职高专的教材，也可作为汽车类工程技术人员、中等职业学校汽车专业教师的参考书。

未经许可，不得以任何方式复制或抄袭本书之部分或全部内容。
版权所有，侵权必究。

图书在版编目（CIP）数据

新能源汽车技术／李瑞明主编．—北京：电子工业出版社，2014.8
汽车类高端技能人才实用教材
ISBN 978-7-121-23358-6

Ⅰ．①新…　Ⅱ．①李…　Ⅲ．①新能源—汽车—高等学校—教材　Ⅳ．①U469.7

中国版本图书馆 CIP 数据核字（2014）第 112919 号

策划编辑：竺南直
责任编辑：郝黎明
印　　刷：河北虎彩印刷有限公司
装　　订：河北虎彩印刷有限公司
出版发行：电子工业出版社
　　　　　北京市海淀区万寿路 173 信箱　邮编：100036
开　　本：787×1092　1/16　印张：15.5　字数：396 千字
版　　次：2014 年 8 月第 1 版
印　　次：2025 年 8 月第 18 次印刷
定　　价：35.00 元

凡所购买电子工业出版社图书有缺损问题，请向购买书店调换。若书店售缺，请与本社发行部联系，联系及邮购电话：(010)88254888。
质量投诉请发邮件至 zlts@phei.com.cn，盗版侵权举报请发邮件至 dbqq@phei.com.cn。
服务热线：(010)88258888。

出 版 说 明

自 2002 年起，中国汽车行业开始进入爆发式增长阶段。2009 年，中国取代美国成为世界上最大的汽车销售市场，当年中国的汽车产量超过了日本和美国的总和，成为名副其实的汽车产销量双重世界第一。2011 年，平均每月产销量突破 150 万辆，全年汽车销售超过 1850 万辆，再次刷新全球历史纪录。未来 10 年，自主品牌将完成从"中国制造"到"中国创造"的发展过程。预计未来 10 年，我国汽车市场年均增长率将达到 7.1%，到 2020 年中国汽车市场的销量有望占据全球汽车总销量的一半以上，中国汽车市场前景非常广阔。汽车行业突飞猛进的发展对汽车专业人才特别是高端技能型人才的培养提出了前所未有的高要求。一个是行业的发展和扩张在人才数量上的要求，全国每年汽车专业高端技能型人才的缺口在数十万人；另一个是技术的进步和发展对于人才培养质量的要求，大量新技术、新工艺的应用对于从业技术人员在学科基础理论和职业技能方面提出了更高的要求。

作为全国最大的汽车类高等职业学校，西安汽车科技职业学院近年来根据汽车行业发展的需要，紧贴职业岗位，引进吸收德国奥迪、瑞典沃尔沃、英国捷豹路虎等世界顶尖企业汽车职业教育的先进理念和思想，深入开展教学改革，形成了一套独特的课程体系和教学模式。《汽车类高端技能人才实用教材》就是我们近年来教学改革成果的总结，是课程改革和新的教学模式的具体体现。

这套系列教材具有以下几个特点：

一是实用性。在编写过程中，从企业岗位需求和学生发展空间两个方面考虑编排内容，既注重专业基础和专业理论的系统性，又重点考虑了职业技能训练的需求，对于学习汽车类专业的学生而言，是一套学习效率很高的教材。

二是通俗性。在编写过程中，充分考虑到高职学生文化基础的现实状况，降低对学生文化基础知识的要求，让大多数学生能够学得懂。

三是系统性。从机械和电子技术基础课程，到汽车的基本理论、汽车的各种技术，再到汽车的最新技术的介绍；从基本的电工、机械实验，到专业实习，再到职业技能实训，形成了一整套较为完备的汽车理论教学和实训教学的体系。

四是适度超前性。除了涉及目前已经应用的各种汽车技术和技能知识之外，还在新能源汽车、先进车载网络技术等方面进行了介绍，为学生开阔了视野，对其将来向行业的深度和广度发展具有一定的引导作用。

五是实践性。力图采用项目教学和任务驱动教学等方法进行编排，强调理论验证实验、基本专业技能实习和职业技能实训的重要性，将实践教学环节贯穿于课程教学的始终。

本套教材紧紧把握高职教育的方向和培养目标，严格按照新的国家职业标准对人才的要求编排内容，贯彻以技能训练为主，着重提高学生操作技能的原则。在技能训练的内容安排上富有弹性，在保证教学的前提下积极培养学生的创新能力。

本套教材内容丰富、图文并茂、体例饱满，选材来源于最新的技术手册；难易适中、应用性强，有利于知识的吸收和技能的迅速提高。可作为高等职业技术院校或应用型本科汽车类各专业的必修课教材，也可作为成人高校汽车类各专业的教材，同时可作为相关从业人员的参考用书。

教材编写过程中，由于各种原因，疏漏和不尽如人意之处在所难免，敬请广大师生提出宝贵意见，以便再版时修订完善。

《汽车类高端技能人才实用教材》编委会

前　言

如果用燃料和能源来划分，在19世纪以前人类以木柴等植物作为燃料，应该称为植物燃料时代；19世纪是煤燃料和蒸汽机时代；20世纪是石油、天然气燃料和内燃机时代。21世纪，人类将进入后石油时代。随着化石燃料消耗的不断增加，石油、天然气资源将逐渐趋于枯竭，环境污染和温室效应已经成为全球所共同面临的难题，人类将从化石燃料时代向氢能和可再生能源时代过渡。预计汽车技术未来几十年将朝着五个方向发展：一是继续用最先进的技术对内燃机进行改造，提高其动力性能，提高燃料利用效率，减少排放；二是继续改善燃油品质；三是开发使用生物燃料与其他可再生能源；四是开发推广混合动力系统汽车；五是开发使用电动汽车、氢燃料汽车等无污染的新能源汽车，这是汽车技术长远的发展方向和目标。

新能源汽车已经在社会保有车辆中占到了一定的比例，在我们的身边不时会出现新能源汽车的踪影。作为汽车工程类专业，开设新能源汽车技术的课程是各院校的必然选择。

新能源汽车技术涉及很多学科的基础知识，对于汽车工程类专业的学生而言，学习起来感到内容太多，太繁杂。本书在编写中特别注意两点：一是通俗易懂，深入浅出，从最基础的知识开始讲起，而且尽量避免繁杂的理论公式推导，以讲清楚知识点为原则；二是注意向读者介绍各种技术的研究发展前沿的信息，让读者在系统学习掌握新能源汽车各种技术原理的同时，也可以了解各类技术的研究现状和发展方向。

本书可作为汽车工程类本科、高职高专的教材使用，也可作为汽车工程技术人员，中等职业学校汽车专业教师的参考书使用。本书作为高等院校汽车工程类专业教材使用时，要求学生具有汽车构造原理、电工学原理、电子技术基础等方面的基本知识。本书用于本科教材时建议学时为36学时，作为高职高专教材使用时，建议学时为48学时。

本书由西安汽车科技职业学院李瑞明院长担任主编，李勇高级工程师和陈跃敏副教授担任副主编。书中第1、2章由李瑞明和李勇编写，第3、5章由李瑞明和陈跃敏编写，第4、8章由李勇编写，第6、7章由陈跃敏编写。

本书在编写过程中参阅了大量相关资料，并引用了不少参考文献中的内容。参考文献内容的引用由于条件所限，未能及时与作者联系，在此表示歉意；并向相关技术资料的作者致以诚挚的谢意。

最后竭诚欢迎广大读者对书中存在的误漏之处提出批评指正，交流讨论，以便我们改正提高。

编　者
2014年6月于西安

目 录

第1章 绪论 ················· 1
  1.1 新能源汽车的定义和分类 ········ 1
  1.2 新能源汽车产生和发展
      的原因 ··················· 2
    1.2.1 能源短缺 ············· 2
    1.2.2 环境污染 ············· 2
    1.2.3 气候异常 ············· 2
  1.3 新能源汽车的发展历史 ········ 3
  1.4 新能源汽车的基本结构 ········ 5
    1.4.1 新能源汽车的功能
        模块构成 ············· 6
    1.4.2 不同电力驱动系统
        的结构形式 ··········· 6
    1.4.3 不同储能装置的
        结构形式 ············· 8
  1.5 新能源汽车的主要行驶
      性能指标 ··················· 9
    1.5.1 动力性能 ············· 10
    1.5.2 续驶里程 ············· 10

第2章 新能源汽车 ············· 12
  2.1 纯电动汽车 ··············· 12
    2.1.1 纯电动汽车的定义
        和优点 ··············· 12
    2.1.2 纯电动汽车的基本构造 · 13
    2.1.3 纯电动汽车的驱动 ····· 15
    2.1.4 纯电动汽车的储能
        装置——蓄电池 ······· 18
  2.2 混合动力电动汽车 ··········· 19
    2.2.1 混合动力电动汽车
        的定义和优点 ········· 19
    2.2.2 混合动力电动汽车
        的分类 ··············· 20

    2.2.3 串联式混合动力驱动
        系统 ················· 22
    2.2.4 并联式混合动力驱动
        系统 ················· 24
    2.2.5 混联式混合动力驱动
        系统 ················· 30
    2.2.6 插电式（Plug-in）混合
        动力驱动系统 ········· 32
  2.3 太阳能电动汽车 ············· 33
    2.3.1 太阳能电动汽车的
        基本构造 ············· 34
    2.3.2 太阳能电池光伏发电
        原理及特性 ··········· 35
    2.3.3 太阳能电动汽车太阳能
        电池最大功率点跟踪
        系统 ················· 37
    2.3.4 太阳能电动汽车的能量
        管理系统 ············· 40
  2.4 燃料电池电动汽车 ··········· 41
    2.4.1 燃料电池电动汽车
        的定义和优势 ········· 41
    2.4.2 燃料电池电动汽车
        的基本构造 ··········· 43
    2.4.3 燃料电池工作原理 ····· 45
    2.4.4 燃料电池能量管理系统 · 46
  2.5 气体燃料汽车 ··············· 46
    2.5.1 天然气汽车 ··········· 47
    2.5.2 液化石油气汽车 ······· 55
    2.5.3 氢气燃料汽车 ········· 63
  2.6 生物燃料汽车 ··············· 67
    2.6.1 醇类燃料汽车 ········· 67
    2.6.2 生物柴油汽车 ········· 77
    2.6.3 二甲醚汽车 ··········· 80

第3章 新能源汽车的电动机驱动系统 84

3.1 电动机驱动系统概述 84
3.1.1 电动机驱动系统的种类与特点 84
3.1.2 新能源汽车对驱动电动机的性能要求 86
3.1.3 驱动电动机的分类 87

3.2 直流电动机的驱动系统 88
3.2.1 直流电动机的基本构造 88
3.2.2 直流电动机的性能特点 90
3.2.3 直流电动机的调速方法 91

3.3 交流异步电动机驱动系统 93
3.3.1 三相异步电动机的构造及工作原理 93
3.3.2 交流异步电动机的性能特点 95
3.3.3 交流异步电动机的控制方法 95

3.4 永磁电动机的驱动系统 97
3.4.1 永磁电动机的分类 97
3.4.2 永磁电动机的结构与性能特点 98
3.4.3 永磁同步电动机的控制方法 100
3.4.4 永磁无刷直流电动机的控制方法 102

3.5 开关磁阻电动机驱动系统 103
3.5.1 开关磁阻电动机工作原理与性能特点 103
3.5.2 开关磁阻电动机的运行特性 105
3.5.3 开关磁阻电动机的控制方法 106
3.5.4 开关磁阻电动机功率变换器 109

3.6 其他电动机驱动系统 110
3.6.1 轮毂电动机 111
3.6.2 交流励磁记忆电动机 112
3.6.3 外转子型双励磁永磁无刷电动机 114

3.7 新能源汽车电驱动系统的发展方向 115
3.7.1 新型电动机的应用 116
3.7.2 电动机控制技术的发展方向 117

第4章 新能源汽车的储能装置 119

4.1 动力电池概述 119
4.1.1 化学电池的基本构成 119
4.1.2 电池的基本知识 120
4.1.3 电池的种类 121
4.1.4 电池的性能指标 122
4.1.5 各种车用电池的性能比较 126

4.2 铅酸蓄电池 126
4.2.1 铅酸蓄电池的结构和原理 126
4.2.2 铅酸蓄电池的充放电特性 128
4.2.3 铅酸蓄电池的种类及发展现状 128
4.2.4 铅酸蓄电池的应用 130

4.3 镍氢蓄电池 131
4.3.1 镍氢电池的分类与特点 131
4.3.2 镍氢电池的工作原理 131
4.3.3 镍氢电池的结构 132
4.3.4 镍氢电池的性能特征 132

4.4 钠硫蓄电池 133
4.4.1 钠硫蓄电池的结构原理 133
4.4.2 钠硫蓄电池的性能特点 134
4.4.3 钠硫蓄电池的优缺点 134

4.5 动力锂电池 135
4.5.1 锂离子电池 135
4.5.2 磷酸铁锂电池 136
4.5.3 聚合物锂离子电池 138

4.6 燃料电池 ·············· 139
 4.6.1 燃料电池的特点 ······ 140
 4.6.2 燃料电池的分类 ······ 140
 4.6.3 质子交换膜燃料
   电池的工作原理 ······ 141
 4.6.4 PEMFC 的双极板技术 · 143
 4.6.5 燃料电池的水管理
   与热管理 ············ 144
 4.6.6 增压式燃料电池与
   常压式燃料电池 ······ 145
4.7 空气电池 ·············· 148
 4.7.1 锌空气电池 ·········· 148
 4.7.2 铝空气电池 ·········· 150
 4.7.3 锂空气电池 ·········· 150
4.8 超级电容 ·············· 151
 4.8.1 超级电容的发展现状 · 151
 4.8.2 超级电容的结构与
   工作原理 ············ 152
 4.8.3 超级电容的充放电 ···· 153
 4.8.4 超级电容器的优点 ···· 154
 4.8.5 超级电容器在新能源
   汽车上的应用 ········ 155
 4.8.6 其他类型的超级
   电容器介绍 ·········· 157
4.9 飞轮储能器 ············ 158
 4.9.1 飞轮储能器结构 ······ 158
 4.9.2 飞轮储能器的
   工作原理 ············ 159
 4.9.3 飞轮储能器的优点 ···· 160
 4.9.4 飞轮储能器的应用 ···· 160

第5章 新能源汽车的能量管理系统 · 161
5.1 能量管理系统的作用 ···· 161
5.2 纯电动汽车能量管理系统 ··· 162
 5.2.1 系统组成 ············ 162
 5.2.2 荷电状态指示器 ······ 163
 5.2.3 电池管理系统 ········ 163
5.3 混合动力电动汽车的
  能量管理系统 ········ 164
 5.3.1 串联式混合动力汽车
   的能量管理系统 ······ 165
 5.3.2 并联式混合动力汽车
   的能量管理系统 ······ 167
5.4 燃料电池混合动力汽车能量
  管理系统分析 ·········· 168
 5.4.1 燃料电池混合动力
   汽车能量特性分析 ···· 168
 5.4.2 燃料电池混合动力汽车
   混合动力结构及方案 · 170
 5.4.3 燃料电池混合动力汽车
   能量管理模式研究 ···· 173
5.5 动力锂离子电池管理系统
  的方案 ················ 174
 5.5.1 锂离子电池的外特性 · 174
 5.5.2 锂离子电池的
   管理系统 ············ 175

第6章 新能源汽车的充放电系统 ··· 178
6.1 蓄电池的充电原理 ······ 178
6.2 新能源汽车制动能量
  回收系统 ·············· 182
 6.2.1 制动能量回收方法 ···· 182
 6.2.2 电动汽车制动能量
   的回收 ·············· 185
 6.2.3 永磁电动机再生
   制动原理 ············ 186
 6.2.4 电动汽车再生制动
   控制策略 ············ 188
6.3 新能源汽车的充电装置 ··· 191
 6.3.1 充电装置的分类 ······ 192
 6.3.2 充电模式的选择 ······ 193

第7章 新能源汽车的循环冷却系统 · 197
7.1 新能源汽车中的热源
  和发热机理 ············ 197
 7.1.1 蓄电池的发热机理 ···· 197
 7.1.2 燃料电池的发热机理 · 198

7.1.3 电动机控制器的发热
机理 ……………………… 198
7.1.4 电动机的发热机理 …… 199
7.2 新能源汽车散热系统
的主要类型 ………………… 199
7.3 电池散热系统 ………………… 201
7.3.1 主动散热系统与
被动散热系统 …………… 201
7.3.2 散热系统 ……………… 202
7.3.3 铅酸蓄电池散热 ……… 204
7.3.4 锂离子电池散热 ……… 204
7.3.5 燃料电池散热 ………… 205
7.4 电动机与控制器散热 ………… 207
7.4.1 电动机与控制器
冷却方式 ………………… 207
7.4.2 电动机与控制器的
冷却需求 ………………… 208
7.5 电动机与控制器散热量分析 … 209
7.6 强制液冷的电动机与控制器
冷却系统分析 ………………… 211
7.6.1 电动机与控制器的
液冷系统结构 …………… 211
7.6.2 热阻等效电路分析 …… 211
7.6.3 电动机及其控制器液
冷系统参数计算 ………… 213

第8章 新能源汽车的辅助系统 ……… 215
8.1 电动助力转向系统 …………… 215
8.1.1 概述 …………………… 215
8.1.2 EPS 系统的基本组成 … 217
8.1.3 EPS 系统的工作原理 … 219
8.1.4 电子控制器 ECU
及其控制策略 …………… 219
8.1.5 EPS 系统的优点 ……… 221
8.2 线控转向系统 ………………… 221
8.2.1 线控转向系统的
结构及工作原理 ………… 222
8.2.2 线控转向系统的
性能特点 ………………… 223
8.2.3 线控转向系统
的关键技术 ……………… 223
8.3 线控制动系统 ………………… 224
8.3.1 电子液压式制动（EHB）
系统 ……………………… 225
8.3.2 电子机械式制动（EMB）
系统 ……………………… 227
8.4 电控悬架系统 ………………… 229
8.4.1 电控悬架系统的功能 … 229
8.4.2 电控悬架系统分类 …… 230
8.4.3 全主动式电控
悬架系统 ………………… 230
8.5 新能源汽车的空调系统 ……… 232
8.5.1 热电偶空调系统 ……… 232
8.5.2 余热制冷空调系统 …… 234
8.5.3 电动压缩机空调系统 … 235

参考文献 ……………………………… 237

第1章 绪 论

1.1 新能源汽车的定义和分类

2009年6月17日，工业与信息化部（工产业[2009]第44号）公告发布了《新能源汽车生产企业及产品准入管理规则》，对新能源汽车作如下定义。

(1)"新能源汽车是指采用非常规的车用燃料作为动力来源（或使用常规的车用燃料、采用新型车载动力装置），综合车辆的动力控制和驱动方面的先进技术，形成的技术原理先进、具有新技术、新结构的汽车。"

(2)"新能源汽车包括混合动力汽车、纯电动汽车（BEV，包括太阳能汽车）、燃料电池电动汽车（FCEV）、氢发动机汽车、其他新能源（如高效储能器、二甲醚）汽车等各类别产品。"

根据以上定义，新能源汽车应该具有三个特征。第一个特征是必须是技术原理先进、具有新技术、新结构的汽车；第二个特征是综合了车辆的动力控制和驱动方面的先进技术；第三个特征是采用非常规车用燃料作为动力来源，或者使用常规的车用燃料，但是采用了新型的车载动力装置。必须同时具备这三个特征才可以称为新能源汽车。

新能源汽车和清洁能源汽车不同。清洁能源是指在生产和使用过程、不产生有害物质排放的能源。清洁能源包括可再生能源（消耗后可得到恢复补充，不产生或极少产生污染物，例如海洋能、太阳能、风能、生物能、水能、地热能、氢能等）和非可再生能源（包括使用低污染的化石能源如天然气等和利用清洁能源技术处理过的化石能源，如洁净煤、洁净油等）。因此，采用清洁能源作为动力源的汽车不一定就是新能源汽车。

《新能源汽车生产企业及产品准入管理规则》，对新能源汽车也作了分类。明确了混合动力汽车、纯电动汽车、燃料电池电动汽车（FCEV）、氢发动机汽车、其他新能源汽车作为5个重要的类型存在。《新能源汽车生产企业及产品准入管理规则》对新能源汽车的定义是开放性的，符合三个特征的汽车都是新能源汽车。所以，新能源汽车的分类都是相对的，不可能有一个非常严谨的分类结果。本书中为了便于教学，根据能源获取的原理不同，将新能源汽车分为纯电动汽车、混合动力电动汽车、太阳能电动汽车和燃料电池电动汽车、太阳能电动汽车、燃料电池电动汽车、气体燃料汽车、生物燃料汽车等6类。

新能源汽车和电动汽车的关系：电动汽车是指以车载电源或其他能源为动力，用电动机驱动车轮行驶，符合道路交通安全法规各项要求的车辆。电动汽车的关键特征是车轮全部或部分由电动机驱动。尽管新能源汽车和电动汽车的定义不同，由于绝大多数新能源汽车都是通过电动机驱动车轮，所以，电动汽车涵盖了大部分新能源汽车的类型，以至于在一些资料中将新能源汽车和电动汽车画上了等号。但是，电动汽车只是新能源汽车的几个类型，新能源汽车所包含的范畴一定大于电动汽车。本书主要讨论电动汽车，无特指情况下，本书中的新能源汽车主要指电动汽车。

1.2 新能源汽车产生和发展的原因

在全球能源短缺、环境污染、气候异常的大背景下，新能源汽车的产生是社会追求汽车工业可持续发展的必然结果。

1.2.1 能源短缺

随着汽车保有量的不断增长，世界范围内对石油的需求也与日俱增。汽车燃油消耗和石油化工每年消耗大量的石油，使石油这一不可再生能源在以很高的加速度锐减，世界性的石油危机日益严重。尽管从 1980 年到 2010 年，世界已探明的石油储量从 800 多亿吨增长到 2000 多亿吨，增长了 2 倍多，但还是难以改变石油危机的预期。据美国能源部预测，2020 年以后，全球石油将供不应求；2050 年，石油供给与需求之间的缺口将达到 2000 年世界石油总产量的 2 倍。

石油资源地域性分布不均也加剧了石油危机。世界上的大多数石油储量都集中在中东地区，占到 55%，达到 1022 亿吨，而我国所处的亚太地区只有 46.58 亿吨。中东地区的政治、宗教、战争等因素直接导致油价暴涨，使众多石油进口国发生经济危机。我国作为一个世界上最大的石油进口国，要想摆脱对石油的依赖，必须积极寻求替代能源，开发新能源汽车。

1.2.2 环境污染

传统内燃机汽车造成的排气污染、噪声污染、粉尘污染、汽油蒸汽和光化学污染日益严重。特别是城市里的汽车尾气污染尤为严重，从 2013 年开始，PM2.5 超标和雾霾天气已经成为一个常用气象热词。在形成雾霾的因素中，近年来每年以两位数增长的汽车所排出的尾气成为主要因素。人类首当其冲成为汽车尾气污染的直接受害者，氮氧化物、铅化物进入人的肺部和血液后，极大地损害人体的呼吸系统和消化系统，引发各种疾病。尾气对其他动植物也有直接和间接的毒害作用。传统内燃机汽车的巨大基数和高速增长是造成我国空气污染的一个主要因素，不加以解决，自然环境将难以负重。

1.2.3 气候异常

汽车尾气的主要成分是二氧化碳。二氧化碳虽然没有毒性，但却是造成地球变暖的温室气体的主要成分。温室效应引起的全球变暖将对全球的生态系统造成难以想象的影响。据预测，未来 100 年内全球的地表温度将上升 1.4～5.8℃，而根据统计数据，气温每上升 1～2℃，降水量将减少 20%，降水量的减少将直接影响农、林、牧业和养殖业的发展，加快土地沙漠化的速度。另外，地球两极冰山融化，海平面上升，沿海国家和地区人民的生存将受到威胁。

解决气候变暖问题的关键是减少二氧化碳的排放，而汽车的碳排放是减排的重点。推广使用低碳排放的新能源汽车是有效抑制气候变暖的关键措施之一。

在能源短缺、环境污染、气候异常的多重压力下，传统内燃机汽车的改进空间已经越来越小，开发低碳环保节能的新能源汽车已是迫在眉睫。正如沙特阿拉伯前石油部长谢赫所言，"石器时代并不是石头不够用而结束，而石油时代也将会在石油资源枯竭以前早早结束"。即使石油是用之不竭的能源，人类所赖以生存的地球也已经不能持续承受内燃机汽车带来的污染。

1.3 新能源汽车的发展历史

从新能源汽车的定义上看，电动汽车是新能源汽车的一种。新能源汽车的种类从最初的纯电动汽车发展到今天多种类型的新能源汽车经历了漫长的过程，在世界汽车发展史上，电动汽车的发明比内燃机汽车还要早。因此，新能源汽车也是最古老的汽车之一。新能源汽车的发展经历了以下几个主要阶段。

1. 1830—1850 年——电动汽车的崛起

电动汽车的历史并不比内燃机汽车短，甚至比奥托循环发动机（柴油机）和奔驰发动机（汽油机）还要早。苏格兰商人罗伯特·安德森在1832—1839 年（准确时间不明）研发出电动车。

早在 1835 年，由荷兰的 Si Brandus Stratingh 教授设计了第一款小型电动车，他的助手克里斯托弗·贝克则负责制造。但更具实用价值，更成功的电动车是由美国人托马斯·达文波特和苏格兰人罗伯特·戴维森在 1842 年研制的，他们首次使用的是不可充电电池。

2. 1860—1920 年——电动汽车的发展

随着英、法两国的科学家在电池性能、容量等技术方面的突破，1881 年，法国发明家 Gustave Trouve 在巴黎举行的国际电力博览会上演示了三轮电动车。1884 年，托马斯·帕克将电动车实现量产。1897 年，美国费城电车公司研制的纽约电动出租车实现了电动车的商用化。20 世纪初，安东尼电气、贝克、底特律电气（安德森电动车公司）、爱迪生、Studebaker 和其他公司相继推出电动汽车，电动车的销量全面超越汽油动力汽车，电动车也逐渐成为上流社会喜好的城市用车。在早期的汽车消费市场上，电动车比内燃机驱动的车辆有着更多优势：无气味、无振荡、无噪声、不用换挡和价格低廉等。因此，电动汽车在当时的汽车发展中占据着重要位置。据统计，到1890 年在全世界4200 辆汽车中，有38％为电动汽车，40％为蒸汽车，22％为内燃机汽车。

3. 1920 年—20 世纪末——电动汽车的停滞期

随着美国得克萨斯州石油的开发和内燃机技术的提高，电动车在1920 年之后渐渐地失去了优势。汽车市场逐步被内燃机驱动的汽车所取代。只有在少数城市保留着很少的有轨电车和无轨电车，以及很有限的电瓶车（使用铅酸电池组，使用在高尔夫球场、铲车等领域）。电动汽车的发展从此停滞了大半个世纪。随着全球石油资源的开发和利用，以及内燃机驱动汽车的技术不断成熟，人们几乎忘记还有电动汽车的存在，而运用在电动汽车上的技术（如电驱动、电池材料、动力电池组、电池管理等）也处于停滞状态。

4．20 世纪末到今天——电动汽车的复苏及创新期

随着全球石油资源的日益减少、大气环境的严重污染，人们重新认识到电动汽车的重要性。1990 年之前，提倡使用电动汽车主要还是以民间为主，如 1969 年建立的民间学术团体组织：世界电动汽车协会（World Electric Vehicle Association）。到了 20 世纪 90 年代，各个主要的汽车生产商开始关注电动汽车的未来发展，并且开始在电动汽车领域投入资金和技术。

新能源汽车的概念也应运而生，类型也得到了丰富。在 1990 年 1 月的洛杉矶汽车展上，通用汽车的总裁向全球推介 Impact 纯电动轿车。1992 年福特汽车使用钙硫电池的 Ecostar，1996 年丰田汽车使用镍氢电池的 RAV4LEV，1996 年法国雷诺汽车的 Clio，1997 年丰田的 Prius 混合动力轿车相继下线，1997 年日产汽车推出了世界上第一辆使用锂离子电池的电动车 Prairie Joy EV，1999 年本田汽车开始发布、销售混合动力汽车 Insight。

与以往的电动车生产厂家所不同，新成立的 Tesla 汽车公司完全生产纯电动车。2006 年推出的 Roadster 跑车 0～60 英里只要 3.9s，每次充电可行驶 400km。

在 2008 年北京奥运会期间，中国京华客车厂生产的纯电动公交车进行了一定规模的实际运行。最重要的是，它采用了充换电站模式。这一模式展示了未来充换电站逐步取代加油站的趋势。

从 21 世纪初开始，我国自主品牌汽车企业的新能源汽车的研发和生产也进入了一个蓬勃发展的阶段。国内汽车企业纷纷涉足新能源汽车的研发与生产，参与新能源汽车的示范运行及其产业化进程。比亚迪、奇瑞、东风、长安、上海汽车、一汽集团等是主要的参与者，目前已经成功研发多款轿车、客车及客车底盘。

比亚迪作为中国自主品牌汽车企业的代表，坚持自主创新，致力于新能源汽车技术的研发和生产，并凭借其在电池和制造业领域所积累的经验和优势，迅速崛起为国内新能源汽车领域最突出的后起之秀，从事大容量、高性能的电池产品的研发和生产，研发出铁动力电池（ET-Power），2008 年 3 月推出了双模电动车型 F3DM 混合动力轿车，纯电动续驶里程达到 60km。2010 年 9 月，首款纯电动客车 K9 下线，一次充电续驶里程达到 300km。2011 年 10 月，首款纯电动轿车 E6 先行者上市，一次充电续驶里程达到 300km。2013 年 12 月 17 日，比亚迪秦正式上市，搭载了双动力双模技术，将大功率驱动电动机与 1.5TID 节能动力总成相结合，在混合动力模式下能输出 217kW 的总功率和 479N·m 的总扭矩，0～100km/h 加速时间仅为 5.9s，最高时速可达 185km/h，百公里油耗仅为 1.6L。作为一款插电式混合动力汽车，220V 家用电源即可充电，纯电动续航里程达到 70km。表 1.1 列出了近年来国内研发和生产的主要新能源汽车，供读者参考。

表 1.1 国内研发和生产的新能源汽车

序 号	生产企业	产品名称或型号	产品类型或说明
1	上海通用	别克君威	HEV 轿车
2	比亚迪	K9	纯电动客车
3		E6	纯电动轿车
4		F3DM	双模混合动力轿车

续表

序 号	生 产 企 业	产品名称或型号	产品类型或说明
5		秦	插入式双模混合动力轿车
6	天津清源电动车公司	哈飞纯电动微客	纯电动
7	重庆长安	CV11	混合动力轿车
8	奇瑞	BSG	混合动力,节油 10%
9		ISG	混合动力,节油 17%
10	上汽集团	帕萨特	燃料电池轿车
11	一汽轿车	B70HEV	HEV 奔腾轿车
12	江淮汽车	HFC4HA1-B	混合动力
13	北汽集团	勇士	混合动力
14	一汽海马	福仕达	纯电动轿车
15	东风股份公司	轻卡	纯电动
16	一汽大连客车厂	CA6124SH2	HEV 大客车
17	南车时代	TEG6128	HEV 大客车
18	北汽福田	BS6123C7B4D	混合动力客车
19	东风电动车公司	EQ6100	HEV 客车
20		EQ7200	HEV 轿车
21	中通客车	LCK6112G	HEV 公交车
22	重庆恒通	CKZ6116	HEV 公交车

1.4 新能源汽车的基本结构

新能源汽车和传统的燃油汽车相比具有组成结构灵活的显著特点。形成这一特点有以下四方面的原因。

（1）由于新能源汽车的主要能量传递可以通过电线进行，电线相对于传统的联轴器、传动轴而言是柔性的，所以用电线连接的各个部件布置的灵活性很大。

（2）不同的驱动系统要求有不同的布设结构。如独立的四轮驱动系统和轮毂电动机驱动系统，和传统的离合器、变速器、差速器构成的驱动系统具有非常大的差别。

（3）不同的驱动电动机会形成整车的重量、尺寸和形状的差异。

（4）不同的储能装置会造成整车的重量、尺寸和形状的差异，如蓄电池和燃料电池差别很大。

（5）不同的能量补充装置对整车的布局也有较大影响，如蓄电池的感应式充电和接触性充电，更换电池集中充电。

鉴于新能源汽车结构灵活的特点，在分析新能源汽车的基本结构时，不能像学习传统汽车那样分析，而采用共性加个性的分析方法。先分析新能源汽车的功能模块构成，再区别不同的电力驱动形式和不同的储能装置，分别对各种新能源汽车的结构进行分析。

1.4.1 新能源汽车的功能模块构成

图 1.1 给出了新能源汽车的功能模块结构框图。其功能结构由电子驱动子系统、主能源子系统和辅助控制子系统组成。

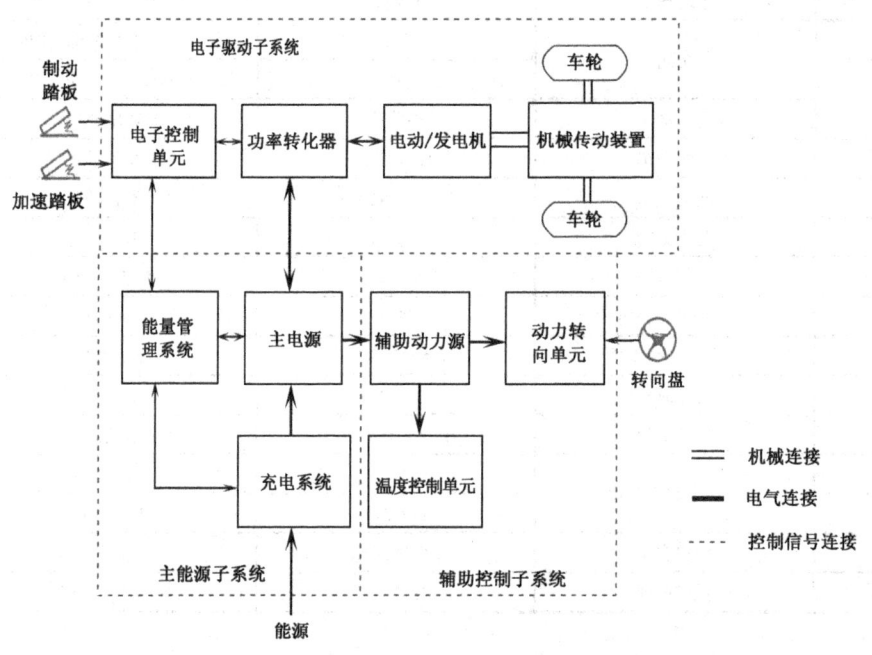

图 1.1 新能源汽车的功能模块结构框图

电子驱动子系统由电动/发电机、功率转换器、电子控制单元、机械传动装置和车轮组成，其功能是根据制动踏板和加速踏板传感器传来的驾驶员动作信息，控制功率转换器将主能源子系统提供的电能输送到电动/发电机，由电动/发电机将电能转换为机械能，通过机械传动系统将这些机械能传送给车轮，形成车辆的驱动力。

主能源子系统由主电源、充电系统和能量管理系统组成。能量管理系统负责对充电过程和用电过程进行有效管理，监测电源的使用情况。当车辆制动时，能量管理系统和电子控制单元共同控制电动/发电机转为发电机工作，将制动能量通过机械传动装置传输给电动/发电机，产生电流向主电源（通常含有蓄电池）充电。

辅助控制子系统由辅助动力源、动力转向单元和温度控制单元组成。辅助动力源将主电源提供的电压变换成车内各辅助系统所需的电源电压，为其提供能量支持，主要包括转向系统、空调系统和其他辅助装置。

1.4.2 不同电力驱动系统的结构形式

新能源汽车的电力驱动系统不同，所要求的整车的布局结构也不同，而且具有很大的差异，图 1.2 给出了 6 种不同电力驱动系统的结构形式。

第一种结构形式如图 1.2（a）所示，这种形式从燃油发动机前置前轮驱动的传统汽车发展而来。其动力传动系统由电动机、离合器、变速器和差速器构成。这种机构就相当于只把原前置前驱车辆的发动机换为电动机即可。这种结构形式车辆的特点是需要在成熟车型上所做的改动最小。一般用于初始研发电动汽车的场合。

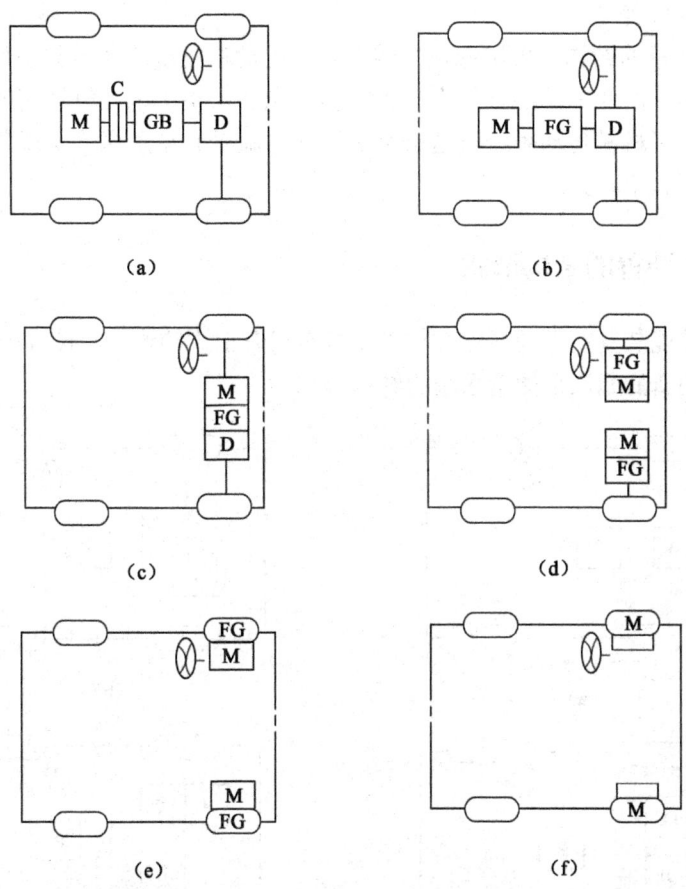

C—离合器；D—差速器；FG—固定速比变速器；GB—变速器；M—驱动电动机

图 1.2 电力驱动系统的 6 种结构形式

第二种结构形式是在第一种的基础上，去掉离合器和变速器，而在电动机和差速器之间加入一个固定速比的减速器而形成，如图 1.2（b）所示。这种结构的汽车，由于没有离合器和变速器，无法实现理想的转速/转矩特性，因此，不能适用于兼顾燃油发动机工作的混合动力新能源汽车。

第三种结构形式如图 1.2（c）所示，与发动机横向前置、前轮驱动的燃油汽车的布置方式相似，把电动机、固定速比减速器和差速器集成为一个整体，两根半轴连接驱动车轮，这种结构在小型电动汽车上应用很广泛。

第四种结构形式如图 1.2（d）所示，是双电动机独立驱动结构。采用两个独立的电动机通过固定速比的减速器分别驱动两个车轮。这种结构的车辆由于两个车轮的转速可以独立控制，汽车转弯时两个轮子的差速功能可以通过控制两个电动机，使其具有不同的转速而实现，所以可以省去机械差速器。这种结构的新能源汽车更方便通过程序实现对其复杂的动力学控制。

驱动电动机可以装在车轮上，称为轮毂电动机。图 1.2（e）所示的第五种结构形式就是在双侧车轮上采用轮毂电动机和行星齿轮固定速比变速器构成独立的两套驱动系统。这种新能源汽车的驱动部分在整车上所占的布设空间会大大缩小，机械的动力传动系统大大简化，而且动力控制更容易实现。

图 1.2（f）所示的结构是采用低速外转子轮毂电动机驱动的动力驱动系统。驱动电动机的外转子直接安装在两侧车轮的轮缘上，车轮转速完全取决于电动机转速的控制。这种动力驱动系统完全去除了机械传动系统，这给整车设计中减轻整车重量、实现复杂的动力控制提供了广阔的设计研究空间。

1.4.3 不同储能装置的结构形式

新能源汽车储能装置的不同，也对整车结构布局有很大的影响，图 1.3 给出了 6 种不同储能装置所构成的新能源汽车能量系统的结构形式。

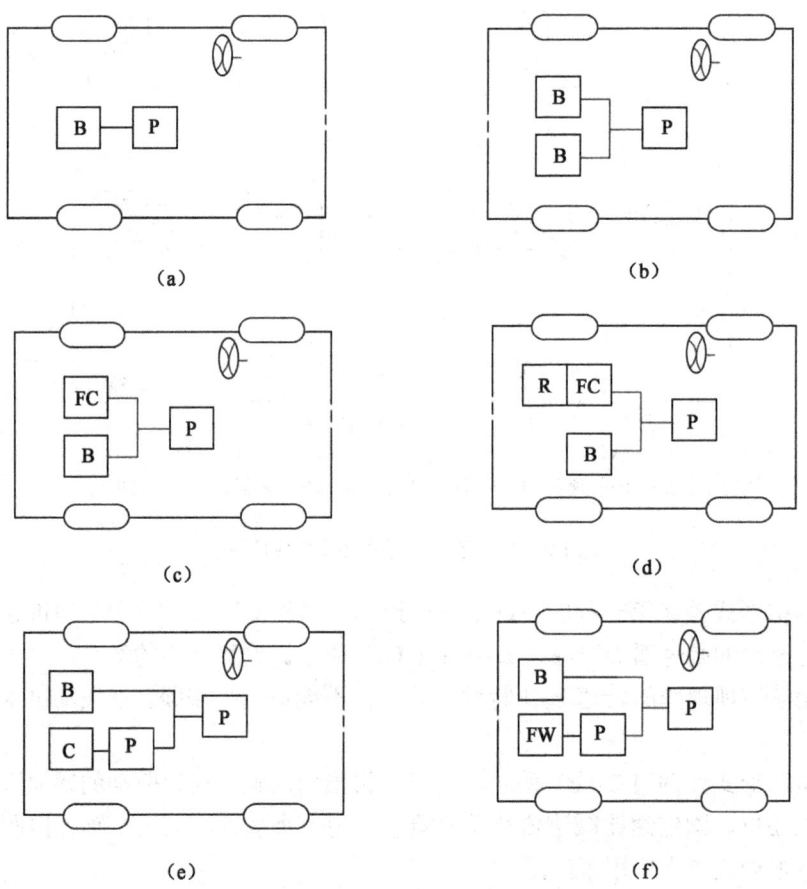

B—动力电池；C—超级电容；FC—燃料电池；FW—高速飞轮；P—功率变换器；R—重整器

图 1.3　新能源汽车能量系统的结构形式

图 1.3（a）所示为以蓄电池作为能量源的一种能量系统结构，是一种最简单的能量系统结构形式。蓄电池可以根据需要分布式地布设在汽车的四周，也可以集中布设在汽车的前部、后部，还可以集中布设在底盘下面。

图 1.3（a）所示的以蓄电池作为能量源的新能源汽车，其理想的动力蓄电池应该同时具有足够高的比能量（蓄电池的比能量指的是单位重量的蓄电池所能存储的电能量，参见第 4 章相关内容）和比功率（蓄电池的比功率是指单位重量的蓄电池所能够提供的最大功率，参见第 4 章相关内容），才可以保证整车具有较长的续驶里程和较强的加速性能及爬坡能力，但是能够同时满足高的比能量和比功率的电池很少。

通常，同一种蓄电池很难同时满足对高的比功率和高的比能量的要求。为了解决这一问题，可以在电动汽车上同时装配两种不同的蓄电池，其中一种蓄电池提供高的比能量性能；另一种提供高的比功率性能。图 1.3（b）所示就是这种由两种不同的蓄电池构成的混合能量源和功率变换器组成的能量系统结构。

燃料电池是一种具有高比能量性能的储能装置。电解水可以通过消耗电能使水变成氢气和氧气，燃料电池的工作原理与之相反，是这一过程的逆过程。通过向燃料电池提供的氢气与空气中的氧气发生反应，生成水，同时产生电能。燃料电池可以提供高的比能量，但是不能回收车辆制动和下坡过程中产生的再生能量，因此，在给新能源汽车配备燃料电池的同时，再配备一套动力蓄电池，蓄电池除了可以实现能量回收的功能外，还具有高比功率的性能。这种能量系统的结构如图 1.3（c）所示。

燃料电池所需要的氢气可以采用压缩氢气、液态氢气和金属氢化物的形式存储，也可以以常温的液态燃料（如甲醇和汽油）随车产生。这种利用常温液态燃料向燃料电池提供氢气的装置称为重整器。图 1.3（d）所示为由重整器、燃料电池、蓄电池和功率变换器构成的能量系统结构。

图 1.3（e）所示为由蓄电池和超级电容构成的能量系统的结构图。由于超级电容器具有高的比功率，而且具有较高的制动能量回收效率，所以，与之配套的蓄电池必须提供高的比能量性能。同时，由于用在汽车上的超级电容工作电压相对较低，所以需要在蓄电池和超级电容器之间设置一个 DC/DC 功率变换器，完成两者之间的电压匹配。

与超级电容类似，高速飞轮是另外一种新型的具有高比功率和高效率回收制动能量特性的储能器。图 1.3（f）所示为由蓄电池和高速飞轮构成的能量系统的结构图。除了将超级电容换为高速飞轮外，这个结构图与图 1.3（e）所示相同。

关于燃料电池、超级电容和高速飞轮的工作原理与性能将在本书第 4 章进行详细介绍。

6 种电力驱动系统结构与 6 种能量系统结构进行不同的组合，就基本囊括了所有新能源汽车的结构形式。每一种新能源汽车都可以在这些组合中找到与其相对应的结构形式。

1.5 新能源汽车的主要行驶性能指标

以电力驱动为主要形式的新能源汽车和传统的燃油汽车相比，其外观、车轮与地面的力学过程、转向装置、悬架装置和制动系统基本上是一样的，主要差别是采用了不同的动力系统。燃油汽车的内燃机是利用燃油混合气体在气缸内燃烧做功，推动汽车前行，而电动汽车是由蓄电池（或其他能量存储装置）提供电能，使电动机旋转产生机械能，驱动汽车前行。因此，新能源汽车的操控稳定性、平顺性及通过性与燃油汽车相同，制动性能除了增加再生制动性能外，也与燃油汽车相同，行驶性能的主要差异在于动力性和续驶里程上，而这两方面的性能与蓄电池的性能与特点直接相关。本节内容主要讨论新能源汽车的动力性和续驶里程这两方面的性能。

1.5.1 动力性能

与传统汽车相同，新能源汽车的动力性能也可以用最高车速、加速性能和最大爬坡度等指标来描述。但是，由于电动机存在瞬时功率、小时功率和连续功率的概念，所以在性能指标的理解中需要考虑这一因素，例如，爬坡能力所对应的电动机驱动功率就是运用了电动机的瞬时功率。

1．最高车速

最高车速是指在无风条件下，在水平、良好的沥青或水泥路面上，汽车所能达到的最大行驶速度。按我国的规定，以 1.6km 长的试验路段的最后 500m 作为最高车速的测试区，共往返 4 次，取平均值，单位为 km/h。

2．加速性能

加速性能用加速时间来描述，包括汽车的原地起步加速时间和超车加速时间。原地起步加速时间是指汽车从静止状态下，由第一挡起步，并以最大的加速强度（包括选择最恰当的换挡时机）逐步换至高挡后，到某一预定的车速所需的时间。常用 0～96km 所需的时间（秒数）来评价。超车加速时间，用最高挡或次高挡全力加速至某一高速所需要的时间。加速时间越短，汽车的加速性就越好，整车的动力性随即提高，单位为秒（s）。

3．爬坡能力

爬坡能力用汽车的最大爬坡度来描述。最大爬坡度是指汽车满载时在良好路面上用第一挡能够爬上的最大坡度。爬坡度用坡度的角度值（以度数表示）或以坡度起止点的高度差与其水平距离的比值（正切值）的百分数来表示。

对于电动汽车的动力性能指标，国家标准 GB/T 18385—2005《电动汽车动力性能试验方法》对实验条件、车辆准备、车辆状况、试验顺序和试验方法等都做了详细的规定。有兴趣的读者可以参阅该标准。

1.5.2 续驶里程

续驶里程这一性能指标对于传统汽车而言，并不是特别重要。因为目前加油站的布局建设已经比较合理完备，只要及时加油，传统汽车就可以持续行驶。而对于新能源汽车而言，除了燃料电池汽车外，其他汽车都需要充电，而充电的过程相对较长，充电站的建设布局还不完备，一旦电量用完，就必须回到特定的充电站，用较长的时间进行充电后才可以继续行驶。因此，续驶里程这一指标对于新能源汽车显得尤为重要。

电动汽车的续驶里程是指电动汽车在其动力电池组充满一次电后，车辆在特定工况下可以连续行驶的最大距离。单位为千米（km）。

对于电动汽车而言，续驶里程又分为标定续驶里程和普通工况续驶里程。标定续驶里程是指按照相关国标的规定，车辆加载规定的荷载，在无风、温度适宜的条件下，在平直无坡的硬路面上所能行驶的最大距离。标定续驶里程是国家技术主管部门用于测定电动汽车续驶性能的标准指标，这一指标的高低是判断不同型号电动汽车续驶性能优劣的标准。而电动汽车在实际使用中，由于汽车工况和所行驶的路况与标定续驶里程测试时相差很大，所以两者之间有较大差距。例如，电动汽车行驶在下坡较多的路段，其实际续驶里程要大于标定续驶里程，而在上坡占多数的路段，实际续驶里程可能要远小于标定续驶里程。

影响电动汽车续驶里程的因素主要有汽车行驶的环境状况、行驶工况、滚动阻力和空气阻力、电池的性能、电动汽车的总质量，以及空调、照明等辅助装置的能量消耗等。

第 2 章　新能源汽车

本章主要介绍几个主要类型的新能源汽车的特点、结构、组成和基本原理，包括纯电动汽车、混合动力电动汽车、太阳能电动汽车、燃料电池电动汽车、气体燃料汽车和生物燃料汽车。

2.1　纯电动汽车

2.1.1　纯电动汽车的定义和优点

纯电动汽车是指完全由可充电电池（如铅酸电池、镍镉电池、镍氢电池或锂离子电池等）提供动力源，由电动机驱动，符合国家道路安全相关法规要求的汽车。

纯电动汽车具有以下优点。

1．无污染、噪声小

众所周知，内燃机汽车废气中的 CO、HC 及 NO_x、微粒、臭气等污染物形成酸雨酸雾及光化学烟雾，而纯电动汽车无内燃机汽车工作时产生的废气，不产生排气污染，对环境保护和空气的洁净是十分有益的，几乎是"零污染"。

噪声对人的听觉、神经、心血管、消化、内分泌、免疫系统都是有危害的，纯电动汽车无内燃机产生的噪声，电动机的噪声与内燃机相比要小得多。

2．结构简单，维修方便

纯电动汽车较内燃机汽车结构简单，运转、传动部件少，维修保养工作量小。当采用交流感应电动机时，电动机无须保养维护，更重要的是纯电动汽车更便于操纵。

3．能量转换效率高

纯电动汽车的能量转换效率高，同时可回收制动、下坡时的能量，提高能量的利用效率；研究表明，纯电动汽车能源效率远超过汽油机汽车。特别是在城市运行，汽车走走停停，行驶速度不高时，电动汽车更加适宜。电动汽车停止时不消耗电量，在制动过程中，电动/发电机可自动转化为发电机，实现制动减速时能量的再利用。研究表明，同样的原油经过粗炼，送至电厂发电，然后将电能充入电池，再由电池驱动汽车，其能量利用效率比经过精炼变为汽油，再经汽油机驱动汽车要高，因此，纯电动汽车有利于节约能源和减少二氧化碳的排放。

4．平抑电网的峰谷差

纯电动汽车可在夜间利用电网的廉价"谷电"进行充电，可以避开用电高峰，起到平抑电网的峰谷差的作用，有利于电网均衡负荷，减少费用。

纯电动汽车的应用可有效地减少对石油资源的依赖，可将有限的石油用于更重要的方面。向蓄电池充电的电力可以由煤炭、天然气、水力、核能、太阳能、风力、潮汐等能源转化。

2.1.2 纯电动汽车的基本构造

纯电动汽车与传统的燃油汽车在结构上没有很大的区别，底盘和车身是必需的基本构造要素。除此之外，动力蓄电池、驱动电动机、功率变换器（在简单电动汽车上称为逆变器）、动力转向器、悬架和管理控制器是纯电动汽车的特有的基本构造要素。图 2.1 所示为纯电动汽车底盘的基本结构示意图。

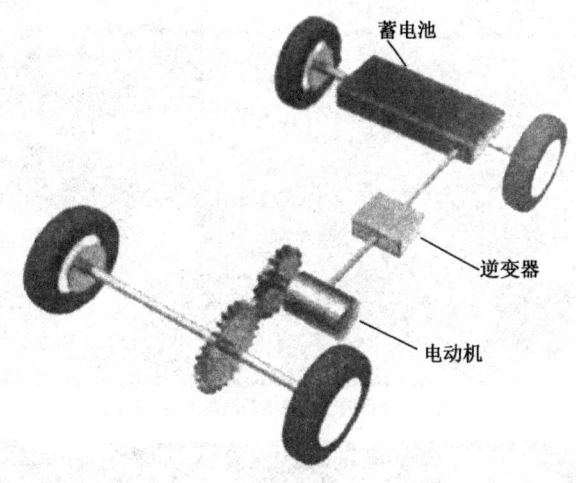

图 2.1 纯电动汽车底盘的基本结构示意图

1．车身

纯电动汽车车身造型与传统燃油汽车既有相近之处，又有较大区别。由于早期的纯电动汽车车身主要从传统汽车改进而来，所以继承了传统燃油汽车的很多造型风格。近年来，由于电动汽车法规的不断推出和新的使用要求的不断出现，纯电动汽车在车身造型上越来越呈现出自己的特点，而且具有明显的区域特征。例如，日本的纯电动汽车车体外形设计上呈现出小巧、造型靓丽明快，具有活力的特点，如图 2.2（a）所示。美国在电动汽车的造型上仍然保留了其充满力量感和运动感的传统风格，图 2.2（b）所示为 TESLA MOTORS 公司生产的世界第一辆纯电动跑车 Tesla Roadster。欧洲电动汽车的造型则以高档豪华精细为特点，图 2.2（c）所示为标致纯电动跑车 EX1。

由于蓄电池本身的重量在整车的总重量中占据很大的比例，也就是说蓄电池提供的相当比例的能量都被自己本身的重量所消耗，所以电池的轻量化研究和车身的轻量化设计是电动汽车设计和研究最重要的任务之一。

(a)日本的一款纯电动汽车造型

(b)美国的一款纯电动汽车造型

(c)欧洲的一款纯电动汽车造型

图 2.2　几款纯电动汽车的车身造型

2．动力源

纯电动汽车用电动机代替了传统汽车的内燃发动机，用蓄电池的电能代替了汽油或柴油所具有的化学能。所以，纯电动汽车所使用的蓄电池和电动机是其核心部件，对汽车的动力性能有着决定性的影响。

纯电动汽车所使用的电动机有直流和交流之分。直流电动机有绕线式和永磁式之分，绕线式电动机有串励式、并励式和复励式之分；交流电动机则分为感应式和同步式两种。

蓄电池除了向电动机供电，驱动汽车行驶外，还要给底盘的行驶安全装置和车身的舒适装置供电，所以既要求它容量大，以增加汽车的续驶里程，又要求它输出电流大，以便于电动机产生大的扭矩增加其动力性。

纯电动汽车的蓄电池一般使用 96~288V 的高电压供电。电动汽车之所以采用高电压供电，是因为电动机的功率是其端电压与流经它的电流的乘积，在功率不变的情况下，提高电压可以降低电动机的工作电流，其好处一是减少了导线的直径，也就减轻了整车的重量，降低了整车的成本；二是减少了能量在电路内部的损耗，既提高了能量的利用效率，又降低了蓄电池、电动机和功率变换器的工作温度，减少了对冷却系统的压力。

3．底盘

纯电动汽车的底盘和传统汽车基本相同，主要差别有三方面：一是其驱动方式；二是在制动系统中设置制动能量回收系统；三是动力转向机构不同。

纯电动汽车用电动机取代了传统汽车的发动机，所以原来安装发动机的位置可以用来装配蓄电池和电动机，这样就可以利用原来传统汽车的驱动方式；另外，由于蓄电池和电动机在底盘上的布置比较灵活，可以根据设计要求进行多种驱动方式的配置。

纯电动汽车不能像汽油、柴油汽车那样，利用进气歧管的真空产生的负压进行制动，所以就需要配置专门的电动真空泵产生负压，或配置电动油压泵产生油压提供制动所需的制动力；另外，纯电动汽车的制动系统还需要配置制动能量回收装置，当车辆制动或减速时，电动/发电机转换为发电机进行发电，向蓄电池充电。

纯电动汽车的转向系统一般都是用电动助力转向系统，这种系统能量效率比较高。

2.1.3 纯电动汽车的驱动

传统燃油汽车的工作过程是内燃机将燃料的热能转化为旋转机械能，然后通过传动装置、差速器、离合器等将动力传递到车轮，驱动汽车行驶。由于发动机输出的最大转矩是随其转速变化的，而车辆的行驶速度（车轮的转速）是在 0 和最高车速之间变化的，为了保证无论车辆行驶速度快慢，都能够使发动机始终保持在最大功率的工作状态，在动力传递时需要在动力传递过程中在发动机和车轮之间配置一个变速器，通过变速器调节变速比，完成发动机转速与行车速度之间的匹配。而对于纯电动汽车而言，电动机的动力特性则完全不同，图 2.3 给出了典型的电动机动力特性。

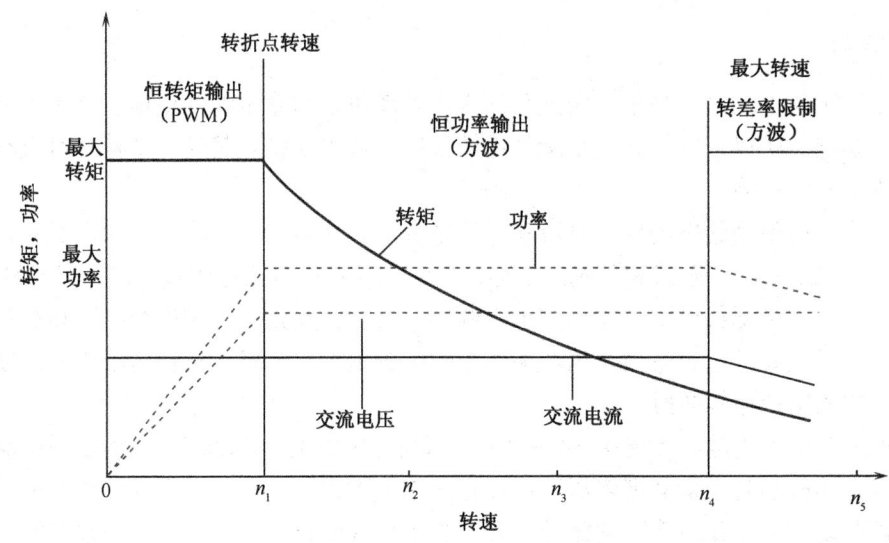

图 2.3 典型的电动机动力特性

由图 2.3 可见，横坐标为电动机的转速，纵坐标为电动机的输出转矩、输出功率、工作电流和电压。其中共有 4 条曲线，粗实线为转矩特性曲线，细实线为工作电流与转速的关系曲线，两条虚线分别为电动机输出功率和工作电压与转速的关系曲线。当电动机在转速低于基本转速 n_1 时，电动机工作在恒转矩输出区域，在这一区域电动机工作电流和输出的转矩与转速无关，输出功率的变化是靠工作电压的变化来实现的；当电动机的转速处于基本转速 n_1 和最高转速 n_4 之间时，电动机工作在恒功率输出区域，在这一区域电动机的输出功率、工作电流和电压与转速无关，输出转矩随转速的增加而降低。

可见，与燃油发动机相比，纯电动汽车的电动机不需要切换减速器的变速比，也可以在低速区域（恒转矩输出区域）获得理想的转矩，在恒功率输出区域获得高的恒定输出功率。因此，纯电动汽车可以在设计上灵活运用这种特性以体现不同的设计理念。例如，为了追求电动机的小型轻量化，可将高速运转的电动机与减速器结合起来运用；如果电动机的小型化、低转速高转矩可以实现，可以省去减速器，将电动机直接安装在轮毂上驱动车轮，减少机械损耗，降低整车的重量。

图 2.4 给出了纯电动汽车几种常见的驱动方式。

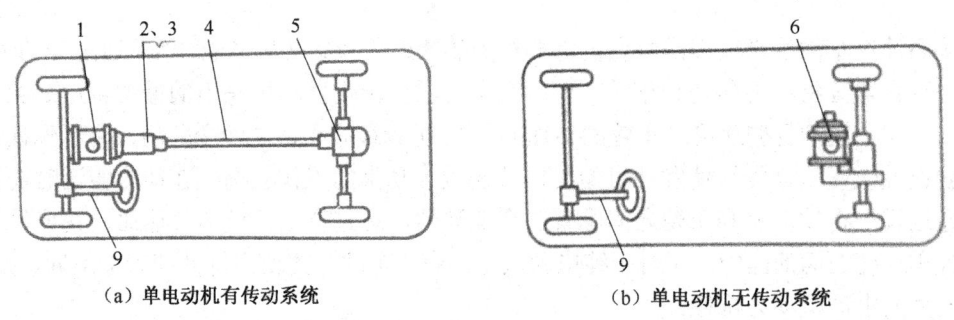

（a）单电动机有传动系统　　　　　　　　　　（b）单电动机无传动系统

图 2.4 纯电动汽车几种常见的驱动方式

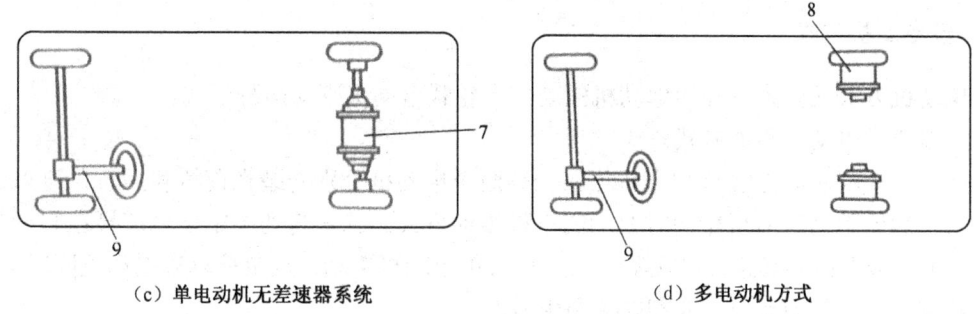

(c) 单电动机无差速器系统　　　　　(d) 多电动机方式

1—电动机；2—离合器；3—变速器；4—传动轴；5—驱动桥；6—电动机驱动桥组合驱动系统
7—电动机驱动桥整体式驱动系统；8—轮毂电动机分散式驱动系统；9—转向器

图 2.4　纯电动汽车几种常见的驱动方式（续）

根据驱动电动机的数量，可以把纯电动汽车驱动方式分为单电动机方式和多电动机方式。下面分别介绍各种驱动方式的特点。

1. 单电动机方式

单电动机方式是指整个车辆的驱动由一个电动机来实现的驱动方式。单电动机驱动方式又可以细分为有传动系统的驱动方式、无传动系统的驱动方式和无差速器系统的驱动方式。

（1）有传动系统的单电动机驱动方式。

有传动系统的单电动机驱动系统如图 2.4（a）所示，由电动机、离合器、变速器、传动轴和驱动桥组成。这种驱动方式只不过是将传统汽车中的发动机直接换成电动机而已。它具有以下结构特征：一是全盘采用燃油汽车的传动系统；二是和传统汽车一样，有电动机前置前桥驱动、电动机后置后桥驱动等各种驱动模式；三是它结构复杂，效率低下，没有发挥出纯电动汽车的优势。

（2）无传动系统的单电动机驱动方式。

无传动系统的单电动机驱动系统如图 2.4（b）所示，由电动机驱动桥组合驱动系统构成，具有差速器和定比变速器，不采用离合器和变速器，一台电动机驱动两个车轮。它具有以下结构特征：一是将电动机与定比变速器、差速器、驱动桥组合成一个电动机驱动桥组合驱动系统；二是有电动机前置前桥驱动和电动机后置后桥驱动两种驱动模式；三是它结构紧凑，效率高。

（3）无差速器系统的单电动机驱动方式

无差速器系统的单电动机驱动系统如图 2.4（c）所示，去除了差速器，电动机与驱动车轮同轴心安装，为了实现用一台电动机驱动两个车轮，采用了相反电动机，用一台电动机提供转向相反的两个同轴转动转矩。它具有以下结构特征：一是电动机为相反电动机，无差速器，在电动机的前盖处装有变速器，电动机有一个空心轴，驱动桥的一个半轴从空心轴通过；二是有电动机前置前桥驱动和电动机后置后桥驱动两种驱动模式；三是它结构紧凑，效率更高。

2．多电动机方式

多电动机方式又分为多普通电动机驱动和多轮毂电动机驱动两种形式。

（1）多普通电动机驱动方式。

多普通电动机驱动方式有两个思路。一是两个电动机分别安装在前桥和后桥，可以选择前轮驱动、后轮驱动和前后轮同时驱动的三种驱动方式。二是将两个电动机连接在同一个传动轴上，用离合器控制其连接，在车辆轻负荷时单电动机驱动，重负荷时双电动机同时驱动，从而改善纯电动汽车的动力性能和能量利用效率。

（2）多轮毂电动机驱动方式。

轮毂电动机效率最高，它使得纯电动汽车完全去除了机械传动系统和差速器，既消除了机械传动过程中的能量损耗，同时大大减轻了车身重量。

轮毂电动机一定是成对配置，所以有前轮驱动、后轮驱动及四轮驱动几种驱动方式。图2.4（d）所示就是后轮驱动的方式。

多轮毂电动机驱动方式具有以下结构特征：一是轮毂电动机成对配置，不需要差速器，差速功能由管理控制系统控制两个轮毂电动机具有一定的转速差来实现；二是有前轮驱动、后轮驱动和四轮驱动三种驱动模式；三是省略了绝大部分的机械装置，腾出了很大空间，减轻了很多重量，可以用于设置其他系统。

2.1.4 纯电动汽车的储能装置——蓄电池

电池分为两种：一种是一次电池，又称为原电池；另一种是二次电池，又称为蓄电池。一次电池将化学能转化为电能的过程是不可逆的过程，当完全放电后，电池就被废弃。例如，常用的五号、七号干电池都是一次电池。二次电池化学能转换为电能的过程是可逆的过程，当电池电量释放完后，可通过外部电源向其注入电流进行充电，使其恢复到原始的状态。纯电动汽车使用的储能装置就属于二次电池。本书将在第 4 章内容中详细介绍蓄电池的工作原理和性能，这里仅对主要蓄电池的基本情况进行简单介绍。

用于纯电动汽车的蓄电池主要有铅酸蓄电池、镍镉（NiCd）蓄电池、镍氢（NiMH）蓄电池及锂离子电池等。

（1）铅酸蓄电池。

铅酸蓄电池有正、负两个极，凭借两极间的电解质促使带电粒子移动，在蓄电池外的电路中形成电流。铅酸蓄电池放电时生成水和硫酸铅，充电时在正、负极板上形成铅和二氧化铅，蓄电池恢复到初始的已充电状态。铅酸蓄电池是发展最早的蓄电池之一，虽然它的比能量在几种常用蓄电池中最小，但由于它技术成熟、性价比较高，目前是在纯电动汽车中应用最广泛的一个类型，还没有哪一种蓄电池可以取代它的位置。

（2）镍镉蓄电池。

镍镉蓄电池正极板由镉制成，负极板由氢氧化镍制成，两极板用尼龙隔板隔开，置于氢氧化钾电解质中，外面用不锈钢壳体密封。纯电动汽车使用的大容量镍镉蓄电池量产是于 20 世纪 90 年代在法国实现的，被大量应用于法国生产的纯电动汽车上。镍镉蓄电池与铅酸蓄电池相比，优点是比能量大约是铅酸蓄电池的 2 倍，具有更长的深循环寿命，低温性能优良；缺点是价格贵，而且存在着记忆效应的问题，蓄电池在长期不使用时，容量会有所降低。

（3）镍氢蓄电池。

镍氢蓄电池是在镍镉蓄电池的基础上发展起来的。镍氢蓄电池的比能量比镍镉蓄电池要高一些，其正极板由金属氢化物制成，避免了镉对环境的污染，基本没有记忆效应的问题。镍氢蓄电池的缺点是不能输出高的峰值功率，自放电的速度快（漏电严重），而且过充电时容易损坏。虽然镍氢电池有这么多问题，而且价格高于镍镉蓄电池，但根据相关规划，要将此电池大量用于纯电动汽车，所以将来价格将会大幅下降。

（4）锂离子电池。

锂离子电池的正极采用 $LiMn_2O_4$、$LiNiO_2$ 等锂的化合物制造，负极不是由金属锂构成，而是采用石墨和碳化锂 LiC_4 等碳材料制造。通过锂离子在碳中的分离和结合进行充电和放电。

锂离子电池作为纯电动汽车的动力电池具有很多优异的性能：一是它的单体电池电压高达 3.6～4V，相当于三个镍镉单体电池串联的电压；二是其比能量达到 100～120Wh/kg，是镍镉电池的 1.5～3 倍；三是其比功率达到 1500W/kg，循环可充电次数达到 1000 次。总之，锂离子电池具有充放电效率高，功率输出密度大，没有记忆效应，环境污染小等显著优点，已经成为纯电动汽车重点开发的蓄电池种类。

当然锂离子电池也有其局限性：一是这种电池快速充电和放电的性能较差；二是锂材料获取困难，锂电池的制造、管理和使用较为复杂，制造成本较高；三是锂离子电池的使用有严格的安全要求，需要配备专门的电子自动化系统实现电池的保护、运行管理和热管理。

2.2 混合动力电动汽车

2.2.1 混合动力电动汽车的定义和优点

参考国际能源组织（IEA）的有关文献，对混合动力车辆作如下定义。能量与功率传送路线具有以下 4 个特点的车辆称为混合动力车辆。

（1）传送到车轮推动车辆运动的能量，至少来自不同的能量转换装置（例如，内燃机、燃气涡轮、斯特林发动机、电动机、液压马达）。

（2）这些能量转换装置至少要从两种不同的能量存储装置（例如，燃油箱、蓄电池、飞轮、超级电容、高压储氢罐）中吸取能量。

（3）从储能装置流向车轮的这些能量通道，至少有一条是可逆的（既可放出能量，又可吸收能量），并至少有一条是不可逆的。

（4）如果可逆的储能装置供应的是电能，则这种混合动力车辆称为混合动力电动汽车。

根据以上定义，从理论上讲，运用能量流的不同配置，可以想象出很多种混合动力汽车的类型。但是迄今为止，开发成功的绝大部分混合动力汽车都可以称为"油—电"混合动力电动汽车。

在这些混合动力电动汽车中，不可逆储能装置无一例外的是燃油箱，它向内燃机提供能量，通过内燃机变成机械能；而可逆的能量存储装置通常是蓄电池、电机械飞轮或超级电容。

通常的混合动力电动汽车大多是由"蓄电池+电动机+燃油箱+内燃机"构成的，在这两种驱动装置中，内燃机作为汽车的主要动力来源，提供稳定的动力输出，满足汽车稳定行驶的动力要求；而电力驱动装置具有良好的变工况特性，能够进行功率的平衡，制动能量的回收和存储。

混合动力电动汽车具有以下优点：一是节能，由于有电动机补充能量，所以可以降低发动机的额定功率，从而节省发动机运行的燃油；车辆停止时、启动时可以关闭发动机；能量回收系统可以回收部分能量。二是环保，在城市中心可以关闭发动机，以纯电动模式运行，减少对市中心的污染；采用电动起步，等车速达到预设水平时再启动发动机，尽量使发动机工作在远离特性曲线排放区的工作状态；采用功率小的发动机，使得在常规负荷下，发动机就能工作在额定功率状态，工作效率更高，污染最小；动力电池的功率缓冲能力可以使发动机缩短冷启动时间，从而减少冷启动时的排放。

当然混合电动汽车也有其局限性，表现在以下三方面：一是整车重量重，因为具有两套储能装置和两套能量转换装置；二是结构复杂、成本高；三是在某些场合存在着行驶性能下降的问题，例如，当连续上坡道路使得蓄电池电能用完时，仅靠功率小的发动机，会觉得动力不足。

2.2.2 混合动力电动汽车的分类

混合动力电动汽车有两种分类方法：按照两种能量搭配比例分类和按照两种能量流配置的路径分类。

1. 按照两种能量搭配比例分类

按照两种能量搭配比例分类，混合动力电动汽车可分为轻混合、中混合、全混合和插电式四种类型。

（1）轻混合（Micro Hybrids）。

轻混合又称为微混合或起—停混合，在这种混合动力系统中，电动/发电机仅作为启动机和发电机使用。目前这种类型的混合动力电动汽车所使用的启动机/发电机系统都是在原来传统燃油发动机启动机的位置加装一套传动带驱动启动发电机（Belt-alternator Starter Generator，BSG），如图2.5所示。BSG电动/发电机功率仅为3~6kW，用来控制发动机的启动和停止。当车辆遇到红灯需要暂时停车时，控制发动机熄火，当车辆需要再次行驶时，立即启动发动机，从而降低了怠速期间的油耗和排放；而在汽车制动时，BSG转变为发电机，将制动的能量转化为电能，向蓄电池充电。

BSG系统结构简单，重量轻，对整车原来的结构改动小，成本低，可实现5%~10%的节油效果。但是从严格意义上讲，轻混合动力的汽车不属于真正的混合动力汽车，因为它的电动机没有为汽车的行驶提供持续的动力，不满足混合动力电动汽车的定义的第一个条件。考虑到这种汽车保有量较大，在介绍混合动力电动汽车分类时，也对其进行一些介绍。

图 2.5 轻混合动力系统BSG

目前已经采用这种轻混合动力系统的车型很多,例如,雪铁龙 C2 和 C3、宝马 1 系、奥迪 A3、菲亚特 500、奇瑞 A5 BSG 等车型。该系统正在成为欧美等发达国家的标配系统。

(2) 中混合(Mild Hybrids)。

中混合又称为辅助驱动混合。通常,这种混合动力驱动系统大多采用集成启动发电机(Integrated Starter Generator, ISG)作为电力驱动装置。这种类型的电动汽车还是以发动机为主要的动力来源,ISG 安装在发动机与变速器之间,作为辅助动力源与主动力源相连。当车辆行驶中需要更大的驱动力时,ISG 用作电动机向车辆提供辅助的驱动力;当需要启动发动机时,ISG 用作启动机;在车辆处于减速和制动的工况下,ISG 用作发电机,将减速或制动的能量转换为电流,向蓄电池充电;在车辆行驶过程中,发动机等速运转时,发动机产生的能量可以在车轮的驱动需求和发电机的充电需求之间进行智能调节。

中混合动力系统结构简单紧凑,重量轻,可以较大幅度地改善燃油的经济性,降低排放,可以实现 10%~15%的节油效果。本田公司的 Insight 和 Civic 混合动力车型采用的混合动力系统(Integrated Motor Assist,IMA)就是典型的中混合动力系统。

(3) 全混合(Full Hybrids)。

全混合动力系统,又称为深混合动力系统,是指既可以采用发动机独立驱动车辆行驶,又可以采用电动机独立驱动车辆行驶,还可以两者同时驱动车辆行驶的混合动力系统。这种系统普遍采用大容量电池,以提供电动机满足纯电动模式运行的需要,同时还具有动力切换装置,以满足发动机和电动机动力耦合和分离的要求。通常在起步、倒车、频繁启停、低速行驶等工况下,车辆可以以纯电动模式运行;在急加速时,发动机和电动机一起驱动车辆;具有制动能量回收功能。

与中混合系统相比,在驱动车辆的两种动力源中,电池和电动机功率应用的比例更大,内燃机的功率更小。这种混合系统可以实现 30%~40%的节油效果。丰田 Prius 及 Highlander、福特 Escape、雷克萨斯 RX400h 等车型均为全混合动力汽车。

(4) 插电式(Plug-in Hybrids)。

插电式混合动力系统通过接入家用电源为动力电池充电,使得配备这种系统的车辆可以仅靠动力电池的能量以纯电动模式行驶。这种混合动力系统电动机的功率与纯电动汽车基本相同，电池的容量比全混合系统大，比纯电动汽车小，内燃机功率与全混合系统相同。

插电式混合动力系统由于可以利用电网的电能为蓄电池充电，大大减少了对石油的依赖。插电式混合动力电动汽车既具有纯电动汽车节能环保的优势，又具有燃油汽车续驶里程长的优势，是混合动力电动汽车的重要发展方向。

2．按照两种能量流配置的路径分类

按照两种能量流配置的路径分类，混合动力电动汽车可以分为串联、并联和混联三种类型。下面重点介绍这三种典型的混合动力系统的结构和工作原理。

2.2.3 串联式混合动力驱动系统

串联式混合动力驱动系统的组成结构与能量流示意图如图 2.6 所示，发动机输出的机械能全部用于驱动发电机，通过发电机转换成电能，发电机输出的电能根据车辆的不同工况，分配给两路，一路送往动力电池对其进行充电，另一路送往电动机驱动车轮。

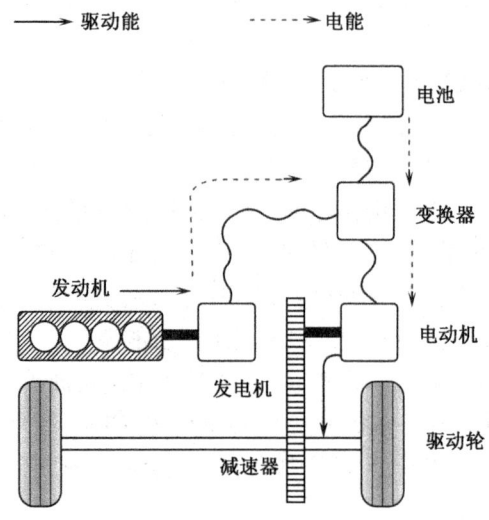

图 2.6　串联式混合动力驱动系统的组成结构与能量流示意图

在这种混合动力驱动系统中，发电机的唯一功能就是向发电机提供动力进行发电，而驱动车轮的转矩则全部由电动机提供。动力电池可以看做一个能量调节缓冲池，当车辆处于起步、加速、高速行驶和上坡的工况时，在驾驶员动力踏板的指示下，控制系统控制变换器从动力电池中加大获取能量的力度，而且发电机所发出的电能也主要用于驱动电动机；当车辆处于减速滑行、低速行驶等工况时，发电机的输出功率大于电动机所需要的功率，控制系统控制发电机将剩余电能用于向动力电池充电。

可见，串联式混合动力驱动系统中发动机的工作状况与车辆的行驶工况无关，这样就可以保证发动机始终稳定运行在其特性曲线的最佳工作区，所以可以降低油耗和排放。串联式混合动力驱动系统结构简单，控制容易。

1. 串联式混合动力驱动系统的能量管理与控制策略

能量管理是指在混合动力汽车行驶的不同工况时，控制发动机、电动机、蓄电池和传动系统等装置之间能量流的大小和流向，达到以下四个方面的目的：

（1）实现最佳的燃油经济性和最好的排放指标。

（2）合理分配来自发动机和蓄电池的能量流，以满足行驶工况对能量的要求。

（3）在复杂工况运行时，尽可能减小发动机转速的波动，尽量减少发动机的启停次数，避免发动机在低于某个转速和负荷的情况下运行。

（4）保证蓄电池始终处于合适的荷电状态。

串联混合动力驱动系统对于能量管理共有三种基本控制模式。

（1）"恒温器式控制"模式。

该模式主要利用电池来驱动车辆，仅当SOC（State of Charge，电池的荷电状态，表示电池的剩余容量占额定容量的百分比）降低到最小值时，发动机才启动，发动机在最高效率区以输出恒定功率的方式工作，当SOC回升到最大限值时发动机关机。这与家用空调的恒温器的控制模式非常相似，因此称为"恒温器式控制"模式。这种控制模式的主要缺点是发动机的启动和关停会贯穿于车辆行车的整个过程，由于发动机每次关机期间，发动机和催化转换器装置的温度会降低，当再次启动运行时，温度的提升需要一个过程，在此过程中，发动机和催化转换器的效率会降低，从而导致污染物排放性能降低。

（2）"负荷跟随"控制模式。

在这种模式下，发动机带动发电机始终处于工作状态，发动机和发电机的输出功率根据车辆驱动的要求调节，尽可能地供应接近车辆行驶所需的电能，电池只起负荷调节装置的作用，电池的SOC只需要保持在规定的范围之内，在这种模式下，电池的充放电量较小，能量损失最小，缺点是发动机不能工作在最佳转速和负荷下，因此其排放可能变差、效率降低。

（3）综合控制模式。

综合控制模式是上述两种控制模式的一个折中方案。在电池的SOC较高时，主要用纯电动模式。而当电池的SOC降低到设定的范围内时，发动机带动发电机工作，考虑到发动机的排放和效率，将其输出功率严格限定在一定的变化范围内。如果能预测到车辆行程内的总能量需求，则一旦电池中储存了足够的能量，在剩余的行程中车辆就可转换为纯电动模式，到了行程终点正好耗尽电池所允许放出的电能。这种控制模式又称为**最佳串联混合动力模式**。

2. 串联式混合动力驱动系统的优点

（1）由于发动机与驱动轮没有直接机械连接，发动机工作状态不受车辆行驶工况的影响，能运行在其转矩—转速特性曲线上的任何工作点，而且始终在最佳的工作区域内稳定运行，因此，发动机具有良好的经济性和低的排放性能。此外，由于发动机工作与驱动车轮没有机械连接关系，与车辆工况无关，使得一些高效率发动机能够得到应用，如微型燃气轮机发动机或具有缓动态特性的动力机械（如斯特林发动机）等。

（2）发动机与发电机之间无机械连接，整车的结构布置自由度较大，各种驱动系统元件可以放在最合适的位置。

（3）由于电动机的功率大，制动能量回收的潜力大，可以提高能量利用效率。

3. 串联式混合动力驱动系统的缺点

（1）发电机将发动机的机械能转变为电能，电动机又将电能转变为机械能，这其中都存在能量转换损耗的问题。另外，电池在充电和放电过程中也会存在能量损失，因此，发动机输出的能量利用率比较低。串联混合动力驱动系统的发动机能保持在最佳工作区域内稳定运行，这一特点的优越性主要表现在低速、加速等工况，而在汽车高速行驶时，由于它的电传动效率低，抵消了发动机效率高的优点。

（2）电动机是唯一驱动汽车行驶的动力装置，因此电动机的功率要足够大。此外，电池一方面要满足汽车行驶中峰值功率的需要，以补充发电机输出功率的不足；另一方面要满足吸收制动能量的要求，这就需要较大的电池容量。所以，电动机和动力电池的体积和重量都较大，使得整车重量较大。

根据以上的特点分析，串联式混合动力电动汽车更适合经常在市内低速运行的工况，而不适合高速公路行驶工况。

2.2.4 并联式混合动力驱动系统

并联式混合动力驱动系统采用发动机和电动机两套独立的驱动系统驱动车轮，可以采用发动机单独驱动、电动机单独驱动或者发动机和电动机混合驱动三种工作模式，典型的并联式混合动力驱动系统的组成结构与能量流示意图如图 2.7 所示。

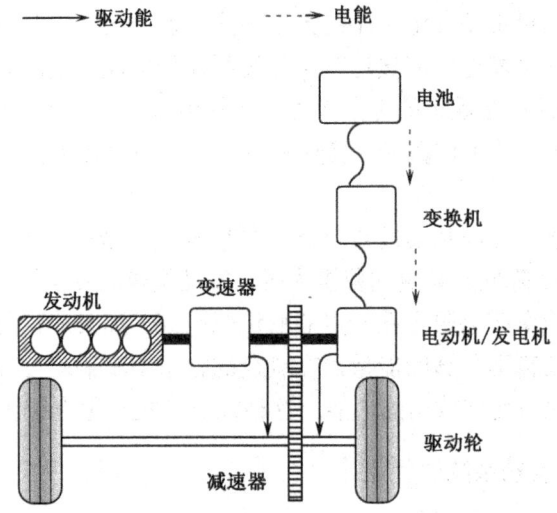

图 2.7 并联式混合动力驱动系统（单轴式）的组成结构与能量流示意图

与串联式混合动力相比，它只需要两个驱动装置，即发动机和电动机，省去了发电机，减轻了总重量和复杂程度。由于并联式混合动力驱动系统在要求输出功率高的工况下，发动机和电动机可以同时驱动车轮，所以发动机和电动机的额定功率都可以减小。因此，与串联式相比，发动机和电动机的尺寸和重量都要小很多。在并联结构中，由于发动机和电动机同时提供动力，因此，最大的技术问题是如何根据车辆的速度、驾驶员发出的功率要求指令，以及电池的充放电状态,协调和优化使用发动机和电动机的功率。轻混合和中混合动力驱动系统多采用并联式方案。

1. 并联式混合动力驱动系统典型工作模式的功率流

(1) 车辆启动、低速及轻载行驶时,发动机关闭,车辆只有电动机驱动,为纯电动工况,其功率流的输送路径如图 2.8(a)所示。

(2) 车辆正常行驶、加速及爬坡工况时,发动机和电动机同时工作驱动车辆行驶,其功率流的输送路径如图 2.8(b)所示。

(3) 在车辆行驶过程中,当车载电池组电量过低时,发动机在驱动车辆行驶的同时向电池补充充电,其功率流的输送路径如图 2.8(c)所示。

(4) 车辆减速及制动时,电动机以发电机模式工作,回收车辆制动能量向电池充电,其功率流的输送路径如图 2.8(d)所示。

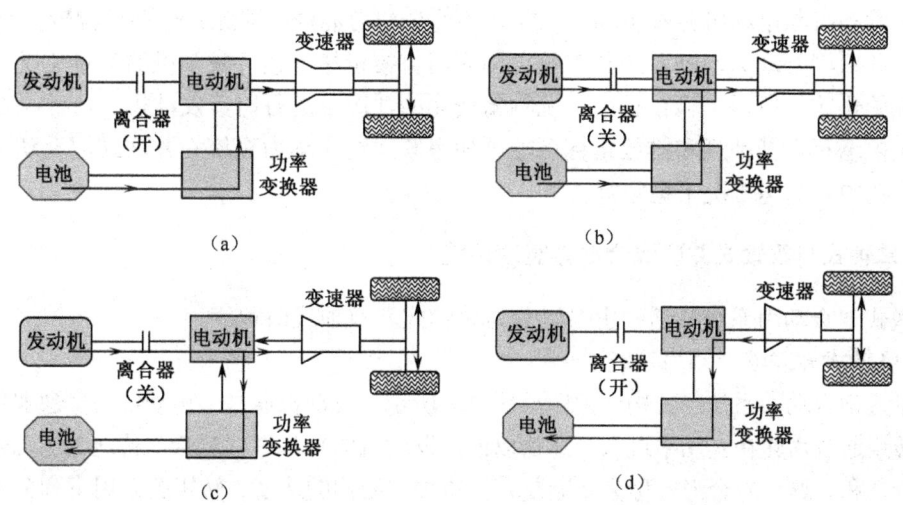

图 2.8 并联式混合动力驱动系统典型工况下的功率流示意图

2. 并联式混合动力驱动系统的控制策略

并联式混合动力驱动系统对于能量管理有两种基本控制模式。

(1) 发动机辅助混合动力模式。

这种模式主要利用电池—电动机系统来驱动车辆,仅当以高的速度行驶、爬坡和急加速时才使发动机启动。这种控制模式的优点是,大多数情况下车辆都是用电池的电能来工作,车辆的排放和燃油消耗较少,同时发动机的启动机可以取消而利用车辆运动的惯性力启动发动机。这种控制模式的缺点是,由于发动机每次关机期间,发动机和催化转化装置的温度降低而导致它们的效率降低,尾气排放增加。

(2) 电动机辅助混合动力模式。

这种模式主要利用发动机来驱动车辆,电动机只在两种状态下使用:一是用于瞬间加速和爬坡需要峰值功率时,可使发动机工作在最高效率区间,以降低排放和减少燃油消耗;二是在车辆减速制动时电动/发电机被用来回收车辆的制动动能对电池进行充电。这种模式的主要缺点是车辆不具备纯电动模式，在行驶过程中若经常加速，电池的电能消耗到最低限度，则会失去电动机辅助能力，驾驶员会感到车辆动力性能有所降低。

3. 并联式混合动力驱动系统的特点

（1）发动机通过机械传动机构直接驱动汽车，无机械能—电能的转换损失，因此，发动机输出能量的利用率相对较高，如果汽车行驶工况能保证发动机在其最佳的工作范围内运行时，并联式混合动力驱动系统的燃油经济性要比串联式混合动力驱动系统的高。

（2）当电动机仅起功率调峰作用时，电动机、发动机的功率可适当减小，电池的容量也可减小。

（3）在繁华的市区低速行驶时，并联式混合动力系统可通过关停发动机，以纯电动方式运行实现零排放，但这就需要有功率足够大的电动机，所需电池的容量相应也要大。

（4）发动机与电动机并联驱动时，需要将两个动力混合，因此其传动机构较为复杂。

（5）并联混合动力驱动系统与车轮之间采用直接机械连接，发动机的运行工况会受车辆行驶工况的影响，所以车辆在行驶工况频繁变化的情况下运行时，发动机有可能不在其最佳工作区域内运行，其油耗和排放指标可能不如串联式混合动力系统。并联式混合动力系统最适合汽车在中、高速工况下稳定行驶。

4. 单轴式与双轴式并联混合动力驱动系统

并联式混合动力系统从结构上可以分为单轴式和双轴式两种。

1）单轴式并联混合动力系统

单轴式混合动力系统的结构示意图如图 2.9 所示。发动机通过主传动轴与变速器相连，电动机的转矩通过齿轮在其功率进入变速器以前与发动机的功率进行复合，传送到驱动轴上的功率是两者之和。这种复合形式称为转矩复合。单轴式结构的速度、转矩关系用下列公式表示：

$$T_s = \eta \cdot (T_e + KT_m)$$
$$n_s = n_e = \frac{n_m}{K} \tag{2-1}$$

式中，T_e、T_m、T_s 分别为发动机、电动机和变速器的输入转矩；n_e、n_m、n_s 分别为发动机、电动机和变速器输入轴的转速；η 为传动效率；K 为电动机减速器的传动比。

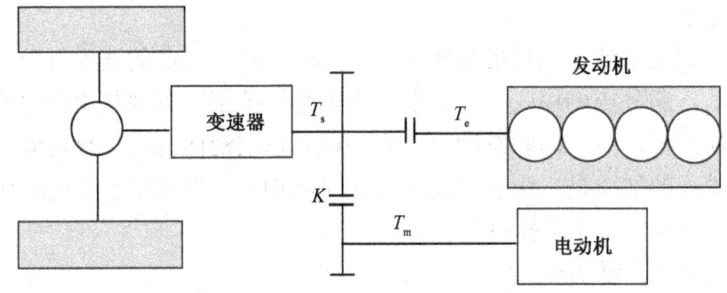

图 2.9 单轴式并联混合动力系统的结构示意图

在单轴式结构中,发动机、电动机和变速器输入轴之间的转速存在式(2-1)所示的比例关系。在车辆运行过程中,由于路况和车速的不同,几个转速会发生变化,动力系统输出转矩 T_s 的变化,可以根据式(2-1),在保持发动机转矩恒定的前提下,通过调节电动机的转矩 T_m 来获得。

下面介绍两款典型的单轴式并联混合动力汽车车型。

(1) 奥迪 DUOIII。

图 2.10 所示为奥迪 DUOIII 混合动力系统简图。由图可见,五挡手动变速器有两路动力输入,一路是额定功率为 66kW,排量为 1.9L 的 4 缸涡轮增压直喷柴油发动机,经过自动离合器与变速器相连;另一路是额定功率为 21.6kW 的三相永磁同步电动机通过速比为 2:3 的减速器与变速器相连。电动/发电机在车辆制动时作为发电机用于回收制动能量。

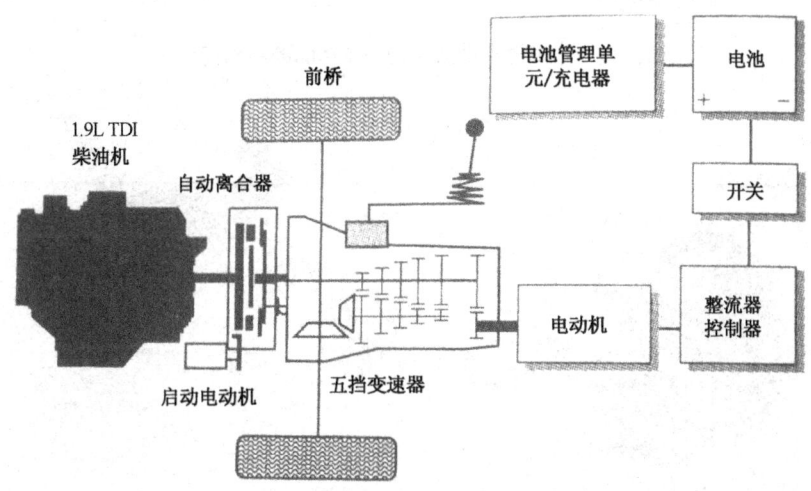

图 2.10　奥迪 DUOIII 混合动力系统简图

奥迪 DUOIII 有三种操作模式,可通过开关切换:

① 纯柴油机驱动模式。适用于恒速巡航行驶工况;

② 纯电动模式。适用于排放敏感区行驶;

③ 混合驱动模式。这是最常用和主要的工作模式,车辆的控制系统可以根据加速踏板的位置自动选择工作方式。

在纯电动模式下,最高车速 80km/h,0~50 km/h 加速需要 10.5s;纯电动模式可以在欧洲城市循环工况(ECE)下行驶 36km,在平直硬路面上可以 50km/h 速度行驶 50km。在综合模式行驶,加满一次油不同路段可以行驶 700km,最高车速 170km/h,从静止加速到 100km/h 需要 16s。

(2) 本田 Insight。

在美国和日本已经上市的本田公司 Insight 混合动力汽车,搭载了第四代混合动力系统 IMA(Integrated Moter Assist)。IMA 的主要组成部件包括一台 1.3L 的 i-VTEC 汽油机,一个高功率的超薄永磁直流无刷电动/发电机,一个无极变速器(CVT)和一个智能动力单元 IPU(Intelligent Power Unit)。智能动力单元 IPU 由一个动力控制单元 PCU(Power Control Unit)和一组高性能镍氢电池以及一个制冷单元组成。

图 2.11 给出了 IMA 的简单结构，图 2.12 给出了 IMA 系统的实物图，图 2.13 给出了 IMA 电动/发电机与 IPU 的实物图，图 2.14 给出了 IMA 的转矩与功率特性曲线。

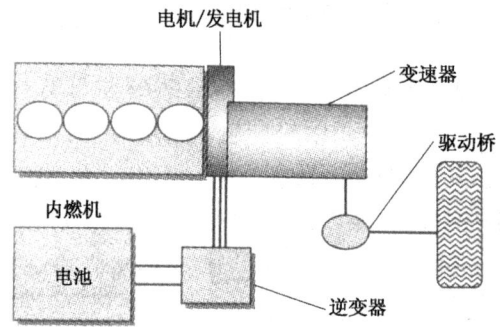

图 2.11　本田混合动力驱动系统IMA的结构简图

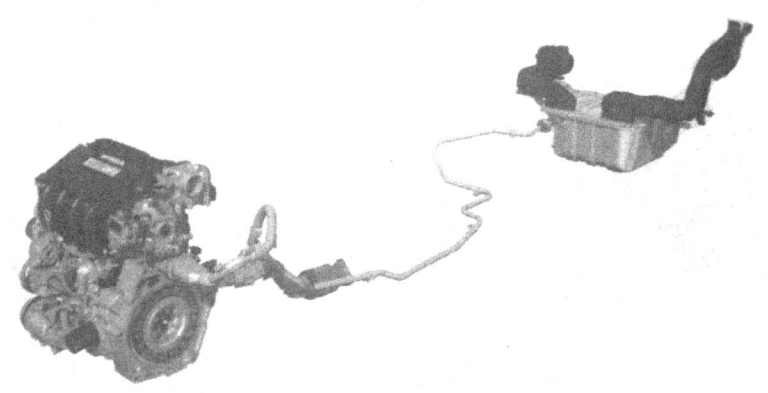

图 2.12　本田混合动力驱动系统IMA的实物图

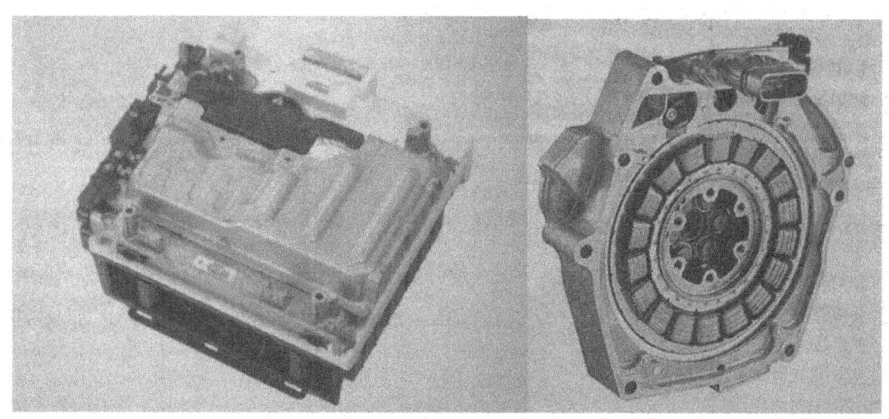

图 2.13　IMA电动/发电机与IPU的实物图

这里简单介绍一下 IMA 电动/发电机及其与发动机、变速器之间的相对安装关系。IMA 是一个三相超薄永磁无刷直流电动/发电机，安装在发动机和变速器之间，作为电动机使用时，向变速器提供辅助推动力，作为发电机使用时，在减速和制动时回收能量给电池充电。

电动/发电机采用一种不对称线圈缠绕的技术,使线圈密度更大,电动/发电机的最大功率和最大转矩比 2005 款 Civic 混合动力电动/发电机分别增加了 50%和 14%,电能—机械能的转换效率由原来 94.6%提高到 96%。电动机控制器也采用了数字通信技术,使控制更加准确,提高了电动机的效率和混合动力系统的燃油经济性。

从图 2.14 转矩和功率曲线可以看出,由于电动机提供的辅助推动力,使整车的动力性得到了很大的提高。

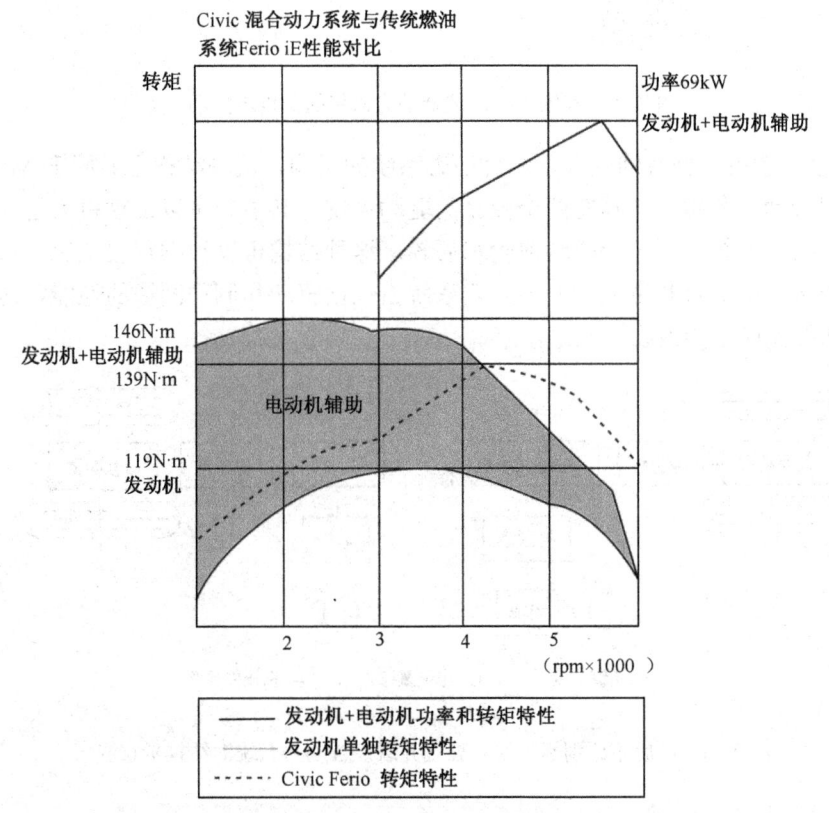

图 2.14　本田混合动力驱动系统 IMA 的转矩与功率特性曲线

2) 双轴式并联混合动力系统

从图 2.15 可以看出,双轴式并联混合动力系统的特点是电动机和发动机产生的动力经过各自的机械变速器后才实现复合。图 2.15 中,有两条动力线路,一条是由发动机、离合器和变速器构成的动力线路;另一条是由电动机和自己专有的变速器构成的动力线路。两条动力线路在将动力输往驱动轴时才进行复合,动力复合器采用行星差动系统。

在这种结构中,可以通过调节变速机构的变速比来调节发动机和电动机之间的转速关系,使发动机的工况调节变得较为灵活。行星差动动力复合机构具有两个自由度,可以实现两个输入部件的转速复合,以确定输出轴的转速,而两个部件间的转矩则保持一定的比例关系。这种功率复合形式称为速度复合。可见双轴式并联混合动力系统结构十分复杂,这是它一个很大的缺陷。

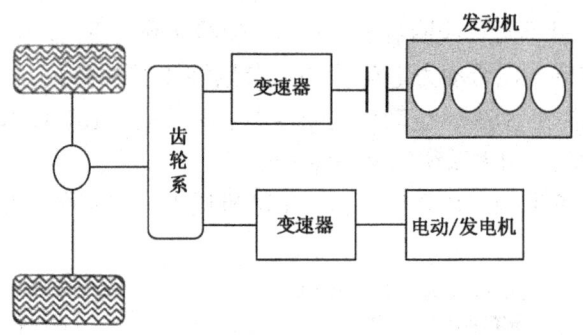

图 2.15 双轴式并联混合动力系统的结构示意图

图 2.16 给出了另一种双轴式并联混合动力系统的结构,这种结构主要用于 MPU 等需要全轮驱动的混合动力车型。它具有两个独立的驱动系统,其中一个以发动机为主,另一个以电动机为主,两个系统分别负责驱动前轮和后轮。这种结构可以根据行驶工况,选择不同的混合度(轻混合、中混合和全混合)的并联系统去优化驱动和制动回馈的性能,达到更好的节能、减排和控制成本的效果。

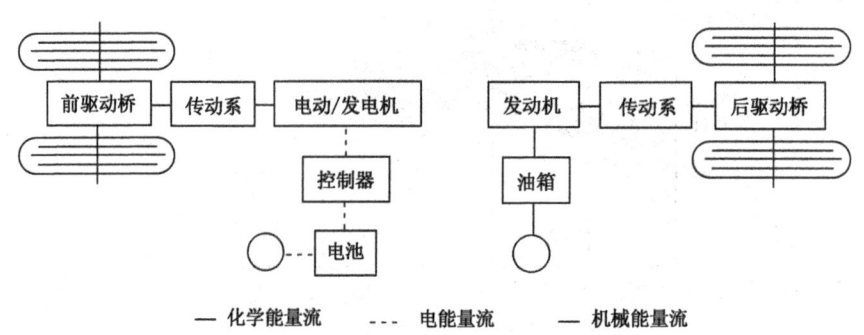

图 2.16 前后轮分别驱动的双轴式并联混合动力系统的结构示意图

2.2.5 混联式混合动力驱动系统

混联式混合动力驱动系统的组成结构与能量流路线示意图如图 2.17 所示。由图可见混联式混合动力驱动系统在结构上综合了串联式和并联式的特点。与串联式相比,它增加了机械动力的传递路线;与并联式相比,它增加了电能的传输路线。发动机发出的功率一部分通过机械传动输送给驱动桥,另一部分则驱动发电机发电。发电机发出的电能输送给电动机或电池,发动机产生的驱动力矩通过动力耦合装置传送给驱动桥,电动机所产生的力矩同样也通过传动系统传送给驱动桥。

混联式驱动动力驱动系统充分发挥了串联式和并联式的优点,能够使发动机、发电机、电动机等部件进行更多的优化匹配,从而在结构上保证了在更复杂的工况下使系统在最优状态工作,所以更容易实现排放与油耗的控制目标。但是混联式结构复杂,成本高,控制困难,然而随着控制技术和制造技术的发展,一些现代混合动力驱动系统更倾向于选择这种结构。

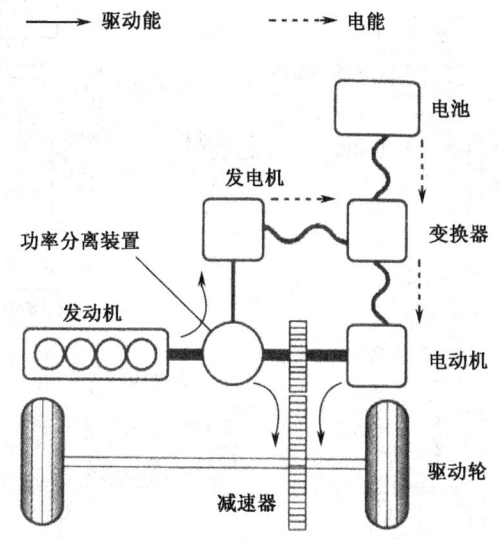

图 2.17　混联式混合动力驱动系统的组成结构与能量流示意图

混联式混合动力驱动系统的控制策略：在汽车低速行驶时，驱动系统主要以串联模式工作；当汽车高速稳定行驶时，则以并联模式工作为主。

图 2.18 所示为丰田公司 Prius 车型的混联式混合动力系统的结构示意图，被公认为是目前最成功的结构。

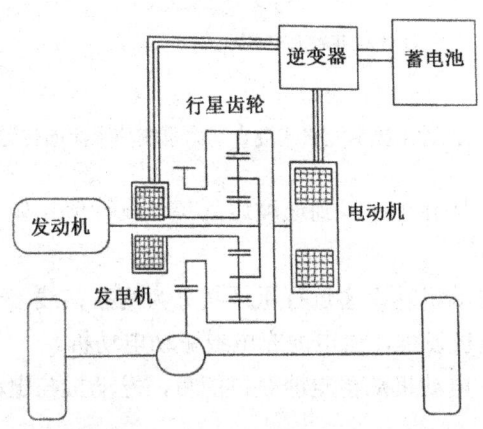

图 2.18　丰田Prius混联式混合动力系统的结构示意图

由图 2.18 可见，该系统采用单排行星机构作为功率分配和复合的装置，发动机与行星架相连，通过行星齿轮将动力传送给齿圈和太阳轮，太阳轮与发电机相连，齿圈轴与电机轴相连。功率分配装置将发动机的一部分转矩直接传送到驱动轴上，将另一部分转矩传送到发电机上。发电机发出来的电能，将根据指令或用于给蓄电池充电，或用于驱动电动机以增加对车辆的驱动力。

图 2.19 给出了几种工况下混联式混合动力系统功率流的传送路径。

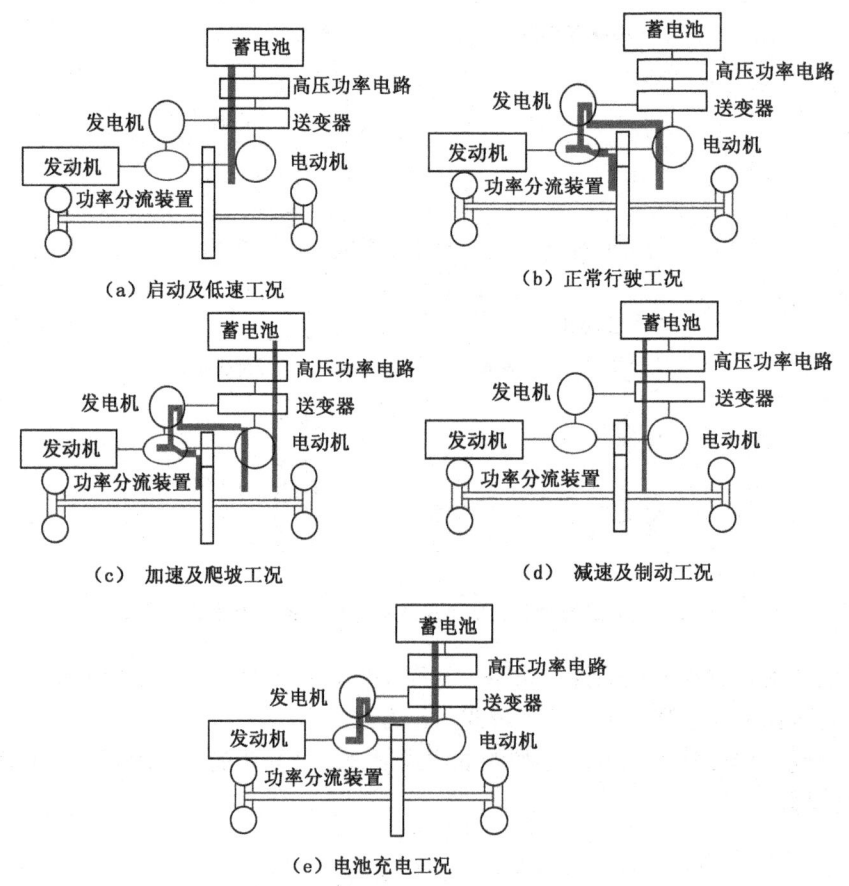

图 2.19 几种工况下混联式混合动力系统功率流的传送路径

（1）启动及低速工况：从静止起步到速度达到某一设计值（如 30km/h），车辆由电动机驱动，为纯电动模式。

（2）正常行驶工况：发动机功率通过行星系统分为两条路线。一条是通过齿圈直接传到变速器；另一条是驱动发电机发电，给电池充电或驱动电动机。

（3）加速及爬坡工况：电动机从蓄电池获得能量，发动机与电动机同时驱动车辆，系统工作在混合模式。

（4）减速及制动工况：当踩下制动踏板时，齿圈轴反拖电动机轴旋转，电动机作为发电机发电，向蓄电池充电，并产生制动转矩。

（5）电池充电工况：在需要时发动机可以仅驱动发电机，向蓄电池充电。

2.2.6 插电式（Plug-in）混合动力驱动系统

插电式混合动力驱动系统是在以上三种混合动力系统的基础上发展起来的一种混合动力系统，它配备了较大容量的动力电池，可以通过接入电网为系统中配备的动力电池充电，充电后可仅凭动力电池和电动机驱动汽车以纯电动模式行驶。在动力电池的剩余电量用完后，切换至混合动力系统模式（串联式、并联式或混联式）工作，延长电动汽车的续驶里程。插电式混合动力系统既可以以纯电动模式行驶较长的距离，又解决了目前纯电动汽车续驶里程短的问题，是目前非常有发展前景的一种驱动系统。

图 2.20 所示为丰田汽车的插电式混合动力系统的结构示意图。

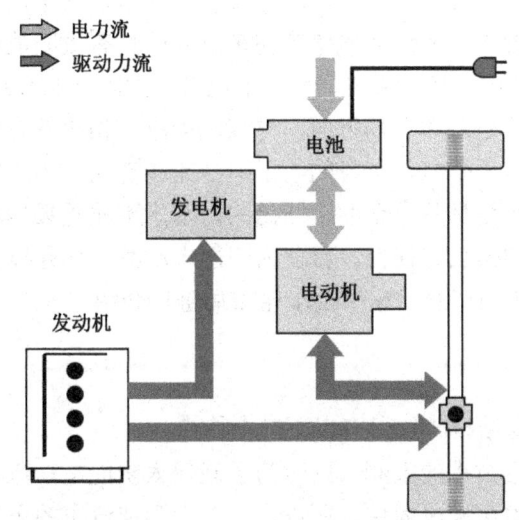

图 2.20　丰田汽车的插电式混合动力系统的结构示意图

2.3　太阳能电动汽车

太阳能电动汽车是指通过贴在车身上的太阳能电池吸收太阳光的能量，通过光电的转换将光能转化为电能，并将电能储存在车内的蓄电池里，再通过电动机将蓄电池的电能转换为机械能，驱动车辆行驶的交通工具。

太阳能电动汽车被称为当今最清洁、最有发展前景的绿色环保汽车。它具有零排放、低噪声、能源补充来源广等优点。在光照强度比较大的情况下，太阳能电池吸收的太阳能通过光电转化而来的电流可以直接驱动电动机，也可以与蓄电池同时供电；而储存在蓄电池中的能量则可以在不利的天气（如多云、夜晚、雨天）供太阳能电动汽车使用。当然，受目前技术发展水平和客观因素的制约，太阳能主要还是作为一种辅助能源来使用，太阳能电动汽车还远远不能达到人们所期望的用于完全取代现代的燃油汽车而实现商用化的要求，只能作为概念车来使用。对于太阳能电动概念汽车，大多以太阳能电池为辅助能源；而太阳能竞赛汽车的动力则完全由太阳能电池提供。

2.3.1 太阳能电动汽车的基本构造

太阳能电动汽车的车体的基本结构主要包括车身外罩、车架、车轮、转向系、制动系统、悬架系统等要素；太阳能电池和电动机是太阳能电动汽车的动力源；蓄电池是它的储能装置。对于概念型太阳能电动汽车，其车体构造、底盘布置与纯电动汽车没有什么太大区别，在构造组成上两者最大的区别就在于太阳能概念车在车身外面贴有太阳能电池板，以及多了太阳能电池充放电控制、管理的电子控制系统。而对于现有的太阳能竞赛汽车，大都是单人驾驶，无论是从外形、内部结构还是总体布局方面，与纯电动汽车相比都有很大不同。例如，太阳能汽车为了吸收更大面积的太阳能，车身的上平面都比较宽大，为了给驾驶员提供驾驶所需的足够视野，通常驾驶员座舱是从上平面上凸出的，基本不注重乘坐和驾驶的舒适性，而仅仅考虑驾驶员的生理需求和操纵方便性。目前太阳能电动汽车还是以竞赛用车占多数，下面将对竞赛用太阳能电动汽车的车身、车架及车轮布局进行介绍。

1. 车身结构的特点

太阳能电动汽车的车身结构一般具有以下三个特点。

（1）由于受太阳能利用技术的限制，同时为了确保太阳能电动汽车的性能，太阳能电动汽车必须具有小的空气阻力和迎风面积，所以，首先太阳能汽车的车身外形一般很宽而且是扁平状的。

（2）太阳能电动汽车车身结构一般是采用轻量化、刚性强度高的单壳式车身结构，又称为罩式车身。单壳式车身是没有骨架，只靠外壳支撑，用"结构式外壁"构造而形成的车身。

（3）因要在车身外表面贴太阳能电池，而太阳能电池又为脆硬性材料，不能承受太大的弯曲度，故太阳能汽车车身的曲度不能很大。车身外罩的制作一般采用 FRP 材料（Fiber Reinforced Plastics，纤维增强复合塑料）成型技术。车全长一般为 4～5m，宽度一般为 1500～1800mm。

2. 车架结构

太阳能电动汽车多数是由底盘与罩式车身组合而成。虽然罩式车身无一例外地全部是由 FRP 制的单壳车身，但是底盘车架部分还是具有空间架结构和整体式车架两种形式。

作为车身基本骨架的车架，要求必须满足以下三个要求：① 拥有在行驶过程中不被破坏的强度；② 轻量化以获得良好的行驶性能；③ 足够的刚性以提高行驶稳定性。

下面分别介绍空间架车架和整体式车架的结构和特点。

（1）空间架车架（桁架结构）。

很多太阳能车辆的车架（图 2.21）材料大都采用铝（或者钢）质的薄壁管件，连接工艺采用焊接工艺。车架强度刚性最弱的部位处在车架材料不能通过的驾驶员周边的开口部分。在设计这种车架时，必须重点考虑上侧管件由于支撑载荷而出现的压缩变形的问题，特别是对刚性强度要求比较高的太阳能电动汽车，上侧纵向的主管件最好比其他部位的管件大一个尺寸。避免部件受到过大的弯曲应力是空间架车架设计的基本原则。

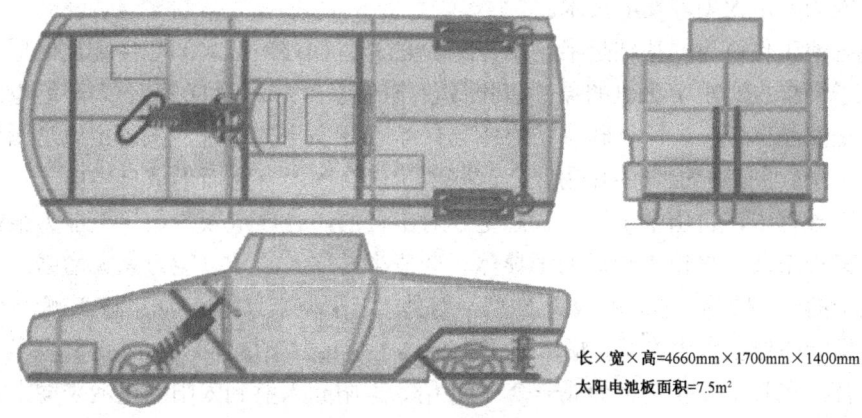

图 2.21 太阳能电动汽车车架结构示意图

（2）整体式车架。

整体式车架形状的自由度高、重量轻且能够抵受冲击，制作材料一般选用环氧树脂系胶水加固的 CFRP 碳纤维增强复合塑料，虽然材料费有点高，但是在制作上，因为用剪刀、钳子和胶水之类的工具和材料就可以制作，与需要用到焊接器件和焊接技巧的金属管式空间架车架相比，比较容易制作。

3．车轮及其布局

汽车一般都是四轮车，但是对于太阳能电动汽车而言，三轮车是其主流。为了把滚动阻力降到最低，最基本的要求就是使全部轮胎都必须朝正确的方向行走。对于具有三个车轮的太阳能电动汽车而言，只要把左、右前轮前束角设为零度，就可以达到这一基本要求。

（1）太阳能电动汽车大都采用前两轮、后一轮的三轮车结构布局，而且前面两车轮要作为转向轮应用，后面一个车轮作为驱动轮应用。这种布局在弯道前减速时，转弯的稳定性容易得到保证，是最标准的布局。

（2）前一轮、后两轮的三轮车布局与上述的布局相反，制动与转弯性能较差，特别是在减速同时需要转弯的时候，因为其具有向前扑倒的形状，侧翻的危险性高，一般不被采用 。但是，因为转向轮只有一个，全部轮胎的转弯中心都一致，这种结构布局能有效减小转弯阻力。

2.3.2 太阳能电池光伏发电原理及特性

太阳能电动汽车是通过贴在车身上的太阳能电池吸收太阳能，又通过光电的转化将电能储存在车内蓄电池里，电动机将电能转换为机械能而驱动车辆行驶的交通工具。就像传统内燃机车，其发动机是其"心脏"，太阳能电池也是太阳能汽车的"心脏"。因此，接下来对太阳能电池光伏发电原理及特性进行阐述。

1839 年，法国科学家贝尔雷尔（Becqurel）发现，光照能使半导体材料的不同部位之间产生电位差。这种现象后来被称为"光生伏打效应"，简称"太阳能效应"。1954 年，美国科学家恰宾和皮尔松在美国贝尔实验室首次制成了实用的单晶硅太阳能电池,诞生了将太阳光能转换为电能的实用太阳能发电技术。

太阳能电池工作原理的基础是半导体 PN 结的光生伏打效应。和任何物质的原子一样,半导体的原子同样也是由带正电的原子核和带负电的电子组成,目前用于太阳能电池的半导体材料主要是四晶体硅,半导体硅原子的外层有 4 个带负电的电子,按固定轨道围绕原子核转动。当硅原子收到外界能量的作用时,这些电子就会脱离轨道而形成自由电子,并留下空穴。在本征半导体中,自由电子和空穴总是成对出现的,且数量极少,导电能力很弱。如果掺入微量的某种杂质,将使掺杂后的半导体(杂质半导体)的导电能力大大增强。如果掺入能够释放电子的磷、砷等元素,就成为 N 型半导体(电子型半导体);如果掺入硼、镓等元素,由于这些元素能够俘获自由电子,形成 P 型半导体(空穴型半导体)。如果把 P 型半导体和 N 型半导体结合,在其交界面就会形成一个 PN 结。太阳光入射到太阳能电池表面上后,被太阳能电池吸收。此时,在太阳能电池内部因吸收了光能而产生了带正电和负电的粒子(空穴和自由电子),这些粒子各自在太阳能电池内部自由移动,而且它们绝大多数具有这样的性质,即电子(-)朝 N 型半导体汇集,空穴(+)则朝 P 型半导体汇集。如果这时分别在 P 型层和 N 型层焊上金属导线,接上负荷,就会产生电流。图 2.22 所示为太阳能电池的输出特性曲线。

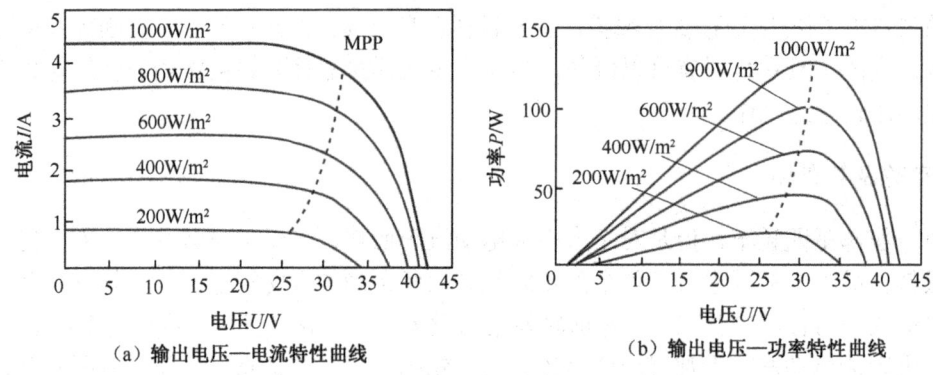

(a)输出电压—电流特性曲线 　　　　　(b)输出电压—功率特性曲线

图 2.22　太阳能电池的输出特性曲线

目前常见的太阳能电池主要是晶体硅太阳能电池,分为单晶硅、多晶硅和非晶硅太阳能电池。在硅系列太阳能电池中,单晶硅太阳能电池转换效率最高,技术也最为成熟。高性能单晶硅电池是建立在高质量单晶硅材料和相应的成熟加工处理工艺基础上的。现在单晶硅的生产工艺已经成熟,电池的太阳能转化效率最高已经超过 23%。单晶硅太阳能电池转换效率无疑是最高的,在大规模应用和工业生产中仍占据主导地位,但由于受单晶硅材料价格及繁琐的电池制造工艺影响,致使单晶硅成本价格居高不下,要想大幅度降低其成本是非常困难的。为了节省高质量材料,寻找单晶硅电池的替代产品,现在发展了薄膜太阳能电池,其中多晶硅薄膜太阳能电池和非晶硅薄膜太阳能电池就是典型代表。

无论单晶硅还是多晶硅、非晶硅电池,其基本构成单元都是单体电池。单体太阳能电池是光电转换的最小单元,一般无法单独使用,将单体太阳能电池进行串并联封装后就成为太阳能电池组件,组件的性能和参数因生产厂家而异,太阳能电池阵列是根据需要的电流和电压,把太阳能电池组件串并联组合而成的。单体太阳能电池的等效电路如图 2.23 所示。

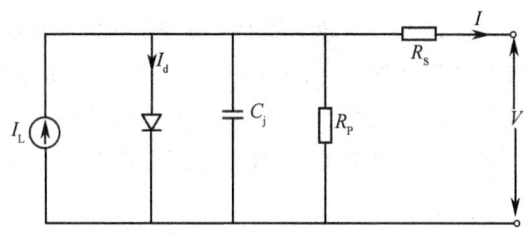

图 2.23　单体太阳能电池的等效电路

一个理想的 PN 结太阳能电池单元可以用一个电流为 I_L 的恒流源和理想的二极管来等效。而实际的太阳能电池还存在着极间分布电容 C_j 的和 R_s、R_P 的影响，其中，R_s 包括了材料体电阻、薄膜电阻、电极接触电阻，以及电极本身的传导电阻等总的串联电阻；R_P 代表了 PN 结形成的不完全部分所呈现的漏电阻。当太阳光照射太阳能电池时，将产生一个由 N 区到 P 区的光电电流 I_L。同时，由于存在正向二极管电流 I_d，此电流方向从 P 区到 N 区，与光生电流方向相反。

太阳能电池的 I-V 特性曲线是和太阳辐照度、电池温度有关的。辐照度相同、温度不同时，太阳能电池的输出特性如图 2.24 所示；温度相同、辐照度不同时，太阳能电池的输出特性如图 2.25 所示。

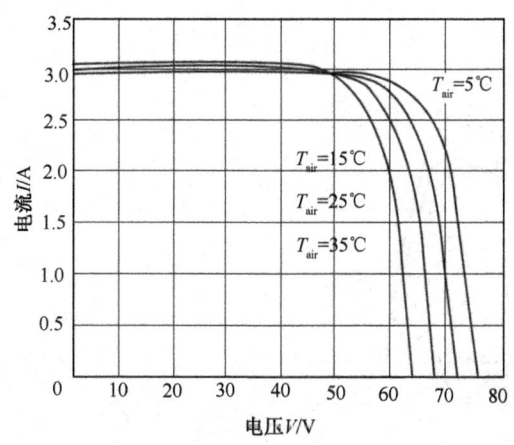

图 2.24　辐照度 $S=1000W/m^2$，电池温度不同时太阳能电池的伏安特性

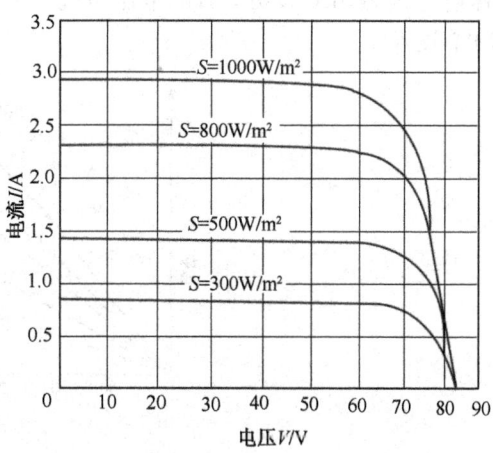

图 2.25　电池温度 $T=10℃$，太阳辐照度不同时太阳能电池的伏安特性

2.3.3　太阳能电动汽车太阳能电池最大功率点跟踪系统

最大功率点跟踪（Maximum Power Point Tracking，MPPT）系统，是一种高效率的 DC-DC 变换系统。作为太阳能电动汽车 MPPT 系统，它相当于太阳能电池输出端的阻抗变换器，其作用是使太阳能电池阵列始终工作在最大输出功率点上。MPPT 要实现最大功率跟踪这个过程，本身也是需要消耗能量的，同时其重量也将增加整车功率的消耗，如果 MPPT 的转换效率过低，则应用 MPPT 所获得的太阳能电池阵列输出功率的增加有可能被 MPPT 系统本身消耗掉，甚至

起反作用。所以，MPPT 不仅要是一个高效率的 DC-DC 转换器，更要是一个智能的控制系统，根据智能的控制策略，MPPT 能随太阳能电动汽车工作环境的变化监测太阳能电池阵列输出状态的变化，并快速、精确地判断最大功率点（Maximum Power Point，MPP）的位置，及时调整太阳能电池阵列工作电压，跟踪 MPP 的电压，使太阳能电池始终工作在最大输出功率状态。

1. 最大功率点跟踪技术的概念

根据前面对太阳能电池输出特性的分析得知，当辐照度和太阳能电池温度变化时，电池输出电压和输出电流呈非线性关系变化，其输出功率也随之改变。如图 2.26 和图 2.27 所示分别为太阳能电池温度 $T=25℃$ 时，不同辐照度的伏—瓦（电压—功率）特性曲线和辐照度 $S=1000W/m^2$ 时，不同温度的伏—瓦特性曲线。由图 2.26 和图 2.27 可以看出，每一个环境状态下都有一个 MPP，而这个 MPP 即为太阳（光伏）电池阵列在该外界条件下的最佳工作点。对于纯阻性负荷，其负荷线和 I-V 曲线的交叉点决定了太阳能电池阵列的工作点，当负荷发生变化时，太阳能电池阵列的工作点也会相应地变化，使得太阳能电池阵列的输出功率降低，并不是时刻都处于 MPP。因此在不同的温度、不同的辐照度条件下，当最大功率点发生漂移时，可通过调节负荷使太阳能电池阵列重新工作在 MPP 处。目前解决这一问题的有效办法是在太阳能电池输出端和负荷之间加入开关变换电路，利用阻抗变换原理，使得负荷的等效阻抗跟踪电池输出最大功率时的输出阻抗，从而使得太阳能电池输出最大功率。这种技术就是 MPPT 技术。

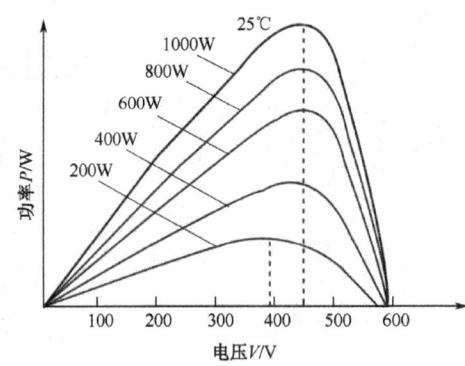

图 2.26　$T=25℃$ 时，不同辐照度的伏—瓦（电压—功率）特性曲线

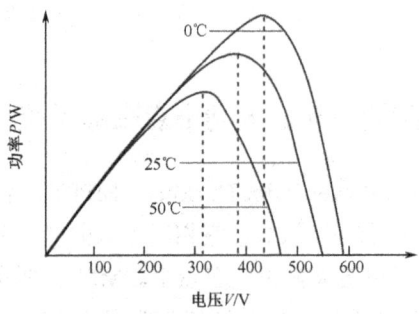

图 2.27　辐照度 $S=1000W/m^2$ 时，不同温度的伏—瓦特性曲线

2. 最大功率点跟踪器的工作原理

如图 2.28 所示的简单线性电路，负荷上的功率为

$$P_{R_o} = I^2 R_o = \left(\frac{V_i}{R_i + R_o}\right)^2 R_o \tag{2-2}$$

将 V_i、R_i 看做常数，对式（2-2）求导可得

$$\frac{dP_{R_o}}{dR_o} = V_i^2 \frac{R_i - R_o}{(R_i + R_o)^3} \tag{2-3}$$

由式（2-3）可知，当 $R_o = R_i$ 时，功率具有最大值。对于线性电路来说，当负荷电阻 R_o 等于电源内阻 R_i 时，电源有最大功率输出。虽然太阳能电池电路是强非线性的，然而在极短的时间内，可以认为是线性电路。因此，只要调节控制电路的等效电阻，使它始终等于太阳能电池的内阻，就可以实现太阳能电池的最大功率输出，也就实现了太阳能电池的 MPPT。而在实际应用中，是通过调节负荷两端的电压来实现太阳能电池的 MPPT，其原理如图 2.29 所示。在图 2.29 中，实直线为负荷电阻线、虚曲线为等功率线、I_{sc} 为太阳能电池的短路电流、V_{oc} 为太阳能电池的开路电压、P_m 为太阳能电池的 MPP。将太阳能电池与负荷直接相连，太阳能电池的工作点由负荷限定，工作在 A 点，从图 2.29 可以看出，太阳能电池在 A 点的输出功率远远小于在 MPP 的输出功率。通过调节输出电压的方法，将负荷电压调节到 V_R 处，使负荷上的功率从 A 点移到 B 点。由于 B 点与太阳能电池的 MPP 在同一条等功率线上，因此太阳能电池此时有最大功率输出。

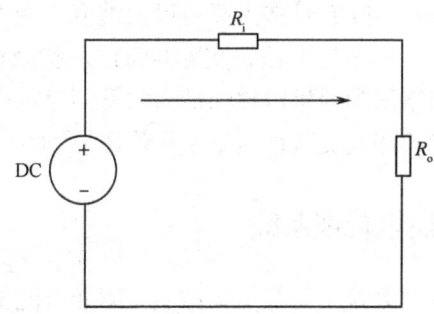

图 2.28 简单线性电路图

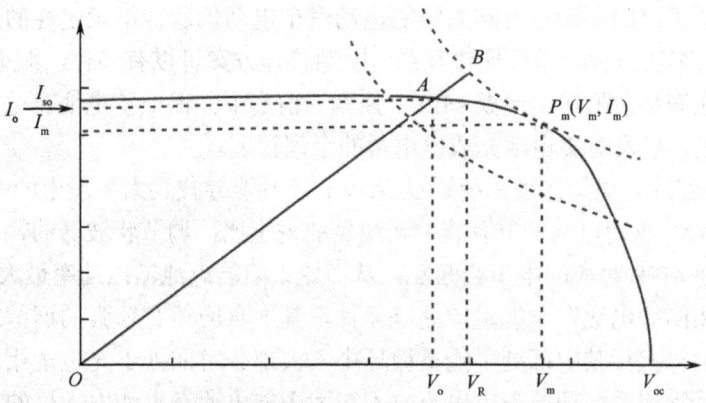

图 2.29 调节负荷两端电压实现太阳能电池MPPT的原理图

3. 最大功率点跟踪器的结构

图 2.30 所示为太阳能电池 MPPT 系统框图，太阳能电池对蓄电池充电。系统通过 MPPT 控制器寻找太阳能电池的 MPP，给出控制信号，通过 PWM 驱动电路调节系统中 PWM 变换器的占空比，调节 PWM 变换器的输入电压 V_{in}，使其与太阳能电池 MPP 对应的电压相匹配，从而使太阳能电池输出功率最大，充分利用太阳能电池。

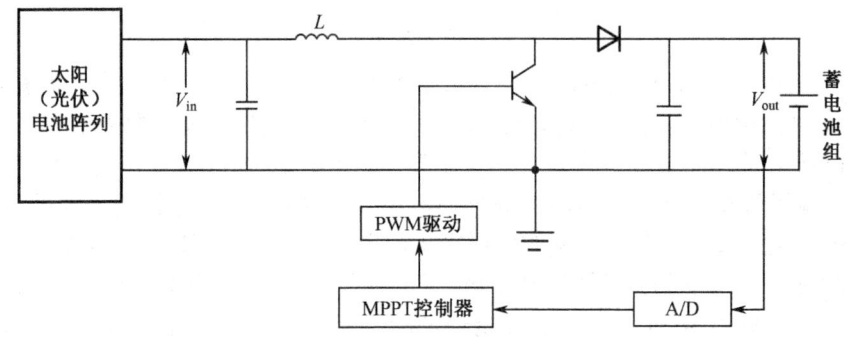

图 2.30　太阳能电池MPPT系统框图

4. 几种常见的最大功率点跟踪算法

根据寻优原理和实现方法，MPPT 算法大概可以归纳为 7 种方法，分别为恒定电压控制法、电流回授法、功率回授法、直线近似法、实际测量法、扰动观察法和增量电导法。其中又以恒定电压控制法、扰动观察法和增量电导法最为常见。对与这些 MPPT 算法的工作原理和实现方案有兴趣的读者可参考相关资料，这里不再论述。

2.3.4　太阳能电动汽车的能量管理系统

太阳能电动汽车的能量管理系统主要是用来控制太阳能电池工作在 MPP，管理光伏发电的能量在充电控制器和电动机之间的分配，使得太阳能能量得以合理使用，并对太阳能电动汽车蓄电池的充放电进行管理和保护，控制蓄电池的充放电和管理电动机的用电。

太阳能电池受天气的不确定性和太阳能电动汽车电动机运行不确定性的影响比较大，所以，太阳能电动汽车能量管理系统比较复杂，能源管理方案可以有多种，很难找到最佳方案。但首要原则是，在满足太阳能电池板 MPPT 控制的前提下，保证蓄电池充电功率与电动机驱动功率的合理分配，以及对蓄电池充放电电量的合理管理。

对于 MPP 的追踪，能量管理系统通过 MPPT 控制器寻找到太阳能电池的 MPP，给出控制信号，通过 PWM 驱动电路调节系统中斩波器的占空比，调节斩波器的输入电压，使输入电压与太阳能电池 MPP 对应的电压相匹配，从而使太阳能电池输出功率最大。

蓄电池作为太阳能电池发电能量的储能器件，其本身应该有较强的调节能力。蓄电池在太阳能电动汽车的每次行驶中都处于能量循环中，大部分时间处于充电量相对不满的状态，这时需要通过能量管理系统调节充电电流来平衡太阳能电池发电和电动机的用电负荷。蓄电池的放电管理则要保证蓄电池不至于过放电，能量管理系统要保证蓄电池放电电流尽量不超过蓄电池 10%容量的值。对于太阳能电动汽车,蓄电池的放电意味着电动机的驱动运转,其放电管理依据三个数据进行控制:①蓄电池的端电压;②蓄电池的剩余电量;③程序中设定的太阳能电动汽车每日行驶里程。

2.4 燃料电池电动汽车

与传统内燃机汽车相比,燃料电池汽车不通过热机过程,不受卡诺循环的限制,具有能量转化效率高、环境友好等内燃机汽车不可比拟的优点,而且还同时可以保持传统内燃机汽车高速度、长距离行驶和安全、舒适等性能。早期的燃料电池汽车的燃料电池和它的附属设备的重量重、体积大,占据了车体的大部分的装载空间,在其总布置上有很大的困难。近年来燃料电池不断地向小型化方向发展,使得燃料电池已经可以成功地配置到各种类型的车辆上。

2.4.1 燃料电池电动汽车的定义和优势

燃料电池电动汽车(Fuel Cell Electronic Vehicle,FCEV)是指以氢气作为燃料,用燃料电池(Fuel Cell)作为能源转换装置,以电动机作为动力装置的电动汽车。

燃料电池是一种将氢和氧的化学能通过电极反应直接转换成电能的装置。由于燃料电池同时兼具无污染、高效率、适用广、噪声低、可快速补充能量等特点,被认为是今后替代传统内燃机最理想的汽车动力装置。与传统内燃机汽车、纯电动车、混合动力电动汽车相比,燃料电池电动汽车具有以下优势。

(1)能量转换效率高。

燃料电池的最大特点是反应过程不涉及燃烧和热机做功,因此能量转换效率不受"卡诺循环"的限制。燃料电池理论上能量效率可接近83%,在实际使用中能量转换效率高达60%~70%,是普通内燃机的 2 倍左右。由于传统的内燃机汽车经常工作在负荷较低的工况下,燃油效率差,而燃料电池在低负荷时的系统效率较高,这一特点更适合汽车应用。传统内燃机和燃料电池的效率曲线如图 2.31 所示。

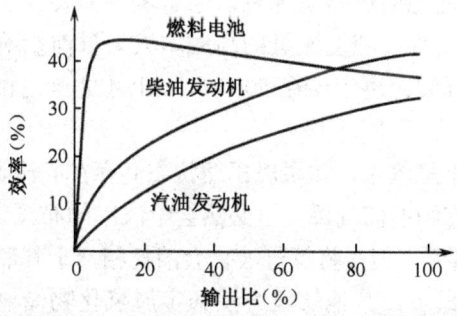

图 2.31 传统内燃机和燃料电池的效率曲线

(2)绿色环保。

燃料电池可以使用石油燃料或有机燃料,并可使用包括再生燃料在内的几乎所有的含氢元素的燃料。氢燃料电池电动车以纯氢为燃料，反应生成物只有水，属于零排放。其他非纯氢燃料电池电动车污染物的排放均比以汽油机和柴油机驱动的汽车低 1~2 个数量级，而且 CO 的排放量降低了 40%~60%。所以总体上讲，目前使用燃料电池作为动力源的交通工具在环境保护方面的优势是传统汽车无法达到的。

（3）运行噪声低。

燃料电池属于静态能量转换装置，除了空气压缩机和冷却系统外无其他部件的运动，因此运行比较平稳、无噪声和振动。

（4）续驶里程长。

采用燃料电池系统作为能量源，克服了纯电动汽车续驶里程短的缺点，其长途行驶能力及动力性已接近传统汽车。

（5）设计灵活方便。

燃料电池汽车可以按照线传操控技术（x—By—Wire）的思路进行汽车设计，改变传统的汽车设计概念，可以在空间和重量等问题上进行灵活的配置。使用 ECU、电子线路和电动机来替代原先通过机械连接方式实现的功能，使汽车可以彻底抛弃传统机械连接装置的束缚。

虽然燃料电池电动汽车推出容易，但是推广难度大。在发展过程中遇到了一些困难，主要存在着以下几方面的问题需要解决。

（1）燃料电池价格过高。

车用的燃料电池基本为质子交换膜燃料电池，目前质子交换膜燃料电池的价格在 500 美元/kW 左右，一辆使用 50kW 质子交换膜燃料电池的燃料电池汽车单纯燃料电池的成本就达到 2.5 万美元，这是市场无法接受的。只有当燃料电池生产成本降到 50 美元/kW 的水平才能为消费者所接受。也就是说，当一台 80kW 的汽车用燃料电池的成本降到 3500 美元的价格时，才能创造巨大的市场效益。

造成燃料电池高成本的原因有 3 个方面：首先是质子交换膜的价格过高；其次是燃料电池电极催化剂贵金属铂价格昂贵；最后由于质子交换膜燃料电池产量过低，这也是导致其成本过高的一个主要原因。

（2）燃料电池用氢的制备、储存困难。

质子交换膜燃料电池最理想的燃料是纯氢，由于氢气需要人工制取。大量高纯度氢气需要繁琐昂贵的工艺，因此，提炼高纯度液氢的高成本成为目前影响氢动力汽车推广的主要障碍之一。FCEV 一次加氢的行驶距离应该在 500 km 以上才能满足市场的需求，即每次加氢在 5kg 以上。

由于氢气比重轻、室温下呈气态，如果以压缩状态储存在高压容器中，为了获得与内燃机车相当的续驶里程需要很大容积的储气罐，这必然会给汽车的布置带来困难；以液态储氢可以解决续驶里程与整车布置的矛盾，但是将氢气液化会消耗相当于其液化的氢气所含的 60% 的能量，而且车载冷却装置成本昂贵。其他储氢方法如金属氢化物储氢等技术目前还尚未成熟，但目前有一种单位质量可以吸收 20% 氢气的、具有复杂纳米结构的石墨纤维受到了关注，具有很大的市场潜力。

（3）加氢站基础设施不完善、建设成本昂贵。

氢动力汽车进行燃料补给的"加氢站"建设投入大、不成体系，无法为其长时间远距离的运行提供保障，也成为影响氢燃料电动汽车发展的因素。其他的有待解决的问题包括提高燃料电池的功率密度、提高蓄电池的能量密度、减少铂催化剂的用量和寻找铂催化剂替代物等。

2.4.2 燃料电池电动汽车的基本构造

在结构组成上，燃料电池汽车仍然保留了内燃机汽车的车身、行驶系统、悬架系统、转向系统和制动系统等，不同之处在于它的动力驱动系统。

燃料电池汽车是以电力驱动作为唯一的驱动模式，按燃料种类不同，燃料电池汽车可分为以车载纯氢和燃料重整（如以甲醇改质后产生的氢气作为燃料）两种燃料电池汽车；按驱动能源组合形式不同，可分为纯燃料电池驱动和混合驱动两种形式。

纯燃料电池驱动汽车只有燃料电池一个动力源，汽车的所有功率负荷都由燃料电池承担。所以有以下缺点：①要求燃料电池的功率大，成本昂贵；②对燃料电池的动态性能和可靠性要求高；③不能进行制动能量回收。因为具有以上三个方面的局限性，目前的燃料电池汽车主要采用混合驱动形式，在燃料电池驱动的基础上，增加动力蓄电池或超级电容作为另一路动力源。

图 2.32 所示为采用"燃料电池+蓄电池"（F+B）混合驱动形式的燃料电池汽车动力系统结构。增加蓄电池配置主要基于以下三方面的考虑：①蓄电池与燃料电池同时向电动机供电，在提供相同最大功率条件下，可以减小燃料电池的功率，降低成本，改善整车的动态性能，提高整车的可靠性；②燃料电池启动时，需要空气压缩机、鼓风机提前工作，电堆需要预加热，氢气和空气需要预加湿等，这些过程都需要有一个电源在燃料电池启动以前向其提供电源；③制动能量的回收也需要一个蓄电池。

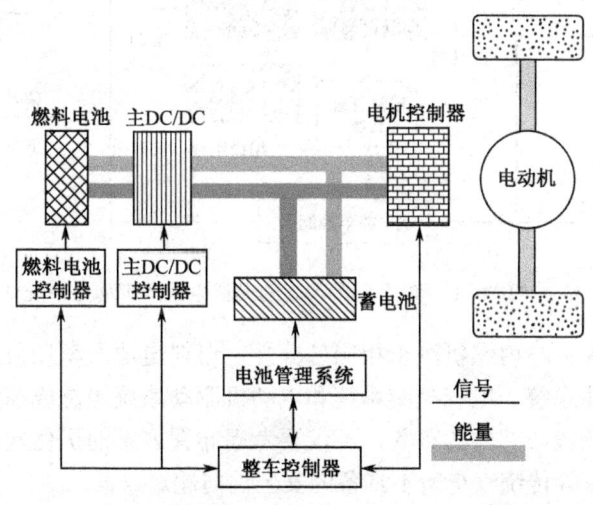

图 2.32 "F+B" 燃料电池汽车混合动力系统结构

根据燃料电池所提供能量在总驱动能量中所占比例大小，可将燃料电池混合动力汽车分为能量混合型和功率混合型两大类。能量混合型燃料电池混合动力汽车出现在燃料电池汽车发展的早期，正逐渐被功率混合型燃料电池混合动力汽车所替代。

在燃料电池开发的早期，由于技术水平不高，燃料电池的功率难以提升，仅靠燃料电池难以满足车辆行驶的功率需求，燃料电池仅能提供车辆行驶功率的一部分，不足部分需要由蓄电池提供。这种混合驱动形式就是能量混合型燃料电池汽车。这种类型的汽车往往需要配备较大容量的蓄电池，导致车辆自重增加，动力性变差，布置空间紧张，每次运行结束后不仅要加氢气，而且还要充电，使用十分不方便。

随着燃料电池技术的发展，燃料电池性能不断提高，额定功率不断提高，向车辆提供的驱动功率的占比也不断提高，这就使得减小蓄电池的容量、体积、重量成为可能。蓄电池容量减少后，整车的重量减少，动力性能提高。蓄电池由原来的重要能量提供者，变成了只提供车辆驱动功率的一小部分，成为了辅助能量源。蓄电池的主要功能变成了以下三个：① 提供燃料电池启动的能源；② 汽车爬坡、加速时提供功率；③ 制动能量回收。这种混合驱动形式称为功率混合型燃料电池汽车。

图 2.33 所示为采用"燃料电池+蓄电池+超级电容"（F+B+C）混合驱动形式的燃料电池汽车动力系统结构。该形式是在动力传输线上再并联一组超级电容，用于在上坡、加速时提供峰值电流，下坡、制动时回收能量，从而减轻蓄电池的负担，延长蓄电池的寿命，提高能量回收和应用的效率。

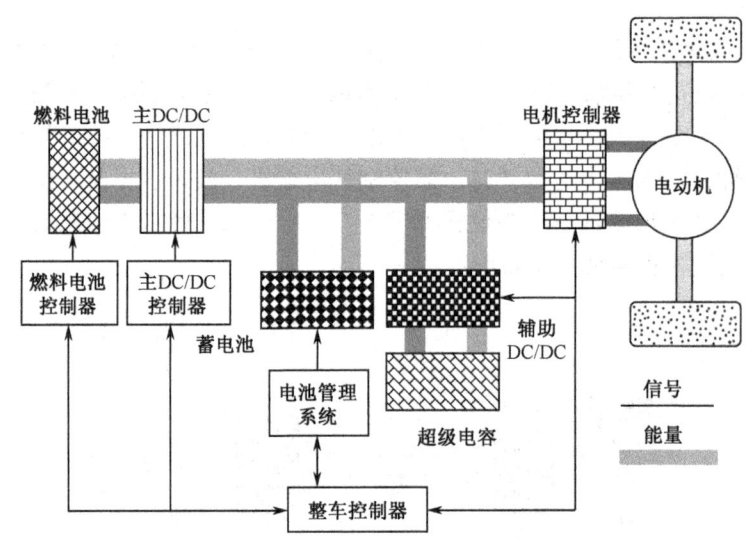

图 2.33 "F+B+C"混合驱动形式的燃料电池汽车动力系统结构

在整车布置上，除去与内燃机汽车相同部分外，燃料电池汽车还包括对氢气储存罐或甲醇改质系统、燃料电池系统、电气控制系统和电动机驱动系统等总成和装置的布置，以及高压电的安全隔离。这些核心部件的布置，不仅要考虑布置方案的优化及零部件性能实现的便利，还必须考虑氢泄露等传统汽车所不具备的安全性问题。

早期用内燃机汽车底盘改装的燃料电池汽车，在汽车底盘上对氢气储存罐或甲醇改质系统、燃料电池系统、电气控制系统和电动机驱动系统等总成和装置进行总布置时会受到一些局限。新近研发的燃料电池汽车则采用了滑板式底盘，可以将燃料电池汽车的氢气储存罐和供应系统、燃料电池系统、电能转换系统、电动机驱动系统、转向系统和制动系统等统统装在一个滑板式的底盘中，而在底盘上部可以布置不同用途的车身和个性化造型的车身。燃料电池系统和电动机驱动系统在底盘中的布置主要采取前置方式；氢气储存罐或甲醇改质系统在底盘中的布置更多考虑的是汽车碰撞安全性和车辆外形结构紧凑，所以多采用后置。

2.4.3 燃料电池工作原理

燃料电池是一种把氢进行氧化而将化学能直接转换为电能的发电装置，其能量的转换不受卡诺循环规律限制。在运行过程中，燃料电池不需要复杂的机械传动装置，也不需要润滑剂，当燃料电池向驱动电动机提供电源来驱动燃料电池汽车行驶时，没有震动与噪声。

燃料电池是由负极（燃料极）、正极（氧化极）和正负极之间的电解质共同组成，不同种类的燃料电池采用了不同的电解质，有酸性、碱性、固体高分子型或质子膜型。其工作原理图如图 2.34 所示，在燃料电池负极一侧输入氢气，在燃料电池正极一侧输入空气或氧气。在催化剂的作用下，氢在阳极分解成氢离子和电子，氧在阴极同电解液中的氢离子一起吸收抵达阴极的电子，最后在电化学反应过程中转化为电能，生成水。由于电解质中离子的运动，电极上有电荷的积累，外电路接通后有直流电通过，并可以持续。电解质具有选择通过性，只允许负极产生的质子通过，到达正极，但不允许气体和电子通过。只要反应物不断输入，反应产物不断排出，燃料电池就能连续发电。

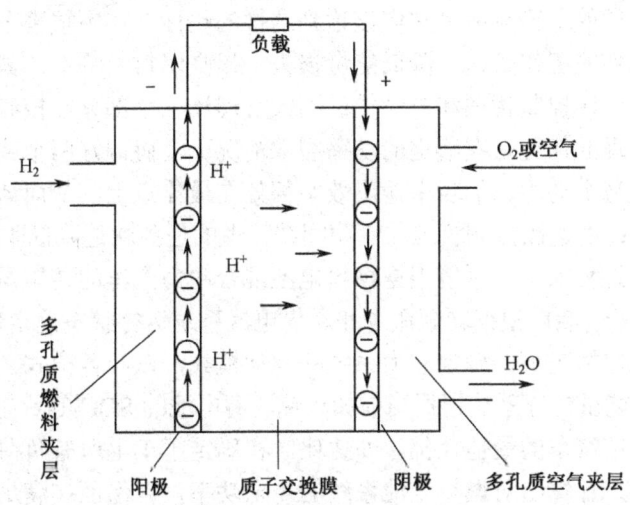

图 2.34 燃料电池工作原理图

燃料电池应用在汽车上，停车时温度将下降，使用时温度需要提升，这使得燃料电池汽车的启动需要一段时间。而保持高温状态下，能量损失又变大。因此限于这些条件，适合汽车应用的应为接近常温下使用的燃料电池类型。

目前，在燃料电池汽车的燃料电池使用上，美国广泛应用的是质子交换膜燃料电池组（Proton Exchange Membrane Fuel Cell，PEMFC），在日本一般使用固体高分子型燃料电池组（Polywer Electrolyte Fuel Cell，PEFC）。质子交换膜燃料电池是用可传导质子的聚合膜作为电解质，具有选择透过 H 离子的功能，其能量转换效率理论上可达到 80%，现在各国研发的 PEMFC 实际能量转换效率只达到 50%～60%，但它有比功率大、质量体积小、启动快、能耗少、寿命长、工作温度低等特点，有利于在燃料电池汽车上布置。固体高分子型燃料电池使用涂有塑料催化剂的固体高分子电解质膜作为电解质，其工作温度在80℃左右，可进行常温启动，而被认为是比较理想的车用燃料电池。

使用质子交换膜电池时，氢气通过管道或者导气板到达阳极，在阳极催化剂作用下，氢分子解离为带正电的氢离子并释放出带负电的电子，氢离子以水合物（H_3O^+）的形式穿过质子交换膜到达阴极，电子则通过外电路到达阴极，在阴极催化剂作用下，氧与氢离子及电子发生反应生成水。使用固体高分子型电池时，燃料极侧供给氢气，空气极供给氧气，两极之间是涂有塑料催化剂的固体高分子电解质膜和与外侧电极一体化的膜—电极结合体（Membrance Electrode Assembly，MEA），燃料极侧的氢离子通过这一膜到达空气极侧（$H_2 \rightarrow 2H^+ + 2e^-$）。从燃料极侧通过外部导线到达空气的电子与氢离子结合生成氢气，氢和氧结合生成水并发热（$O_2 + 4H^+ + 4e^- \rightarrow 2H_2O$）。

本节只是对燃料电池工作原理进行简单介绍，对燃料电池的重点将在第4章进行介绍。

2.4.4 燃料电池能量管理系统

燃料电池汽车能量管理系统的主要任务就是控制燃料电池汽车动力系统的能量转换和传输过程，从而达到期望的车辆响应。它应该达到这样的目标：在不损害车辆性能和部件寿命的前提下，均衡各部件的工作负荷、降低能量损失、提高燃料经济性。其能量管理系统主要包括功率分配管理、速比控制管理和制动能量回馈管理这三个部分，核心管理部分为功率分配管理。功率分配管理的任务是在给定的功率需求情况下，协调好两个或者两个以上动力源的功率输出比例，使每个动力源的功率输出效率都处在最佳点上，从而增加能量的利用效率和整体的燃料经济性；而速比控制管理和制动回馈管理的任务就是降低驱动端的功率需求。

能量管理的主要过程如下：系统根据燃料电池混合动力汽车的转矩需求和系统的限制条件来确定车轮转矩命令；然后根据转矩命令和燃料电池系统运行状态确定最大的燃料经济性；最后在特定的功率输出情况下，确定动力系统的驱动模式，以及各模式之间的转换机制，从而确定传动系速比。能量管理系统根据当前如车速、蓄电池的SOC等状态，以及驾驶员的转矩需求信号，决定当前汽车的最佳挡位，即速比。在确定了车上所有负荷的功率需求后，根据功率分配管理策略，计算出对燃料电池系统的需求功率，以保证在满足当前动力需求下获得较好的整车能量效率。而当燃料电池混合动力汽车处于制动状态时，转矩需求为负值。此时能量管理系统就根据预先制定的制动能量回馈管理策略确定电动机的回馈转矩，最后达到较佳的能量回馈效率。

2.5 气体燃料汽车

通常所说的汽车传统燃料指的是汽油和柴油，其实天然气、煤气等气体燃料很早就已经在汽车中作为燃料使用了。目前使用的气体燃料主要包括压缩天然气（Compressed Natural Gas，CNG）、液化天然气（Liquefied Natural Gas，LNG）、液化石油气（Liquefied Petroleum Gas，LPG）和氢气等。本节将介绍这些气体燃料及其汽车技术。

2.5.1 天然气汽车

我国有着丰富的天然气资源，天然气探明储量进入了高速增长阶段。今后，我国天然气的需求增长速度将超过煤和石油，在一次能源结构中所占的比例将逐年提高。由于天然气和汽油、柴油相比，具有成本低、污染小等优点，天然气汽车的应用比例近年来在我国得到了较大的提高。

1. 车用天然气

天然气主要成分是甲烷，随产地不同，甲烷的含量也不同。一般为85%~95%。甲烷的沸点为-161.5℃，与常温下处于液态的汽油、柴油的搬运和储存方法有很大差异。天然气的体积低热值（低热值是指单位体积燃气完全燃烧后其烟气被冷却至原始温度，但烟气中的水蒸气仍为蒸汽状态时所放出的热量）和质量低热值略高于汽油、柴油，但理论混合气的热值比汽油、柴油低。天然气只能点燃而不能压燃，而且具有很强的抗爆性能。通过提高压缩比，可以大幅度地提高天然气汽车的动力性和燃料经济性。天然气与空气混合后具有很宽的着火界限，这种性能为发动机稀燃技术提供了保证，从而进一步提高了燃料的经济性，降低了排放。

天然气与汽油和柴油相比较，它们的特性有很大差异，天然气与汽油的理化特性值的比较见表2.1。

表2.1 天然气与汽油的理化特性值的比较

特性值	天然气	汽油
密度（气态，kg/m^3）	0.718	5.093
低热值（MJ/kg）	49.54	44.52
理论空燃比（重量）	17.2	14.7
理论混合气热值（MJ/m^3）	3.36	3.82
沸点（常压，℃）	-162	100
气化潜热（kJ/kg）	510	297
自燃温度（大气中，℃）	650	500
点火界限燃料体积比（%）	5.3~15	1.2~6
点火界限当量比（φ）	0.65~1.6	0.7~3.5

供应汽车使用的燃气必须进行加工处理。一般供应民用的天然气由于含有不少杂质，若直接用作汽车燃料，会对车辆造成损害，或使发动机燃烧不正常，影响车辆的寿命和排放效果。为此，天然气在用作汽车燃料前，应进行脱水、脱硫等处理。国家标准 GB18047—2000《车用压缩天然气》对车用压缩天然气的热值、含硫含水、含氧、含二氧化碳等技术要求有严格的规定，见表2.2。

表 2.2 车用压缩天然气的技术要求

项 目	技术指标	试验方法
高位发热量（MJ/m³）	>31.4	GB/T 11062
总硫（以硫计）（mg/m³）	≤200	GB/T 11060.4
硫化氢（mg/m³）	≤15	GB/T 11060.1
二氧化碳（%）	≤3	GB/T 13610
氧气（%）	≤0.5	GB/T 13610
水露点（℃）	在汽车驾驶的特定区域内，在最高操作压力下，水露点不应高于-13℃；最低气温低于-8℃，水露点应比最低气温低 5℃	GB/T 17283

注：1. 压缩天然气应有特殊气味，必要时添加适量臭味剂，保证 CNG 在空气中的浓度达到爆炸下限的 20%时，能被察觉。
  2. 气体体积的参比条件为 101.32kPa，20℃状态。

根据天然气的燃烧特性，按照国际上最常用的判别天然气互换性的华白数，将天然气分为 10T、12T、13T 三类（见表 2.3），使发动机能够通过选择不同的类型的天然气，来满足不同条件的要求，获得最优的燃烧效果。

表 2.3 压缩天然气的燃气类型

类 型	华白数（MJ/m³）	
	标称值	范围
10T	40.7	38.3～44.0
12T	49.7	44.7～53.7
13T	52.5	50.5～54.7

注：气体体积的参比条件为 101.32kPa，20℃状态。

2．天然气汽车的类型

可以使用天然气燃料的汽车称为天然气汽车。天然气汽车可以按以下方法进行分类。

1）按燃料状态分类

（1）压缩天然气汽车（CNGV）。

气瓶内的天然气以高压（通常是 20MPa）气态储存，工作时经降压、计量和混合后进入气缸，也可以直接喷入气缸或进气管。

（2）液化天然气汽车（LNGV）。

气瓶内的天然气以液态储存，工作时液化天然气经升温、计量和混合后进入气缸，也可以直接喷入气缸或进气管。由于天然气液化后的体积仅为标准状况下体积的 1/625，储带方便，应用潜力较大。

（3）吸附天然气汽车（ANGV）。

气瓶内的天然气以吸附方式（压力通常为 3.5～6MPa）储存，工作时经降压、计量和混合后进入气缸，也可以直接喷入气缸或进气管。

2）按燃料供给系统特征分类

（1）单燃料 CNG 汽车。

仅使用 CNG 作为发动机的燃料，不再使用其他燃油或代用燃料的汽车。此类车辆的发动机在燃料供应系统、工作循环参数、配气机构参数等方面一般都针对 CNG 的物化特性进行了专门设计，因此燃烧热效率较高、经济性好。

（2）CNG—汽油两用燃料汽车。

该类汽车一般是指具有两套燃料供给系统，一套供给天然气，另一套供给汽油，两套燃料供给系统可分别但不可同时向气缸供给燃料的汽车。使用过程中可以在两种燃料之间进行灵活切换。此类汽车在燃用汽油时，不能同时使用 CNG 作为发动机的燃料；反之，燃用 CNG 时，也不能混烧汽油。此类汽车与单一燃料汽车相比，由于要兼顾两种燃料的物化特性，发动机结构参数几乎不作改造，因此燃烧热效率不高、经济性并不令人满意。

（3）CNG—柴油双燃料汽车。

该类汽车一般是指具有两套燃料供给系统，一套供给天然气，另一套供给柴油，两套燃料供给系统按预定的配比向气缸供给燃料，在缸内混合燃烧的汽车。混合燃烧时，CNG 为主燃料，柴油主要起引燃作用。此类发动机用柴油发动机，结构几乎不需要改动。这种汽车可以在单独柴油燃烧和 CNG 加柴油混合燃烧两种工况间进行灵活切换。

3．天然气汽车总体布置

天然气汽车与燃油汽车总体布置的差异，主要在于燃气系统的专业装置元件的安装位置上。一般燃气供给系统元件（减压调节器、混合器等）均安装在发动机舱内，不同车型的总体布置方案的主要差异在于气瓶数量和安装位置的不同，或加气口、主控阀、手动截止阀等元件安装位置有所不同。

4．天然气汽车燃料供给系统

天然气发动机的最关键技术是气体燃料供给方式，它影响发动机的动力性、经济性、安全可靠性及排放性能。下面分别介绍 CNG—汽油两用燃料汽车和 CNG—柴油双燃料汽车的燃料供给系统。

（1）CNG—汽油两用燃料汽车燃料供给系统。

CNG—汽油两用燃料汽车燃料供给系统大多采用机外混合方式，即将汽油机改装为使用 CNG—汽油两用燃料的发动机，而发动机的基本构造和汽油供给系统变化不大。

这种燃气供给系统的主要特点：①为了使燃气—空气混合气形成装置与汽油—空气混合气形成装置尽量协调统一，将混合器的空燃比调节功能转移到调节器上，采用结构简单的文丘里管式混合器或比例式混合器；②使用燃气时，发动机的启动、怠速、加速及功率控制等功能均在减压调节器上实现，减压调节器除具有减压和稳压功能外，还需具有燃气供给量的调节功能，结构比较复杂。

汽油机改装的 CNG—汽油两用燃料汽车的燃料供给系统如图 2.35 所示，即在原汽油机上加装一套 CNG 燃气供给系统，包括高压气瓶、高压管路、滤清器、调节器、混合器等，在燃用天然气时，替代原汽油机供油系统向发动机提供天然气—空气混合气。由于天然气与汽油的性质不同,在同一工况下要求的最佳点火提前角也不同。为保证燃用汽油和燃用天然气时均能获得最佳点火提前角,两用燃料汽车发动机的点火系统加装了点火时间转换器,通过燃料转换开关可在燃用汽油和 CNG 之间灵活切换。

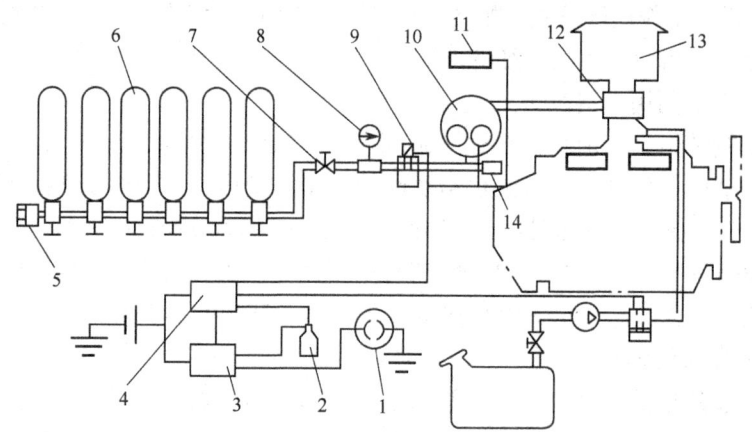

1—断电器;2—点火线圈;3—点火时间转换器;4—燃料转换开关;5—充气阀;
6—高压气瓶;7—供气阀;8—压力表;9—燃气电磁阀;10—调节器;11—指示灯;
12—混合器;13—空气滤清器;14—压力传感器

图 2.35　CNG—汽油两用燃料汽车的燃料供给系统

(2) CNG—柴油双燃料汽车燃料供给系统。

CNG—柴油双燃料发动机是在柴油机的基础上设计的,可单独使用柴油,也可同时使用柴油和天然气混合燃料,CNG—柴油双燃料汽车的燃料供给系统如图 2.36 所示,该系统主要由燃料供给系统、发动机控制保护系统、天然气供给和调节系统、天然气储存系统四部分组成。

燃料供给系统包括混合器、供气量控制阀、柴油供给装置(与柴油机相同)。该系统的功用是根据发动机不同工况的工作需要,供给发动机一定数量和浓度的燃气—空气混合气,并将一定量的引燃柴油以一定压力和喷油质量定时喷入气缸。供气量控制阀由驾驶员控制。

发动机控制保护系统包括供气量控制阀的传动装置、燃料转换装置、燃气供给闭锁装置。供气量控制阀的传动装置主要是根据发动机最高转速和空气滤清器堵塞程度,校正供气量控制阀的开度,以控制燃气供给量;燃料转换装置主要用来实现燃用柴油和柴油—燃气混合燃料之间的转换,并在高压气瓶压力不足时自动切换到燃用柴油状态;燃气供给闭锁装置主要是在发动机不工作时,切断燃气供给。

天然气供给和调节系统包括调节器(高压减压阀和低压减压阀)、天然气滤清器和加热器。其功用是向混合器输送清洁的低压天然气。为避免因天然气减压吸收热量而造成输气管路及其他零件冻结,增设天然气加热器,以保证燃气供给系统正常供气。天然气储存系统包括高压气瓶、压力表、充气阀、供气阀等。为防止高压减压阀故障造成中压管路压力过高而使系统元器件损坏、中压管路断裂,设置了中压管路限压阀。此外,为防止中压管路压力过低而影响正常供气,在中压管路中设有低压报警装置。

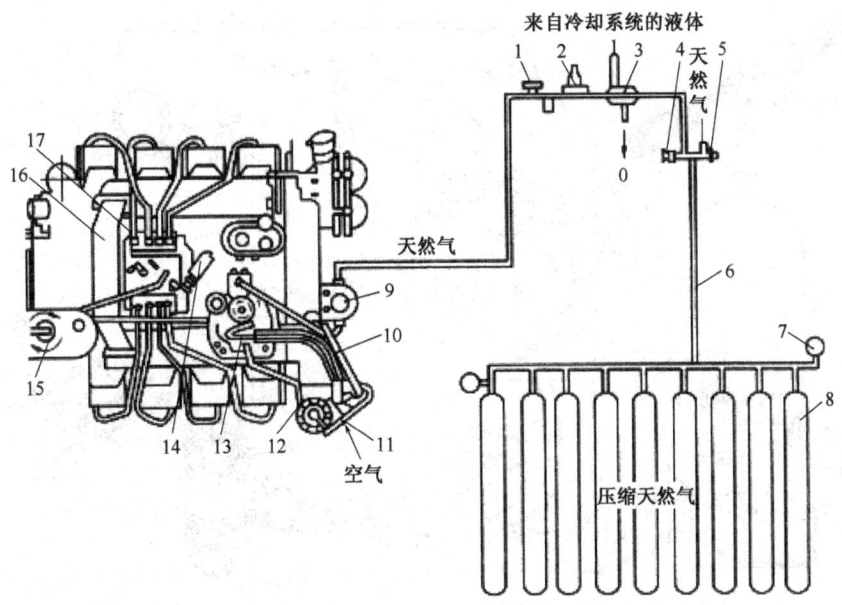

1—报警装置；2—高压减压阀；3—加热器；4—供气阀；5—充气阀；6—低压输气管；7—压力表；
8—高压气瓶；9—中压管路限压阀；10—低压供气管；11—供气量控制阀；12—混合器；
13—低压减压阀；14—喷油泵供油量限位器；15—燃料转换开关；16—发动机；17—喷油泵

图2.36　CNG—柴油双燃料汽车的燃料供给系统

发动机燃用CNG—柴油双燃料工作时，打开气瓶供气阀4，气瓶中的天然气经过加热器进入高压减压阀2，其压力降低到1~1.2MPa，然后经报警装置1、中压管路限压阀9、天然气滤清器进入低压减压阀13，再次减压后的天然气经供气量控制阀11进入混合器12，在混合器中天然气与空气进行混合，最后天然气—空气混合气由进气道进入发动机并由喷入气缸的柴油着火引燃。引燃柴油量由高压油泵上的油量限位器14来控制，发动机负荷高低由驾驶员通过加速踏板控制天然气供给量来调节。

5．电控CNG—汽油两用燃料发动机燃料供给系统

（1）开环控制系统。

电控汽油喷射发动机改装的CNG—汽油两用燃料发动机开环控制燃料供给系统的组成如图2.37所示。

电控汽油喷射发动机改装的CNG—汽油两用燃料发动机开环控制燃料供给系统工作原理框图如图2.38所示。在进入进气管前，该系统的燃气供给和汽油供给两个燃料供给系统是并列的。在发动机工作时，由油气转换开关控制燃气电磁阀和电动燃油泵，同一时刻，只允许发动机燃用汽油或燃气一种燃料。

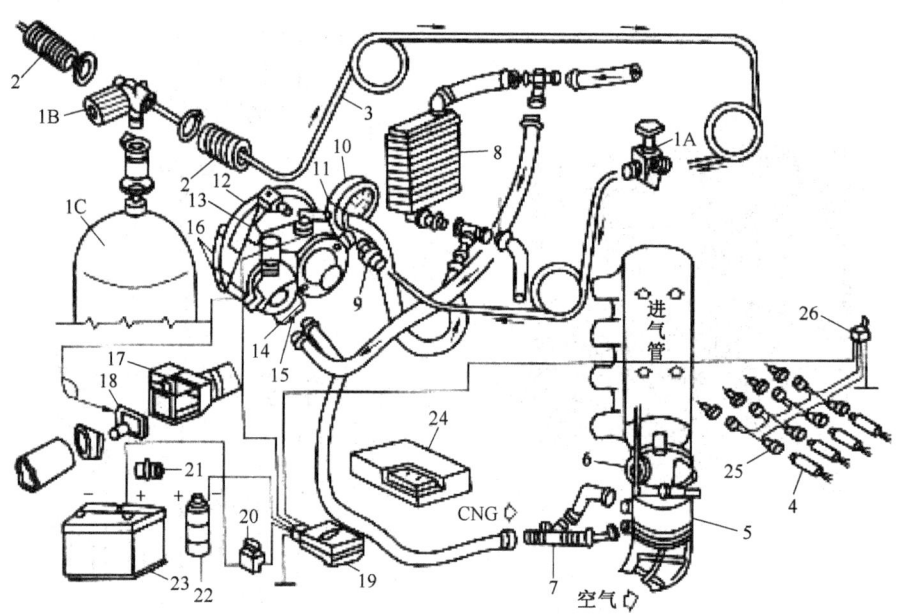

1A—充气阀；1B—供气阀；1C—高压气瓶；2—外套管；3—高压输气管；4—喷油器；5—混合器；
6—进气总管；7—供气三通插头；8—散热器；9—进气管插头；10—压力表；11—恒温器；
12—减压调节器；13—燃气电磁阀；14—冷却液管插头；15—出气管插头；16—怠速调节螺钉；
17—空气流量计；18—空气测量叶片强制开启器；19—燃料转换开关；20—熔断器；21—点火开关；
22—高压线圈；23—蓄电池；24—点火提前调节器；25—喷油器线束插接器；26—模拟器

图 2.37　CNG—汽油两用燃料发动机开环控制燃料供给系统

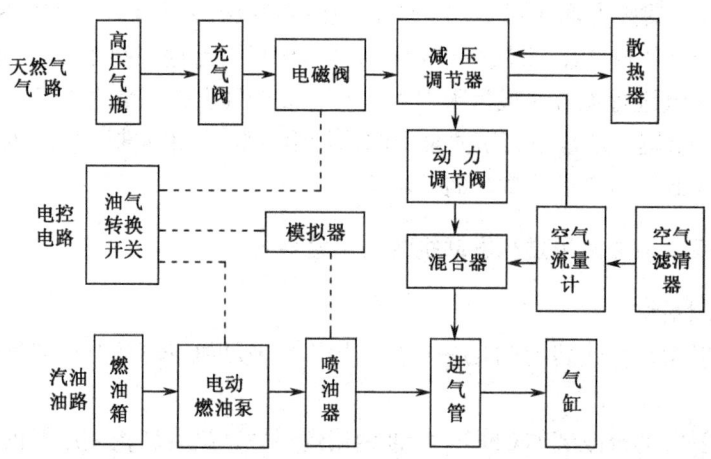

图 2.38　CNG—汽油两用燃料发动机开环控制燃料供给系统工作原理框图

在使用中加气时，通过充气阀将天然气充入高压气瓶。发动机燃用天然气时，将燃料转换开关转到"气"位置，此时燃气电磁阀开启、电动燃油泵停止工作，天然气经减压调节器减压后，再经动力调节阀进入混合器，并与来自空气滤清器的清洁空气混合后供往气缸。

此外，在油气转换开关上设有一根模拟器控制线，以便在燃用天然气时，使模拟器对喷油器进行关闭控制,并产生喷油器工作正常的模拟信号输送给汽油 ECU。由于电控燃油喷射系统用的是叶片式空气流量计,在发动机怠速工况时,测量叶片如处于关闭状态,将影响燃气混合器正常工作。因此,在减压调节器上引出一根低压输气管,使燃气压力作用到气缸活塞式空气测量叶片强制开启器上,强制推开测量叶片,保证使用燃气时怠速工况正常。

(2)闭环控制系统。

在开环控制系统中,燃气空燃比只能由改装或维护调试时调定的燃气动力阀开度大小和混合器的供气特性配合确定,调试出的空燃比是一个固定值,不可能保证在各种工况下都能获得最佳的空燃比。在减压调节器和混合器之间安装有 ECU 控制的功率阀,并加装氧传感器实现空燃比闭环控制,则可使发动机在各种工况下都能获得最佳的空燃比。

电控汽油喷射发动机改装的 CNG—汽油两用燃料发动机闭环控制燃料供给系统如图 2.39 所示。与开环控制系统相比,其主要区别是,在燃气供给系统中增加了燃气 ECU,并采用原车氧传感器实现空燃比闭环控制,同时增加了由燃气 ECU 控制的占空比电磁阀型功率阀,而取消了人工调节的动力调节阀。

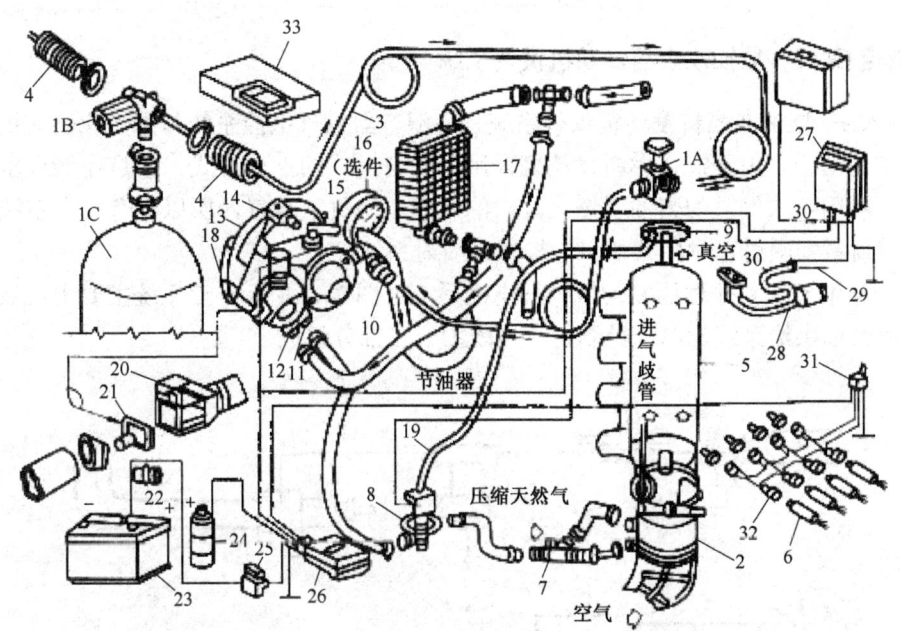

1A—充气阀;1B—供气阀;1C—高压气瓶;2—配合器;3—高压输气管;4—外套管;
5—进气总管;6—喷油器;7—供气三通插头;8—电控调节器;9—真空稳定器;10—进气管插头;
11—出气管插头;12—冷却水管插头;13—燃气电磁阀;14—减压器;15—恒温器;16—压力表;
17—散热器;18—怠速调节螺钉;19—真空管;20—空气流量计;21—空气测量叶片强制开启器;
22—点火开关;23—蓄电池;24—高压线圈;25—熔断器;26—燃料转换开关;27—燃气 ECU;
28—氧传感器;29—传感器加热器电源线;30—氧传感器信号线;31—模拟器;32—喷油器线束插接器;

图 2.39 CNG—汽油两用燃料发动机闭环控制燃料供给系统

CNG—汽油两用燃料发动机闭环控制燃料供给系统工作原理框图如图 2.40 所示,与开环控制系统的区别主要是,燃料转换开关只设"油"、"气"两个挡,由燃气 ECU 根据发动机工况等自动控制燃料停供和转换；同时由燃气 ECU、氧传感器、电控调节阀共同实现空燃比闭环控制。

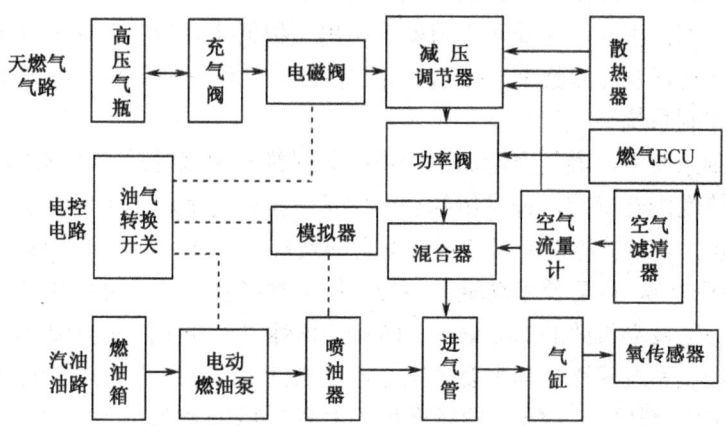

图 2.40　CNG—汽油两用燃料发动机闭环控制燃料供给系统工作原理框图

6. 电控 CNG—柴油双燃料发动机供气系统

电控 CNG—柴油双燃料发动机供气系统是纯混合器供气电控系统与第一代柴油机电控燃油喷射系统的结合。由于混合燃料发动机采用压缩自燃式的点火方式，它是在接近压缩行程上止点时，利用喷入气缸的柴油引燃气缸内的燃气—空气混合气，所以没有点火系统，而引燃柴油的喷射量和喷射正时由柴油机电控燃油喷射系统控制。

CNG—柴油双燃料非增压发动机供气电控系统如图 2.41 所示，该系统主要由天然气供气系统、引燃柴油供给系统、电子控制单元（ECU）三部分组成。

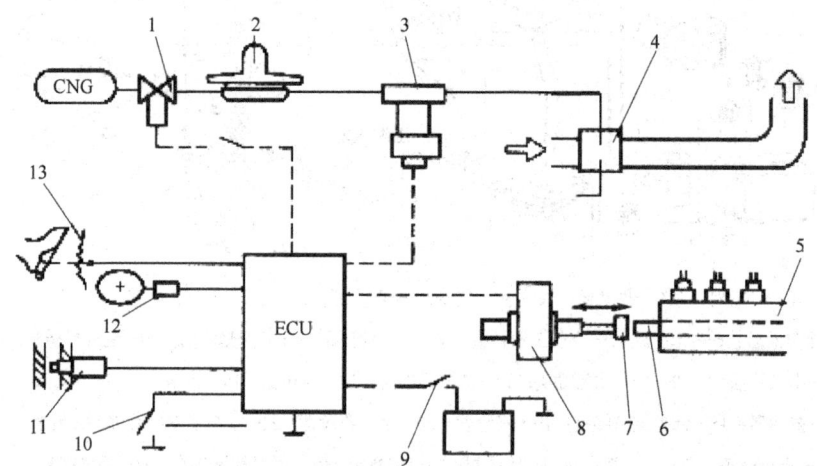

1—电磁阀；2—调节器；3—功率阀；4—混合器；5—喷油泵；6—供油齿条；
7—滑动挡板；8—齿条控制器；9—点火开关；10—燃料转换开关；
11—冷却液温度传感器；12—转速传感器；13—加速踏板位置传感器

图 2.41　CNG—柴油双燃料非增压发动机供气电控系统图

天然气供给系统主要由高压气瓶、电磁阀、调节器、功率阀、混合器组成。电磁阀用于必要时切断高压天然气的通路，从而确保系统的安全性。调节器可对高压天然气进行三级减压，压力从 20MPa 降到约 0.1MPa。功率阀采用步进电动机型或占空比控制电磁阀型，它执行燃气 ECU 的指令以控制燃气供给量。从功率阀出来的天然气到混合器中与空气混合，形成均匀混合气后供入气缸。

燃气 ECU 的主要功能是根据各传感器的信号来确定供油齿条和功率阀的位置，并根据燃料转换开关信号等控制天然气电磁阀的通断，同时燃气 ECU 也具有失效保护功能。

7. 电控燃气直接喷射系统

电控燃气直接喷射技术从 20 世纪 90 年代才开始研究。电控燃气直接喷射系统利用燃气喷射器直接向气缸内供气，并由燃气 ECU 控制喷气量和喷气正时。按燃气直接喷射压力不同，直接喷射系统可分为高压喷射和低压喷射两种类型，高压喷射系统用在压缩的混合燃料发动机上，低压喷射用在点燃式的单燃料或两用燃料发动机上。

电控燃气直接喷射系统结构复杂，技术要求高，目前只在美国、日本等少数国家得到开发应用。在我国，吉林大学内燃机研究所首先开展该技术的研究工作，并已研制出电控燃气直接喷射点燃式发动机。

2.5.2 液化石油气汽车

我国液化石油气（Liquefied Petroleum Gas, LPG）的来源包括油田和石油炼厂两个方面。随着天然气产量的增加，油田的 LPG 产量也会不断地增加。油田的 LPG 由于不含烯烃，适合用作汽车用燃料。LPG 与汽油、柴油等常规汽车燃料相比，具有燃料完全、积炭少、排放污染物少、息速及过渡工况运行稳定性好等优点，但与天然气一样也存在着动力性降低的问题。作为汽车替代燃料的 LPG，可以减缓石油资源的紧缺，从局部来看，充分利用区域性资源，使能源利用多样性，能源消耗结构趋于合理。同时，城市里出租和公交汽车改用液化石油气，对控制城市排放污染，提高汽车的经济性和排放性能无疑是一项有效措施。使用液化石油气的汽车简称为 LPG 汽车，具有良好的发展前景。

1. 液化石油气

液化石油气的主要成分是丙烷 C_3H_8，此外还含有少量的丁烷 C_4H_{10}、丙烯 C_3H_6 和丁烷 C_4H_8。车用液化石油气与汽油、柴油，以及天然气的理化特性的比较见表 2.4。液化石油气的特点与天然气相似，天然气的体积低热值和质量低热值略高于汽油，但理论混合气热值要比汽油低，液化石油气介于天然气和汽油之间。天然气的主要成分是甲烷，甲烷的辛烷值为 130，具有高的抗爆性能，可以采用提高压缩比的方法来提高汽车的动力性、经济性；液化石油气的辛烷值在 100～110 范围内。天然气和液化石油气比汽油着火温度高，火焰传播速度慢，因此需要较高的点火能量。

表2.4 液化石油气与汽油、柴油，以及天然气的理化特性的比较

项 目	液化石油气	汽油	柴油	天然气
物理状态	气态	液态	液态	气态
汽车上的储存状态	液态	液态	液态	气态或液态
在常压下的沸点/℃	-0.5	30～220	180～370	-161.5
低热值/（MJ/kg）	45.31	44.52	43	49.54
气化潜热（kJ/kg）	丙烷：-41 丁烷：0～2	297	—	510
辛烷值（ROM）	94	91	—	120
十六烷值	—	27	40～60	—
自燃点/℃	丙烷：358.2 丁烷：373.2	260	—	700
最低点火能量/MJ	—	0.25～0.3	—	—
相对分子质量	丙烷：41 丁烷：58	100～115	226	16
在空气中的可燃范围比（%）	—	1.3～7.6	—	5～15

作为车用液化石油气，必须保证其使用安全性、抗爆性及良好的启动性和排放性等。一般的民用液化石油气含烯烃较多，会造成结渣、堵塞气路和使膜片等橡胶件损坏等问题，不能满足车用燃料的要求。因此，各国都对车用液化石油气提出了要求标准。GB19159—2003《车用液化石油气》，对车用液化石油气作出了有关规定，根据丙、丁烷组分含量的不同，车用液化石油气分为以下三个牌号产品：

（1）1号产品 可在环境温度高于-20℃的条件下使用。
（2）2号产品 可在环境温度高于-10℃的条件下使用。
（3）3号产品 可在环境温度高于0℃的条件下使用。
车用液化石油气技术要求应符合表2.5的规定。

表2.5 车用液化石油气技术要求

项目		质 量 指 标		
		1号	2号	3号
蒸汽压（37.8℃，表压）/kPa		≤1430	890～1430	660～1340
组分的质量分数（%）	丙烷	>85	65～85	40～65
	丁烷及以上组分	≤2.5	—	—
	戊烷级以上组分	—	≤2.0	≤2.0
	总烯烃	≤10	≤10	≤10
	丁二烯（1,3丁烯）	≤0.5	≤0.5	≤0.5
残留物	蒸发残留物/（ml/100ml）	≤0.05	≤0.05	≤0.05
	油渍观察	通过	通过	通过
密度（20）/（kg/m^3）		实测	实测	实测
铜片腐蚀/级		≤1	≤1	≤1

续表

项目	质量指标		
	1号	2号	3号
总硫含量/（mg/m³）	<270	<270	<270
硫化氢	无	无	无
游离水	无	无	无

注：1. 总硫含量为0℃、101.35kPa条件下的气态含量。
　　2. 可在测量密度的同时用目测法测定试样是否存在游离水。

为了确保车用液化石油气的使用安全，当车用液化石油气中不含有可觉察的臭味时，应加入适量的硫醇、硫醚、四氢噻吩等臭味剂，加入量应以液化石油气在空气中的浓度达到爆炸下限的20%时能被察觉为标准。

2．液化石油气汽车的类型

可以使用液化石油气燃料的汽车称为液化石油气汽车。液化石油气汽车与天然气汽车相似，可以按以下方法进行分类。

1）按燃料供给系统特征分类

（1）单燃料LPG汽车。

仅使用LPG作为发动机的燃料，不再使用其他燃油或代用燃料的汽车。其发动机为预混、点燃式发动机。单燃料LPG汽车专为燃用液化石油气而设计，可以充分发挥液化石油气辛烷值高（等于94）的优势。

单燃料LPG汽车与单燃料CNG汽车相比，因LPG的辛烷值比CNG的低，故发动机的压缩比稍低，燃料经济性略差；因含碳比例较大，故排污比后者稍多；因LPG挤占空气容积较少，故动力性优于CNG。

（2）LPG—汽油两用燃料汽车。

LPG—汽油两用燃料汽车是可以视情况交替燃用LPG或汽油，而不能同时使用两种燃料的汽车。它备有LPG和汽油两套燃料系统，燃用汽油时切断液化石油气的供给，燃用液化石油气时切断汽油的供给。一般汽油车发动机不改动，只是加装一套液化石油气燃料供给装置，就成为了LPG—汽油两用燃料汽车。与单燃料LPG汽车相比，LPG—汽油两用燃料汽车的优点是，改装方便，原发动机基本不变；在保证供应的情况下可以尽可能地燃用液化石油气，而在需要时又可以随时方便地改用汽油；由于保存了原车的燃油箱，续驶里程比原车还要长。缺点是动力性能降低。

（3）LPG—柴油双燃料汽车

LPG—柴油双燃料汽车是指同时燃用LPG和柴油的汽车。LPG—柴油双燃料汽车与CNG—柴油双燃料汽车的主要优点类似，可以大幅度地降低大负荷工况的微粒排放，但小负荷时的HC排放有所增加。与CNG—柴油双燃料汽车相比，LPG—柴油双燃料汽车的缺点是，LPG的替代率略低于CNG的替代率；优点是LPG不受管线限制，供油系统的成本低，LPG的能量密度大，便于携带。

2）按液化石油气的供给方式分类

（1）真空进气式液化石油气汽车。

它是指液化石油气在进气管真空度作用下经混合器进入进气管的液化石油气汽车。其燃料供给方式与化油器式发动机相类似。

（2）喷气式液化石油气汽车。

它是指液化石油气以一定的压力经喷气嘴直接喷入气缸或进气管的液化石油气汽车。其燃料供给方式与汽油喷射式汽油机或柴油机相类似。

3．液化石油气汽车的布置

神龙富康轿车改装为LPG—汽油两用燃料车的总体布置示意图如图2.42所示。发动机供给系统在原车汽油供给系统的基础上，增加了LPG供给系统，并相应地更改汽油供给系统、冷却系统、电路等。增加的LPG供给系统包括LPG钢瓶6、多功能组合阀1、蒸发减压器5、带滤清器的LPG电磁阀8、电子控制单元、燃料转换开关，增加LPG的吸入口。改造了汽油供给系统，增加汽油电磁阀4。改动冷却系暖风水管，引发动机冷却液至LPG蒸发减压器，将液态LPG加热至气态，供发动机燃烧。增加了LPG电子控制线束。

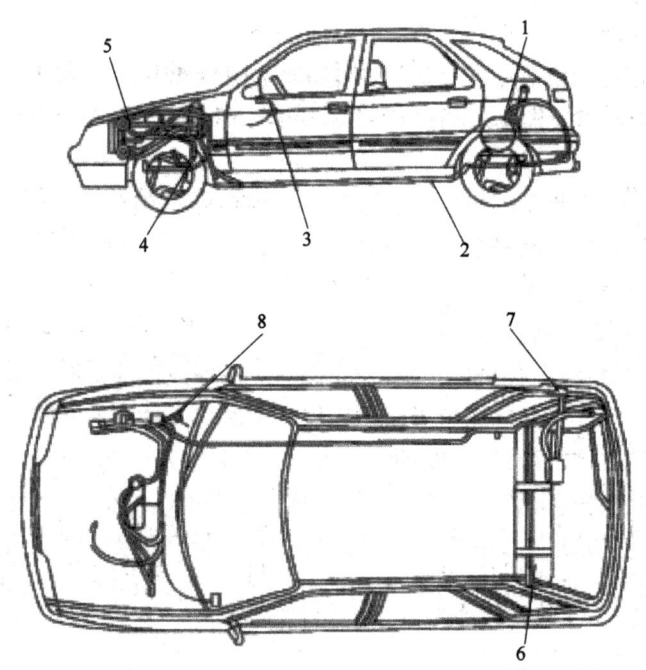

1—多功能组合阀； 2—LPG液相管； 3—燃料转换开关及LPG液位显示表；
4—汽油电磁阀；5—蒸发减压器； 6—LPG钢瓶； 7—LPG加注口； 8—带滤清器的LPG电磁阀

图2.42 富康轿车改装为LPG—汽油两用燃料车的总体布置示意图

4. 液化石油气汽车燃料供给系统的结构和工作原理

1) 单燃料液化石油气汽车燃料供给系统

在单燃料发动机中，一般利用节气门根据工况要求实现对混合气量的控制，而可燃混合气一般利用火花塞点燃。

单燃料液化石油气供给系统如图 2.43 所示，主要由气瓶 1、燃气控制电磁阀 2、调节器 3、混合器 4 等组成。液化石油气以液态储存在气瓶中，由于气瓶内的燃气压力远高于大气压力，所以不需要燃气泵，发动机工作时，燃气控制阀打开，由气瓶流出的燃气经调节器调压、计量后以气态输送到混合器，并在混合器内与空气混合后被吸入气缸。

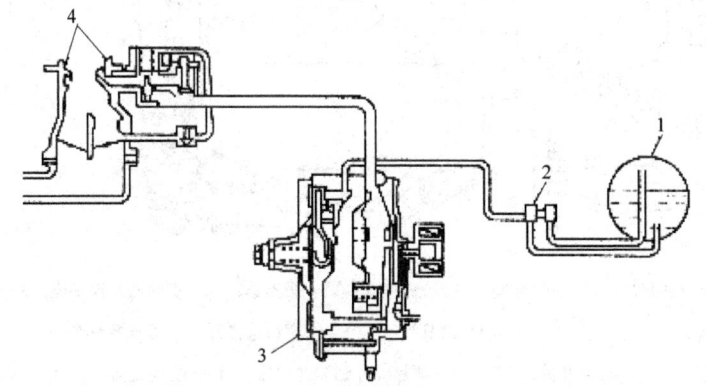

1—气瓶；2—燃气控制电磁阀；3—调节器；4—混合器

图 2.43 单燃料液化石油气供给系统

燃气控制有两个电磁阀，一个控制气态燃气供给管路，另一个控制液体燃气供给管路，两个电磁阀均受点火开关和温控开关（冷却液温度控制）控制。其功用是，当发动机停止工作时自动切断燃气供给，而发动机工作时，根据温度打开其中一个电磁阀，并自动实现供给气态或液态燃气的切换。发动机低温（低于 15℃）启动时，打开气态燃气供给管路（管口设在气瓶内顶部），供给气态燃气，以改善发动机低温启动性能；发动机温度高于 15℃时，则打开液态燃气供给管路（管口设在气瓶内底部），供给液态燃气。

2) LPG—汽油两用燃料汽车燃料供给系统

目前，LPG—汽油两用燃料汽车按燃气混合供给控制装置的不同，可分为开环混合器供气系统、闭环带电控动力阀的混合器供气系统和电控燃气喷射供气系统三大类，其专用装置的不同之处主要体现在对混合气的形成方式、对混合气浓度的控制方式，以及是单点喷气控制，还是多点顺序喷气控制等少数部件上，其他专用装置（气瓶、组合阀、蒸发调节器等）基本相同。

（1）开环控制系统。

原车为电控燃油喷射系统发动机的汽车改装为开环控制系统的 LPG—汽油两用燃料汽车的供气系统示意图如图 2.44 所示。其两用燃料开环供气系统的工作原理框图与本节中图 2.38 所示基本相同，不再赘述。

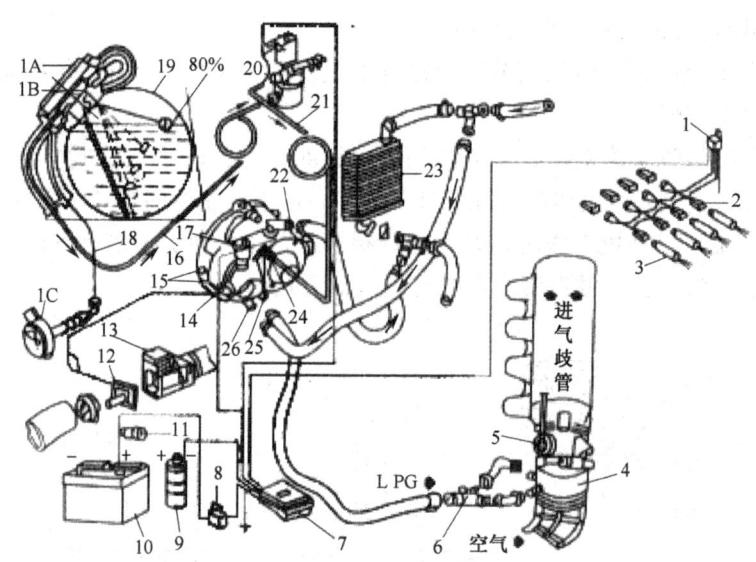

1A—防泄漏密封盒； 1B—组合阀； 1C—充气阀； 1—模拟器； 2—喷油器转换插座； 3—喷油器；
4—混合器； 5—进气歧管； 6—功率调节阀； 7—电控燃料选择开关； 8—熔断器； 9—高压线圈；
10—蓄电池； 11—点火开关； 12—空气测量叶片强制开启器； 13—空气流量计； 14—减压器；
15—怠速调整螺钉； 17—减压器电磁阀； 18—充气管； 19—LPG气瓶； 20—LPG截止阀；
16、21—高压管； 22—加热水出口； 23—散热器、喷油器线束插接器； 24—LPG进气口；
25—LPG输出口； 26—加热水入口

图 2.44 开环控制系统的LPG—汽油两用燃料汽车的供气系统示意图

（2）闭环控制系统。

国产 CYTZ-100 型 LPG 比例调节型混合器电控闭环系统原理图如图 2.45 所示。

气瓶 14 内的液化石油气经串联在管路中的 LPG 电磁阀 1 进入减压器 2 再至混合器 3 与空气混合后进入发动机。ECU 根据发动机上的氧传感器 8 和转速信号，发出控制信号，调节真空电磁阀 4 的开闭频率控制低压减压调节器，膜片上方的压力控制减压调节器输入压力和流量，实现燃气输出与燃烧的闭环控制，通过燃料转换开关的控制可以选择使用液化石油气或者汽油。

（3）电控 LPG 喷射系统。

按燃料状态可以将电控 LPG 喷射系统分为两大类：一类是气态喷射，另一类是液态喷射。虽然这两类喷射系统都不再使用混合器，而是通过喷嘴将 LPG 直接喷入进气歧管，但是由于燃料形式及发展阶段不同，其系统构成和系统管理的区别也很大。

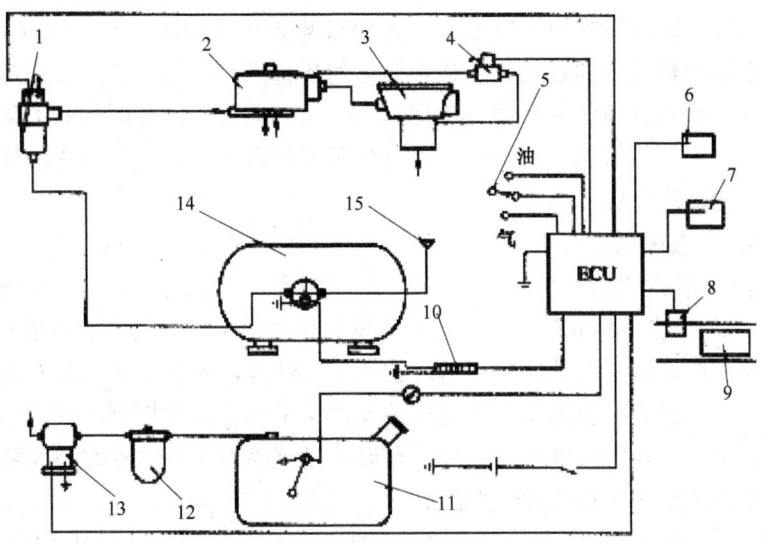

1—LPG电磁阀； 2—减压器； 3—混合器； 4—真空电磁阀； 5—油/气转换开关； 6—节气门传感器；
7—发动机转速传感器； 8—氧传感器； 9—三元催化器； 10—辅助液面显示器； 11—油箱；
12—燃油滤清器； 13—电动油泵； 14—LPG气瓶； 15—充气阀

图2.45 国产CYTZ-100型LPG比例调节器混合器电控闭环系统原理图

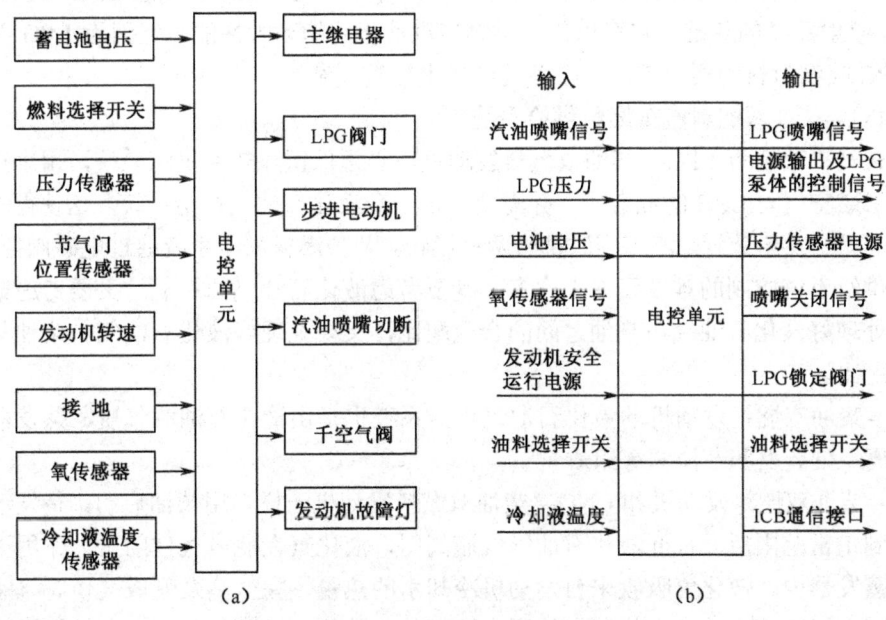

图2.46 气态LPG喷射系统ECU原理图

气态LPG喷射系统按其计算机管理系统不同又可分为两种。一种是LPG电控单元直接采集各种传感器信号，如发动机转速、节气门位置、氧传感器等信号，经过分析计算，确定喷入各缸的LPG的量，如图2.46（a）所示。系统主要部件包括蒸发调压器、燃气分配器、喷嘴和电控单元等。这种系统的工作原理：从 LPG 电控单元检测到发动机进入工作状态后，根据事先存储在微处理机内的发动机转速和负荷的各种组合，调节燃气分配器内的步进电动机动作，使燃气分配器开口的大小随之改变。为了达到与燃用汽油时相同的驾驶性能，这种系统不仅依靠步进电动机来调节燃气量，而且将蒸发调压器与进气歧管内的压力联系起来以适应发动机工况的迅速变化。

另一种 LPG 气态喷射系统则采用了完全不同的电控方式，其 LPG 电控单元相当于一个翻译器，采集原车汽油喷嘴的信号并将其转换为 LPG 的喷射信号，直接控制喷嘴的动作，如图 2.46（b）所示。当然，其电控单元也会采集氧传感器信号、水温传感器信号等，以实现对排放、冷启动的控制。该系统的结构简单，构成零部件少，系统安装容易布置，工作量小，便于大批量的改装。更为重要的是，其电控单元由于采用了这种控制方式，结构及软件都比较简单，降低了出现故障的可能性。此外，精确的燃气喷射还可以使燃料经济性比混合器系统有进一步提高，这是这一系统的一大优点。

液态 LPG 喷射系统的构成与汽油喷射系统极为相似，主要部件包括 LPG 燃料泵、压力调节器、压力传感器、喷嘴及电控单元等。其电控单元的控制原理与前面介绍的第二种气态喷射的控制原理相同，都是翻译转换汽油喷嘴的信号，即无论汽油系统是同步喷射还是非同步喷射，只要汽油喷嘴有信号就会被转换为 LPG 的喷射信号。因此，汽油系统的功能（如高速燃油切断、怠速燃油提高等）都被完完全全地转换了过去。液态 LPG 喷射系统是目前世界上最先进的燃气喷射系统，它有与气态喷射相同的优点；同时，液态 LPG 喷射系统将液态 LPG 喷入各缸时，LPG 蒸发汽化吸收周围环境的热量，提高了充气效率。液态 LPG 喷射是将来单燃料 LPG 喷射系统的基础，它可以保持与燃烧汽油相同的动力性能，但因为 LPG 为液态，所以对 LPG 喷嘴材料的要求较高，喷嘴的结构也比较复杂。

3）LPG—柴油双燃料汽车燃料供给系统

车用柴油机改装为 LPG—柴油双燃料发动机，必须保留原柴油供给系统，用来提供少量柴油用于引燃空气与 LPG 的混合气，并需要配备一套液化石油气供给系统。这使得发动机同时具有两套燃料供给装置，汽车同时携带两种燃料。两种燃料供给系统通过电磁阀控制转换，显然燃料供给系统控制的难度要增大许多，既要考虑液化石油气的控制，又要考虑柴油的控制；既要处理好液化石油气与柴油之间的合理配比，又要处理好液化石油气、柴油与空气之间的合理配比。

LPG—柴油双燃料发动机的液化石油气供给系统也是由液化石油气气瓶、蒸发器、减压阀、调节阀、混合器和节流阀等组成。

LPG—柴油双燃料发动机和 CNG—柴油双燃料发动机一样，用柴油启动，待发动机冷却水温度达到正常范围后，打开液化石油气气瓶阀门，液化气在瓶内气体的压力作用下流入蒸发器。在蒸发器内，液化气吸收来自发动机冷却水的热量，完全蒸发变成气体。气态液化石油气流入减压阀降压，使其由气瓶内的压力降至某一数值，该数值可根据发动机运行要求进行调整。降压后的液化石油气进入调压阀，调压阀根据发动机运行工况，利用混合器真空度自动调节流入混合器的液化气量。

液化气进入混合器后与空气均匀混合。节流阀通过联动机构与柴油机调速机构的操纵手柄相连。根据发动机运行工况移动操纵手柄时，联动机构使节流阀随之成正比变化，从而实现根据发动机运行工况,调节液化气和空气的混合气进入量的功能。

2.5.3 氢气燃料汽车

这里讨论的氢气燃料汽车,与用氢气作燃料的燃料电池汽车有本质的区别。这里指的是以氢气作为内燃机的燃料使用,通过氢气的燃烧做功,产生动力的汽车。

1. 氢气的理化性质

氢气的理化性能与汽油、柴油的比较见表2.6。

表 2.6 氢气与汽油、柴油的理化性能比较

项 目	氢 气	汽 油	柴 油
分子式	H_2	$C_4 \sim C_{12}$烃化合物类	$C_{16} \sim C_{23}$烃化合物类
相对分子质量	2.02	100~115	226
物理状态	气态	液态	液态
车上的储存状态	—	液态	液态
液态的相对密度 20℃/ (g/cm³)	0.0708	0.72~0.75	0.82~0.88
沸点(常压)下/℃	-252.8	30~220	18~370
低热值/(MJ/kg)	119.9	44.52	43
混合气热值/(kJ/m³)	3180	3750	3750
汽化潜热/(kJ/kg)	447	297	270
最低点火能量/(MJ)	0.018	0.25~0.30	40~60
着火温度(常压下)/℃	400	260~370	250
火焰传播速度/(m/s)	2.91	0.35~0.47	—
理论空燃比	34.5	14.9	14.5
着火极限(%)	4~75(a=0.14~9.85)	1.3~7.6	1~8.25
气/液体积比(15℃)	845	150	150

氢气的具体特点如下:

(1)氢气在常温、常压下是无色、无味、无毒的气体。

(2)最轻。氢是最轻的元素。氢气的相对分子质量约等于2。其密度仅为空气的1/14.5。其他燃料的密度由小到大依次为,天然气16、甲醇32、液化石油气(丙烷)44、乙醇和二甲醚46、汽油114、柴油170。

(3)沸点最低。氢气的沸点为-252.8℃,属于超低温。其他燃料的沸点由低到高依次为:天然气-161.5℃、液化石油气(丙烷)-42℃、二甲醚-24.8℃、甲醇64.8℃、乙醇78.3℃、汽油30~220℃、柴油180~370℃。

(4)理论混合比最大。氢气的理论混合比为34.48。其他燃料的理论混合比由大到小依次为,天然气17.2、液化石油气(丙烷)15.6、汽油14.8、柴油14.3、二甲醚和乙醇8.98、甲醇6.47。

(5)质量低热值最大。氢气的质量低热值为119.9MJ/kg。其他燃料的低热值由大到小依

次为，天然气 49.54 MJ/kg、液化石油气（丙烷）45.31 MJ/kg、汽油 44.52 MJ/kg、柴油 43 MJ/kg、二甲醚 27.6 MJ/kg、乙醇 27.2 MJ/kg、甲醇 20.26 MJ/kg。

由于氢气的低热值遥遥领先，尽管它的理论混合比大，以质量计的理论混合气仍保持为最大，等于 3.38MJ/kg。其他燃料以质量计的理论混合气的热值由大到小依次为，汽油 2.82MJ/kg、柴油 2.81MJ/kg、二甲醚 2.77MJ/kg、液化石油气（丙烷）2.73MJ/kg、乙醇 2.73MJ/kg、天然气 2.72MJ/kg、甲醇 2.71MJ/kg。

（6）以容积计的理论混合气热值最小。虽然氢气的质量低热值和以质量计的理论混合气的热值最大，但因其密度太小，故以容积计的理论混合气热值反而最小，其值为 3.17MJ/m^3。其他燃料的以容积计的理论混合气热值由小到大依次为，天然气 3.36MJ/m^3、甲醇 3.56MJ/m^3、液化石油气（丙烷）3.59MJ/m^3、乙醇 3.66MJ/m^3、二甲醚 3.71MJ/m^3、汽油 3.82MJ/m^3、柴油 3.83MJ/m^3。

（7）分子变更系数最小。氢气是上列燃料中，燃烧后的分子数比燃烧前少的唯一燃料，故分子变更系数最小，等于 0.8521。其他燃料的分子变更系数由小到大依次为，天然气 1、液化石油气（丙烷）1.037、汽油 1.049、甲醇 1.056、乙醇 1.060、柴油 1.062、二甲醚 1.035。

（8）氢气是不含碳的燃料，废气中的主要成分是燃烧后的生成物 H_2O、空气中的 N_2，燃烧后空气中剩余的 O_2，以及在高温下生成的 NO_x，没有汽油及柴油车所排出的 CO、HC，以及微粒、铅、硫等有害物质，不会诱发光化学烟雾，也没有导致地球温室效应的 CO_2。其他燃料的含碳比例由小到大依次为甲醇 37.5%、乙醇和二甲醚 52.2%、天然气 75%、液化石油气（丙烷）82%、汽油 85.5%、柴油 87%。

（9）容积系数最小。氢气相对于汽油的容积系数为 3210。其他燃料相对于汽油的容积系数由大到小依次为天然气 927、甲醇 2.04、二甲醚 1.74、乙醇 1.54、液化石油（丙烷）1.34、柴油 0.917。

（10）自燃点高。氢气的自燃点为 400℃，比汽油、柴油和二甲醚的高。

（11）火焰传播速度为 4.85m/s，比汽油的 0.83m/s 高很多。氢气是气态燃料，混合气形成质量好、分配均匀，加之火焰传播速度高，允许采用较稀的混合气。氢气的自燃温度比汽油高，辛烷值高，允许有较高的压缩比。这些因素都使得燃氢时，热效率较高，燃料消耗率较低。

（12）容积系数太小，加上沸点低，决定了氢气比其他燃料的储带难度都要大。质量很小的气态氢会有明显的挤占空气效应，质轻和理论混合比大导致氢以容积计的理论混合气热值小，另外，氢—空气混合气燃烧时分子变更系数小，都会影响氢气发动机的动力性。

氢的优点和缺点都十分明显，氢的突出优点是使人们一直坚持不懈地对氢气发动机进行研究，而突出缺点也实实在在地制约了它实际应用的进度。

2. 氢气的携带方式及氢气汽车类型

氢气发动机属于点燃式发动机，可以由汽油机改制，也可以由柴油机改制。由汽油机改制要考虑喷氢器的安装，由柴油机改制则要考虑加装点火系统等问题。氢气携带方式主要有高压缩氢储存、低温液氢储存和吸附氢气储存三种形式。氢气汽车按照相应的氢气携带方式主要有压缩氢气汽车、液化氢气汽车和吸附氢气汽车三种。

（1）压缩氢气汽车。

压缩氢气汽车是指以高压气态形式携带氢的氢燃料汽车，在压缩氢气汽车中，氢气以20～25MPa的压力储存于高压容器中，工作时经降压、计量和混合后进入气缸，也可以直接喷入气缸。16.2L的这种装在高压瓶里压缩氢气的热量相当于1L汽油的热量。即使用氢气，燃料箱的容积要是汽油箱的16.2倍，将会占去汽车的大部分容积。这样大的高压容器，重量也不言而喻，显然，汽车上装用这样的燃料箱是不可能的。所以，实际中很少采用这种形式制造汽车。

（2）液化氢气汽车。

液化氢气汽车是指以液态形式携带氢的氢燃料汽车，工作时液态氢经升温、降压和计量，然后直接喷入气缸，或在机外混合后进入气缸。一般是直接喷入气缸。

把气态氢变成液态氢也相当困难，因为氢气要在非常低温条件下（-252.8℃）才可液化成为液态氢。液态氢的相对密度约0.0708，3.9L液态氢的低热值相当于1L汽油，重量只有汽油的1/2.7，这与汽油的情况相差不多。但是，氢气的液化工艺复杂，要求的条件较高，成本也高。液态氢的缺点：液态氢容器必须耐-252.8℃的超低温，材料要求很高；管道及阀门要求有极高的绝热能力及耐低温能力；液体氢是很难密封的，各接头处还必须非常密封。1990年，日本用尼桑车改装的液态氢轿车使用容积为100L、总重60kg的液氢罐，车速达100km/h，一次加气可连续行驶300km。

（3）吸附氢气汽车。

吸附氢气汽车是指用金属氢化物或碳纳米管携带氢气的氢燃料汽车，工作时，储存于金属氢化物或碳纳米管中的氢释放出来直接喷入气缸，或在机外与空气混合后进入气缸。

目前试用最多的是金属氢化合物，在一定的压力和较低的温度条件下，将氢储入金属内，在降压和升温时，氢被释放，用做发动机的燃料。用这种方法可以将氢的体积缩小到千分之一左右，金属氢化合物的能量密度可达0.6～2kWh/kg。金属氢化合物类似蓄电池，氢释放完以后，可再次充氢，多次使用。充气时，氢与金属化合物放出一定的热量，释放时吸收一定的热量。在充氢气站，金属氢化合物容器的冷却可用水管通水冷却。使用中需加热时，可用发动机的排气热量或冷却系统的热量。美国、德国、法国等国家采用金属氢化物储氢。我国已研制成功一种氢能汽车，使用储氢材料90kg就可以连续行驶40km，车速达50km/h。

氢气作为汽车的新能源是很理想的，但氢的制取、储存和使用还有许多技术难题尚待解决。目前氢气汽车还处于研究探索阶段，真正应用的很少。但是，随着石油资源的减少和人类科技的不断进步，氢气汽车的前景十分光明，各发达国家都不惜财力、人力进行研究，以备未来其他能源消耗殆尽时氢气可起主导作用。

3. 氢气燃料汽车的应用

1）氢气燃料汽车的发展现状

以氢气为燃料的汽车的研究经历了一个曲折的过程。早在1920年，有人将氢气作为燃料在发动机中试验，但进展不大。20世纪70年代的石油危机给各国敲响了警钟，对氢的研究开始受到人们的关注。此后，石油供应又趋于稳定，氢气汽车的研究又停滞下来。进入20世纪90年代，由于大气中二氧化碳的增加，地球的温室效应日益严重。而氢气燃烧不产生二氧化碳，所以氢气发动机的研究开发再次引起人们的重视。

德国奔驰汽车公司自 20 世纪 70 年代就开始了这一领域的研究工作,1978 年完成了第一辆氢气燃料样车,氢气装在高压瓶中放置在车顶部,氢气与空气均匀混合后从发动机进气管吸入气缸。1984—1988 年,用做城市交通工具的 10 辆汽车在柏林试运行,它一次加气可行驶 100km,加气时间约为 10min,经运行证明,氢燃料汽车在原理上是可以实现的。奔驰汽车公司在德国科技部的支持下又将氢燃料项目列入进一步的研究课题"HYPASS",即利用季节性过剩电力制氢的氢动力车试验。与 1978 年的方案不同的是,氢气由高压瓶中直接喷入燃烧室。"HYPASS"项目分为部件试验和样车试验,包括 30MPa 氢气瓶安全寿命及充气供气系统试验。1985 年,日本研制出以金属化合物作为储氢方式的吸附氢气汽车;1990 年,日本研制出改装液态氢轿车。1986 年,瑞典人奥洛夫·戴克斯罗姆也研制成功氢气汽车。欧洲与加拿大联合研制的第一辆以液态氢为燃料的公共汽车,早在 1994 年 10 月便投入了近 10 亿欧元,如宝马氢动力 7 系发动机 8kg 的氢气罐和 74L 双燃料系统,可实现自动切换续驶里程 700km。

我国在氢气燃料汽车研发上投入了大量人力和物力。"十五计划"期间,国家科技部对开发节能汽车及新能源汽车的资金投入达 8.8 亿元,其中用于氢气燃料汽车开发研究的资金超过 4 亿元。今后的投入更将进一步加大,并给予发展氢气燃料汽车相关的扶植政策。

由于氢气燃料汽车技术整体上处于起步阶段,我国氢气燃料汽车在技术上与世界发达国家的差距远小于传统汽车业。在资金上,发展氢气燃料汽车所需要的资金的确庞大,但研发氢气燃料汽车的资金并不一定要求汽车企业进行额外的投入,而只是在研发传统汽车的同时,划出一定比例的资金用于研发氢气燃料汽车。从技术层面上讲,中国对氢气汽车的开发和利用早已起步。浙江大学新材料与材料物理研究所和天津内燃机研究所合作改装了一辆燃用氢气—汽油混合燃料的中巴车,通过添加约 4.7%的氢气进行的氢气—汽油混合燃料燃烧,平均节油率达 44%。由上海市和北京市分别牵头的氢气燃料小轿车和氢气燃料公共汽车均已研发出第二代产品,由清华大学开发的氢气大巴 863 路公交客车在北京成功运营。2008 年北京奥运会和 2010 年上海世博会期间,以氢气为燃料的汽车示范车队参与了交通运输,还有长安汽车公司的氢气轿车和比亚迪汽车公司的氢气汽车。

氢气在未来汽车上的应用前景决定于制氢及氢携带技术有无突破性的进展。根据氢能在世界范围的发展势头,到 21 世纪中叶,氢气汽车有可能成为一个活跃的汽车品种。

2)动力性

氢燃料内在的气态、火焰传播速度高和辛烷值高等特性,使氢燃料发动机具有较高的热效率,相应地氢燃料发动机的燃料消耗率和氢燃料汽车的燃料消耗较低。因进气量少、混合气热值低,故氢燃料发动机的动力性较差,这意味着氢燃料发动机的功率、转矩和氢燃料汽车的爬坡能力、加速能力较差,最高车速较低。但若采用缸内喷气等措施,动力性反而提高。汽油机改用氢燃料,可使热效率提高 15%~45%,而功率降低 20%~30%。在掺烧情况下(即掺烧一定比例的氢),热效率可提高 10%~35%。

3)排放性

氢气完全燃烧的产物只有 H_2O 这么一种无害的物质。实际上,由于空气参与燃烧,空气中的氮气在燃烧的高温下会生成 NO_X,在废气中还会含有未参与燃烧的氮气和剩余的氧气,以及没有来得及燃烧的氢气。

对于氢燃料汽车而言,因窜油导致的 HC 和 CO 排放虽然不可避免,但排放量极少,除非发动机有故障。燃烧时产生的 NO_X 也很少。当采用液氢缸内喷射时，NO_X 排放在各类发动机中最低。

4) 氢气汽车的使用安全

一般来说，氢气的危险性与汽油或丙烷相当。在安全性方面，各种燃料均有不同的特点。氢燃料在安全性方面的优点：

（1）氢气的自燃温度高，若无高温火源，一般不会着火。

（2）氢气的密度小，扩散系数大，即使发生泄漏，也会很快扩散到空气中去。因此，在开放空间，氢气几乎不会着火燃烧。

（3）石油及煤燃烧时，均发出强烈的红色辐射热，而氢气燃烧时火焰为无色，且辐射十分微弱，除上方外，其下方或侧面的高温危险区十分狭窄。

氢燃料在安全性方面的缺点：

（1）氢气点燃所需的点火能量很低，因此能被高温炽热点燃。

（2）氢气的着火界限很宽广，即使是极为稀薄的氢气与空气的混合气，也能被点燃着火。

（3）氢气能从很窄的缝隙中泄漏出来。

2.6 生物燃料汽车

生物燃料泛指由生物体组成或转化的固体、液体或气体燃料。它是可再生能源开发利用的重要方向，具有良好的可贮藏性和可运输性，可提供可替代石油的液体燃料。狭义的生物燃料仅指液体生物燃料，主要包括燃料乙醇、生物柴油和航空生物燃料等。

20 世纪 70 年代以来，受传统能源价格、环保和全球气候变化的影响，世界各国日益重视生物燃料的发展。尤其是巴西、美国、欧盟等积极发展生物燃料技术，目前，美国和巴西分别是世界第一、第二生物燃料生产国。20 世纪末为消化陈化粮和为丰产的玉米寻找新出路，我国开始推广燃料乙醇。目前为促进生物燃料行业的健康发展，我国研发的重点主要集中在以木薯、甜高粱等淀粉质或糖质非粮作物，以及木质纤维素为原料的生物液体燃料技术。

本节主要介绍醇类燃料、生物柴油和二甲醚，以及以它们为燃料的汽车的概况。

2.6.1 醇类燃料汽车

1. 醇类燃料的来源及分类

醇类燃料由于来源广泛、丰富，抗爆性好。与石油燃料的理化性能相近，因而受到更多的重视。

1) 醇类燃料的来源

甲醇（木醇或木酒精）可以由一氧化碳和氢气合成，为无色透明的液体，高挥发性，易燃，主要由天然气（占 78%）、重油（占 10%）、液化石油气（占 3%）、煤炭（占 2%）、油页岩、木材和垃圾等物质提炼而成。

乙醇俗称酒精，其工业生产方法主要有发酵法、乙烯水合法等方法，我国一直以发酵法为主。

2）醇类燃料的分类

（1）按醇类燃料的组成成分和性质来分：

醇类主要指甲醇（CH_3OH）和乙醇（C_2H_5OH）。它们都是相对分子质量较小的单质，燃烧产物中基本没有碳烟，NO_X 的排放浓度也很低，是一种低污染性燃料。

醇类燃料汽车是指以甲醇汽油、乙醇汽油、甲醇、乙醇为燃料的汽车。其中，以甲醇为燃料的汽车称为甲醇汽车，以乙醇为燃料的汽车称为乙醇汽车。醇类燃料可以与汽油或柴油按一定比例配制而成混合燃料，也可以直接采用醇类燃料作为发动机的燃料。醇类燃料汽车与电动车、天然气汽车一样，都是新能源和清洁代用燃料汽车。

（2）按醇类燃料在汽车上应用分类：主要有三种类型：掺烧、纯烧和改质。

① 掺烧是醇类燃料在汽车上的主要应用方式。为使内燃机燃用甲醇时能有良好的效果，可采用不同的掺烧方式，调整混合燃料的性质，改进发动机结构及设计良好的掺烧及控制装置。掺烧主要是指醇类燃料（甲醇或乙醇）以不同的体积比例掺入汽油（柴油）中。

掺烧的主要方法有三种：混合燃料法、熏蒸法、双供油系统法。前两种方法既可用于柴油机上，又可用于汽油机上，而双供油系统法仅用于柴油机上。醇类燃料易于自然吸水且相对密度小于柴油，故与柴油的互溶性较差，因此，一般情况主要针对醇类燃料与汽油的掺烧。

最常用的掺烧方法是混合燃料法，甲醇（或乙醇）与汽油的混合燃料称为甲醇（或乙醇）汽油或称汽醇，甲醇、乙醇与汽油的混合燃料分别用 MX 和 EX 表示，X 表示醇类燃料在燃料中所占的体积混合百分率。例如，甲醇汽油混合燃料 M5（含甲醇 5%）、M10（含甲醇 10%）、M85（含甲醇 85%），纯甲醇燃料用 M100 表示。实际甲醇含量最多为 85%~90%，其他都是添加剂。通常掺烧 3%~5% 甲醇时发动机无需任何改造。乙醇汽油混合燃料 E10（含乙醇 10%，现在我国主要推广）、E20（含乙醇 20%），纯乙醇燃料用 E100 表示。研究表明，如果掺烧的乙醇少于 10%，发动机不必改造，只要适当的调整，汽车性能即可与燃烧汽油时相当。掺烧比例加大时，可通过适当增大压缩比和增加发动机预热装置，便可保证汽车的各种使用性能。同时，在混合燃料中添加助溶剂，防止醇燃料与汽油分层。

② 纯烧类型是指单纯燃烧甲醇或乙醇燃料，主要方式有 6 种：裂解法、蒸汽法、火花塞法、电热塞法、炽热表面法、加入着火改善剂法。其中，后 3 种方法仅用于柴油机上，其他方法既可用于柴油机上，又可用于汽油机上。

纯烧类型的优点是发动机可以根据燃料的特点进行改造，如按醇燃料的理论空燃比设计和调整供油系统、加装发动机预热装置、加大油泵的供油量、改善零部件的抗腐蚀性等。通过改造发动机后，纯烧类型汽车的动力性和经济性比烧汽油时有较大的提高。

③ 改质类型现在主要是指醇类燃料的改质。甲醇改质是利用发动机的余热将甲醇生成为 H_2 和 CO，然后输送到发动机内燃烧。采用甲醇改质需要对发动机进行较大的改造，最好重新设计发动机。变性燃料乙醇指乙醇脱水后再添加变性剂而生成的以乙醇为主的燃料。

2. 醇类燃料主要特性

甲醇和乙醇均为无色透明、易挥发的可燃液体。甲醇和乙醇与汽油相比，热值低、蒸发潜力大、抗爆性好、含氧量高。甲醇略带酒精味，有毒，进入人体会引起胃疼、肌肉痉挛、头昏、乏力等症状，严重时可导致失明甚至死亡。乙醇有强烈的酒精气味，对人体的大脑神经有麻痹作用。甲醇、乙醇性质类似之处很多，与汽油相比，它们的缺点和优点几乎相同，只是在程度上略有差别。另外，醇类燃料吸水性强，化学活性高，容易发生早燃等。甲醇、乙醇与汽油、柴油的理化性能比较见表2.7。

表2.7 醇类燃料与汽油、柴油的理化性能比较

项目	汽油	柴油	甲醇	乙醇
分子式	$C_4 \sim C_{12}$烃化合物类	$C_{16} \sim C_{23}$烃化合物类	CH_3OH	C_2H_5OH
相对分子质量	100～115	226	32	46
物理状态	液态	液态	液态	液态
车上的储存状态	液态	液态	液态	液态
液态的相对密度(20℃)/(g/cm³)	0.72～0.75	0.82～0.88	0.7914	0.7843
沸点（常压）/℃	30～220	18～370	64.8	78.3
饱和蒸汽压/kPa	62.0～82.7	—	30.997	17.332
低热值/(MJ/kg)	44.52	43	20.26	27.20
混合气热值/(kJ/m³)	3750	3750	3557	3660
汽化潜热/(kJ/kg)	297	—	1101	862
研究法辛烷值（RON）	90～106	—	112	111
马达法辛烷值（MON）	81～89	—	92	80
十六烷值	27	40～60	3	8
闪点/℃	-43	60	11	21
自燃点/℃	260	—	470	420
理论空气量/(kg/kg)	14.9	14.5	6.52	9.05

醇类燃料在汽车上应用主要有以下特点。

（1）醇类燃料中含氧量大，热值低，所需要理论空气量比汽油或柴油少。从而保证发动机的动力性能不降低。

（2）辛烷值比汽油高，是点燃发动机好的代用燃料，可作为提高汽油辛烷值的优良添加剂，采用高压缩比提高热效率。普通汽油与 15%～20%的醇类燃料混合，辛烷值可以达到优质汽油的水平，但是醇类燃料的抗爆性敏感度大，中、高速时的抗爆性不如低速时好。

（3）常温下为液体，操作容易，储带方便。

（4）可燃界限宽，汽油的着火极限为 1.4～7.6；甲醇的着火极限为 6.7～36，燃烧速度快，火焰传播速度比汽油快，可以实现稀薄燃烧，利于排气净化和空燃比控制。

（5）与传统的发动机技术有继承性，特别是使用汽油—醇类混合燃料时，发动机结构变化不太大，可减少燃烧室表面的燃烧沉积物和改善排放性能。

（6）由于十六烷值低，着火性差，着火延迟期长，在压燃式发动机中采用醇类燃料要困难得多，在点燃式发动机中应用较广

（7）蒸发潜热大，使得醇类燃料低温启动和低温运行性能恶化。但在汽油中混合低比例的醇，有燃烧室壁面给液体醇以蒸发热，这一特点可成为提高发动机热效率和冷却发动机的

有利因素。

（8）热值低。甲醇的热值只有汽油的48%，乙醇的热值只有汽油的64%。因此，与燃用汽油相比，在同等的热效率下，醇的燃料经济性低。

（9）沸点低，蒸汽压高，容易产生气阻。

（10）腐蚀性大。醇具有较强的化学活性，能腐蚀锌、铝等金属。甲醇混合燃料的腐蚀性随甲醇含量的增加而增加。另外，醇与汽油的混合燃料对橡胶、塑料的溶胀作用比单独的醇或汽油都强，混合20%醇时对橡胶的溶胀作用最大。

（11）醇混合燃料容易发生分层。醇的吸水性强，混合燃料进入水分后易分离为两相。因此，醇混合燃料要加助溶剂。

（12）甲醇有毒，会刺激眼结膜，也会通过呼吸道、消化道和皮肤进入人体，刺激神经，造成头晕、乏力、气短等症状。

3. 掺烧式车用醇类燃料发动机的结构改进

巴西是世界上唯一不使用纯汽油作汽车燃料的国家，发动机结构专门为醇类燃料而设计，而我国的发动机则专为汽油或柴油而设计，混合比低于10%的醇类混合燃料可以直接使用，发动机基本结构与传统燃料发动机基本相同。我国现在主要采用混合比为10%的醇类混合燃料。但由于醇类燃料本身特性与传统燃料有所不同，以及混合比不同，所以发动机结构需要有所改进或不同。

掺烧是醇类燃料在汽车上的主要应用方式，为使发动机燃用醇类燃料时能有良好的效果，可采用不同的掺烧方式，调整混合燃料的性质，改进内燃机结构及设计良好的掺烧及控制装置。

1）采用混合燃料法的醇类燃料汽车发动机结构改进

（1）在点燃式发动机中掺烧甲醇。

在点燃式发动机中掺烧甲醇不仅可以以醇代油，而且与燃用纯汽油相比，还具有如下优点：辛烷值提高，可以在无铅汽油中加入甲醇，达到含铅汽油所具备的抗爆能力；可以扩大混合气的着火界限，燃用稀混合气，提高燃油经济性；可以提高压缩比，从而提高发动机的动力性和经济性；减少燃烧室表面的燃烧沉淀物；改善排放性能等。

汽油发动机使用低比例（M3～M5）甲醇汽油，不需使用任何添加剂，发动机不需任何改造，车辆可以正常使用。汽油机使用比例M15甲醇汽油，发动机不需大的改动，使用技术成熟，气阻、腐蚀、溶胀、互溶等技术故障可解决。

我国在点燃式发动机中掺烧15%的甲醇（M15）的试验研究工作进行的较多，因为M15是发动机稍作变动的最高可接受的掺烧比极限。国外正式成为商品的是M3，使用这类混合燃料，发动机结构不需要改变，材料也是相容的。我国M15甲醇汽油已生产20万吨，加注车辆超过1000万辆次，目前低比例掺烧的M15甲醇汽油已经在山西全省范围内推广使用。现累计销售高比例的M85和M100甲醇燃料6万多吨，生产和改造的高比例甲醇燃料汽车1440辆。

（2）在压燃式发动机中掺烧甲醇。

醇类易于自然吸水，而且相对密度小于柴油，所以与柴油的互溶性较差。醇类的十六烷值很低，着火性能差，使得醇类用做压燃式发动机燃料比用做点燃式发动机燃料更为困难，不是醇类燃料应用的主渠道。

在压燃式发动机中掺烧甲醇主要采用的改进方法有：加入点火促进剂、改善点火性能；高压缩比及废气再循环；电热塞法；柴油引燃法；高能点活塞法；采用乳化甲醇柴油等。其中，使用较多的是前两种方法。

柴油机燃用甲醇应用较多的国家有美国、德国、日本等，使用的汽车多为城市公交客车和载重汽车。但因点火促进剂或发动机制造成本较高，甲醇燃料未能在柴油机上普遍使用，同样乙醇柴油也因存在类似问题而导致研究工作及应用较慢。

（3）车用掺烧乙醇汽油发动机结构改进。

掺烧是乙醇燃料在汽车上的主要应用方式。掺烧后的乙醇汽油的辛烷值比汽油高，燃用乙醇汽油发动机的压缩比可以提高。我国主要应用的掺烧比例比较小（<10%），发动机的结构基本不变，大部分汽油车使用，如奥迪、红旗等。

2）采用熏蒸法的醇类燃料汽车发动机结构改进

熏蒸法是利用醇类燃料表面张力小及黏度低的特点，通过不同方式将醇燃料雾化、气化后从进气管送入燃烧室。可利用流动的空气流、机械部件等使醇燃料雾化，或者利用冷却水或排气的热量加热醇燃料，使其汽化。采用熏蒸法掺烧醇燃料都要在发动机上增加一些零部件。想要将含水醇燃料用做内燃机燃料，而又不愿采用价格较贵的助溶剂，采用熏蒸法是混合燃料法以外的另一种有参考价值的掺烧方法。熏蒸法主要方法有两种：低压喷嘴法和甲醇蒸汽法。

（1）采用低压喷嘴法的醇类燃料汽车发动机结构改进。

如图 2.47 所示，在缸盖进气道 3 上安装甲醇喷油器 4，在活塞的进气行程通过甲醇喷油器 4 将甲醇喷入进气道，与空气雾化混合后进入气缸。也可对着气流的方向喷入甲醇，增加甲醇油束与空气流动的相对速度，促进甲醇颗粒的细微化及雾化。这种方法可掺烧 70%的甲醇，每缸要安装一个甲醇喷油器，而且需要安装控制甲醇喷射量和喷射时间的装置。

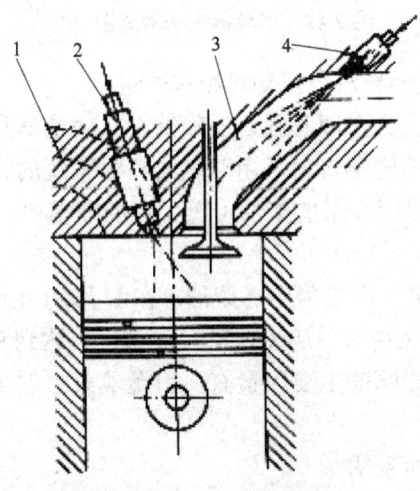

1—排气道；2—柴油喷油器；
3—进气道；4—甲醇喷油器

图 2.47 低压喷嘴法示意图

（2）采用甲醇蒸汽法的醇类燃料汽车发动机结构改进。

利用内燃机排气或冷却循环水的热量，将醇燃料变成气体后送入燃烧室。这种方法可以掺烧不同比例，以及100%的醇燃料。甲醇蒸汽可用于汽油机及柴油机，可以掺烧甲醇或者实现纯醇燃料发动机。

利用废气热量使甲醇变成蒸气的装置如图2.48所示。其工作原理：电动油泵2从甲醇油箱1将甲醇送到加热器3，使甲醇温度升高，然后送入蒸发器4，使甲醇变成稍微过热的气体，送入与空气混合的混合器，形成混合气进入气缸。通过阀门调节流入蒸发器的废气量，从而可改变甲醇蒸发量。当蒸发器离发动机进气管较远时，布置中间加热器，使甲醇蒸汽在与空气混合流入气缸前不致于部分醇燃料再冷凝成液态。

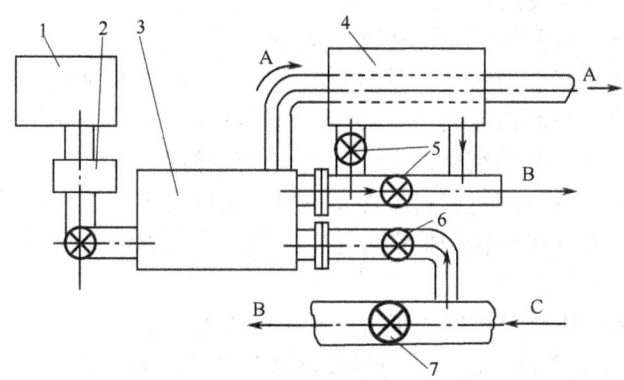

1—甲醇油箱； 2—电动油泵； 3—加热器； 4—蒸发器； 5、6、7—阀；
A—甲醇蒸气； B—排入大气； C—来自发动机的废气

图2.48 甲醇蒸汽法示意图

3）双燃料喷射系统的醇类燃料汽车发动机结构改进

双燃料喷射系统是指柴油机具有两套独立的喷油泵—喷油器系统，或者一套喷油泵—喷油器，但能向气缸内喷射两种不同燃料。采用双燃料喷射系统的目的是能在柴油机上燃用大比例的醇与柴油的混合燃料或者用少量的柴油引燃大量的醇燃料。

（1）两套喷油泵及喷油器。

其中一套喷射醇燃料，而另一套喷射引燃柴油。在U形和ω形两种燃烧室内，喷油器布置方案之一如图2.49所示。全负荷时甲醇喷射量（体积比）达到90%，而引燃柴油为10%。对双燃料喷射系统柴油机性能影响的主要因素有，引燃油束喷射角度的影响、喷射定时的影响、引燃油量的影响。

（2）双燃料汽车用新型供油系统。

这种新型供油系统为了使作为引燃的柴油可靠着火，同时又能点燃甲醇，必须具备两个条件：一是甲醇油束紧靠着柴油油束；二是引燃柴油必须集中，形成能可靠着火的较浓混合气。如果能共同利用原来柴油机的喷油泵及喷油器系统就更为理想。日本丰田发动机公司根据这一设想，在原来柴油机用的喷油泵、喷油器的基础上开发了单一的喷油泵、喷油器供应双燃料的新型供油设备，如图2.50所示。

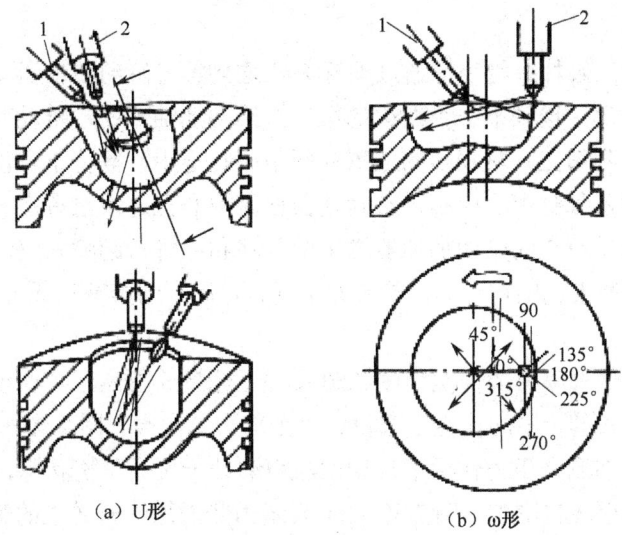

（a）U形　　　（b）ω形

1—甲醇喷油器；2—柴油喷油器

图2.49　双喷油器布置示意图

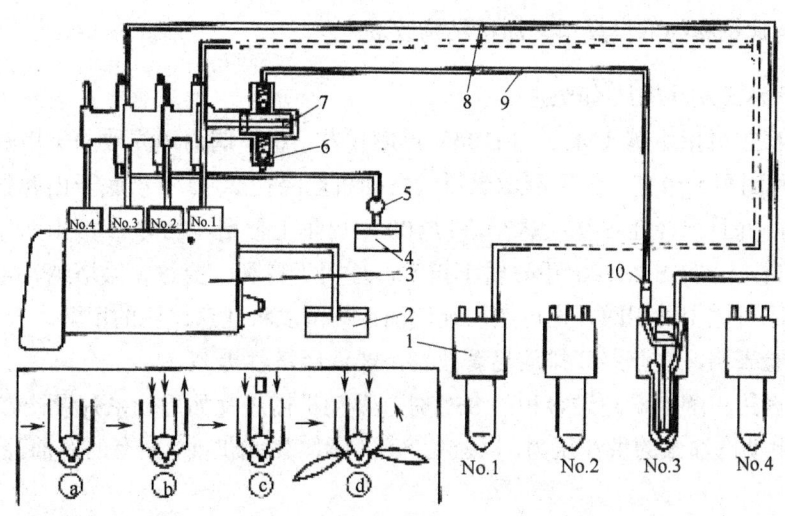

1—喷油器；2—甲醇油箱；3—喷油泵；4—柴油油箱；5—电动输油泵；
6、10—单向阀；7—加油器；8—甲醇油管；9—柴油油管

图2.50　双燃料汽车用新型供油系统

改造原来的喷油器，即在原喷油器针阀中心加供应柴油的孔道，另外加了一个柴油加油器，分别设置柴油及甲醇油箱。现以发火（供油）次序为1—3—4—2的四缸发动机为例，说明其工作原理：原来的柴油喷油泵3现在用来供应主要燃料甲醇而不是柴油，而柴油则作为引燃燃料由对应4个气缸的加油器7供应。它们是由甲醇喷油泵供油管分支油管中的甲醇压力推动其中的小柱塞进行工作的，另外由一个电动输油泵5将柴油油箱4中的柴油供应到各

个加油器中。

甲醇喷油泵中第一缸柱塞将甲醇通过油管 8 压送到第一缸的喷油器 1 时，油管分支管路将一部分有压力的甲醇，送到下一个发火的第三缸柴油加油器中，推动其中的小柱塞，将一定量的引燃柴油压送到第三缸喷油器的油嘴针阀中心孔道中，等待下一次第三缸喷油器喷甲醇时，和甲醇一起喷入气缸中。而第一缸喷油器针阀中心孔道中已有上一次发火的第二缸喷油泵的高压甲醇，通过对应的柴油加油器送来的柴油和甲醇一起喷入气缸，而且甲醇油束处于中心部位，而柴油油束包围在外面，二者并不混合，周围的柴油形成的混合气首先被压燃，然后引燃甲醇混合气。

柴油集聚及甲醇柴油喷射的情况如图 2.50 中左下角的小图所示。柴油是通过喷油器喷油嘴针阀中间的孔道流入的，中间孔道上方设有一个球形单向阀。图 2.50（a）表示紧接着刚喷过油后的情况，此时在剩余压力作用下，柴油与甲醇处于压力平衡状态，中间孔道中的柴油被周围油路中剩余的甲醇包围着；图 2.50（b）表示由柴油加油器送来的柴油将周围油路中的甲醇稍许向上压去；图 2.50（c）表示由喷油泵送来的甲醇将柴油向上压，球形单向阀关闭，使柴油留在单向阀与针阀座空腔之间；图 2.50（d）表示喷油泵供应甲醇，针阀抬起，甲醇及柴油一起喷入气缸，形成了外面是柴油，中间是甲醇的油束喷雾。

4. 车用高比例和纯醇类燃料发动机结构改进

1）甲醇点燃式发动机结构改进

这种发动机主要指甲醇（M85～M100）点燃式发动机，国内最先致力于甲醇燃料研究的是吉林大学。我国第一台完全用甲醇做燃料的发动机已经在 2000 年年底于山西省大同汽车制造厂研制成功，并且已经在 6490 越野车和 6600 中巴车上使用。2003 年，山西佳新能源化工实业有限公司自主开发出 M100 甲醇轿车技术，适用于夏利、捷达、桑塔纳、富康等轿车。改造后的轿车既可燃用纯甲醇，也可燃用纯汽油，还可以将任意比例的甲醇、汽油混合使用。台架及行车试验表明，汽车尾气排放显著改善，燃油经济性提高。

通常，当燃用甲醇含量超过容积的 85%时，发动机需进行如下一系列设计修改：

（1）提高电动汽油泵的供油压力，以避免产生气阻，影响供油，如有的汽油泵采用 3.0MPa 以上压力。

（2）混合气的形成装置必须与甲醇较低的热值及较少的空气需要量相适应。

（3）采用高压缩比以充分利用甲醇高辛烷值的特性，压缩比可提高到 9～11。

（4）对混合气形成装置进行改进设计。

（5）压缩比提高后，宜采用冷型火花塞。

（6）解决冷启动不利的问题，如辅助汽油喷射、电加热、火焰启动装置、热分解燃油、催化分解燃油、增加点火能量、燃油的雾化、燃油中添加低沸点的添加剂。

（7）改善有关零件的抗腐蚀性和抗溶胀性等，尤其是提高供油管路的金属件、橡皮件和塑料的性能，如油压调节器的膜片。

（8）加大燃料箱，以保证必要的续驶里程；或采用双油箱结构。

（9）为充分利用醇类燃料高辛烷值的特点，应加大点火提前角，增加 2°～5°。

2）乙醇汽油发动机结构改进

纯烧乙醇应对发动机进行必要的改动：提高压缩比到9～11，充分发挥乙醇辛烷值高的优势；压缩比提高后，宜采用冷型火花塞；加大输油泵的供油能力，以避免气阻；用附加供油系统及加强预热等措施，改善冷启动；加大燃料箱，以保证必要的续驶里程；改善有关零件的抗腐蚀性和抗溶胀性等。

3）醇类燃料的柴油机结构改进

在柴油机中燃烧纯醇燃料，首先要解决能稳定着火及实现较好工作过程的问题。应用和研究的方案有火花塞法、加热塞法、高温表面着火法、裂解甲醇法、醇燃料蒸汽法、醇燃料加着火改善剂法、大幅度提高压缩比。

除醇燃料加着火改善剂法外，以上每种方法都要改动柴油机的结构，增加一些零部件。原则上这些方法都适用于甲醇和乙醇，但由于乙醇产量少，价格偏高，过去主要在柴油机上采用这些方法进行甲醇试验研究。

（1）火花塞法。

汽油机上本来就有火花塞，因此实现纯醇燃料奥托循环较方便。在柴油机上安装火花塞及点火系，用火花能量点燃纯醇燃料主要考虑以下几点：

① 燃料喷射时间及点火时间。由于醇的热值低，在同等的功率下，喷入缸内的甲醇在数量上比传统燃料大一倍多，因此要改变喷射速率及喷射时间，否则喷射结束过迟，就会降低燃烧效率。燃料喷射及点火时间不当，火花塞可能受到燃料喷注的浸湿，从而使燃料不能着火，产生丢火现象，因此要注意改变喷射速率，寻找最佳的喷射时间、点火时间及其相互配合。

② 火花塞的位置及电极长度。要慎重选择火花塞的位置，同时要采用较长的电极，使火花塞的电极接触到较多的油雾，而又不受到过多的液体燃料的冲洗和污染。加长电极，既可以使火花塞伸入燃烧室内，又因一部分突出于壳体之外，使受热面加大，从而提高了低速低负荷时的电极温度，而在高速高负荷时，空气流动增加，突出部分受到较好的冷却。

（2）电热塞法。

在传统的石油燃料发动机中，电热塞是用于改善冷启动性能的。醇燃料的自燃温度高，着火性能差，但容易受高温炽热表面的作用而着火。在燃烧室中安置电热塞是使醇燃料着火，并实现较为稳定燃烧的措施。

（3）裂解甲醇法。

将无水或含水很少的甲醇分解成H_2及CO称为裂解甲醇。裂解甲醇燃料发动机的组成示意图如图2.51所示，其工作原理是：甲醇先在蒸发器4中变成气体，然后在裂解反应器3中被分解为H_2及CO，然后经过冷却，与空气混合，进入发动机。蒸发器可以采用管式热交换器，用90%～100%的循环冷却水或废气余热加热。裂解后气体可用水冷却。裂解反应器通常用废气加热。催化剂可用铂、铑、铜、锌、铝、铬或铜—氧化锌等。

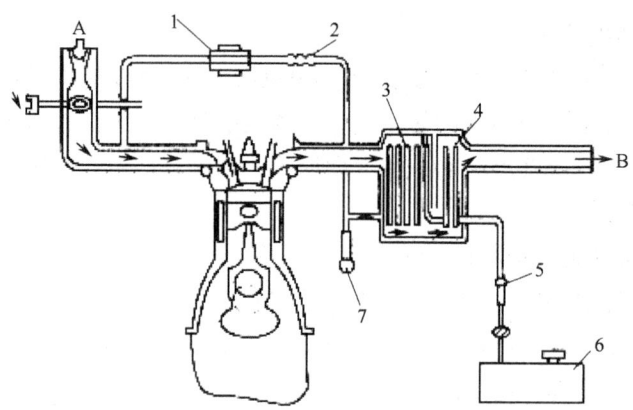

1—压力调节器； 2—裂解气冷却器； 3—裂解反应器； 4—蒸发器；
5—燃油泵； 6—燃油箱； 7—安全放气阀；
A—空气； B—废气

图 2.51 裂解甲醇燃料发动机的组成示意图

(4) 表面着火法。

在汽油机中，由于高温点火引起的可燃混合气的早燃是一种不希望有的异常燃烧现象。甲醇的抗爆燃性虽较高，但比汽油在较低的表面温度下容易着火，而甲醇在柴油机中又难以着火。于是便产生了在柴油机燃烧室中，用外源能量形成高温表面，比如电阻丝加热带所产生的热量使不锈钢套燃烧室内表面的温度高于甲醇的着火温度，使甲醇着火的方案。

(5) 采用着火改善剂。

在柴油机中使用加了着火改善剂的纯醇燃料，就无须对柴油机进行大的改动，并且随时可以改用柴油，是一种较简便理想的方法。其关键是要研究出优良的改善剂，如环乙基硝酸盐、三乙基铵硝酸酯、异丙基硝酸酯等。

(6) 高压缩比压燃法。

理论分析表面，要使醇燃料在原柴油机上不采用任何助燃措施，只用压燃方式形成燃烧过程，需要压缩比达到 26 以上才可能实现。如此高的压缩比会使发动机机械负荷及热负荷增加，发动机容易发生零件强度等方面的问题。因此，高压缩比压燃法适用于部分负荷工况下工作的时间较多的公共汽车的醇燃料发动机，主要的技术是高压缩比加助燃剂。

4）甲醇改质发动机结构改进

将含水甲醇分解为 H_2 及 CO_2，称为改质甲醇。甲醇—汽油混合气易分层，纯甲醇燃料冷启动困难，而且它们的热效率也不很理想。人们试图寻求一种新的应用方式，以期达到更好的效果，甲醇改制重整又是燃料电池的一个重要方案。甲醇改质是利用发动机排气的余热将甲醇改成为 H_2 和 CO_2，然后再输往发动机。改质气的最大火焰传播速度仍然高达 215cm/s，远远大于汽油，这个特性有利于热效率的提高。

车用甲醇改质发动机结构改进主要有：甲醇改质气的着火界限很宽，下限为过量空气系数 $a=7$，提高热效率，改进控气装置；其辛烷值高，发动机的压缩比提高。其优点是：甲醇改质气有效地回收了一部分排气热量，有利于热效率的利用，很容易实施稀混合气燃烧；由

于采用稀混合气 $a=1.7$，燃烧温度低，CO 和 HC 排放少，NO_x 的排放浓度也较低。

5）醇类灵活燃料发动机

（1）甲醇灵活燃料发动机。

甲醇灵活燃料是指甲醇在混合燃料中的比例为 3%～60%的甲醇混合燃料，2002 年山西佳新能源实业有限公司自主开发了 M3～M60 甲醇灵活燃料轿车技术，甲醇、汽油在 M3～M60 范围可任意比例混合使用，不经预混配过程，保持原车动力性、加速性、安全性，适用于捷达、桑塔纳、富康等轿车。

（2）乙醇灵活燃料发动机。

乙醇灵活燃料指既可使用汽油，又可使用乙醇与汽油以任何比例混合的燃料。工作时由燃料传感器识别燃料成分，通过电脑提供发动机最佳运行参数。灵活燃料汽车的商业前景很好，已在福特汽车厂生产线上大批生产，但由于近年来汽油车的性能不断改进，汽油价格回落，影响了市场的发展。

2.6.2 生物柴油汽车

1. 生物柴油及其来源

关于生物柴油的定义有两种说法：一种是狭义上所说的生物柴油，是指 1983 年美国科学家首先将亚麻籽油的甲酯用于发动机，燃烧了 1000h，并将可再生的脂肪酸甲酯定义为"生物柴油"（Biodiesel）；另一种是 1984 年美国和德国等国的科学家研究的采用脂肪酸甲酯或乙酯代替柴油作燃料，形成了广义上所说的生物柴油，是指以油料作物、野生油料植物和工程微藻等水生植物油脂，以及动物油脂、废餐饮油等为原料油通过酯交换工艺制成的甲酯或乙酯燃料，这种燃料可供压燃式发动机使用。

目前生物柴油主要通过酯交换法生产。生物柴油原料资源按用于酯交换的油脂分类，可分为植物油脂、动物油脂、餐饮废油脂等。生物柴油发展到今天，技术已经基本成熟，大规模的生产工厂已经出现。由于其对生态环境友好，生物柴油正在被逐渐应用到各个生产领域。可以预见，生物柴油在将来必将向着进一步提高性能、降低其生产成本、扩大应用领域等方面发展。能源专家预计，在未来 50 年左右，液体燃料能源 80%将来源于可再生资源，如木本植物、草本植物、棕榈油、藻类和废弃的动植物油脂。

2. 生物柴油理化特性

作为柴油的替代燃料或添加剂，生物柴油应当满足柴油的使用要求，才能保证作为燃料使用的性能。因此，评价生物柴油是否可以作为柴油的替代燃料，应当看其是否具有同矿物柴油相近的性质，生物柴油与常规柴油的某些性质比较见表 2.8。

表 2.8 生物柴油和常规柴油的性质比较

主 要 性 质	生物柴油	常规柴油
十六烷值	56	≥49
热值（MJ/L）	32	35

续表

主 要 性 质	生 物 柴 油	常 规 柴 油
相对密度	0.88	0.83
运动黏度（mm^2/s）	4~6	2~4
闭口闪点/℃	>100	55
夏季产品	-10	0
冬季产品	-20	-20
硫含量（质量分数）(%)	<0.01	<0.2
氧含量（体积分数）(%)	10	0

生物柴油的优点如下：

（1）含水率较高，最大可达 30%~45%。水分有利于降低油的黏度，提高稳定性，但降低了油的热值。

（2）pH 值低，故储存装置最好是抗酸腐蚀的材料。

（3）密度比水小，相对密度为 0.83。

（4）具有"老化"倾向，加热不宜超过 80℃，要求避光、避免与空气接触保存。

（5）润滑性能好。

（6）优良的环保特性。生物柴油不含硫、铅、芳香烃及卤化物等，二氧化硫和硫化物的排放低；生物柴油的生物降解性高达 98%，降解速率是普通柴油的 2 倍，可大大减轻意外泄漏时对环境的污染。

（7）较好的低温发动机启动性能。

（8）较好的安全性能。闪点高，运输、储存、使用方面安全；生物柴油的储存、运输、及分配供应系统皆可使用原来用于柴油的容器及设备，对材料没有特殊要求。

（9）十六烷值高，又含氧，燃烧性能好于柴油。

（10）无需改动柴油机，可以掺烧任何比例的混合燃料或者直接添加使用，同时无需另添设加油设备、储存设备，这是在多种替代燃料中唯一能够这样做的。

（11）生物柴油的资源丰富，是对环境友好的可再生燃料。

（12）由动、植物油脂及废烹调油转化成生物柴油的技术基本已成熟，不需要复杂的设备。

（13）生物柴油没有毒性，而且是生物可降解的物质。

（14）在柴油机上推广应用甲醇及乙醇作燃料时，生物柴油即可用做助溶剂，又可以提高醇燃料的黏度。

生物柴油作燃料主要存在如下缺点：价格尚高于常规柴油；在大量生产时，还需要保证原料的供应，如用可食用植物油作原料，就需要较多的土地；如用野生植物油，则还有待于开发；如用废烹调油，则需组织采购工作；发动机使用生物柴油，尚需进一步优化，解决可能产生的新问题。

3. 生物柴油在汽车上的应用

1）生物柴油的使用

我国政府尚未针对生物柴油提出一套扶植、优惠和鼓励的政策办法，更没有制订生物柴油统一的标准。生物柴油在柴油机的使用方法主要有两种：纯烧和掺烧。目前，由于生物柴油纯烧在动力性、经济性、黏度、腐蚀橡胶和塑料等多方面的原因，用得比较少。大多是以一定的比例与矿物柴油相混合，形成生物柴油混合物，大都是以"B××"表示，其中"××"代表生物柴油在燃料所占的体积比例。比如 B20 表示包含 20%的生物柴油。例如，在奔驰BR300、400 系列的货车，奥迪小客车，沃尔沃公司生产的S70及V70系列客车等使用。

使用生物柴油，发动机不必作任何改动。因此世界各国竞相发展生物柴油。但目前国内外以植物油脂为原料制造的生物柴油价格偏高，难以推广应用，于是利用餐饮业废油脂制造生物柴油越来越受到重视，已成为一大趋势。

2）生物柴油汽车使用性能

（1）动力性。

柴油机使用十六烷值过低的柴油，很容易导致工作粗暴，引起机件振动和磨损增大，结果降低了发动机功率，增大了柴油消耗量。十六烷值高的柴油，自燃点低，易于自行发火燃烧，在发动机启动时气缸内温度较低的情况下也能发火自燃，因而启动性能好，发动机不易产生工作粗暴。生物柴油十六烷值大于56，完全能满足高速柴油机的使用要求。

生物柴油热值较柴油低约 10%，使用生物柴油时，如不改变发动机的结构参数，发动机的功率要下降8%。但生物柴油含有10%的氧，其燃烧完全有助于弥补发动机功率的降低。

在美国，生物柴油主要应用 B20。实践证明，B20 生物柴油在所有未经改造的柴油机发动机上运行，其功率、扭矩和做功的消耗量都与普通柴油基本一样。

（2）经济性。

目前生物柴油的主要问题是成本高，不同原料生产的生物柴油（B100）比矿物柴油价格高出30%～100%。成本问题是限制生物柴油使用的最主要问题，只有降低成本，才能有广阔的商业化应用前景。据统计，生物柴油制备成本的 75%是原料成本。因此，采用廉价原料及提高转化率从而降低成本是生物柴油能否实用化的关键。以餐饮废油脂为原料来生产生物柴油能解决上述问题，大大降低生物柴油的制造成本，这是我国目前发展生物柴油的一条捷径。

由于生物柴油属于可再生能源，对保障国家的能源安全和保护环境具有重大的战略意义，因此国外普遍对生物柴油的生产、销售和使用采用扶持政策。法国、意大利对生物柴油的税率为零；德国农民种植生物柴油原料的油菜籽可获得 1000 马克/公顷补贴，并对制造生物柴油予以免税；美国农业部每年拿出1.5亿美元补贴生物柴油等生物燃料的使用。

（3）排放性。

生物柴油不含对环境造成污染的硫化物和芳香烃，加上含有10%的氧，其燃烧更加完全。与普通柴油相比，生物柴油车尾气中有毒有机物排放量下降90%，CO_2 和 CO 排放量下降 90%，颗粒物排放下降 80%，其废气排放指标可满足欧Ⅲ排放标准，因而对城市的污染治理极为有利。

（4）使用安全性。

生物柴油无毒，其闪点高达200℃以上，不属于危险品。因此，生物柴油在运输、储存、使用方面的安全性是显而易见的。

(5) 对柴油润滑性的影响。

在普通柴油中掺入1%的生物柴油,其润滑性能提高了30%。生物柴油与矿物柴油混合使用,大大改进了燃油的润滑性。

2.6.3 二甲醚汽车

1. 二甲醚及其来源

二甲醚(Dimethyl Ether,DME),属于醚的同系物,但与用做麻醉剂的乙醚不一样,虽然对皮肤有轻微的刺激作用,但二甲醚毒性极低,具有优异的环境性能指标,在大气中二甲醚能够在短时间内分解为水和二氧化碳,不会对环境造成破坏;作为柴油机代用燃料,二甲醚具有十六烷值高的特点,在55以上(天然气、液化石油气和醇类燃料十六烷值小于10,不能直接作为柴油机代用燃料使用,而只能作为汽油机的代用燃料)。二甲醚不含硫和氮等杂质,组成中含氧,尾气排放造成的环境污染少,其 CO 和 HC 的排放比以柴油为燃料的柴油机有较大幅度的下降,因而是城市车辆比较理想的清洁燃料。研究表明,大规模生产二甲醚的成本不会高于柴油,成本和污染都低于丙烷和压缩天然气等低污染替代燃料。

自然界中不存在二甲醚,必须用原料来制成。其制取原料主要有天然气、煤和生物质等。

2. 二甲醚的理化特性

二甲醚的理化性能与柴油的比较见表2.9。

表2.9 二甲醚的理化性能与柴油的比较

项 目	二甲醚	0号柴油	项 目	二甲醚	0号柴油
十六烷值	55~60	40~60	气/液容积比(15℃)	624	150
H/C 原子比	3	2~2.3	理论空燃比	8.98	14.3
含氧量(%)	34.8	0	低热值/(MJ/kg)	27.6	42.5
密度(液相)/(kg/m^3)	661(-24.8℃)	780~860	理论混合气热值/(MJ/m^3)	3.71	3.79
沸点(常压)/℃	-24.8	200~300	着火极限(%)	3.4~19	1.5~8.2
蒸发潜热/(kJ/kg)	467(-24.8℃)	270	着火温度(常压)/℃	235	250

二甲醚的理化性质有以下特点:

(1) 常温常压下二甲醚是一种无色、无味、无毒气体,其化学式是 CH_3OCH_3。二甲醚的组成决定了其理化性能。

(2) 二甲醚是最简单的醚类化合物,只有 C—H 和 C—O 键,又是含氧(氧质量分数为34.8%)燃料,容易完全燃烧,在燃烧时不会像柴油那样产生碳烟,既有利于减少燃烧生成的烟度和微粒。同时，还可使用更大的废气再循环（EGR），降低NO_x排放。

（3）二甲醚的十六烷值为55~60，一般柴油的只是40~55；二甲醚的着火温度为235℃，着火性能优于柴油。在柴油机上燃用二甲醚不需采用助燃措施。

（4）二甲醚不发生光化学反应，对人体无毒，当体积分数超过10%时，才会产生轻微的麻醉作用，因此对环境和人体无害。

（5）二甲醚是一种可再生燃料，不仅可以从石油及天然气中提取合成，而且可从煤、植物、生活垃圾中提取合成。

（6）醚的低热值只有柴油的64.7%，为达到柴油机的最佳动力性，必须增大二甲醚的循环供应量。

（7）二甲醚在常温、常压下的饱和蒸汽压为0.5MPa。随着温度的升高，其饱和压力增大，为防止气阻现象发生，燃料供给系统的压力远高于柴油机燃料供给系统的压力。

二甲醚的分子式与乙醇相同，单分子结构不同，因此其性质与乙醇有很大差异。例如，乙醇属于高辛烷值类燃料，而二甲醚属于高十六烷值（55~60）类燃料，从而决定了它们应用的主方向不同，前者主要应用于点燃式发动机，后者主要应用于压燃式发动机；乙醇常态下是液态，二甲醚常态下是气态，从而决定了它们的储运方式不同，前者以常态储运，后者则是加压储运；乙醇的沸点为78.3℃，而二甲醚的沸点为-24.8℃，从而决定了它们有不同的密封要求，前者的储存容器无需专门的密封，后者的储存容器必需设置专门的密封。

此外，二甲醚与柴油虽然同属于高十六烷值类燃料，但因二甲醚分子组成中含有34.8%的氧且二甲醚有高挥发特性，因而具有良好的减烟效果。

二甲醚和液化石油气都在几个大气压下变成液态，故二者储运方式基本一样。

3．二甲醚在汽车上的应用方式

二甲醚在汽车上主要用做压燃式发动机的燃料，其使用方式主要有纯液态二甲醚和以二甲醚作为点火促进物质两种方式。二甲醚除应用于压燃式发动机之外，也可以以复合燃料方式应用于点燃式发动机。

1）纯液态二甲醚缸内直喷压燃式

由于二甲醚的十六烷值高，很适于用做压燃式发动机的燃料，尤其是纯烧二甲醚可以获得相当优良的综合性能。利用燃油喷射装置直接向气缸内喷射液态二甲醚，靠发动机的活塞压燃着火的方式是二甲醚在发动机上最常见的应用方式。

柴油机改造成为二甲醚发动机主要是在柴油机上加装一套储气装置和加压设备。工作时，在压缩行程终了附近，液态二甲醚经由原柴油机供油系统中的高压泵和喷油器喷入气缸，迅速与缸内的空气混合并在缸内的高温作用下自燃、进行扩散燃烧。纯二甲醚发动机保留了柴油机的主要特征：压燃。纯二甲醚发动机需要配备一定压力的气瓶，同时还需要配备用于保证二甲醚保持液态的加压设备，如高压氮气瓶。

直喷式涡轮增压柴油机上进行的燃用二甲醚的研究表明，在未改变原有供油系统的情况下，就可获得低的NO_x排放和无烟运行，在所有的工况点颗粒物PM排放为零。就经济性而言，燃用二甲醚时能量的消耗与燃用柴油时相当。

在改进了喷油器，安装了防止进气温度升高的中冷器后，在各种转速和负荷下，甚至在过量空气系数小于 1 的情况下，发动机实现无 PM 排放意味着可以采用大比例的 EGR，使得 NO_x 排放降到很低的水平。由于二甲醚沸点低，容易形成良好的可燃混合气。二甲醚的喷射无需很高的压力，采用峰值为 22MPa 的压力即可获得无烟运行等好的排放指标。热量消耗率在任意给定的 NO_x 排放水平均低于燃用柴油。

2）二甲醚作为点火促进物质在柴油机上的应用

把二甲醚作为部分燃料使其进入发动机气缸，可以从进气道与空气同时进入，也可以采用其他方式。作为促进点火的物质主要是考虑二甲醚的十六烷值高、自燃性好，因而使少量二甲醚在进气行程进入气缸，在压缩行程后期先行燃烧，使得气缸内温度升高，对主燃料的着火起促进作用，进而改善发动机的性能和排放特性。按燃料供给方式的不同可分为混合喷射式和二甲醚预混柴油（或甲醇）喷射式两种。

3）二甲醚混合燃料在点燃式发动机上的应用

适当加入抑制自燃的物质之后，二甲醚也可应用于预混的点燃式发动机，长安大学做了很多这方面的研究工作。

二甲醚应用于点燃式发动机的方式按二甲醚的储存形式主要有气态和液态式两种。

（1）常压气态。高压储存，有单一复合燃料式和复合燃料—汽油两用燃料式之分。单一复合燃料式是用二甲醚、液化石油气等制成复合燃料，其在汽车上的储存和工作方式与液化石油气汽车相同，可以采用与液化石油气汽车通用的燃料供给系统。复合燃料—汽油两用燃料式在汽车上的储存和工作方式与液化石油气—汽油两用燃料汽车相同。

（2）常压液态式。用二甲醚、烃类和抑制自燃的物质混合制成液态复合燃料，其在汽车上的储存和工作方式与汽油车相同，可以采用与汽油车通用的燃料供给系统。这种混合燃料需要解决燃料物性因蒸发而迅速变化的问题。

另外，国内外科学研究人员在二甲醚与天然气、液化石油气的混合在柴油机及汽油机上应用也有较好的研究成果，如天津大学研究的二甲醚与天然气双燃料均质压燃、长安大学研究的在汽油机中使用二甲醚与液化石油气的混合燃料、西安交通大学研究的二甲醚均质充量压燃等。

4．二甲醚汽车燃油供给系统的改进

（1）气阻现象的产生和克服方案。

二甲醚的饱和蒸汽压随温度增加而急剧升高，即使在 20℃ 的常温下，其饱和蒸汽压也达到 0.4~0.5MPa，如图 2.52 所示。由于柴油发动机燃油供给系统非常靠近发动机缸体，而单缸机的高压泵甚至是装入机体内部的，因此高压油泵的温度往往与缸体的温度接近，大约 70℃ 左右。而二甲醚在此温度的饱和蒸汽压高达 1.7~2.0MPa，如果不采取措施增加燃料供给系统的压力，在燃料供给系统中二甲醚很容易蒸发成气态而产生气阻。

克服方案主要采用两段的低压部分解决气阻问题。如图 2.53 所示，第一段主要由压缩氮气瓶 8、二甲醚燃料储存罐 7 和燃油流量计 6 等组成，第二段主要由低压输送泵 4、蓄能器 3 等组成。在第一段，利用高压氮气使系统内的压力高于环境温度下二甲醚饱和蒸汽的压力，以确保二甲醚在燃油流量计中为液态，不因有气态存在而影响测量精度。

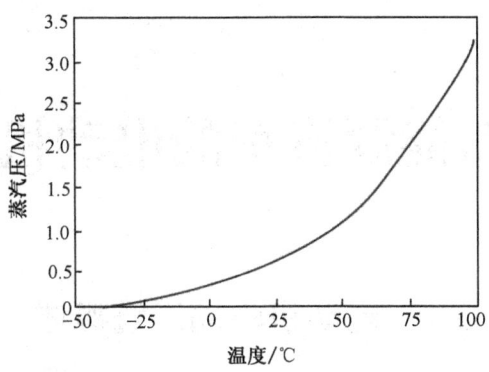

图 2.52　二甲醚发动机蒸汽压与温度的关系

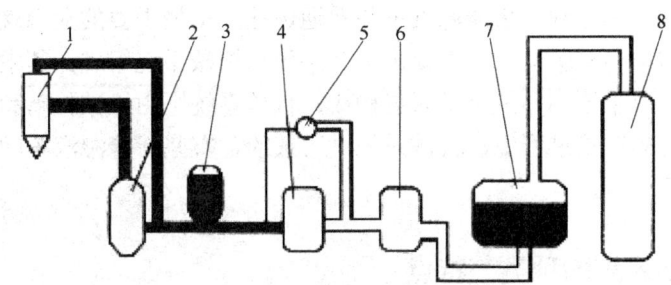

1—喷油器；2—喷油泵；3—蓄能器；4—低压输送泵；5—调压阀；
6—燃油流量计；7—二甲醚燃料储存罐；8—压缩氮气瓶

图 2.53　二甲醚发动机燃料供给系统组成

二甲醚燃料储存罐是一种卧式、大容量气罐，其耐压压力为 4.0MPa，为了不使最高填充量超过 85%，二甲醚燃料储存罐上设有防止过充气的安全阀，在压力异常时将二甲醚释放出去。二甲醚燃料出口位于容器底部，以保证二甲醚始终以液体状态流出。

在低压输送的第二段，用低压输送泵将二甲醚的压力调节到设定的范围，并将多余的燃料旁通回到进油管道。在低压输送泵和喷油泵之间安装一个囊式蓄能器，进一步稳定二甲醚的供给压力。

（2）喷油泵的改进设计。

原柴油机的喷油泵是为燃用柴油而设计的。由于二甲醚的低热值只有柴油的 64%，因此，必须对喷油泵进行改造，提高每个循环的供油量，使喷油量达到原机的 156%，才能使发动机燃用二甲醚时的功率达到原机的水平。增大每个循环供油量主要有增大柱塞直径和柱塞的有效行程两种方法。

（3）喷油器的改进设计。

为了与增加了的循环供油量相匹配，在设计喷嘴时应考虑以下问题：加大总的喷孔流通面积，以与增大了的喷油量相匹配；改变喷孔数目，以寻求最优的喷孔数目。

（4）空气供给系统的优化设计。

进气涡流是影响直喷式柴油机燃烧过程的重要参数之一，主要研究进气涡流强度；通过对发动机进行改造，使之具有随工况变化的可变进气涡流强度的功能。

第 3 章　新能源汽车的电动机驱动系统

3.1　电动机驱动系统概述

电动机驱动系统是电动汽车中把电能转换为机械能的动力部件。

在新能源汽车中，一般情况下是电动机取代发动机并在电动机控制器的控制下，将电能转换为机械能来驱动汽车行驶。新能源汽车与普通燃油汽车最重要的区别就在于电动机驱动系统。新能源汽车的电动机驱动系统主要由电气系统和机械系统组成。其中，电气系统由电动机、功率转换器和电子控制器三个子系统构成，机械系统则由机械传动和车轮等构成。在电气系统和机械系统的连接过程中，机械系统是可选的，有些新能源汽车的电动机是装在轮毂上直接驱动车轮运动的。

3.1.1　电动机驱动系统的种类与特点

电动机驱动系统主要由电动机及电动机控制器组成，电动机控制器主要由功率单元、控制单元、驱动单元、通信单元与系统电源等组成。功率单元主要是用来作功率输出。控制单元主要是用来对外界输入信号（比如刹车，加速等）进行处理。驱动单元主要是通过 DSP 计算后对功率模块进行驱动。为了满足电动汽车的驾驶需求，驱动系统一般要求具有刹车，能量回馈，加速，温度保护，转速转矩控制，转速输出，车速输出，故障检测，故障记录及故障保护等基本功能。

电动机控制器根据驱动电动机的不同，分为直流电动机控制器、交流电动机控制器和开关磁阻电动机控制器三类。如图 3.1 所示，直流电动机控制器分为有刷电动机控制器与无刷电动机控制器。直流有刷电动机控制器又分为串励电动机控制器和他励电动机控制器。交流电动机控制器分为永磁同步电动机控制器和异步电动机控制器。不同的电动机类型有不同的输出特性、效率和性价比，因此需要根据不同的车辆对不同的系统进行合理的选择。

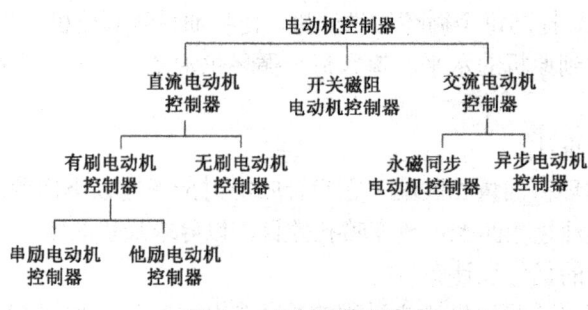

图 3.1　控制器的分类

就新能源电动机驱动系统的种类和特点简述如下。

1. 纯电动汽车的电动机驱动系统

单电动机驱动系统的纯电动汽车中使用的电动机,不需要太大的变速范围,可有效使用较小容量的永磁电动机,并有差速减速器,故可采用无离合器和传动装置的传动系统。虽然没有离合器和传动装置的能量损失,但是还存在着差速器的能量损失。此外,从回收制动能量的角度出发,由于可以实现从车轮到电动机的回收(驱动轮以外的动能通过制动转化为热能),所以有利于全轮驱动。由于没有传动装置,运转更加容易,但却需要低速大转矩,速度变化区域大的电动机,同时电动机和逆变器的容量也变大。去除了差速器的系统成为无差速系统,这种电动机是把传统电动机的定子变成可动的结构,可以反向回转。双电动机方式分为前后驱动(即两个电动机对前后轮分别驱动)和双轮毂式电动机两类,双轮毂式电动机及其逆变器的制造成本较高。四轮毂式电动机把电动机组装在车轮轮毂中,机构更加紧凑。轮毂式电动机的大型化较难,但是总功率依靠 4 台电动机的分担,每台电动机的容量可以变得小一些。此外,由于没有动力传动装置,效率会有一定的提高。

2. 混合动力电动汽车的电动机驱动系统

混合动力汽车可分为依靠电动机行驶的串联式混合动力汽车、发动机辅助行驶的并联式混合动力汽车,以及兼具两者性能的混联式(串、并联)混合动力汽车。

串联式混合动力汽车解决了纯电动汽车续航里程短的难题,行驶中或者停车时由能量源向汽车电池充电,能量源与车轮在结构上没有机械连接,因此驱动系统的结构具有更大的自由度。图3.2 和图3.3 表明了以发动机为能源的串联式混合动力汽车的能量流动及以燃料电池为能源的串联式混合动力汽车的能量流动方式。

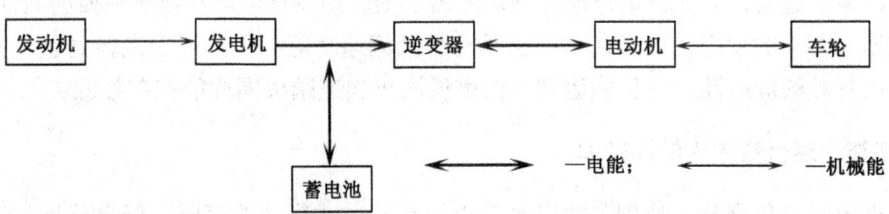

图 3.2　以发动机为能源的串联式混合动力汽车的能量流动方式

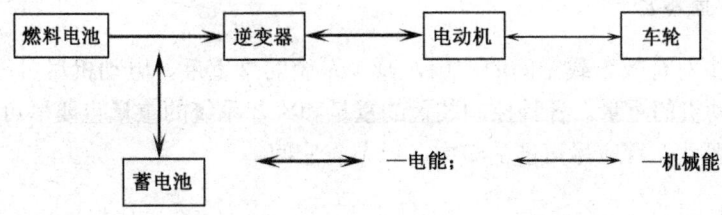

图 3.3　以燃料电池为能源的串联式混合动力汽车能量流动方式

并联式混合动力汽车驱动系统中装载的电动机/发电机,根据制动或驱动需求,发动机随着运转状况改变转速和输出功率。制动时,电动机/发电机处在发电机模式,电池回收电力;启动、加速时,作为电动机提供驱动转矩。其特点是发动机内的飞轮组合了电动机和发电机,可以在现行车辆驱动系统中原封不动的使用,电气部分更加简单,电气系统出现故障的情况下,可单独采用发动机运转。串联式混合动力汽车的发动机虽然在最佳转速和最佳输出功率下运行时效率较高,但需要驱动能量很大的电动机时,还要有可供给电能的发电机。在这种情况下,就需要配备许多较重的电气设备,电池容量也要增大,因此重量也增加了。并联式混合动力汽车的电动机与电池虽然满足容量较小的条件,但是大部分依靠发动机行驶,发动机不能工作在最佳状态,使整体效率降低。

混联式混合驱动方式与同样具有发电机和电动机的串联式混合动力汽车不同,它的发动机与车轮通过机械结构连接到一起。尽管电动机的设计容量较小,但是在小功率时可作为纯电动汽车运转,能实现多种驱动方式。除此之外,还减少了较重的电池、短时间的能量存储器等,同时,不充电也能使汽车在仅有燃料补给的情况下持续行驶。

3.1.2 新能源汽车对驱动电动机的性能要求

新能源汽车所使用的驱动电动机在需要充分满足作为汽车的运行功能的同时,还应满足行驶时的舒适性、适应环境的性能和一次充电的续驶里程等性能。驱动电动机性能的好坏,直接影响电动汽车驱动系统的性能,因而驱动电动机应具有较宽的调速范围、较高的转速和足够大的扭矩等,并要求具有比普通工业用电动机更为严格的技术规范。其电动机驱动系统的主要性能要求如下。

1. 低速大转矩特性及较宽范围内的恒功率特性

即使没有变速器,电动机本身也应满足所需要的转矩特性,以获得所需要的启动、加速、行驶、减速、制动的功率及转矩。电动机具有自动调速功能,因此可以减轻驾驶员的操纵强度,以提高驾驶的舒适性,并且能达到与内燃机汽车加速踏板同样的控制效应。

2. 在整个运行范围内的高效率

一次充电续航里程长,特别是路况复杂以及行驶方式频繁改变时,低负荷运行也应具有较高的效率。

3. 体积小、重量轻

应尽可能减少对有效车载空间的占用,减少系统的总重量。电动机尽可能地采用铝合金外壳,以降低电动机的重量。各种控制装置的重量和冷却系统的重量也要尽可能的轻,同时,控制装置的各元器件布置应尽可能的集中,以节省空间。

4. 高可靠性

在任何情况下,驱动电动机的高可靠性,才能保证汽车具有高安全性。

5. 价格低

要使新能源汽车得到较快普及，降低价格是必由之路。

6. 高电压

在允许的范围内尽可能地采用高电压，这样可以减小电动机的尺寸和导线等装备的尺寸，特别是可以降低逆变器的成本。

7. 电气系统安全性高

各种动力电池组和电动机的工作电压可达到300V以上，对电气系统安全性和控制系统的安全性，都必须符合相关车辆电气控制的安全性能的标准和规定。

8. 高转速

高转速的驱动电动机体积较小，重量较轻，有利于降低整车的装备重量。

同时，驱动电动机还要求有较强的耐温和耐潮湿性能，运行时噪声低，能够在较恶劣的环境下长时间工作，结构简单，适合大批量生产，使用维修方便等特点。

3.1.3 驱动电动机的分类

电动机的用途非常广泛，功率的覆盖面大，种类也很多。就新能源汽车所采用的电动机来说，种类相对较少，功率覆盖面也很窄，根据新能源汽车用驱动电动机的性能特点，常用且符合要求的电动机基本类型如图3.4所示。

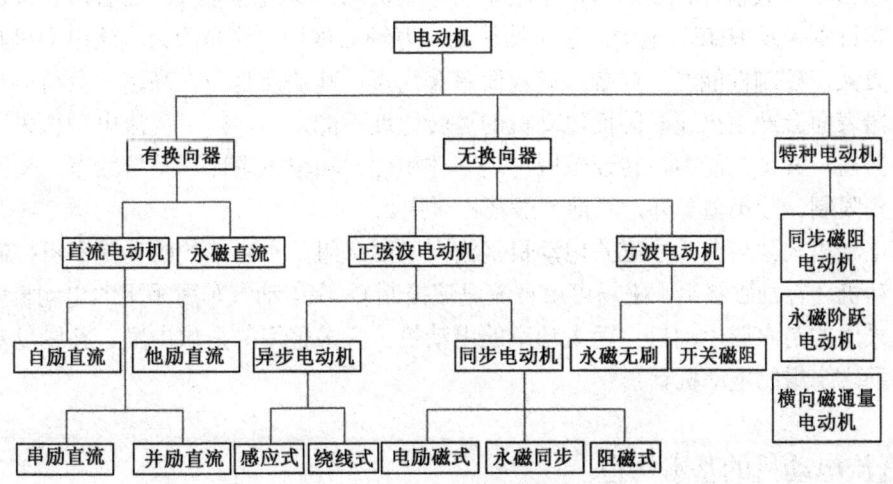

图 3.4 新能源汽车用电动机的基本类型

从图 3.4 中可以看出，新能源汽车经常采用的驱动电动机包括直流电动机、交流异步电动机、永磁电动机和开关磁阻电动机。而最早应用于电动汽车的是直流电动机，这种电动机的优点是控制性能好、成本低。随着电子技术、机械制造技术和自动控制技术的发展，交流异步电动机、永磁电动机和开关磁阻电动机都表现出比直流电动机更加优越的性能，这些电动机正在逐步取代直流电动机。电动汽车用4类电动机的性能比较见表3.1。

表3.1 电动汽车用电动机基本性能比较

	直流电动机	交流异步电动机	永磁电动机	开关磁阻电动机
功率密度	低	中	高	较高
过载能力（%）	200	300~500	300	300~500
峰值效率（%）	85~89	94~95	95~97	90
负荷效率（%）	80~87	90~92	85~97	78~86
功率因数（%）	—	82~85	90~93	60~65
恒功率区	—	1:5	1:2.25	1:3
最高转速范围	4000~6000	12000~20000	4000~10000	>15000
可靠性	一般	好	优	好
结构紧固性	差	好	一般	优
电动机外形尺寸	大	中	小	小
电动机重量	重	中	轻	轻
控制操作性能	最好	好	好	好
控制器成本	低	高	高	一般

3.2 直流电动机的驱动系统

20世纪80年代前，几乎所有的车辆牵引电动机均为直流电动机，如法国雪铁龙SAXO电动汽车和日本大发HIJET电动面包车均达到一万辆的规模。这是因为直流电动机具有起步加速牵引力大，控制性能好，控制系统较简单等优点。其缺点是当在高速大负荷运行时，其机械换向器表面会产生火花。因而电动机的运转速度不能太高。由于直流电动机采用机械式电刷和换向器，其过载能力、转速范围、功率体积比、功率重量比、系统效率、使用维护等方面都受到限制。除小型车外，目前一般都不采用。

直流电动机大致可分为永磁式电动机（没有励磁绕组，永磁体的磁场是不可控制的）和绕组式电动机（有励磁绕组，磁场可由直流电流控制）。在电动汽车所采用的电动机中，小功率电动机采用的是永磁电动机，而大功率的电动机，大多采用的是像串励、并励以及复励电动机等有励磁绕组的电动机。

3.2.1 直流电动机的基本构造

如图3.5所示，直流电动机主要由转子、定子、机座和电刷架等部分组成。

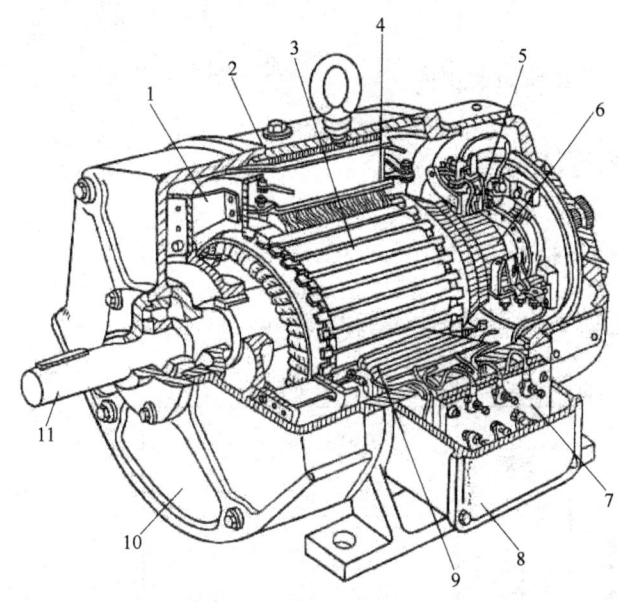

1—风扇； 2—机座； 3—电枢； 4—主磁极； 5—电刷架； 6—换向器；
7—接线板； 8—出线盒； 9—换向极； 10—端盖； 11—轴

图 3.5 直流电动机的构造

1．定子部分

直流电动机的定子主要由主磁极、机座、换向极和电刷装置等组成。

（1）主磁极。其作用是建立主磁场，由主极铁芯和套装在铁芯上的励磁绕组构成。主极铁芯一般由 1~1.5mm 的低碳钢板冲压成型叠装固定而成，是主磁路的一部分。励磁绕组用铜线按要求绕制而成，产生励磁电动势。

（2）机座。用铸钢或厚钢板焊制而成，它既是主磁路的一部分，又是电动机的结构框架。

（3）换向极。其作用是改善直流电动机的换向性能，使直流电动机运行时不产生有害的火花。它由换向极铁芯和套装在铁芯上的换向极绕组构成。

（4）电刷装置。由电刷、刷握、刷杆、汇流排等组成，用于电枢电路的引入或引出。

2．转子部分

转子部分包括电枢铁芯、电枢绕组、换向器等。

（1）电枢铁芯。它既是主磁路的组成部分，又是电枢绕组的支撑部分。电枢绕组嵌放在电枢铁芯的槽内。电枢铁芯一般用 0.50mm 的硅钢片叠压而成。

（2）电枢绕组。由铜线按要求绕制而成，它是直流电动机的电路部分，也是产生电动势和电磁转矩进行机电能量转换的部分。

（3）换向极。由冷拉梯形铜排和绝缘材料等组成，用于电枢电流的换向。

3．端盖

固定在基座两端，装有轴承以支撑电动机转子旋转。

4. 电刷架

装在端盖上,电刷则与换向器相连。

3.2.2 直流电动机的性能特点

1. 直流电动机的驱动特性

电动汽车用直流电动机的驱动特性如图 3.6 所示。

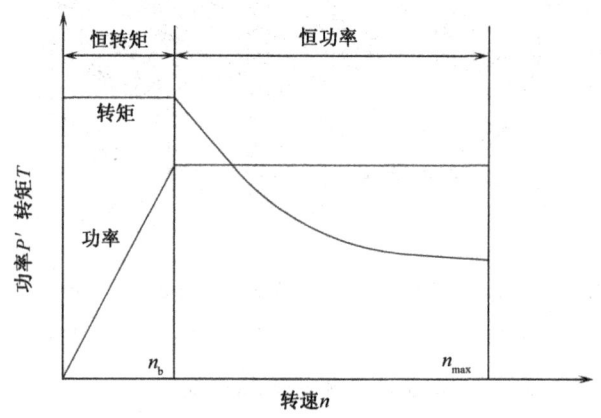

图 3.6 直流电动机的驱动特性

基本转速 n_b 以下为恒转矩区,基本转矩 n_b 以上为恒功率区。在恒转矩区,励磁电流保持不变,改变电枢电压来控制转矩。在高速恒功率区,电枢电压不变,改变励磁电流或弱磁来控制转矩。这种特性,很适合汽车对动力源低速高转矩、高速低转矩的使用需求,而且直流电动机结构简单,易于平滑调速,加之控制技术成熟,所以几乎所有早期的电动汽车都是采用直流电动机。

2. 直流电动机的特点

(1) 调速性能好。直流电动机可以在重负荷条件下,实现均匀、平滑的无极调速,而且调速范围较宽。

(2) 启动力矩大。凡是在重负载下启动或需要均匀调节转速的机械,都可用直流电动机拖动。

(3) 控制简单。其控制器,具有高效率、控制灵活、重量轻、体积小、响应快等优点。

(4) 有易损件。由于存在电刷、换向器等易损零件,所以必须进行定期维护和更换。

3. 电动汽车专用的直流电动机应具有的特点

(1) 电枢轴要延长,以便于安装用于速度检测的脉冲发生器和推力轴接头。

(2) 转子直径要设计的小些,轴长要设计的长些以适应高速旋转。

(3) 为了便于散热,电枢槽要比实际多一些。

（4）为了换向器片、电刷等的定期检查和维护，检查口应制造的大些。

（5）由于震动，为了防止电刷的误动作，应提高电刷的预压紧力。

因此，电动汽车专用的直流电动机和其他通用的直流电动机相比，需要考虑的事项有：耐高温性、抗震动性、低损耗性、抗负荷波动等，此外还有小型轻量化、解决免维护性等技术上的难题。

3.2.3 直流电动机的调速方法

直流电动机的物理模型如图3.7所示。

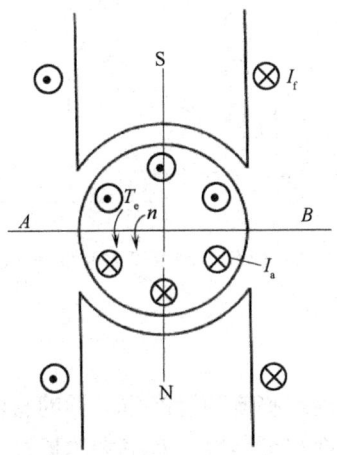

图 3.7 直流电动机的物理模型

直流电动机电磁转矩：

$$T_e = K_m \Phi I_a \tag{3-1}$$

式中，T_e——电动机的电磁转矩(N·m)；

　　　Φ——励磁磁通(Wb)；

　　　I_a——电枢电流(A)；

　　　K_m——由电动机结构参数决定的转矩常数。

由直流电动机的转速特性可知，直流电动机的转速和其他参量的关系为

$$n = \frac{U - I_a R}{K_e \Phi} \tag{3-2}$$

式中，n——电动机转数(r/min)；

　　　U——电枢供电电压(V)；

　　　R——电阻回路总电阻(Ω)；

　　　K_e——由电动机结构参数决定的电动势常数。

改变电枢电压调速是直流调速系统采用的主要方法，调节电枢供电电压或改变励磁磁通，都需要有专门的可控直流电源，而常用的直流电源有以下几种。

1. 旋转交流磁阻

用交流电压和直流发电动机组成机组，以获得可调的直流电压。由交流电动机（原动机）拖动直流发电动机 G 来实现变流，由 G 给需要调速的直流电动机 M 供电，调节发电机的励磁电流 i_f 的大小，就能够方便地改变其输出电压 V，从而调节电动机的转速，如图 3.8 所示。

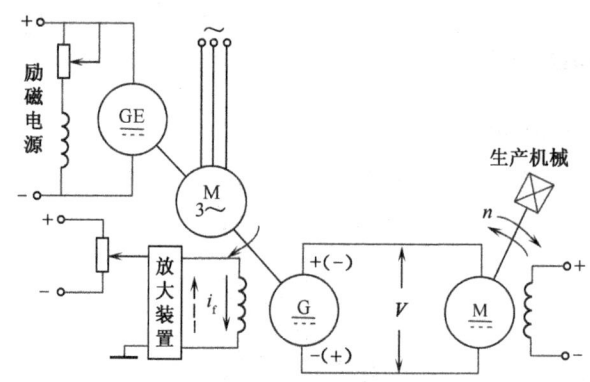

图 3.8 旋转交流机组供电的直流调速系统（C—M系统）

2. 静止可控整流器

用静止的可控整流器，如可控硅整流装置产生可调的直流电压。和旋转变流机组装置相比，可控硅整流装置不仅在经济性和可靠性上有很大的提高，而且在技术性能上也显示出很大的优越性，如图 3.9 所示。

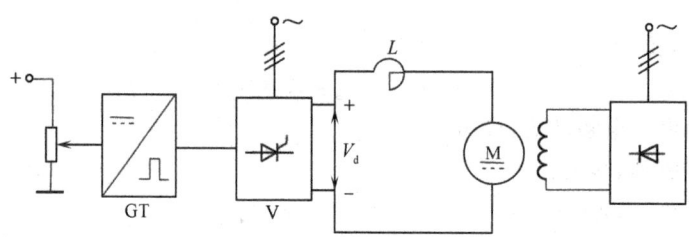

图 3.9 可控硅—电动机调速系统原理（V—M系统）

3. 直流斩波器或脉宽调制变换器

用恒定直流电源或不控整流电源供电，利用直流斩波器或脉宽调制的方法产生可调的直流平均电压。直流斩波器又称直流调压器，是利用开关器件来实现通断控制，将直流电源电压断续加到负荷上，通过通、断时间的变化来改变负荷上的直流电源平均值，将固定电压的直流电源变成平均值可调的直流电源，如图 3.10 所示。

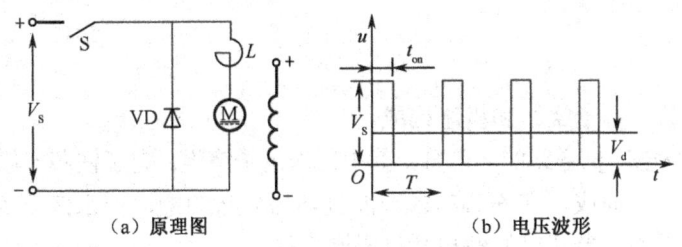

（a）原理图　　　　　　　　（b）电压波形

图 3.10　直流斩波器原理电路及输出电压波形

3.3　交流异步电动机驱动系统

交流电动机可分为同步电动机和异步电动机两大种类，同步电动机：电动机转子的转速与定子旋转磁场的转速相等，转子与定子旋转磁场在空间同步运转；同步电动机又分为绕线式同步电动机和永磁同步电动机。永磁同步电动机，用永磁体取代绕线式同步电动机转子中的励磁绕组，从而省去了励磁线圈、滑环和电刷，定子中通入三相对称交流电运转。异步电动机：电动机转子的转速不等于定子旋转磁场的转速，转子与定子旋转磁场在空间旋转时不同步。异步电动机具有结构简单、价格便宜、运行可靠、维护方便、效率较高的优点，因而得到了广泛应用。其主要缺点是功率因素低（小于 1），运行时必须从电网吸收无功电流来建立磁场。三相异步电动机有鼠笼式异步电动机和绕线转子异步电动机两种。在新能源汽车的应用中，异步鼠笼电动机较为广泛。其结构简单、造价低、结构紧固，维护方便如图 3.11 所示。

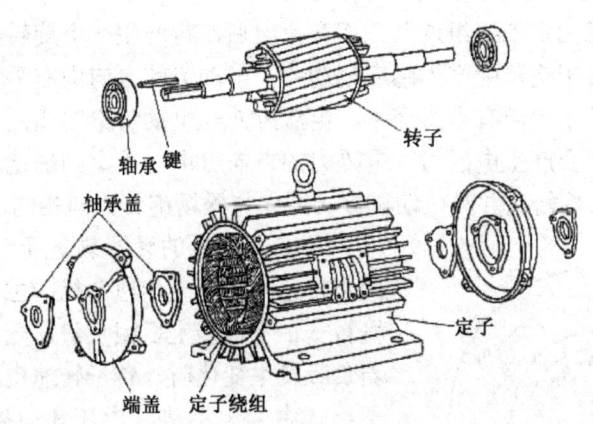

图 3.11　鼠笼异步电动机的构造

3.3.1　三相异步电动机的构造及工作原理

三相异步电动机的定子和转子由层叠、压紧的硅钢片组成，两端采用铝盖封装，在转子和定子之间没有相互接触的部件，结构简单、运行可靠、经久耐用、成本较低。异步电动机主要由定子和转子两大部分组成，定子和转子之间存在气隙。

1. 定子

定子由定子铁芯、定子绕组和机座构成。

（1）定子铁芯是电动机磁路的一部分，其中嵌入定子绕组。定子铁芯一般由 0.35～0.50mm 厚的硅钢片冲制、叠压而成，在铁芯的内圆冲有均匀分布的槽，用来嵌放定子绕组。定子铁芯槽型有半封闭口型槽、半开口型槽和开口型槽三种。

（2）定子绕组是电动机的电路部分，定子绕组由 3 组在空间互隔 120°、对称排列的结构相同的绕组连接而成，这些绕组的各个线圈按要求分别嵌放在定子各槽内，当通入三相交流电时，就会产生旋转磁场。

（3）机座用于固定定子铁芯与前后端盖，用于支撑转子并起防护、散热等作用。封闭式电动机的机座外面有散热筋以增加散热面积，防护式电动机的机座两端盖开有通风孔，以利于散热。

2. 转子

转子由转子铁芯、转子绕组和转轴组成。

（1）转子铁芯是电动机磁路的一部分，其所用材料和定子一样。绕线式电动机转子铁芯用硅钢片，外圆冲有均匀分布的孔，用来放置转子绕组。

（2）转子绕组是转子的电路部分，其作用是切割定子旋转磁场产生感应电动势及电流，并形成电磁转矩而使电动机运转。转子绕组分为笼式和绕组式转子两类。

（3）转轴用于固定和支撑转子铁芯，并输出机械功率。转轴一般使用中碳钢组成。

图 3.12 所示为交流异步电动机的工作原理图。

当异步电动机的三相定子绕组通入三相交流电后，将产生一个旋转磁场，该旋转磁场切割转子绕组，从而在转子绕组中产生感应电动势，电动势的方向由右手定则来确定。由于转子绕组是闭合通路，转子中便有电流产生，电流方向与电动势方向相同，而载流的转子导体在定子旋转磁场作用下会产生电磁力，电磁力的方向可用左手定则确定。由电磁力进而产生电磁转矩，驱动电动机旋转，并且电动机旋转方向与磁场旋转方向相同。

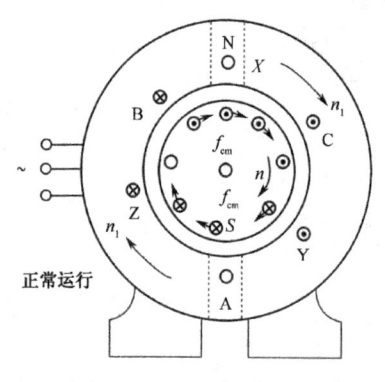

图 3.12 交流异步电动机的工作原理图

异步电动机的转子转速不等于定子旋转磁场的同步转速，这是异步电动机的主要特点。如果在电动机转子轴上连接上机械负载，则负载随转子而转动。当负载发生变化时，转子转速也随之发生变化，使转子导体中的电动势、电流和电磁转矩发生相应的变化，以适应负载的需要。因此，异步电动机的转速是随负载变化而变化的。

异步电动机的转子转速与定子磁场的同步转速之间存在着转速差，其大小决定着转子电动势及其频率的大小，直接影响着异步电动机的工作状态。通常将转速差与同步转速的比值用转差率来表示：

$$S = \frac{n_1 - n}{n}$$

式中，S——转差率；

n_1——定子旋转磁场的同步转速；

n——转子转速。

转差率是异步电动机运行时的一个重要物理量。异步电动机运行时，转差率 S 的取值范围为 $0<S<1$。在额定条件下运行时，一般额定转差率 S 为 0.01～0.06。

3.3.2 交流异步电动机的性能特点

电动汽车用交流异步电动机具有以下特点：
（1）高速低转矩时运转效率高。
（2）低速时有高转矩，并有宽泛的速度范围。
（3）易实现转速超过 10000r/min 的高速旋转。
（4）小型轻量化。
（5）高可靠性。
（6）制造成本低。
（7）控制装置的简单化。

异步电动机成本低且可靠性高，逆变器即使损坏而产生短路时也不会产生反向电动势，所以不可能出现紧急制动的情况。因此，异步电动机广泛应用于大型高速的电动汽车中。三项鼠笼式异步电动机的功率容量覆盖面很大，可以从零点几瓦到几千瓦。采用空气冷却或液体冷却方式，冷却自由度高，对环境的适应性好，并且能够实现再生制动。与同样功率的直流电动机相比，异步电动机效率较高，且重量约减轻一半。

一般情况下，作为电动汽车专用的电动机，由于安装条件受限，而且要求小型轻量化，因而电动机在 10000r/min 以上的高速运转时，大多采用一级齿轮减速器实现减速。此外，由于震动等恶劣环境，低速状态下需要高转矩，并且要在较宽的速度范围内具有恒输出功率特性，所以，电动汽车用异步电动机与一般工业用的电动机不同，因此在设计上必须采用各种新方法，以达到电动汽车的需求。

出于对工作环境的考虑，电动机大多采用全封闭式结构，为了框架、托座等结构的轻量化，采用压铸铝的方式制造，也有采用了水冷却定子框架的水冷式电动机。高速运转时由于频率升高而引起铁损的增大，因此希望减少电动机的极数，一般采用 2 极或 4 极电动机的情况较多。此外，为了减少铁损，普遍采用优良好磁性的电磁钢板。

3.3.3 交流异步电动机的控制方法

20 世纪 90 年代后，交流电动机驱动系统的研制和开发有了新的突破，因而取代直流电动机，在电动汽车上得到了广泛应用，当新能源汽车减速或制动时，电动机处在发电制动状态，给汽车电池充电，实现机械能到电能的转换。

异步电动机是一个多变量（多输入、多输出）系统，其中，变量电压（或电流）、频率、磁通、转速之间又相互影响，所以它又是一个强耦合的多变量系统。如何对这样一个非线性、多变量、强耦合的复杂系统进行有效的控制，成为异步电动机控制方法研究的重点。

目前，对异步电动机的调速控制主要有矢量控制、直接转矩控制、转速控制、变频恒压控制、自适应控制、效率优化控制等。本节主要介绍处于主流地位的前两种控制方法。

1. 矢量控制

矢量控制也称磁场定向控制，该控制方式实现了交流电动机磁通和转矩的解耦控制，使交流传动系统的动态特性有了显著的改善，在提高电动汽车驱动器的动态特性方面，相对于变频调速控制，磁场定向控制得到了较多的关注。因系统具有非线性、多变量、强耦合的变参数特性，很难直接通过外加信号准确控制电磁转矩。矢量控制的基本原理是通过测量和控制异步电动机定子电流矢量，根据磁场定向原理分别对异步电动机的励磁电流和转矩电流进行控制，从而达到控制异步电动机转矩的目的。

矢量控制的具体原理是将异步电动机的定子电流矢量分解为产生磁场的电流分量（励磁电流）和产生转矩的电流分量（转矩电流）分别加以控制，并同时控制两个分量间的幅值和相位，既控制了定子电流矢量，所以称这种控制方式为矢量控制方式。矢量控制又有基于转差率控制的矢量控制方式、无速度传感器矢量控制方式和有速度传感器的矢量控制方式等。它是一种控制异步电动机的有效方法，与直流电动机类似，也可得到高速转矩响应。

随着矢量控制技术的发展，出现了许多矢量控制方法，这些方法基本上可分为两类，及直接磁场定向控制和间接磁场定向控制。直接磁场定向控制需要直接测量转子磁场，增加了执行的复杂性和低速时测量的不可靠性。因此，直接磁场定向控制很少用于电动汽车的驱动。与直接磁场定向控制不同，间接磁场定向控制通过计算确定转子磁场，而不是直接测量，这种方法相对于直接磁场定向控制更易于实现，因此，间接磁场定向控制在高性能的电动汽车驱动系统中具有很好的应用前景。

除了无传感器矢量控制、转矩矢量控制和可提高异步电动机转矩控制性能的技术外，新技术还包括异步电动机控制常数的调节及机械系统匹配的适应性控制等。为了防止异步电动机转速偏差以及在低速区域获得较理想的平滑转速，应用大规模集成电路并采用专用数字式自动电压调整控制技术的控制方式，已实用化并取得良好的效果。

2. 直接转矩控制

直接转矩控制以转矩为中心来进行磁链、转矩的综合控制。和矢量控制不同，直接转矩控制不采用解耦的方式，从而在算法上不存在旋转坐标变换，简单地通过检测电动机定子电压和电流，借助瞬时空间矢量理论计算电动机的磁链和转矩，并根据与给定值比较所得的差值，实现磁链和转矩的直接控制。图 3.13 所示为一种直接转矩控制异步电动机的系统框图。

由于直接转矩控制省掉了矢量变换方式的坐标变换与计算，和为解耦而简化异步电动机数学模型，没有通常的 PWM 脉宽调制信号发生器，所以它的控制结构简单，控制信号处理的物理概念明确，系统的转矩响应迅速且无超调，是一种具有高静、动态性能好的交流调速控制方式。

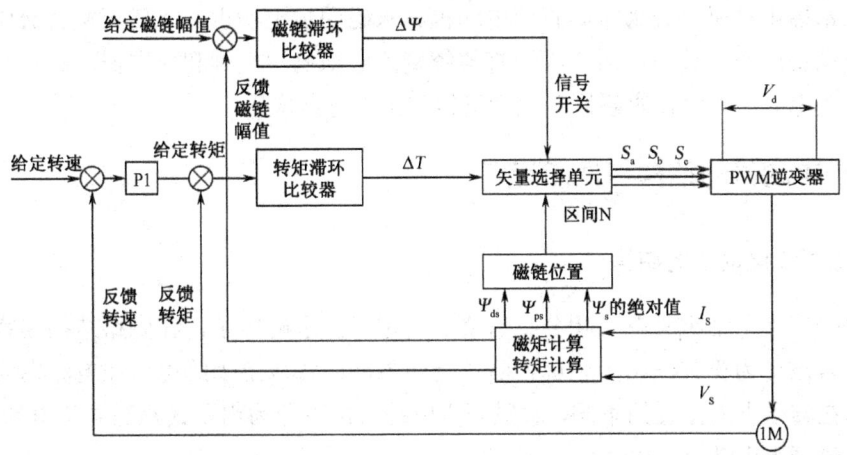

图 3.13 直接转矩控制异步电动机的系统框图

直接转矩控制磁通估算所用的是定子磁链，只要知道了定子电阻就可以把它测量出来，因此直接转矩控制较好地解决了矢量控制技术中控制性能易受参数变化影响的问题。

直接转矩控制方法也存在着一定的缺点，如对逆变器开关频率提高的限制较大，定子电阻对电动机低速性能也有较大的影响，若在低速区，定子电阻的变化引起的定子电流和磁链的畸变，以及转矩脉动、死区效应和开关频率等问题。

此外，弱磁及高效率控制也得到了广泛的应用。弱磁控制类似于直流电动机的情况，不能进行高速控制，因此必须采用具有一定余量的控制。异步电动机在低转矩负荷的情况下，并不需要很大的励磁电流。由于端电压增加铁损也随之增加。因此，在低转速时要考虑采用弱磁的方法。

3.4 永磁电动机的驱动系统

研制开发电动汽车的关键主要有两个方面，一是开发生产高能量密度的电池；二是研制开发性能良好的驱动系统。在各类驱动电动机中，永磁同步电动机的能量密度高、效率高、体积小、惯性低、响应快，通过合理设计永磁磁路结构能获得较高的弱磁性能，在电动汽车驱动方面具有广泛的应用前景，是具有竞争力的电动汽车驱动电动机系统之一。

3.4.1 永磁电动机的分类

永磁电动机有多种分类方法，根据输入电动机接线端的电流种类可分为永磁直流电动机和永磁交流电动机。

由于永磁交流电动机没有电刷、换向器或滑环，因此也称为永磁无刷电动机。根据输入电动机接线端的交流波形，永磁无刷电动机可分为永磁同步电动机和永磁无刷直流电动机。输入永磁同步电动机的是交流正弦或近似正弦波，采用连续转子位置反馈信号来控制换向。

由于方波磁场与方波电流之间相互作用而产生的转矩比正弦波大，所以，永磁无刷直流电动机的功率密度大，但是由功率器件的换向电流引起的转矩脉动也大，而正弦波产生的转矩基本是恒转矩或平稳转矩,这与绕线转子同步电动机相同。

现有的永磁电动机可分为永磁直流电动机、永磁同步电动机、永磁无刷直流电动机和永磁混合式电动机四类。其中,后三类没有传统直流电动机的电刷和换向器,故统称为永磁无刷电动机。在电动汽车中,永磁同步电动机得到了广泛地应用。

3.4.2 永磁电动机的结构与性能特点

1. 永磁同步电动机的结构

三相永磁同步电动机具有三相分布着绕组的定子和永磁转子,在磁路结构和绕组分布上保证反电动势波形为正弦波,为了进行磁场定向控制,输入定子的电压和电流也为正弦波。根据永磁体在转子上的位置的不同,永磁同步电动机可以分为内置式永磁同步电动机(SPM)和外置式永磁同上电动机(IPM)。

(1)内置式永磁同步电动机。

内置式永磁同步电动机按永磁体磁化方向可分为径向式、切向式和混合式,在有阻尼绕组情况下如图 3.14 所示。

(a)径向式　　(b)切向式　　(c)混合式

图 3.14　内置式永磁同步电动机转子结构示意图

内置式永磁同步电动机转子由于内部嵌入永磁体,容易导致转子机械结构上的凸极特性。

(2)外置式永磁同步电动机。

外置式永磁同步电动机根据永磁体是否嵌入转子铁芯中,可以分为面贴式和插入式两种电动机,如图 3.15 所示。

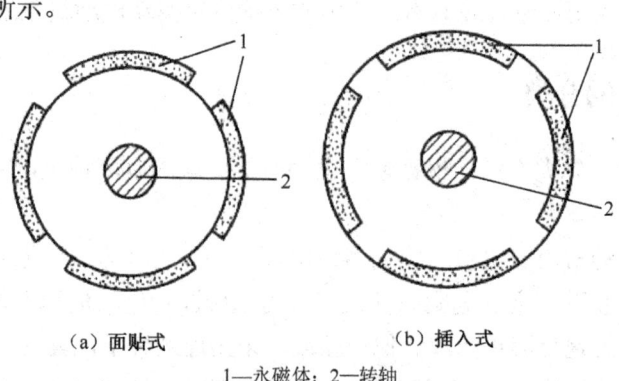

(a)面贴式　　(b)插入式

1—永磁体;2—转轴

图 3.15　外置式永磁同步电动机转子结构示意图

面贴式永磁同步电动机的转子永磁体一般为瓦片形，通过合成粘胶粘于转子铁芯表面。在功率较大的面贴式永磁同步电动机中，永磁体与气隙之间可以通过无纬玻璃丝加以捆绑保护，防止永磁体因转子高速转动而脱落。插入式永磁同步电动机的永磁体嵌入到转子铁芯中，两个永磁体之间的铁芯成为铁磁介质突出的部分。在面贴式永磁同步电动机中，由于永磁体的相对磁导率接近真空磁导率（$\mu=1.0$），等效气隙基本均匀，所以交、直轴电感基本相等，是一种隐极式同步电动机。插入式永磁同步电动机的交轴（q轴）方向上的气隙比直轴（d轴）的小，交轴的电感也比直轴大，是一种凸极式永磁同步电动机。相对而言，由于永磁体的存在使得面贴式永磁同步电动机定子和转子之间的有效气隙较大，因而定子的电感较小。

外置式永磁同步电动机的结构比内置式电动机简单，并且制造容易，因而工业上应用较多。其中面贴式永磁同步电动机转子结构最为简单，与插入式相比，它提高了转子表面的平均磁密，可以得到更大的电磁转矩，因而工业上应用也较多。

2．永磁同步电动机的性能特点

永磁同步电动机的功率因数大、效率高、功率密度大，是一种比较理想的驱动电动机。但正是由于电磁结构中转子励磁不能随意改变，导致电动机弱磁困难，调速特性不如直流电动机。目前，永磁同步电动机理论上还不如直流电动机和感应电动机完善，还有许多问题需要研究解决。

（1）电动机效率。

永磁同步电动机低速效率较低，如何通过设计降低低速损耗，减小低速额定电流是目前研究的热点之一。

（2）电动机的弱磁能力。

永磁同步电动机由于转子是永磁体励磁，随着转速的升高，电动机电压会逐渐达到逆变器所能输出的电压极限，这时要想继续升高转速，只有靠调节定子电流的大小和相位以增加直轴去磁电流来等效弱磁提高转速。电动机的弱磁能力大小主要与直轴电抗和反电动势大小有关，但永磁体串联在直轴磁路中，所以直轴磁路一般磁阻较大，弱磁能力较小，当电动机反电动势较大时，也会降低电动机的最高转速。

由于永磁电动机的转子上无绕组、无铜耗、磁通量小，在低负荷时铁损很小，因此，永磁电动机具有较高的"功率/质量"比。比其他类型的电动机有更高的频率、更大的输出转矩。转子电磁时间常数较小、电动机的动态性能好、电动机的极限转速和制动性能等都优于其他类型的电动机。永磁电动机的定子绕组是主要的发热源，其冷却系统相对比较简单。

由于永磁电动机的磁场产生恒定的磁通量，随着电流量的增加，电动机的转矩与电流成正比增加，因此基本上拥有最大的转矩。随着电动机转速的增加，电动机的功率也增加，同时电压也随之增加。在新能源汽车上，一般要求电动机的输出功率保持恒定，即电动机输出功率不随转速增加而变化，这就要求在电动机转速增加时，电压保持恒定。

一般电动机可以用调节励磁电流来控制，但永磁电动机的磁通量调节却比较困难，因此需要采用磁场控制技术来实现。这就使得永磁电动机的控制系统变得更加复杂，而且增加了成本。

永磁电动机受到永磁材料工艺的影响和限制，使得永磁电动机的功率范围较小，最大功率仅几十千瓦。永磁材料在受到震动、高温和过载电流作用时，可能会使得永磁材料的导磁性能下降或发生退磁现象。这样会降低永磁电动机的性能，严重时还会损坏电动机，在使用中必须严格控制其不发生过载。永磁电动机在恒功率模式下，操纵比较复杂，永磁电动机和三相异步电动机同样需要一套复杂的控制系统，从而使得永磁电动机的控制系统造价也很高。

永磁同步电动机的驱动特性如图 3.16 所示。

从图 3.16 中可以看出永磁无刷同步电动机的恒转矩区比较长，一般延伸到电动机最高转速的 50%左右，这对提高汽车的低速动力性能有很大的帮助，电动机最高转速较高，能达到 10000r/min。永磁无刷同步电动机功率密度高、调速性能好、在宽转速范围内运行效率高（90%~95%），是理想的新能源汽车驱动电动机之一。它的主要缺点是，电动机造价较高、永磁材料会有退磁效应、抗腐蚀性差，而且永磁材料磁场不可变，要想增加电动机的功率，其体积会相应地增大。随着永磁材料的开发和应用，永磁无刷电动机的性能有了很大的提高，是未来最有发展前景的驱动电动机之一。

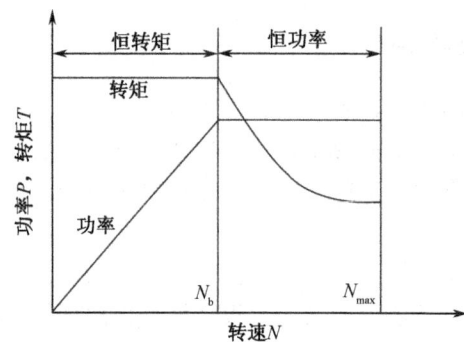

图 3.16　永磁同步电动机的驱动特性

3.4.3　永磁同步电动机的控制方法

永磁同步电动机大多数调速方法都属于自控式，自控式是指位置反馈信息确保电动机系统和逆变器一直处于同步状态。在控制策略方面，永磁同步电动机控制系统可以采用矢量控制（磁场定向控制）、直接转矩控制和恒压频比开环控制等控制方式。

1. 矢量控制

矢量控制的原理：以转子磁链旋转空间矢量为参考坐标，将定子电流分解为相互正交的两个分量，一个与磁链同方向，代表定子电流励磁分量；另一个与磁链方向正交，代表定子电流转矩分量，分别对其进行控制，获得与直流电动机一样良好的动态特性，因其控制简单，控制软件容易实现，已被广泛应用到调速系统中。

永磁同步电动机矢量控制策略与异步电动机矢量控制策略有些不同。由于永磁同步电动机转速和电源频率严格同步，其转子转速等于旋转磁场转速，转差率等于零，没有转差功率，控制效果受转子参数影响小。因此，在永磁同步电动机上更容易实现矢量控制。

由于永磁同步电动机输出电磁转矩对应多个不同的交、直轴电流组合，不同的组合对应着不同的系统效率、功率因数以及转矩输出能力，因此永磁同步电动机有不同的电流控制策略。

(1) $i_d=0$ 控制。

在永磁同步电动机伺服系统中，$i_d=0$ 矢量控制是主要的控制方式。通过检测转子磁极空间位置 d 轴，控制逆变器功率开关器件导通与关断，使定子合成电流位于 q 轴，此时 d 轴定子电流分量为零，永磁同步电动机电磁转矩正比于转矩电流，即正比于定子电流幅值，只需控制定子电流大小就可以很好地控制永磁同步电动机的输出电磁转矩。

(2) 最大转矩/电流比控制。

在电动机输出相同的电磁转矩下，电动机定子电流最小的控制策略称为最大转矩/电流比控制。其实质是求电流极值的问题，可以通过建立辅助方程，采用牛顿迭代法求解。但是计算量较大，在实际应用中系统实时性无法满足，只有通过离线计算出不同电磁转矩对应的交、直轴电流，以表格的形式存放于 DSP 中，实际运行时根据负载情况查表求得对应得 i_d、i_q 进行控制。

(3) 弱磁控制。

永磁同步电动机弱磁控制思想来自直流电动机调磁控制。对于他励直流电动机，当其电枢端电压达到最高电压时，为使电动机能运行于更高转速，采取降低励磁电流的方法，以平衡电压。在永磁同步电动机电压达到逆变器所能输出的电压极限后，要想继续提高转速，也要采取弱磁增速的办法。永磁同步电动机励磁磁动势由永磁体产生，无法像他励直流电动机那样通过调节励磁电流来实现弱磁。传统方法是通过调节定子电流 i_d 和 i_q，增加定子直轴去磁电流分量实现弱磁升速。为保证电动机电枢电流幅值不超过极限值，转矩电流分量 i_d 应随之减小，因此这种控制过程本质上就是在保持电动机端电压不变的情况下减小输出转矩的过程，永磁同步电动机直轴电枢反应比较微弱，因此需要较大的去磁电流才能起到去磁增速的作用。在电动机工作在额定电流的情况下，去磁电流的增加有限，因此，采用这种方法所得到的弱磁增速范围也是有限的。

矢量控制也存在着一定的缺陷：

(1) 转子磁链的准确观测存在一定的难度，转子磁链的计算对电动机的参数有较强的依赖性，因此对参数变化较为敏感。为了克服个问题，出现了多种参数辨识方法，但这些方法也进一步增加了系统的复杂性。

(2) 由于需要解耦运算，采用了矢量旋转变换，系统计算比较复杂。

2．直接转矩控制

直接转矩控制的系统结构图如图 3.17 所示。

在直接转矩控制系统中，开关信号是由转矩和定子磁链的给定值与反馈值的偏差经滞环比较得到的。而转矩和定子磁链的给定值是由电磁转矩和定子磁链估算模型计算得到的。

根据直接转矩控制系统结构，可以得到其控制过程：对于逆变器输出的三相电流 i_a、i_b、i_c，通过 3/2 变换得到 i_α、i_β；由逆变器的电压状态与逆变器的开关状态，以及直流电压 U_{dc} 之间的关系，可以得到 u_α、u_β。由磁链模型得到磁链在 $\alpha\beta$ 坐标系上的分量 Ψ_α、Ψ_d、Ψ_β，再由 Ψ_α、Ψ_β、i_α、i_β 通过转矩模型，得到转矩 T，与 PI 速度调节器输出的转矩 T_* 进行滞环比较，由滞环比较器输出结果。同时利用 Ψ_α、Ψ_β 判断磁链所在区域，确定 θ 值及综合调节器的输出，合理地选择开关矢量以确定逆变器的开关状态。

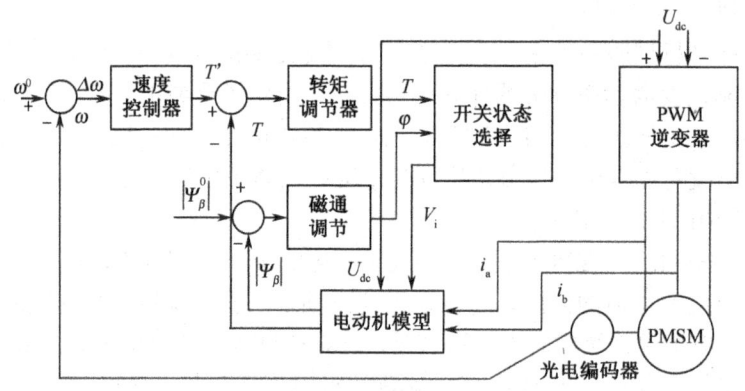

图 3.17　直接转矩控制的系统结构图（PMSM）

直接转矩控制不需要传统矢量控制里复杂的旋转坐标变换和转子磁链定向，转矩取代电流成为受控对象，电压矢量则是控制系统里唯一的输入，直接控制转矩和磁链的增加或减小，但是转矩和磁链并不解耦，对电动机模型进行简化处理时，没有 PWM 信号发生器，控制结构简单，受电动机参数变化影响小，能够获得极佳的动态性能。

恒压频比开环控制的控制变量为电动机的外部变量，即电压和频率。控制系统将参考电压和频率输入实现控制策略的调整器中，最后由逆变器产生一个交变的正弦电压施加在电动机的定子绕组上，使之运行在指定电压和参考频率下。按照这种控制策略进行控制，使供电电压的基波幅值随着速度指令成正比的线性增长，从而保持定子磁通的近似恒定。

恒压频比开环控制策略简单，易于实现，转速通过电源频率进行控制，不存在异步电动机的转差和转差补偿问题。但是，由于系统中不引入速度、位置等反馈信号，因此无法实时扑捉电动机状态，致使无法精确控制电磁转矩。在突加负载或速度指令时，容易发生失步现象；也没有快速的动态响应特性。因此，恒压频比开环控制是控制电动机磁通而没有控制电动机的转矩，控制性能较差，通常只用于对调速性能要求一般的通用变频器上。

3.4.4　永磁无刷直流电动机的控制方法

永磁无刷直流电动机是在直流电动机的转子上装置永久磁铁，不再用电刷和换向器为转子输入励磁电流，工作时，直接将方波电流输入无刷直流电动机的定子中，控制其运转。永磁无刷直流电动机启动转矩大、过载能力强、效率高、控制方便，非常适合新能源驱动电动机的运行特性。其效率明显高于欧盟标准（CEMED），如图 3.18 所示。

永磁无刷直流电动机不采用机械式换向器和电刷，而是由固态逆变器和轴位检测器组成电子换向器。位置传感器用来检测转子在运动过程中的位置，并将位置信号转换为电信号，以保证各绕组的正确换流。永磁无刷直流电动机通常采用电流斩波控制，控制系统由桥式变换器、PWM 控制电路、电动机转轴位置检测器和方波永磁直流电动机等几部分组成。

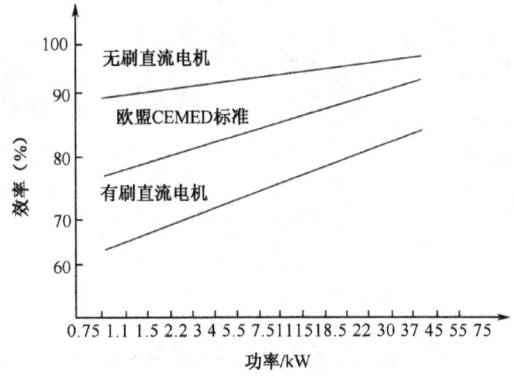

图 3.18 永磁无刷直流电动机的效率

3.5 开关磁阻电动机驱动系统

开关磁阻电动机驱动系统是高性能一体化系统，主要由开关磁阻电动机、功率转换器、传感器和控制器四部分组成，如图 3.19 所示。

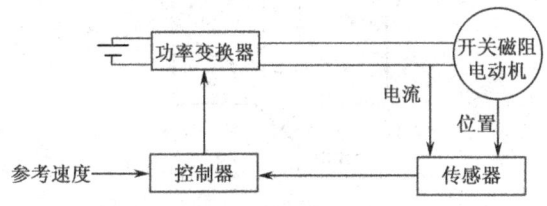

图 3.19 开关磁阻电动机驱动系统的基本组成

其中，开关磁阻电动机为系统的主要组成部分，实现由电能向机械能的转化。功率转换器是连接电源和电动机的开关器件，用于提供开关电动机所需的电能，功率转换器的结构形式一般与供电电压、电动机相数以及主开关器件种类有关。传感器主要用来反馈位置及电流信号，并把该信号传送给控制器。控制器是系统的中枢，起决策和指挥作用，主要是针对传感器提供的转子位置、速度和电流反馈信号以及外部输入的指令，实时加以分析处理，进而采取相应的控制策略，控制功率转换器中主开关器件的工作状态，实现对开关磁阻电动机运行状态的控制。

3.5.1 开关磁阻电动机工作原理与性能特点

开关磁阻电动机一般为凸极铁芯结构，其定子、转子均由普通硅钢片叠压而成。转子上既无绕组也无永磁体，一般装有位置检测器；定子上绕有集中绕组，径向相对的两个绕组串联构成一相绕组，如图 3.20 所示。

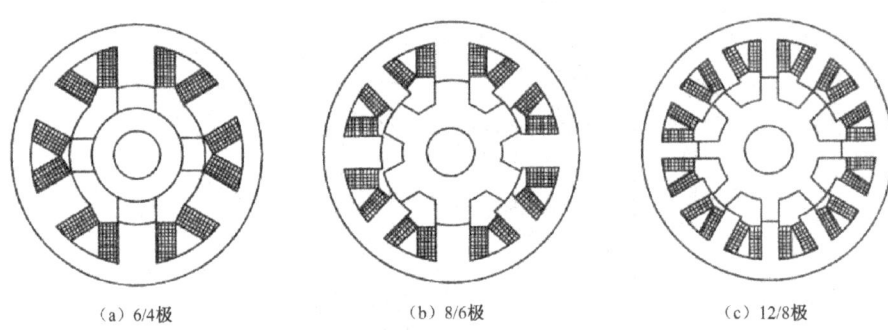

(a) 6/4极　　　　　　　　(b) 8/6极　　　　　　　　(c) 12/8极

图 3.20　开关磁阻电动机的基本结构

根据相数、定子、转子技术的配比，开关磁阻电动机可以设计成不同的结构。图 3.21 所示为四相 8/6 极开关磁阻电动机示意图。

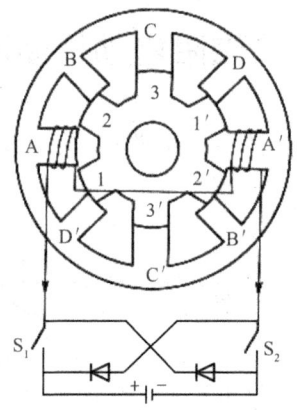

图 3.21　四相 8/6 极开关磁阻电动机

图 3.21 中仅画出了其中一项绕组（A 相）的连接情况。由于定子、转子均为凸极结构，故每相绕组的电感 L 随转子的位置改变而改变，如图 3.22 所示。

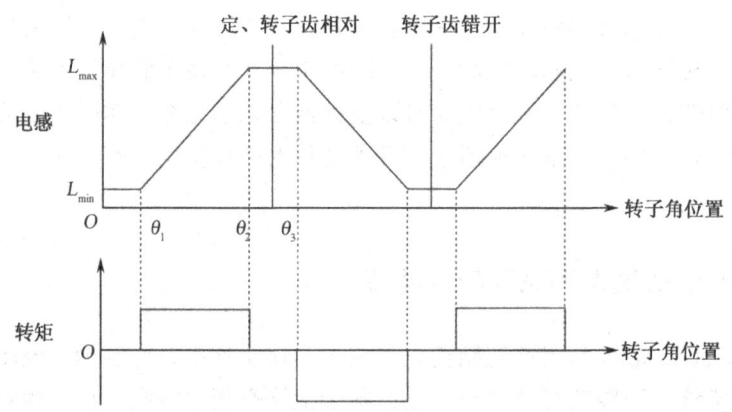

图 3.22　相电感、转矩与转子位置的关系曲线

当定子、转子极正对时，电感达到最大值；当定子、转子极完全错开时，电感达到最小

值。开关磁阻电动机的运行遵循磁阻最小原理，如图 3.21 所示，当 B 相绕组施加电流时，由于磁通总是选择磁阻最小的路径闭合，为减少磁路的磁阻，转子将顺时针旋转，直到转子极 2 与定子极 B 的轴线重合，此时磁阻最小（电感最大）；当切断绕组 B 的电流，给绕组 A 施加电流时，磁阻转矩使得转子极 1 与定子极 A 相对。由于转矩方向一般指向最近的一对定子、转子极相对的位置，根据转子位置传感器反馈的位置信号，电枢绕组按 A-B-D-C 的顺序导通，转子便会沿顺时针方向连续旋转。这就是开关磁阻电动机的工作原理。

开关磁阻电动机作为一种新型调速电动机，具有以下优点：

（1）调速范围宽、控制灵活，易于实现各种特殊要求的转矩—速度特性。开关磁阻电动机启动转矩大、低速性能好，无异步电动机在启动时所出现的冲击电流现象。在恒转矩区，由于电动机转速较低，电动机的反电动势小，因此需要采用对电流进行斩波限幅，即电流斩波控制方式，也可采用调节相绕组外加电压有效值的电压 PWM 控制方式。在恒功率区，通过调解主开关的开通角取得恒功率的特性，即角度位置控制方式。

（2）制造和维护方便。

（3）运转效率高。由于开关磁阻控制灵活，易在很宽的转速范围内实现高效节能控制。

（4）可四象限运行，具有较强的再生制动能力。

（5）结构简单、成本低制造工艺也相对简单。其转子绕组，可工作于很高的速度；定子为集中绕组，嵌放容易，端部短而牢固并且工作可靠，适用于各种恶劣、高温甚至强震动环境。

（6）转矩方向与电流方向无关，从而减少了功率转换器的开关器件数，降低了成本。同时出现故障的几率减少，控制可靠方便，可四象限运行，容易实现正转、反转和启动、制动等需要的调节控制。

（7）损耗小。损耗主要产生在定子，电动机易于冷却。电动机转子不存在励磁及转差损耗，并且由于功率变换元器件少，相应的损耗也小。

（8）可靠参数多、调速性能好。可控参数有主开关开通角、主开关关断角、相电流幅值和直流电源电压。

（9）适于频繁启动、停止以及正反转运行。

开关磁阻电动机的不足：①虽然结构简单，但其设计和控制较复杂。②由于开关磁阻电动机磁极端部的严重磁饱和以及与沟槽的边缘效应，使得开关磁阻电动机设计和控制要求非常高。③开关磁阻电动机噪声较大。

3.5.2 开关磁阻电动机的运行特性

开关磁阻电动机的驱动系统多采用计算机系统，如图 3.23 所示。

在电动机速度小于或等于 ω_b（第一转折点转速）时，通常采用电流或电压斩波控制（CCC）方式，用调节相绕组中的电流大小来控制电动机转矩和过电流保护控制，以实现恒转矩运转。在电动机速度大于 ω_b 并且小于或等于 ω_{sc}（第二转折点转速）时，采用角度位置控制（APC）方式，电动机的转矩 T 随转速的增加而下降，电动机的功率保持不变，实现恒功率运转。在电动机速度大于 ω_{sc} 时，由于可控条件都超过了极限，转矩不能随转速的一次方下降，开关磁阻电动机改变串励特性运行，电动机转矩随转速的增加而下降。

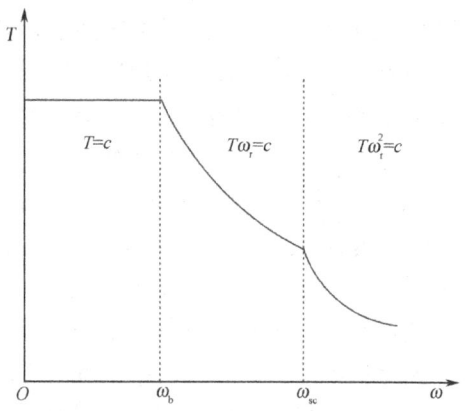

图 3.23　开关磁阻电动机的运行特性

3.5.3　开关磁阻电动机的控制方法

开关磁阻电动机的运行不是单纯的发电或者电动的过程，而是将两者有机结合在一起的控制过程，即它同时也包含了能量回馈的过程。这一控制系统的主要特点为：不同能量流动过程分时控制，采用相同的硬件设备实现，将发电和电动过程整合到一起，实现了能量的回馈。

开关磁阻电动机的控制系统的可控参数主要有开通角、关断角、相电流幅值以及相绕组的端电压，对这些参数进行单独或组合控制就会产生不同的控制方法，常用的控制方法有角度控制（APC）、电流斩波控制（CCC）和电压控制（VC）三种。

1. 角度控制法（APC）

APC 是电压保持不变，而对开通角和关断角进行控制，通过对它们的控制来改变电流波形以及电流波形与绕组电感波形的相对位置。在 APC 控制中，如果改变开通角，而它通常处于低电感区，则可以改变电流的波形宽度、改变电流波形的峰值和有效值的大小，以及改变电流波形与电感波形的相对位置，这样就会对输出转矩产生很大的影响。改变关断角一般不影响电流峰值，但可以影响电流波形宽度以及与电感曲线的相对位置，电流有效值也随之变化，因此关断角同样对电动机的转矩产生影响，只是其影响程度没有开通角那么大。

一般情况下，采用固定关断角、改变开通角的控制模式。与此同时，固定关断角的选取也很重要，需要保证绕组电感开始下降时，相绕组电流尽快衰减到零。对应于每个由转速与转矩确定的运行点，开通角和关断角会有多种组合。因此在选择的过程中，要考虑电磁功率、效率、转矩脉动及电流有效值等运行指标，来确定相应的最优控制的角度。在系统的控制中，要遵循一个原则，即在电动机制动运行时，应使得电流波形位于电感波形的下降段；而在电动机电动运行时，应使电流波形的主要部分位于电感波形的上升段。

角度控制的优点：①转矩调节范围大；②可允许多相同时通电，以增加电动机输出转矩，且转矩脉动小；③可实现效率最优控制或转矩最优控制。

但角度控制法不适应于低速工作状态，一般在高速运行时使用。

2. 电流斩波控制法（CCC）

在电流斩波控制方式中，一般使电动机的开通角和关断角保持不变，而主要靠控制斩波电流的大小来调节电流的峰值，从而起到调节电动机转矩和转速的目的。实现的方式主要有以下两种。

（1）限制电流上下幅值的控制。

在一个控制周期内，给定电流最大值和最小值，使相电流与设定的上下限进行比较，当大于设定值最大值时，则控制该相功率开关元件关断，而当相电流降低到设定最小值时，功率开关重新开通，如此反复，其斩波的波形如图 3.24 所示。

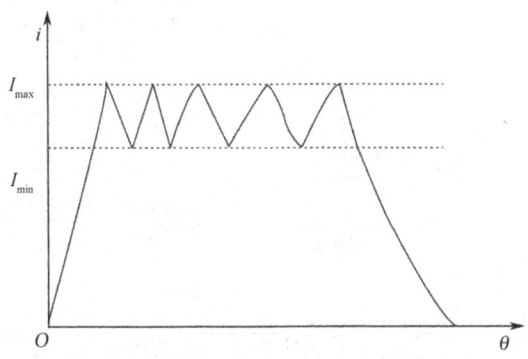

图 3.24 设定电流上下限幅值的电流斩波

这种方式，由于一个周期内电感变化率不同，因此斩波频率疏密不均，在电感变化率大的区间，电流上升快，斩波频率一般很高，开关损耗大，但优点是转矩脉动小。

（2）电流上限和关断时间恒定。

与上一种方法的区别在于，当相电流大于电流斩波上限值时，就将功率开关元件关断一段固定的时间再开通，而重新导通的触发条件不是电流的下限而是定时，在每一个控制周期内，关断时间恒定，但电流下降多少取决于绕组电感量、电感变化率、转速等因素，因此电流下限并不一致。关断的时间过长，相电流脉动大，易发生"过斩"；关断时间过短，斩波频率又会较高，功率开关元件开关损耗增大。应根据电动机运行时的不同状况来选择关断时间。

电流斩波控制适用于低速和制动运行工况，可限制电流峰值的增长，并起到良好有效的调节作用，而且转矩也比较平稳，电动机转矩脉动一般采用其他控制方式时要明显减小。

3．电压控制法(VC)

电压控制法与前两种控制方式不同，它不是适时地调整开通角和关断角，而是某相绕组导通阶段，在主开关的控制信号中加入 PWM 信号，通过调节占空比来调节绕组端电压的大小，从而改变相电流值。通过调节此 PWM 信号的占空比，以调节加在主开关上驱动信号波形的占空比，从而改变相绕组上的平均电压，进而改变输出转矩。电压斩波控制是通过 PWM 的方式调节相绕组的平均电压值，间接调节和限制过大的绕组电流，适合转速调节系统，抗负荷扰动的动态响应快。这种控制实现容易，并且成本较低；缺点在于：导通角度始终固定，功率元器件开关频率高、开关损耗大，不能精确地控制相电流。

实际上，在开关磁阻电动机双向控制系统中，采用的是后两种控制方法。具体的发电/电动状态控制策略如图 3.25 所示。

开关磁阻电动机的动作过程可分为发电过程和电动过程，分别对应于电动汽车的制动、滑行以及正常行驶过程,而将电动汽车制动、滑行时的能量回收到储能装置中,即为能量的再生回馈;发电状态和电动状态是通过软件来实现切换的。在整个发电回馈过程中,由于开关磁阻电动机本体结构特殊,其定子绕组既是励磁绕组又是电枢绕组,故其励磁与续流(发电)过程必须采用周期性分时控制。其励磁过程是可控的,但续流(发电)过程不可控,因而采用电流斩波控制来调节励磁阶段励磁电流的大小,从而实现对发电过程的控制。而电动过程采用电压斩波控制,以调节电枢平均电压从而实现对转矩和转速的调节。

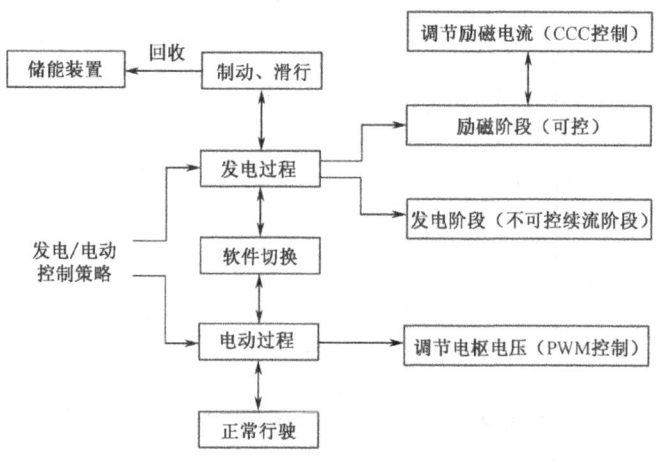

图 3.25 发电/电动状态控制策略框图

开关磁阻电动机双向控制系统的主要目标,是实现开关磁阻电动机的双向运行,重点在于发电/电动状态下的最优控制以及能量回馈问题,不但要让开关磁阻电动机在电动状态下获得优越的调速性能,也要保证其发电状态下的能量回馈。其总体的控制方案如图 3.26 所示。

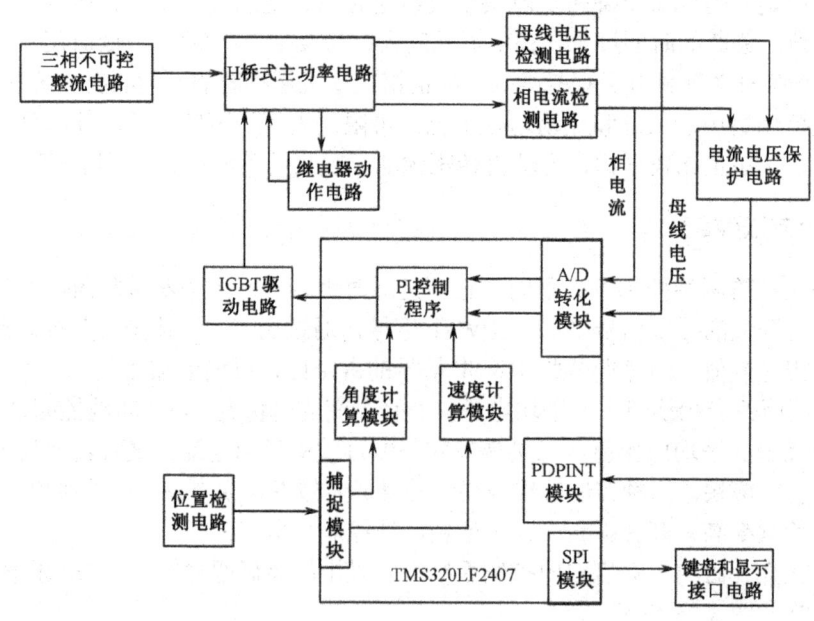

图 3.26 双向控制系统总体方案框图

该系统主要由开关磁阻电动机本体、主控制芯片、主功率电路、IGBT 驱动电路,以及电流电压检测电路、位置检测电路等外围检测电路构成,其具体功能的实现过程如下:三相不可控整流桥将 380V 的三相动力电整流为 537V 的直流电,并通过 H 桥式主功率电路给电动机供电,同时相电压和相电流检测电路负责对电动机的母线电压以及相电流情况进行检测,将检测信号反馈至 DSP 的 A/D 转换模块,进行 A/D 采样。同时,电流电压保护电路接受相电流和相电压检测信号,在对其进行处理后,将对电流、过电压信号反馈至 DSP 的 PDPINT 模块,从而实现整个系统的故障保护功能。

此外,还有位置检测电路,将光电盘的两路输出信号经过调理后送至 DSP 的捕捉模块,经角度计算和速度计算模块后产生角度和速度信号。DSP 内部的 PI 控制模块对 A/D 转换后的电流电压信号以及角度、速度信号进行综合后计算,DSP 输出五路占空比可变的 PWM 波形至 IGBT 驱动电路,实现对主功率开关电路的通断控制。此外,DSP 的 SPI 模块负责驱动四个显示模块。各个模块相互联系、相互协作,共同完成整个控制系统的功能。

3.5.4 开关磁阻电动机功率变换器

开关磁阻电动机控制系统的功率变换器电路结构有许多种,其中 H 桥式主电路可同时实现发电/电动的功能,如图 3.27 所示。

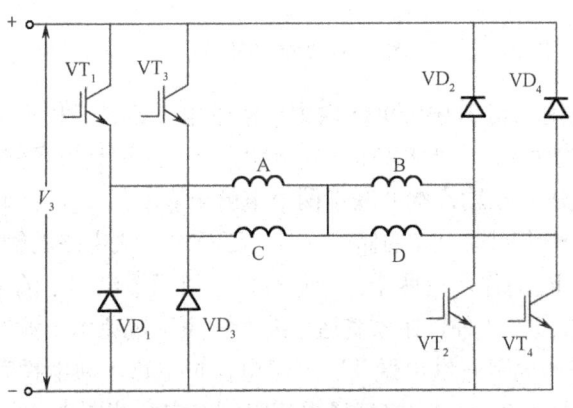

图 3.27 H 桥式主电路

由于它的特殊结构,必须工作在两相同时导通的情况下,即每一工作瞬间,上、下桥臂必须有一相导通。其优点是可以实现零电压续流,即关断相电流后,可以依靠导通相绕组本身续流,从而实现能量的回馈,同时它的功率器件少,成本也较低。

对应于 H 桥式主电路主开关的开通、关断顺序的不同组合,控制过程中所采用的电流斩波可分为两种:一种称为能量回馈式电流斩波(ERCC),当实际电流超过电流参考上限值时,主开关 VT_1、VT_2 同时关断,绕组储存的能量通过两个续流二极管回馈给电源;而当 VT_1、VT_2 导通时,绕组上承受正电压,绕组的磁链就会相应地增加,产生电流和电动电磁转矩;另一种称为能量非回馈式电流斩波(NER-CC)方式,其工作原理为,在相电流超过电流参考上限值时,只要关断其中一个主开关,而另一个主开关器件保持开通,此时绕组电流在近似为零的外施电压作用下,通过二极管 VD_1 和主开关 VT_2,磁链在近似零压下缓慢衰减(相对

ERCC 方式），无能量返回电源，斩波结束时，VT_1、VT_2 同时关断，磁链迅速减少；而考虑到本系统的双向性，以及 NERCC 方式中的主开关器件 VT_1、VT_2 的开关频率相差很大，不利于主开关器件和续流二极管的充分利用；上、下桥的工作不对称，因而本系统选择了 ERCC 方式控制，这也决定了控制中主开关的开关模式。

下面以 A、B 相为例，说明一下主电路的工作过程：当 VT_1 和 VT_2 同时导通时，电流通过 VT_1-A-B-VT_2 这一通路流过绕组，这是发电状态下的励磁阶段或者电动状态下的工作状态；当 VT_1 和 VT_2 同时闭合时，绕组中储存的磁场能量通过 VD_1-A-B-VD_2 这一通路，回馈到直流母线端，并储存到能量装置中。

功率变换器的整体设计方案如图 3.28 所示。

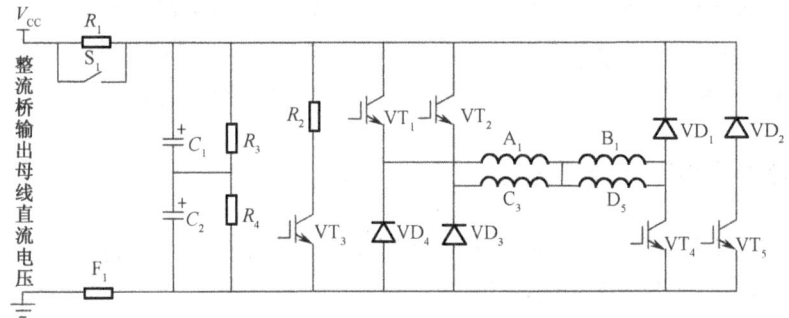

图 3.28 功率主电路图

功率主电路系统采用三相 380V/50Hz 动力电源供电，通过三相不可控整流桥将其整流为 537V 直流电供直流母线使用；由于 SRM 在发电状态下，回馈到电源的能量输入是脉冲能量，为了得到稳定的输出电压，在输出端并联了两个电解电容 C_1、C_2，同时对回馈电压起到稳定和滤波的作用，同时也作为回馈电能的储能元件，还可对整流电路的输出电压起到滤波作用。和电容并联的电阻 R_3、R_4 的作用有两个：一是可以平衡两个电容上的电压，二是在整个系统关闭时使 C_1、C_2 电容放电。此外，在系统通电瞬间，为了避免由于滤波电容充电而引起的过大的浪涌电流，可以采用电阻—继电器并联的通电保护电路。通电瞬间母线电压小于某一值时，继电器断开，电流通过 R_1 流过，将浪涌电流限制在安全范围内。当母线电压大于此值时，继电器闭合，将电阻 R_1 短路，对主电路的正常运行不会造成任何影响；而 R_2 和 VT_3 也构成了制动放电电路，主要起到能耗制动的作用。此外，当制动发电过程中电容发生过电压时，VT_3 开通，将电容能量泄放到电阻 R_2 上；最后就是 H 桥式功率主电路，如前所述，它在发电运行时具有能量回馈的功能。

3.6　其他电动机驱动系统

除了以上介绍的电动机驱动系统外，还有几种电动机及其驱动系统，在汽车驱动系统中也有一定的特点和应用。下面分别介绍。

3.6.1 轮毂电动机

轮毂电动机全称为永磁轮毂同步电动机,是永磁同步电动机的一种特殊结构,它把电动机安装在轮辋内,构成电动轮驱动汽车行驶。它的基本原理与永磁同步电动机相同。

1. 轮毂电动机的驱动方式

轮毂电动机使用时可分为减速驱动和直接驱动两大类。

(1) 减速驱动方式。

电动机一般在高速状态下运行,而且对电动机的其他性能没有特殊要求,因此可选用普通的内转子电动机。减速机构放置在电动机和车轮之间,起减速和增加转矩的作用。减速驱动的优点是:电动机运行在高速下,具有较高的功率和效率比;体积小、重量轻;扭矩大、爬坡性能好;能保证汽车在低速运行时获得较大的平稳转矩。缺点是:难以实现液态润滑、齿轮磨损较快、使用寿命短、不易散热、噪声大。减速驱动方式适合丘陵或山区,以及要求过载能力大或城区公交车等需要频繁启动停车等场合。

(2) 直接驱动方式。

电动机多采用外转子(即直接将转子安装在轮毂上)。为了使汽车能顺利起步,要求电动机在低速时能提供大的转矩。此外,为了使汽车能够有较好的动力性,电动机需要有较宽的调速范围。其优点是:不需要减速机构,使得整个驱动结构更加简单、紧凑,轴向尺寸也较小,而且效率也进一步提高,响应速度也较快。其缺点是:起步、迎风行驶或爬坡以及承载较大负载时需要较大的电流,易损坏电池和永磁体;电动机效率峰值区域很小,负荷电流超过一定值后效率急剧下降。此驱动方式适合平路或负荷较轻的场合。

2. 轮毂电动机的优点

与内燃机汽车和电动机集中驱动电动汽车相比,使用轮毂电动机驱动系统的汽车具有很多优势。

(1) 动力控制由硬连接改为软连接形式。通过电子线控技术,实现电动机从零到最大速度的无级变速和各电动轮间的差速要求,从而省略了传统汽车所需要的机械式操纵换挡装置、离合器、变速器、传动轴和机械差速器等,使驱动系统和整车结构简洁,可利用空间大,传动效率提高。

(2) 各电动机轮的驱动力直接独立可控,使其动力学控制更为灵活、方便;合理控制各电动轮的驱动力,从而提高恶劣路面条件下的行驶性能。

(3) 容易实现各电动轮的电气制动、机电复合制动和制动能量反馈。

(4) 底架结构大为简化,使整车总布置和车身造型设计的自由度增加。若能把底架承载功能与车身功能分类,则可实现相同底盘不同车身造型的产品多样化和系列化,从而缩短新车型的开发周期,降低开发成本。

(5) 若在采用轮毂电动机驱动系统的四轮电动汽车上导入线控四轮转向技术(4WS),实现车辆转向行驶高性能化,可有效减小转弯半径,甚至实现零转向半径,增加了转向的灵活性。

3.6.2 交流励磁记忆电动机

记忆的概念主要来源于永磁电动机中所用永磁材料的特性,即永磁材料本身的磁化程度能够在很短的时间内通过施加充磁或者去磁磁动势而得到改变,并且充、去磁之后其磁化程度也能被保留记忆,从而达到了简单、有效地调节电动机内磁场以及气隙磁通密度的目的。从这个概念可以看出,记忆电动机并不是一种新的电动机结构,而只是一种新的电动机概念。理论上,任何一种以永磁体为主要励磁源的永磁电动机,通过采用合适的永磁材料再加以合适的电动机制造工艺,都能成为记忆电动机。

永磁电动机作为一种高效、高功率密度的电动机,在各种工业领域,特别是电动汽车领域得到了广泛地应用。在传统的永磁电动机中,永磁材料的磁性能一般比较稳定,当需要弱磁时,通常采用施加持续弱磁电流的方法来达到,这必然导致较大的励磁损耗。另外,永磁体在外磁场特别是电枢反应磁场的作用下,有可能发生不可逆去磁,从而导致电动机性能下降,甚至无法使用。记忆电动机的出现,正是为了在拓展永磁电动机调速范围的同时,避免产生额外的励磁损耗,总之,这是一种新的、简单的、高效的弱磁控制技术。

记忆电动机又称为磁通可控永磁电动机,由德国的 Vlado Ostovic 在 2001 年最早提出。他所提出的记忆电动机的结构,既能做成变磁通形式,又能做成变极数形式。在这两种电动机结构中,通过在短时间内通过电动机定子电枢绕组中的充、去磁脉冲电流,转子上永磁体的磁化状态能有效地改变并且记住,因此极大地减少了传统永磁电动机励磁时所需的持续功率损耗,如图 3.29 所示。

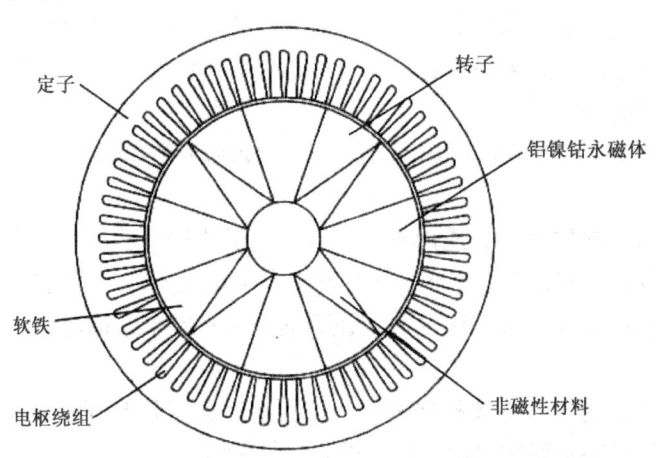

图 3.29 交流励磁记忆电动机剖面示意图

它采用的是传统的内插式永磁电动机结构。转子式永磁体、软铁(永磁体两侧)和非磁性材料(软体之间的三角部分)做成的夹层架构,然后用机械的办法固定在一根非磁性的轴上,外边面最后用导磁圆筒固定。

转子上被切向磁化过的永磁体产生的磁通经过气隙进入定子,此时气隙主磁通最强。当需要弱磁时,采用电流矢量解耦控制,在定子电枢绕组上施加一个与原磁化方向相反的直轴脉冲电流后,所产生的磁通使得转子永磁体被部分去磁,每块永磁体被分成磁化方向不同的两个区域，此时穿过气隙的永磁主磁通就减小了。这种记忆电动机最大的优点是可以在很宽的调速范围内运行，而没有过多的励磁损耗，同时也不牺牲电动机的其他特性。并且切向式转子磁路结构，相对于径向式转子磁路结构来说，使得一个极距下的永磁气隙主磁通由相邻两个磁极永磁体并联提供，这样每级都能获得较大的气隙磁通。

在以上电动机结构的基础上，进一步提出了一种内置混合磁钢式转子的记忆电动机，如图 3.30 所示。

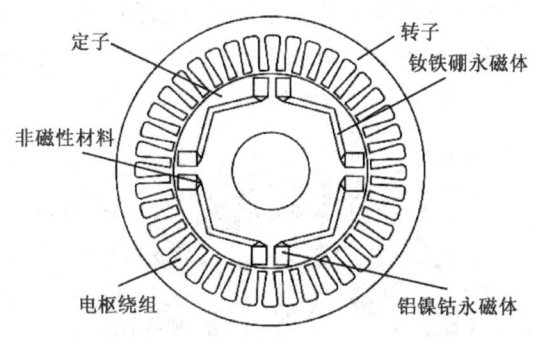

图 3.30 混合磁钢交流励磁记忆电动机的剖面示意图

它是将普通内插式永磁电动机的永磁体置换成钕铁硼永磁体和铝镍钴永磁体共同励磁，其中径向放置的钕铁硼永磁体作为主要的励磁源，而切向放置的铝镍钴永磁体可以正反两个方向磁化。当铝镍钴永磁体的磁化方向和钕铁硼永磁体的磁化方向一致时，铝镍钴产生的磁场起到将钕铁硼产生的磁通推向定子而使气隙主磁通增强的作用；而当铝镍钴永磁体的磁化方向和钕铁硼永磁体的磁化方向相反时，铝镍钴将钕铁硼产生的磁通抵消，达到了减小气隙磁通的效果。其控制方式仍然和 Vlado Ostovic 所提出的记忆电动机相类似，即通过采用矢量解耦控制在电枢绕组中施加不同大小的直轴电流，从而达到改变电动机气隙磁通的目的。

分析上述两种记忆电动机可以发现，它们存在一个共同点，即作为励磁源的永磁位于转子上，而由于不存在单独的励磁线圈，使得它们磁化程度的励磁电流是通过交流电枢绕组来实现的。这种类型的记忆电动机也属于一种交流励磁记忆电动机。

交流励磁记忆电动机很好地融合了记忆的概念，但仍然存在可改进之处，值得进一步研究。①永磁体位于转子上就使得其励磁控制方法必须采用电流的矢量解耦控制，即必须在有效的控制策略下，合适的时间内，通过在电枢绕组内施加励磁电流脉冲方能实现。②实验研究发现，单位厚度的铝镍钴永磁体在充、去磁时所需的磁动势通常很大，而电枢绕组匝数却通常很少，如果电动机在运行过程中需要充、去磁，那么电枢绕组意味着必须同时承载电枢电流和非常大的励磁电流，这也是电动机绕组设计时必须考虑的一个问题。③记忆电动机采用的永磁体矫顽力较低，因此在一些应用场合，如电动汽车用电动机运行在高速再生制动阶段时，必须避免电枢反应引起的不必要的完全去磁。④混合磁钢记忆电动机在结构设计时，必须巧妙合理地布置两种永磁体的相对位置，以防止去磁性能相对较强的永磁体对此性能相对较弱的永磁体产生影响。

3.6.3 外转子型双励磁永磁无刷电动机

双励磁永磁无刷电动机通常是指由电励磁和永磁体相互作用而产生磁场的无刷电动机。电励磁通常是由直流励磁构成,因为电励磁具有灵活的可调性,因此这种双励磁永磁无刷电动机既继承了普通永磁无刷电动机的优点,又克服了普通永磁无刷电动机所具有的磁场调节的复杂性和局限性。

外转子型双励磁永磁无刷电动机是双励磁永磁电动机的一种,该电动机在结构上突破了传统混合励磁复杂的缺点,性能优越、控制简单灵活,外转子型双励磁永磁无刷电动机的结构如图3.31所示。

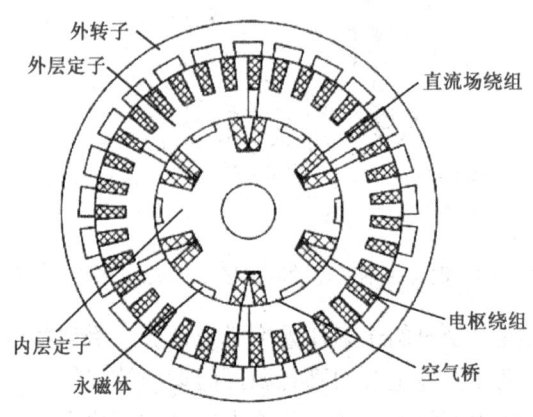

图 3.31 外转子型双励磁永磁无刷电动机结构图

它主要由外转子、外层定子、位于外层定子的三项电枢绕组、内层定子、位于内层定子的永磁体和支流励磁绕组等组成。另外,在每一组永磁体的旁边都并有一组空气桥。其主要的结构特点如下:

(1) 从电动机结构图上可以看出,该电动机结构非常紧凑,整体性强,并且电动机内部结构层次分明,材料分工明确的同时能够实现相应的功能而干扰较小。

(2) 外转子的拓扑结构是该电动机的空间可以充分利用。整个内定子部分用来安装三相电枢绕组、直流励磁绕组和永磁体。这样,整个磁路被外转子环抱,因此有效地减小了漏磁。而且,电动机的硅钢片得到了充分利用,使电动机本体具有较高的性价比。外转子由24个凸极构成,本身没有任何绕组和永磁体。这种结构使其机械强度高,可以运行在高速状态并能承受较大的转矩。

(3) 外层定子由36个凸极构成,三相电枢绕组安放在槽中。从转子和外层定子的结构来看,这也是典型的双凸极结构。传统双凸极永磁电动机的容错性能得以延续。

(4) 内层定子安放了永磁体和直流励磁绕组。通过调节直流励磁的大小和方向,可以有效地实现磁通的增强和减弱。当该电动机当做电动机使用时,施加正向的直流励磁电流可以起到增磁的作用,从而可以使电动机产生较大的转矩;当电动机在高速运行时,可以通过施加反方向的直流励磁电流实现弱磁,从而使电动机有非常宽的恒功率运行区。另外,当该电动机作为发电动机使用时,通过调解直流励磁电流的大小和方向,可以实现恒定电压输出。

（5）附加空气桥的引入是该电动机的一个特点。从电动机结构图上可以看出，在每一组永磁体的旁边并联一组相应的空气桥。该空气桥的主要作用是可以有效地实现弱磁效果。

（6）在外层定子上，三相绕组是按分数槽集中绕组的方式排列的。在实际应用中，这种绕组的排布方式，可以非常有效地降低三相电压的不对称性，同时也能有效地缩短端部绕组的长度，因此可以进一步提高导线的利用率和电动机功率密度。另外，采用36/24的定/转子配合，可以非常有效地降低齿槽转矩和转矩脉动。通常在双凸极永磁电动机和无刷直流电动机中，齿槽转矩一般都比较大，但是该电动机的齿槽转矩非常小。

（7）关于励磁源的一个显著优点：电枢绕组和电励磁绕组在磁场分布原则上实现解耦，直流励磁源和三相绕组耦合程度较小。在控制上，两者可以单独控制并实现各自的控制算法。

（8）散热问题。因为转子在外面，绕组和永磁体在定子上，因此容易导致转动部件过热的问题。而定子的散热问题，并不是一个难点，可以通过强制风冷等方式解决。

该电动机的运行控制与传统的双凸极电动机和无刷直流电动机都非常相似，不同在于气隙磁通可以通过直流绕组加以控制。具体来说，以转子的位置为参考，当绕组磁链增加时，正向的电枢电流可以使电动机产生正向的转矩；当绕组的磁链下降时，反方向的电枢电流也可以使电动机产生正向的转矩。因此，根据电动机的不同位置，施加不同方向的电枢电流，电动机就可以输出相应的电磁转矩。其三相绕组的导通方式就与双凸极永磁电动机和无刷直流电动机相同。另外，当该电动机在启动等工况时，需要较大的转矩，施加和永磁体相同方向的直流励磁电流，可以有效地使磁场得到加强，从而提供足够的转矩；当该电动机作为发电动机使用时，其励磁电流可以双向改变，气隙磁通密度得到有效的调节，从而可以输出恒定的电压。

3.7 新能源汽车电驱动系统的发展方向

新能源汽车对电驱动系统的要求是：高可靠性，高性能，高效率，低成本，调速范围宽。其发展方向如下。

1. 纯电驱动汽车用电动机及其控制系统产业化

研究目标：掌握电驱动汽车用电动机及其控制系统设计、开发和产业化关键技术，提高系统功率密度、转矩密度、效率和可靠性等性能，开发系列化产品，实现批量化生产。

研究的主要内容：研究高密度、高集成度、高效率电动机及其控制系统，研究电动机与机电耦合装置的集成技术；研究车载环境下电动机系统热管理与减震降噪技术；研究电动机系统的环境适应性、可靠性与耐久性预测和评估方法；研究电动机系统的产品化应用技术；研究批量生产的先进制造技术和质量控制技术。

2. 下一代电驱动系统的研究与开发

研究目标：开发新一代电驱动总成系统，掌握产品设计、开发、生产的核心关键技术。

主要研究内容：①开展电动机、减速装置、制动器和轮毂的一体化结构设计技术研究，研究高密度高效率控制技术、冷却与热管理技术、NVH技术、新结构新材料应用技术等。②研究多相电动机高密度高效率设计技术、电动机驱动及控制技术、系统集成设计、热管理及容错技术等。③研究机电耦合动力系统总成及其控制单元、电动机协调控制技术、电动机与变速箱结构集成及其附件设计、系统热分析预热管理系统设计等。④研究电力电子集成封装与互联技术、机—电—热—磁多领域验证技术、叠层母排与电解电容/膜电容模块化结构设计技术、多功能全数字控制电路小型化与EMC技术、集成控制器多参量测试方法等。

主要考核指标：重点考核系统和总成的功率密度、转矩密度、系统效率等关键技术指标的先进性和可行性，提供下一代电驱动系统样机，并完成相应的测试与评价，完成相关技术标准的提案等。

近年来，新能源汽车驱动电动机技术不断强化。深度混合动力以外的其他类型的电驱动技术也迅速增长起来，包括纯电动、增程电动、燃料电池驱动等。由于这类车辆的驱动电动机要提供全车的动力，其转矩、功率和效率的要求上升到了新的高度。

3.7.1 新型电动机的应用

新能源汽车中使用的电动机同一般工业用的电动机发展过程一样，除小型电动机外均由直流电动机过渡到交流电动机。交流电动机实现了耐用性、高速化、小型化及轻量化，而且作为电动机电源的逆变器以及适合控制的逆变器也实现了小型化，此外，成本低廉也是电动机得到发展的主要原因之一。

新能源汽车专用的电动机，通过从电池中获取有限的能量产生动作，所以要求其在各种环境下的效率都要很好。因而，在性能上的要求比一般工业用电动机更加严格。新能源汽车用电动机主要的发展和应用方向如下：

（1）小型轻量化。电动汽车用电动机的体积、重量要尽可能小，一般为工业用电动机的1/3~2/3。

（2）高效性。一次充电后的续驶里程要尽可能的长，尤其是在行驶模式变换频繁的轻负荷的情况下，电动机和控制装置的总效率也需要进一步的提高。

（3）高可靠性及寿命长。轮毂电动机中的振动达到20g左右，即使在汽车上也有（3~5）g的振动，应确保在任何环境下的安全使用，是非常必要的。而不采用速度位置传感器的无传感器的控制，被认为能提高可靠性。一般汽车寿命都在十年以上，因而电动机应在使用年限内保证正常使用。

（4）低速大转矩情况下的大范围内的恒定输出特性。在电动机单体中，需满足必要的转矩特性，例如满载坡道等工况。

（5）低噪声。各类电动机在大转矩起步或急加速过程中都存在不同程度的噪声。因而应尽可能地减少电动机的运行噪声。

（6）成本低廉。为了便于普及，成本的降低是很必要的。

能够满足以上特性的电动机便是适合作为电动汽车专用的电动机。但目前还没有全部满足以上特性的电动机。

近年来，新能源汽车的电动机驱动技术不断强化。丰田普瑞斯的两台电动机总功率从

1997年的60kW调高到98kW。已在国际上推出的其他高性能混合动力车，如宝马、雷克萨斯、奔驰等继续在功率密度上频创新高。如宝马X6、奔驰450h的双模混合动力驱动电动机，功率密度提高到2.8kW/kg，转速高达14000r/min。由中国企业精进电动开发和批量生产的150kW永磁—磁阻同步驱动电动机是国际上有代表性的高功率密度驱动电动机。电动机的有效重量（定子、转子）的功率密度达到了3.2kW/kg，是当时国际上功率密度最高的量产驱动电动机。

3.7.2 电动机控制技术的发展方向

由于可以有效利用的电池能量是有限的，因而高性能新能源汽车用电力变换器以及构成它的电力装置就成为电动机驱动用变换器的核心，这也是现在和未来发展的方向之一。

1. 控制器件的发展方向

在新能源汽车中，直流电动机的电池电压为100～120V，交流电动机则多使用288V，电流则在200～300A左右。直流电动机在小型车上多采用FET，大型车则多采用IGBT器件；交流电动机可采用耐电压600V的自动开关器件，如IGBT。近来，更进一步的智能模块化电力开关器件的使用也日益增多。

作为电动机驱动用电力变换器，对于直流电动机使用的是附带回收作用的高频斩波器，对于交流电动机则选用的是高频PWM逆变器。2000ml级别的内燃机汽车的最大输出功率为40～60kW，连续输出功率为最大功率的50%左右。交流电动机驱动的情况下，作为变换器的逆变器是必须的，其输出频率最高可达到200Hz左右，这是根据正弦波调制PWM控制得来的。流入电动机的电流几乎都是正弦波，并且为了减少变换器的噪声，PWM发生器在可听频率的16kHz以上。在这些情况下，由于电力装置的高频开关动作是必要的，故开关损耗也会相应增加。因此，现在正在开发损失小的器件。

（1）效率的提高：新能源汽车不能一直处于高速公路上高速行驶的状态，由于在市街行驶时只有40～60km/h的速度，因此，其所需的电力仅为最高行驶时的1/5。所以，希望控制器在较大的运行范围内具有较高的频率。实现这个目标不但需要采用轻负荷高效率的逆变器，还需要恰当的电动机控制方法，如在异步电动机励磁电流控制中采用高效率控制方式，或使用高效率的永磁同步电动机，更进一步的采用高效率的DC-DC变换器。

（2）回收效率的提高：制动时车辆电池有效回收的能量可增加续航里程。在再生制动的时候，逆变器、电动机（整流器、发电机动作）的效率明显得到改善，但要注意影响能量回收模式和电池的充电效率等问题。此外，还要注意电池充电时间的限制，必须注意过充和寿命之间的关系。为了能取得效率较好的能量回收效果，必须采用符合电池充电特性的效率良好的回收控制法。

（3）电力装置：新能源汽车中采用的电力装置，特别对低成本、低损耗以及好的环境适应性有较多要求。对于低损耗，关键是降低输出时的损耗。针对电池电压低的情况，考虑采用比IGBT导通低的MOSFET。

（4）软开关化：采用共振回路使器件强制工作在零电压或零电流状态，提出了在该点开关动作的方法。这种方法称为软开关，是开关器件的应力、开关损耗、开关噪声降低的有效方法。

（5）电磁噪声规范：在新能源汽车中，电磁干扰的类别可分为辐射噪声（从装置辐射电磁波）和传送噪声（电源动力线传播中的高次谐波成分），可以预想到这些噪声对人身心健康所造成的影响。所以必须符合政府的相关规范要求。

（6）新能源汽车电力电子设备的一体化：未来主要考虑实现电机驱动用逆变器和DC-DC变换器的一体化、低成本化、小型轻量化以及低噪声的特性。

2．驱动方式的发展方向

新能源汽车与内燃机汽车相比，有以下优点：

（1）转矩响应速度提高一个数量级。采用高速转矩控制法可以得到10～30ms的高速转矩响应速度，可以进行比内燃机汽车更快的控制。

（2）控制简单化。由于依靠转矩命令就能进行纯电气控制，所以可以采用微型控制器等直接进行控制，比内燃机汽车控制容易许多。

（3）可进行4轮独立驱动和2轮独立驱动。轮毂电机的采用使之容易实现。

（4）拓宽操纵控制角度。在操纵控制中采用电气方式以及采用轮毂电机，可以控制各车轮有正负180°的操纵角。

第4章　新能源汽车的储能装置

本章将重点讨论新能源汽车的常用储能装置，包括动力电池的性能指标，铅酸蓄电池、镍氢蓄电池、钠硫蓄电池、动力锂电池、燃料电池、空气电池、超级电容和飞轮储能器等装置的结构、工作原理和在新能源汽车中的应用情况。

4.1　动力电池概述

新能源汽车的动力储能装置包括所有动力蓄电池、燃料电池、超级电容、飞轮储能器等储能装置，及其相互组合而形成的混合储能装置。

动力电池性能的提高是电动汽车发展的关键技术之一。它既是目前普及电动汽车的瓶颈，也是电动汽车能否与传统内燃机汽车竞争的重要因素之一。

4.1.1　化学电池的基本构成

如图 4.1 所示，化学电池一般由电极（正极和负极）、电解质、隔膜和外壳（容器）4 部分组成。

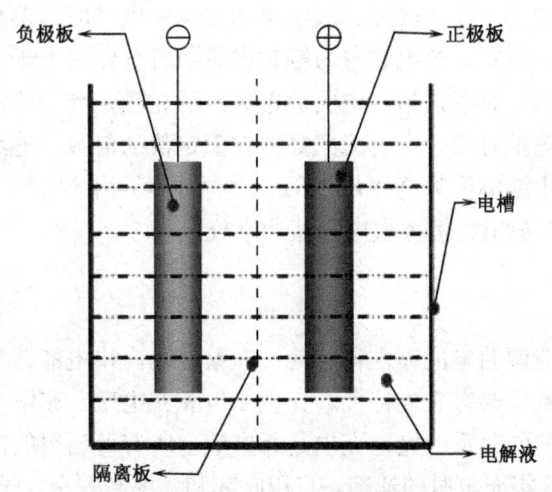

图 4.1　化学电池的基本构造图

其中电极是电池的核心部分，一般由活性物质和导电骨架组成。活性物质是指能够通过化学反应释放出电能的物质，要求它电化学活性高、在电解液中的化学稳定性高和电子导电性好。活性物质是决定化学电源基本特性的重要部分。导电骨架主要起传导电子和支撑活性物质的作用。

电池通过外部电路（负载）放电时，电池的正极从外电路获得电子，而负极则向外电路输出电子；对于电池内部来说带电离子在两极之间的运动方向恰好相反。

电解质在电池内部阴、阳极之间担负传递电荷（带电离子）的作用。电解质通常为液体或固体。液体电解质常称为电解液，一般是酸、碱、盐的水溶液；固体电解质一般为盐类，由固体电解质组成的电池称为干电池。对电解液的要求是电导率高、溶液欧姆电压较小。对固体电解质，要求具有离子导电性，而不具有电子导电性。电解质化学性质必须稳定，使蓄电池在静止状态（不充电也不放电的状态下）电解质与活性物质界面间的电化学反应速率小，这样在电池自放电时，电池的容量损失就小。

为了避免电池内阴、阳极之间的距离较近而发生内部短路产生严重的自放电现象，需要在其阴、阳极之间设置绝缘的隔膜，隔膜的形状通常为薄膜、板材或胶状物等。对隔膜的要求是化学性质稳定，有一定的机械强度，对电解质离子运动的阻力小，是电的良好绝缘体，并能阻挡从电极上脱落的活性物质微粒和枝晶的生长。

电池的外壳是盛放和保护电池电极、电解质、隔膜的容器。一般要求外壳具有足够的机械强度和化学稳定性、耐震动、耐冲击、耐腐蚀。

4.1.2 电池的基本知识

1. 电池的放电

电池放电是将电池内储存的化学能以电能方式释放出来的过程，即电池向外电路输送电流。蓄电池的放电特性主要由放电深度、放电率和连续放电时间等参数来描述。放电深度是指电池当前的放电状态，用实际放电容量与额定容量的百分比来表示。放电率是指放电的速率，常用时率或倍率表示。时率是指一定的放电电流放完额定容量所需的小时数，倍率是指规定时间内放出其额定容量时所输出电流的数值与额定值的倍数。连续放电时间是指蓄电池从开始不间断地放电到电池电压降至终止电压，这一过程所用的时间。放电的方式又分为工况放电、倍率放电、深度放电、恒流放电、恒功率放电等。

2. 电池的充电

电池充电是将外部电源的电能输入蓄电池，在蓄电池内将电能转换为化学能储存起来的过程。蓄电池的充电参数主要有充电特性、完全充电和充电率。充电特性是指充电时蓄电池的电流、电压和时间之间的关系。完全充电是蓄电池内所有可利用的活性物质都已转变成完全荷电的状态。充电率是指充电时的速率，也用时率和倍率来表示。时率是指在一定电流下，充到额定容量所需的小时数，倍率是指在规定时间内，充到额定容量所需要的电流数值与额定值的倍数。蓄电池的荷电状态是指蓄电池当前容量与全荷电容量的百分比。充电方式又分为恒压充电、恒流充电、涓流充电和浮充电。

3. 电池的极化

极化是电池在静止状态（对外电路的电流 $I=0$）时，出现的电池电压、电极电位变化的现象。电压与电流的乘积等于功率，再乘以电池运行时间即为输出电能，所以极化现象反映了在静止状态能量损失的大小，极化损失越小越好。

极化现象也可理解为对平衡现象的偏离。热力学平衡过程与可逆现象紧密相连。可逆过程或平衡过程的变化率是很小的，但实际过程必须有一定的速率，有时还要求有很高的速率，如电动汽车驱动时要求有大电流放电，即要求反应速率很大，这样必然产生偏离平衡值的现象，即极化现象。常见的极化现象有阳极极化、阴极极化、欧姆极化（电阻极化）、浓差和电化学极化等。阳、阴极极化是指电池进入工作状态后阳、阴极电位出现偏离平衡值的现象。电池的电阻有电解质的电阻、电极材料的电阻，甚至还有由于反应物的附着（如氢氧化物沉淀在电极上）造成的电阻等。浓差极化是电化学反应进行时，作用物浓度的变化造成电极电位对平衡值的偏差。任何极化过程均包括一个或几个反应活性物质接收电子或失去电子的过程，由这一过程引起的极化称为电化学极化。

4. 记忆效应

记忆效应是指电池在没有完全放电之前就重新充电，电池会储存这一放电平台并在下次循环中将其作为放电的终点，尽管电池本身的容量可以使电池放电到更低的平台上，但在以后的放电过程中，电池将只记得这一容量。同样在每一次使用中，任何一次不完全的放电都将加深这一效应，使电池容量逐渐变低，这主要表现在镍镉电池中。对于其他蓄电池该效应较小或不存在。造成记忆效应的原因是电池内部枝晶的生长，通过深度充放电虽可缓解，但如此会损坏电池，比较好的方法是采用脉冲充电法，不仅可抑制枝晶的生长，还有可能使一些生长的枝晶得到溶解。

5. 电池的组合

动力蓄电池作为汽车的动力源，一般要求有较高的电压和电流，所以需要将若干单体电池通过串联、并联与复联的方式组合成电池组使用。电池组合中对单体电池性能有严格的要求，在同一组电池中必须选择同一系列、同一规格、性能尽可能一致的单体电池。

4.1.3 电池的种类

电池的种类有很多，划分种类的方法也有多种。

1. 按照工作原理分类

按工作原理划分，主要可分为生物电池、物理电池和化学电池三大类。

生物电池是利用生物（如生物酶、微生物或叶绿素等）分解反应过程中表现出来的带电现象所进行的能量转换，有酶电池、微生物电池和生物太阳电池等。它主要有体积小、无污染、寿命长、可在常温常压下使用等优点。随着全球能源危机的提出，目前对生物电池的研究日趋深入。

物理电池是指利用物理原理制成的电池,其特点是能在一定条件下实现直接的能量转换,主要有太阳能电池、飞轮电池、核能电池和温差电池。太阳能电池是利用光电效应,将光能转化为电能,然后输出直流电存储于蓄电池中。飞轮电池是将电能转换为飞轮的旋转动能,飞轮以高速旋转来储存动能,而后再利用电动/发电机将动能转变成电能输出。核能电池是依靠核子发生裂变或聚变工作的。温差电池是一种直接将热能转换成电能的电池。

化学电池是将化学反应产生的能量直接转换为电能的装置,也称为化学电源,此外还有超级电容器,它是一种介于传统电解质电容器和电化学电池之间的新型储能元件。

化学电池是生活中使用最多的电池。化学电池通常按电解液种类、正负极材料和其功能有以下三种分类方式。

2. 按电解液种类分类

按电池的电解液种类可以分为碱性电池、酸性电池、中性电池及有机电解液电池四类。碱性电池的电解质主要是以氢氧化钾水溶液为主,如碱性锌锰电池、镍镉电池、镍氢电池等;酸性电池主要以硫酸溶液为介质,如铅酸电池;中性电池是以盐溶液为介质,如锌锰干电池;有机电解液电池是以有机溶液为介质的电池,如锂电池、锂离子电池等。

3. 按电池的正负极材料分类

按电池的正负极材料常分为锌系列电池、镍系列电池、铅系列电池、锂系列电池、二氧化锰系列电池及空气系列电池等。锌系列电池有锌锰电池、锌银电池等;镍系列电池有镍镉电池、镍氢电池等;铅系列电池有铅酸电池等;锂系列电池有锂离子电池、锂锰电池、聚合物锂电池、磷酸铁锂电池;二氧化锰系列电池有锌锰电池、碱锰电池等;空气电池系列有锌空气电池、铝空气电池等。

4. 按电池功能分类

按电池功能分类是指根据工作性质或存储方式不同进行分类的方法,主要被分为一次电池、二次电池、燃料电池和储备电池四类。一次电池又称为原电池,即不能再充电的电池。如果原电池中电解质不流动则称为干电池,如锌锰干电池、锌汞干电池、锌银干电池等。二次电池即可充电电池,习惯上称为蓄电池。它是目前电动汽车上用得最多的动力电池,主要有铅酸蓄电池、锂离子电池、镍氢电池及磷酸铁锂电池等。燃料电池又称连续电池,即将活性物质连续注入电池,使其连续放电的电池。储备电池又称激活电池,这类电池的正负极活性物质在储存期不直接接触,使用前临时注入电解液或用其他方法使电池激活,如锌银电池、镁银电池等。

4.1.4 电池的性能指标

1. 电池的工作电压、放电终止电压和放电曲线

电池工作电压是指电池放电时,电池两极之间的电位差,又称为放电电压或端电压。工作电压应等于其开路电压减去电池内阻的压降,与放电制度有关。放电制度是指电池放电时

所规定的各种条件，主要包括放电方式（指连续或间断）、放电电阻、放电电流、放电时间、放电终止电压及放电环境温度等。

放电终止电压是指电池放电时，电压下降到不宜再继续放电的最低工作电压。根据不同的电池类型及放电条件，对电池容量和寿命的要求也不同。因此所规定的电池放电终止电压也不同。一般在低温或大电流放电时，终止电压要求低，因为此时电极极化大，活性物质不能得到充分利用，电池电压下降较快。而在小电流放电时，终止电压就规定较高，因为小电流放电电极极化小，且活性物质能得到充分利用。

放电曲线表示在一定放电条件下，连续放电时电池的工作电压随时间变化的关系曲线。图 4.2 所示的曲线，表示某电池在不同放电率下的放电特性。从中可清楚地看出放电时工作电压随时间的变化过程。放电小时率小者，其电压下降速度快，终止电压低，放电时间也短；反之放电小时率大者，其工作电压下降慢，往往也能输出较多的能量。工作电压的变化速度也称为放电曲线的平稳度。通过放电曲线也可计算出放电时间和放电量。

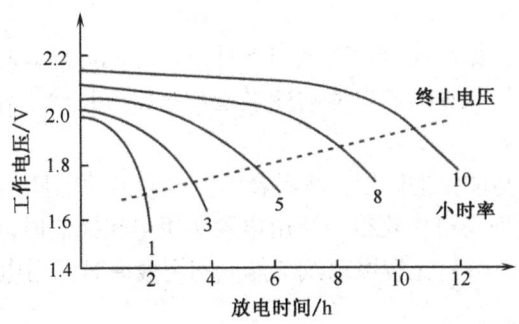

图 4.2 蓄电池的放电曲线

电池的放电深度（Depth of Discharge，DOD）是指电池已经放出的电量占其额定容量的百分比。其数学表达式为

$$\text{DOD} = 100\% - \text{SOC}_0 - \frac{\int_0^t I_{\text{bat}} dt}{C} \times 100\% \tag{4-1}$$

式中，SOC_0 为电池的初始 SOC(关于 SOC 的解释见本节第 10 条)；I_{bat} 为 t 时刻电池的工作电流，充电时为正，放电时为负，单位为 A；t 为充放电时间，单位为 h；C 为电池的额定容量，单位为 Ah。

2. 电池的容量

电池的容量是指完全充电的蓄电池在规定条件下所释放的总电量，常用字母 C 来表示，其单位为安培时（Ah）。与其相关的还有蓄电池储存性能，即表示蓄电池长期搁置后容量变化的特性。电池容量通常有以下几种：理论容量、i 小时率放电容量、额定容量、实际容量、剩余容量。

（1）理论容量：假设电池中的所有活性物质全部参加化学反应，根据法拉第定律计算，电池所能获得的电量称为电池的理论容量。理论容量是电池实际容量的极限值，实际容量一定小于理论容量。

（2）i 小时率放电容量：在恒流放电条件下，正好用 i 小时可以把充满电电池的电压降到放电终止电压，在整个放电过程中所释放的电量称为 i 小时率放电容量，用 C_i 表示。通常启动用蓄电池用 20 小时率放电容量 C_{20} 表示；牵引用蓄电池用 5 小时率放电容量 C_5 表示；电动汽车用动力电池用 3 小时率放电容量 C_3 表示。

（3）额定容量：在行业标准规定的条件下电池所应该放出的电量。额定容量是制造企业标称的容量，作为验收电池质量的重要技术指标。我国国标中，将 3 小时率放电容量定义为道路车辆用动力蓄电池的额定容量。

（4）实际容量：充满电的电池在一定条件下所能输出的电量，它等于放电电流和放电时间的乘积。

（5）剩余容量：充满电的电池经过使用后，在指定的放电率和温度状态下，可以从电池中放出的电量。

3．电池的能量

电池的能量是指在一定标准所规定的放电条件下，电池对外做功所能输出的电能，其单位为瓦时（Wh）或千瓦时（kWh）。电池的能量通常有如下几种：总能量、充电能量、放电能量。

在此需特别强调容量与能量的区别：前者表示电池输出的电量，而后者表示其做功能力。能量可以用容量乘以放电平均电压获得。当用电设备用电流控制时，则用容量衡量；当电压显得重要时，则多用能量。分析比较电动汽车能量利用效率时即用电池的能量来考虑。

4．能量密度与功率密度

它们分别指从蓄电池的单位质量（或体积）所获取的电能与输出功率，也分别称为比能量与比功率。有如下四种具体表示法：

（1）质量能量密度，也称质量比能量，单位为 Wh/kg。
（2）体积能量密度，也称体积比能量，单位为 Wh/L。
（3）质量功率密度，也称质量比功率，单位为 W/kg。
（4）体积功率密度，也称体积比功率，单位为 W/L。

能量密度与功率密度的区别：动力蓄电池的功率密度在一定程度上决定了汽车的加速性、爬坡性和最高车速等性能，而蓄电池的能量密度决定了汽车一次充电后的续驶里程性能。

动力蓄电池的重量在一定程度上影响了汽车的驱动力，而电池的体积也影响了汽车各部件在汽车底盘的布局空间。所以电动汽车希望比功率和比能量都能较大，但一般来说，蓄电池的功率密度增加时，能量密度要下降。其原因是：蓄电池内产生高电流的化学反应限制了能量密度，为了产生高电流，需要大量的集电电极材料；为了给集电电极材料让出空间，就得缩小储存电能量的材料所占的体积。

5．电池的开路电压

蓄电池处于开路状态下电极两端的电位差称为开路电压，一般用高内阻的电压表或万用表测量。电池的开路电压主要取决于构成电池的材料特性，如正、负极材料及电解液的性质。

对于同一系列的电池，如果材料来源不同，晶型结构不同，制成电池的开路电压也会有差异，这一点在电池组合时需要特别注意，一定要选择性能尽可能一致的单体电池为同一组。开路电压是电池体系的一种特征数据，随着电池存放时间的延长，其开路电压会有所下降，这是电池的自放电引起的，但下降幅度不大。如果电池的开路电压下降很快，则说明电池内部可能存在慢性短路或电池性能衰退。

6. 电池的内阻

电池放电时的内阻包括欧姆内阻和极化电阻，欧姆内阻是电池中各组成部分的电子导电阻力、离子导电阻力及接触电阻之和，与电极结构和装配工艺有关。极化电阻是电极反应形成的，与电极反应的本质及材料有关。电池内阻越小，电池工作输出电流时电池内部的压降就越小，电池就能输出较高的工作电压和较大的电流，输出能量和容量也就越大。

7. 电池的寿命

电池的寿命是指用电池使用时间或充电循环次数所表示的电池耐用性。循环充电电池经历一次充电和放电的过程，称为一个循环或一个周期。在一定的充放电制度下，电池容量下降到某一规定值时，电池所能经受的循环次数，称为蓄电池的循环寿命。

影响蓄电池循环寿命的主要因素有：在充放电过程中，电极活性表面积减小；电极上活性物质脱落或转移；电极材料发生腐蚀；电池内部短路；隔膜损坏和活性物质晶型改变，活性降低。在每个充放电循环中，电池中的化学活性物质会逐渐老化变质，活性衰减，化学功能减弱，使得电池的充放电效率逐渐降低，最后电池丧失功能而报废。蓄电池的循环周期与其充电和放电的形式、使用环境温度和放电深度有关，放电深度"浅"时，有利于延长电池的寿命。蓄电池在电动汽车的使用环境，电池组中各个电池的均衡性以及安装方式等都会影响电池的使用寿命。

8. 电池的温度特性

环境温度是影响电池性能的重要因素。电池对环境温度及温度升高的情况都比较敏感。大部分都要求在较狭窄的温度范围内工作，才能保持较高的性能，否则就会损坏。因此，蓄电池在电动汽车上的安装使用，必须注意其环境温度和对温度变化的调节控制。

9. 电池的抗滥用能力

它是指电池对短路、过充电、过放电、机械振动、撞击、挤压以及遭受高温、火烧等非正常使用情况的容忍度。

10. 电池的荷电状态

电池的荷电状态（Stage of Charge，SOC）是指电池剩余容量占其额定容量的百分比。蓄电池在工作中，其荷电状态由式（4-2）表示。

$$\text{SOC} = 100\% - \text{DOD} = \text{SOC}_0 + \frac{\int_0^t I_{\text{bat}} dt}{C} \times 100\% \quad (4-2)$$

式中，SOC_0 为电池的初始 SOC；I_{bat} 为 t 时刻电池的工作电流，充电时为正，放电时为负，单位为 A；t 为充放电时间，单位为 h；C 为电池的额定容量，单位为 Ah。

可见，SOC 和 DOD 之和等于 100%。

4.1.5 各种车用电池的性能比较

新能源汽车对动力电源的要求主要有以下几点：①比功率大（在大电流工况下可平稳放电，提高加速、爬坡性能）；②比能量大（延长续驶里程）；③循环寿命长；④安全可靠；⑤成本低；⑥对使用环境温度要求低；⑦能量转换效率高；⑧对环境污染小等。

电动汽车的未来发展很大程度上取决于动力电池的各项性能。为了便于读者了解，将各类车用动力电池的性能及优、缺点比较情况见表 4.1。

表 4.1 各类车用动力电池的性能及优、缺点比较

电池类别	单体电池电压/V	比能量/(Wh/kg)	比功率/(W/kg)	寿命（次）	优 点	缺 点
铅酸蓄电池	2.0	35~40	50	400~1000	技术成熟、原料丰富、价格低、温度特性好	比能量和比功率较低、寿命短、铅有污染
锂离子电池	3.6	110	300	>1000	比能量大、寿命长	成本高
聚合物锂池	3.8	150	315	>300	比能量大、电压高、自放电小、超薄	成本高
磷酸铁锂电池	3.2	100	—	2000	寿命长、安全性好	体积大
镍氢蓄电池	1.2	55~70	160~500	600	放电倍率高、免维护	自放电高、单体电压低
钠硫蓄电池	约 2.4	109	150	1000	比能量高、转换效率、寿命长	工作温度高、性能不够稳定、使用不安全
钠氯化镍电池	约 2.58	100	150	1000	优点同钠硫蓄电池，比钠硫蓄电池安全	工作温度较高
锌空气电池	—	180~230	小	短	比能量大	比功率低
铝空气电池	—	350	小	短	比能量大、成本低	比功率低
超级电容	—	小	1000	>10000	比功率大、寿命超长	比能量小
飞轮电池	—	小	大	长	比功率大、寿命长	比能量小
燃料电池	—	—	—	—	寿命长、效率高、污染小、噪声低、可快速补充能源和连续工作	存在制氢、储氢的成本和安全等问题

4.2 铅酸蓄电池

4.2.1 铅酸蓄电池的结构和原理

铅酸蓄电池的基本单元是单体电池，每个单体电池都是由正极板、负极板和装在正极板

和负极板之间的隔板组成的，如图4.3所示。

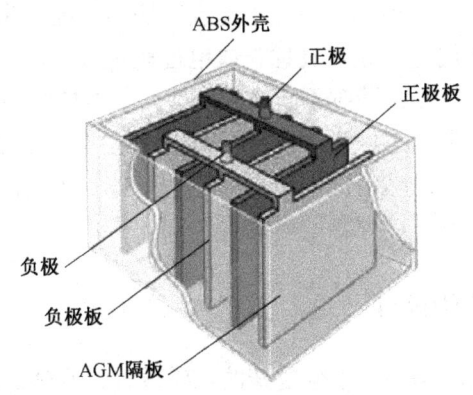

图4.3 铅酸蓄电池的结构

正极板表面上附着一层褐色的二氧化铅，这层二氧化铅由氧化的铅细粒构成，在这些细粒之间的空间能够允许电解液自由地通过。将正极材料磨成细粒的原因是，可以增大它与电解液的接触面积，这样可以增加反应的面积，从而减小了蓄电池的内阻。负极板是海绵状的铅板，颜色为深灰色。将这两个电极板尽量靠近地平行放置，并保证其不接触，然后在两个电极板之间加入用绝缘材料制成的隔板。这种隔板上密布着细小的孔，既可以保证电解液的通过，又可以阻隔两电极板之间的接触。隔板有合成树脂纤维隔板和玻璃纤维隔板两类。正负电极和隔板都浸在电解液之中，电解液是浓度为27%～37%的稀硫酸水溶液。

当电池两端加上负荷时，电子在电池外部电路流动形成电流，而在电池内部，化学能转换为电能，电以离子的形式从一个电极到另一个电极。正电极在放电时，是由外界电路接受电子，形成还原反应；负电极释放电子到外界电路，形成氧化反应；电解液的作用是给正、负电极之间流动的离子创造一个液体环境，或者说充当离子流动的介质。

化学反应方程式为

负极：$Pb + HSO_4^- \rightarrow PbSO_4 + H^+ + 2e^-$

正极：$PbO_2 + 3H^+ + HSO_4^- + 2e^- \rightarrow 2PbSO_4 + 2H_2O$

从方程式中可以看出，当蓄电池向外电路放电时，负极的铅与硫酸氢根离子发生反应，生成硫酸铅和氢离子，同时释放两个电子在负极板上；在正极板上，氧化铅与硫酸氢根离子、氢离子发生反应，吸收两个电子，生成硫酸铅和水。

当外电路向蓄电池充电时，蓄电池的正极接外电路直流电源的正极，负极接负极，外电路向负极源源不断地提供电子，使得负极的硫酸铅和氢离子发生反应，吸收电子，生成硫酸氢根离子和铅，在正极也发生了放电过程的逆反应。

化学反应方程式如下：

负极：$PbSO_4 + H^+ + 2e^- \rightarrow Pb + HSO_4^-$

正极：$2PbSO_4 + 2H_2O \rightarrow PbO_2 + 3H^+ + HSO_4^- + 2e^-$

上述放电和充电两组方程式所描述的反应互为逆反应，所以铅酸蓄电池为可重复使用的电池。放电后电池内部的正极板和负极板的铅和二氧化铅都转变成了硫酸铅，所以这一充放电化学反应理论上被称为双极硫酸盐化理论。在反应过程中，电解液里面的硫酸溶液不仅起到了为传导电离子提供电解质通道的作用,而且同时还参加了电池的充放电反应。当电池处于放电状态时,由于硫酸的不断消耗,同时电池反应还不断地产生水,从而起到了稀释电解液、降低硫酸溶液浓度的作用。其充电过程与放电过程正好相反,正、负两极板上的硫酸铅分别生成二氧化铅和海绵状的铅,同时不断产生硫酸,使得电池中的电解液浓度升高。

铅酸蓄电池单体两端的额定电压为 2V,而在实际应用中,往往要求蓄电池两端电压比较高,或者电池容量比较大。在这些情况下单个的电池单体是不能满足要求的,要将多个电池单体串联或并联,来满足高电压、大容量等要求。

4.2.2 铅酸蓄电池的充放电特性

铅酸蓄电池的充放电过程是一个十分复杂的化学过程,具体表现在以下几个方面。

(1)多变量。影响电池充放电的因素很多,诸如电池中电解液的浓度、正负极板的活性物质状态及活跃程度、环境温度、电池内部的压力,以及带孔隔板的质量等,这些参数的不同直接导致充放电过程的差异。

(2)非线性。铅酸蓄电池的充电过程最大可接受充电电流随时间成指数规律下降。

(3)离散性。随着放电状态、使用时间和放置时间的不同,相同类型的不同电池所表现出来的充电曲线也不尽相同,所以不能按照同一种方式充电。

铅酸蓄电池的充电过程大致分为高效、混合和析气三个阶段。

(1)高效阶段。这个阶段的主要反应就是两极的硫酸铅分别转换成了铅和二氧化铅,充电接受率高,接近 100%。充电接受率指转化为化学能储备的电能与来自充电设备的电能的比值。在温度和充电率都能保证的情况下,这个阶段在单体电池端电压达到 2.39V 时结束。

(2)混合阶段。水解(电解水)副反应和充电主反应同时进行,此时的充电接受率逐步下降。当两个反应达到平衡时,即电池两端电压与稀硫酸溶液浓度不再上升时,表示电池已经充满电。

(3)析气阶段。此阶段内蓄电池已经被充满电,电池中所进行的反应只有水解副反应(电解水),再加上缓慢进行的自放电反应。此时会产生大量的气体,主要是氢气和氧气。在密封式铅酸蓄电池中,这两种气体在密闭环境中压力会变高,还可以进一步反应生成水,这也是阀控式密封铅酸蓄电池不需要加水的原因。

4.2.3 铅酸蓄电池的种类及发展现状

1. 开口式铅酸蓄电池

这种电池大多是在启动型蓄电池的基础上进行局部改进而成的。国内生产的电动汽车用的 12V/150Ah 的电池,其 C_5 放电比能量达到 40Wh/kg。开口式铅酸蓄电池多用于短距离的电瓶车、巡逻车、游览车和居民小区内的小交通车等。

2. 阀控式密封铅酸蓄电池

阀控式密封铅酸蓄电池即 VRLA(Valve Regulated Lead Acid Battery)电池。

VRLA 电池是全密封的，不会漏酸，而且在充放电时不会像老式铅酸蓄电池那样会有酸雾放出来而腐蚀设备，污染环境，所以从结构特性上把 VRLA 电池又称为密封铅酸蓄电池。为了区分，把老式铅酸蓄电池叫做开口铅酸蓄电池。由于 VRLA 电池从结构上来看，它不但是全密封的，而且还有一个可以控制电池内部气体压力的阀，所以 VRLA 铅酸蓄电池的全称便成了"阀控式密闭铅酸蓄电池"，现已广泛应用于各种电动助力车，我国电动自行车约 95%使用的是阀控式密封铅酸蓄电池。

铅酸蓄电池密封的难点就是充电时水的电解。当充电达到一定电压时（一般在 2.30V/单体以上），开始有电解水的副反应产生，在蓄电池的正极上放出氧气，负极上放出氢气。一方面释放气体带出酸雾污染环境，另一方面电解液中水分减少，必须隔一段时间进行补加水维护。阀控式铅酸蓄电池为克服这些缺点采取了以下技术措施。

（1）采用多元优质板栅合金，提高气体释放的过电位。即普通蓄电池板栅合金在 2.30V/单体（25℃）以上时释放气体。采用优质多元合金后，在 2.35V/单体（25℃）以上时释放气体，从而相对减少了气体释放量。

（2）让负极有多余的容量，即比正极多出 10%的容量。充电后期正极释放的氧气与负极接触，发生反应，重新生成水，即 $O_2+2Pb \rightarrow 2PbO+2H_2SO_4 \rightarrow H_2O+2PbSO_4$，使负极由于氧气的作用处于欠充电状态，因而不产生氢气。这种正极的氧气被负极铅吸收，再进一步化合成水的过程，即阴极吸收氧气，补充水。

（3）为了让正极释放的氧气尽快流通到负极，必须采用和普通铅酸蓄电池所采用的微孔橡胶隔板不同的新型超细玻璃纤维隔板。其孔率由橡胶隔板的 50%提高到 90%以上，从而使氧气易于流通到负极，再化合成水。另外，超细玻璃纤维隔板具有吸附硫酸电解液的功能，因此即使电池倾倒，也无电解液溢出。

（4）采用密封式阀控滤酸结构，使酸雾不能逸出，达到安全、保护环境的目的。

在上述阴极吸收过程中，由于产生的水在密封情况下不能溢出，因此阀控式密封铅酸蓄电池可免除补加水维护，这也是阀控式密封铅酸蓄电池称为免维护电池的由来。

3. 双极性密封铅酸蓄电池

双极性铅酸蓄电池就是由双极性板、正负单极性板和隔板及电解液组成的电池，双极性是指一块基板的两面分别涂上正极膏和负极膏形成的两个极性。铅酸电池最小单体电压是2V，双极性电池最小单体由一个双极性板加两个单极性板构成 4V 电池。做 12V 电池，单极性要 6 个单体 12 块板，双极性只需 5 个双极性配两边对应 2 个单极性板共 7 块即可。可见双极性明显的优点就是减少了板栅个数及汇流排零件的重量。双极性密封铅酸蓄电池的内部结构如图 4.4 所示。

双极性铅酸蓄电池与传统电池相比，铅耗量减少 40%左右、重量轻减少 40%、体积减小40%、质量比能量提高约 50%、循环寿命延长 1 倍以上。由于双极性单体间自然形成串联关系，所以电流路径短，内阻小，充放电效率高。较好地满足了大电流放电、短时间充能、深循环寿命长的动力电池的要求。

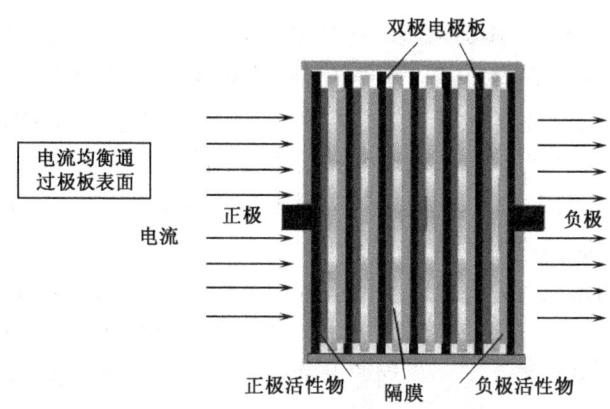

图 4.4 双极性密封铅酸蓄电池的内部结构示意图

4. 卷绕式密封铅酸蓄电池

将正负极板做成软性条状,中间和两侧均夹有纤维隔板,然后紧卷起来装入圆柱形电池壳内,焊接好极柱,加盖密封,组成电池,就形成了卷绕式密封铅酸蓄电池。其外形结构如图 4.5 所示。

图 4.5 卷绕式密封铅酸蓄电池的外形结构示意图

卷绕式密封铅酸蓄电池现已商品化生产,其主要优点如下。
(1) 内阻低,输出电压比较平稳;
(2) 比功率高,适合高功率密度放电;
(3) 循环寿命长;
(4) 低温性能好;
(5) 快速充电性能好;
(6) 放电速度小。

4.2.4 铅酸蓄电池的应用

铅酸蓄电池已经经历了一个多世纪的发展,具有许多显著的优点:技术可靠,生产工艺成熟,成本低,单体电池电压高(高于其他液体电解液电池),具有适合电动汽车使用的良好的大电流输出特性,良好的高温和低温性能,较高的能量效率(75%~80%)以及多种多样的型号和尺寸。目前，性能得到改进的多种类型的铅酸蓄电池正不断地被应用到电动汽车上，铅酸蓄电池仍是电动汽车最具吸引力的能量源选择方案。

但铅酸蓄电池也具有一些明显的缺点，如铅酸蓄电池的（质量）比能量和（体积比）能量都比较低（分别为35Wh/kg和70Wh/L），自放电率较高（25℃环境每天降低1%），循环寿命相对较低（<1000次），硫酸腐蚀电极不便于长期储存等，以上缺点还需要进一步改进和完善，而且需要在容量、密封、板栅合金、极板以及装配管理等几方面加以改进。

4.3 镍氢蓄电池

4.3.1 镍氢电池的分类与特点

镍氢电池是20世纪90年代发展起来的一种新型电池。它的正极活性物质主要由镍制成，负极活性物质主要由储氢合金制成，镍氢电池是一种碱性蓄电池。

镍氢电池按照工作电压可分为高压和低压两类；按照其外形可分为方形和圆形两类。

高压镍氢电池单体采用镍（Ni）为正极，氢（H_2）为负极，因此高压镍氢电池也称为Ni—H_2电池。Ni—H_2电池的氢电极与镍电极之间夹有一层吸饱氢氧化钾（KOH）电解质溶液（标准工作温度为20℃，密度为1.3g/cm^3）的石棉膜。氢电极是用活性炭作载体的聚四氯乙烯（PTFE）黏结式多孔气体扩散电极，它由含铂催化剂的催化层、拉伸镍网导电层、多孔聚四氯乙烯防水层组成。镍电极可以用压制的$Ni(OH)_2$电极，也可用烧结的$Ni(OH)_2$电极。高压镍—氢（Ni—H_2）电池具有比能量高、寿命长、耐过充放电，以及可以通过氢压来指示电池荷电状态的优点。其主要缺点是：容器需要耐高氢压，一般充电后氢压达到3~5MPa，这就需要用较重的耐压容器，降低了电池的体积比能量及质量比能量；自放电较大；不能漏气，否则电池容量减小，并且容易发生爆炸事故；成本高。因此目前研制的高压镍氢电池主要应用于空间技术。

低压镍氢电池又分为两种：一种是在镍氢电池中放入具有可逆吸放氢的储氢合金，以降低氢压；另一种低压镍氢电池以储氢合金（MH）为负极，氢氧化镍$Ni(OH)_2$为正极，氢氧化钾（KOH）溶液为电解质。这种镍—金属氢化物（Ni—MH）电池（简称镍氢电池）与镍镉电池比较，二者的结构相同，只是所使用的负极不同，镍镉电池使用海绵状的镉为负极，而Ni—MH电池使用储氢合金为负极材料。Ni—MH电池有许多独特的优点：能量密度高；可快速充电；低温性能好；可密封，耐过放电能力强；无毒无环境污染不使用贵金属；无记忆效应。镍—金属氢化物（Ni—MH）电池被称为环保绿色电池。

4.3.2 镍氢电池的工作原理

镍氢电池由镍氢化合物正电极、储氢合金负电极以及碱性电解液组成。

充电时正极、负极的电化学反应为

正极：$Ni(OH)_2 + OH^- - e^- \rightarrow NiOOH + H_2O$

负极：$2MH+2e^- \rightarrow 2M+H_2$

放电时正极、负极的电化学反应为

正极：$NiOOH+H_2O+e^- \rightarrow Ni(OH)_2+OH^-$

负极：$2M+H_2 \rightarrow 2MH+2e^-$

图 4.6 所示为镍氢电池的工作原理示意图。

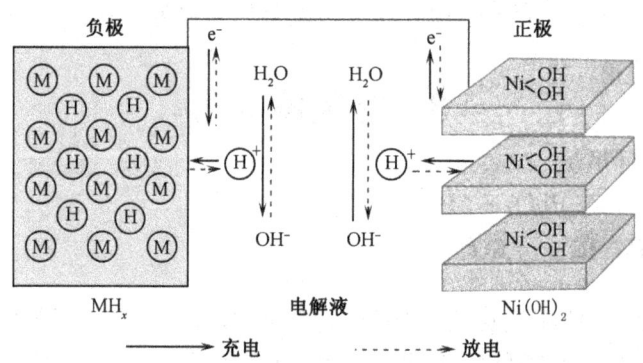

图 4.6　镍氢电池的工作原理示意图

当镍氢电池以标准电流放电时，平均工作电压为 1.2V；电池以 8 小时率放电，端电压降至 1.1V 时，则认为放电完毕。

4.3.3　镍氢电池的结构

镍氢电池主要由正极、负极、电解液、极板、隔膜等组成。

镍氢电池正极是活性物质氢氧化镍，负极是储氢合金，一般用氢氧化钾做电解质，在正负极之间有隔膜，共同组成镍氢单体电池，在金属铂的催化作用下，完成充电和放电可逆反应。

镍氢电池的极板有发泡体和烧结体两种，发泡体极板的镍氢电池在出厂前必须进行预充电，且放电电压不能低于 0.9V，其工作电压不很稳定，特别是在存放一段时间后，会有近 20%的电荷流失，老化现象比较严重，为避免发泡镍氢电池老化所造成的内阻增高，镍氢电池在出厂前必须进行预充电。经过改进的烧结体极板的镍氢电池，其烧结体极板本身就是活性物质，不需要进行活性处理，也不需要进行预充电，与发泡镍氢电池相比，烧结镍氢电池具有电压稳定、低温放电性能好、不易老化和寿命长等优点。

4.3.4　镍氢电池的性能特征

与铅酸蓄电池相比，镍氢电池除了具有比能量高、质量轻、体积小等优点外，还具有如下特点：

（1）比功率高。目前商业化的镍氢电池能做到 1350W/kg。

（2）循环寿命长。目前应用在电动车上的镍氢动力电池，80%放电深度循环可达 1000 次以上，100%DOD 循环寿命也在 500 次以上，远高于铅酸蓄电池。镍氢电池在混合动力汽车中可使用 5 年以上。

（3）无污染。镍氢电池不含铅、镉等对人体有害的金属，在生产和使用中均对环境无污染，为绿色环保动力电池。

（4）使用温度范围宽。正常使用温度范围为-30～55℃，储存温度范围为-40～70℃，适合用做动力电池。

（5）安全可靠。短路、挤压、针刺、跌落、加热、耐震动等安全性、可靠性试验均无燃烧、爆炸现象。

镍氢电池的缺点主要有如下几点：

（1）成本高。其价格为相同容量铅酸蓄电池的 5～8 倍。

（2）自放电损耗大。

（3）电压低。单体电池电压只有 1.2V，低于其他电池。

（4）电池组热管理要求比较高。

随着科技的不断进步，镍氢电池能量密度、功率密度、循环寿命和快速充电能力还会大幅度提高，价格也将进一步降低。

4.4 钠硫蓄电池

钠硫蓄电池也是一种具有发展潜力的车用动力电池，美国 Ford 公司的 Mnivan 牌电动汽车使用的就是这种电池。钠硫蓄电池曾被美国先进电池联合体（USABC）列为重点研究开发的高能电池之一。

4.4.1 钠硫蓄电池的结构原理

钠硫蓄电池的结构如图 4.7 所示。采用熔融状的硫（也可添加石墨）作为正极活性物质，金属钠作为负极活性物质。以三氧化二铝和氧化钠形成陶瓷固态电解质。钠硫蓄电池工作时，需保持 350～380℃的高温使硫熔融，才能使金属钠形成活性物质 Na^+，并发生电化学反应释放出电子。电池放电后期生成物为多硫化钠（Na_2S_x）。

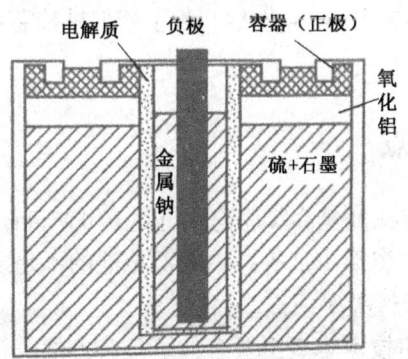

图 4.7 钠硫蓄电池的结构

其化学反应方程式如下：

$$2Na+xS=Na_2S_x$$

若电池的温度降低而使得硫凝固时,电池的电化学反应将立即停止。钠硫电池的单体电池用小型钢筒制造,在每个单体电池中装有 15g 金属钠,其余为硫和电解质。

4.4.2 钠硫蓄电池的性能特点

1. 钠硫蓄电池的性能指标

这里以美国 Ford 公司电动汽车使用的 MK4 型和 MK5 型钠硫蓄电池为例,说明钠硫蓄电池的各项性能指标,具体指标见表 4.2。

表 4.2 钠硫蓄电池的各项性能指标

技 术 指 标	MK4	MK5
质量比能量(3 小时率)/(Wh/kg)	80	118
体积比能量(3 小时率)/(Wh/L)	124	153
质量比功率(80%DOD/30s)/(W/kg)	101	243
体积比功率(80%DOD/30s)/(W/L)	156	315

2. 钠硫蓄电池的高温工作特点

钠硫蓄电池在工作时,硫必须处在熔融状态,才能确保钠硫电池发生化学反应。因此在新的钠硫蓄电池充电前,要采用电加热的方法对电池加热到 300~350℃,使硫完全融化后再充电。其充电过程十分复杂。

钠硫蓄电池使用时,化学反应所产生的热量使温升超过 300℃,这使得钠硫蓄电池可以正常工作。钠硫蓄电池在暂时停用时,也需要用电加热的方法使硫保持熔融状态,这给钠硫蓄电池的使用带来了很大的不便。

钠硫蓄电池中的液态硫温度需保持在 300~350℃,而当液态硫温度达到沸腾温度(440℃)时,钠硫蓄电池的压力会突然升高,这十分危险。因此必须采用一套温度控制系统来保证其温度低于沸腾温度,其中还需要采用一套通风装置来降温。一旦钠硫蓄电池中的液态物质溢出时,所产生的 Na_2S 受到碰撞时会引起燃烧。为了确保钠硫蓄电池的安全,要求电池具有十分坚固的壳体。

4.4.3 钠硫蓄电池的优缺点

钠硫蓄电池的主要优点有比能量高(理论上可达 640Wh/kg)、转换效率高(接近 100%)、循环寿命长、无污染、原材料资源丰富等。钠硫蓄电池的不足之处是由于使用温度高,存在高温腐蚀、性能不稳定、安全性差等缺点。

目前钠硫蓄电池需解决的技术难点主要有如下几个方面:在高温工作状态下需要有一套稳定可靠的温度调节控制管理系统;制造具有足够强度、可靠性好、成本低、能传导离子的高性能陶瓷电解质;解决陶瓷隔膜的老化、与硫接触材料的稳定性;蓄电池的密封与金属壳体的耐腐蚀等问题。

4.5 动力锂电池

锂电池是用金属锂作负极活性物质的电池的总称,它包括锂原电池和可充电的二次锂电池。由于锂的标准电极电位可达到-3.045V,因此以锂为负极组成的电池具有比能量大、电压高、放电电压平稳、工作温度范围宽以及寿命长等特点。所以可以说锂电池是目前车用动力电池中最具有发展潜力的蓄电池。

二次锂电池有多种分类方法。按照工作时的电池温度分,可分为高温二次锂电池和常温二次锂电池;按照电解质物理形态可分为液体二次锂电池、凝胶二次锂电池和固态二次锂电池;按电极材料可分为磷酸铁锂电池、锂离子电池、聚合物锂电池等。

4.5.1 锂离子电池

锂离子电池是由锂原电池改进发展而来的。锂原电池的正极材料是二氧化锰或亚硫酰氯,负极是锂,电池组装完成后无需充电既有电压。这种电池虽然也可充电,但循环性能不好,在充放电循环过程中,容易形成锂枝晶,造成电池内部短路,所以锂原电池是不允许充电使用的。以碳材料为负极的锂离子电池则可进行可逆反应,该反应不再是一般电池中的氧化还原反应,而是锂离子在充放电过程中可逆地在化合物晶格中嵌入和脱出反应。

1. 锂离子电池的工作原理

锂离子电池的正负极都由可以嵌入和脱出锂离子的化合物或材料组成,一般选择相对锂而言电位大于 3V 且在空气中稳定的嵌锂过渡金属氧化物做正极,如 $LiCoO_2$、$LiNiO_2$、$LiMn_2O_4$、$LiFePO_4$ 等;负极的材料则选择电位尽可能接近锂电位的可嵌入锂化合物,如各种碳材料包括天然石墨、合成石墨、碳纤维、中间相小球碳素等和金属氧化物,包括 SnO、SnO_2、锡复合氧化物 $SnB_xP_yO_z$ 构成。

下面以正极为钴酸锂 $LiCoO_2$、负极为碳化锂 Li_xC 的锂离子电池为例,说明锂离子电池的工作原理。在充放电过程中,锂离子可逆地在化合物晶格嵌入和脱出反应的过程如图 4.8 所示。在电池充电时,Li^+ 的一部分会从正极中脱出,经过电解质嵌入负极碳的层间,形成层间化合物。电池放电时,则进行与此相反的可逆过程,即 Li^+ 从负极脱出,经过电解质再嵌回正极。锂离子在两电极之间来回嵌入和脱出的过程就是锂离子电池充放电的工作原理。所以,锂离子电池也称为"摇椅式电池"。

充电过程中正、负极的脱嵌反应方程式为

正极:$LiCoO_2 \rightarrow CoO_2 + Li^+ + e^-$

负极:$6C + Li^+ + e^- \rightarrow C_6Li$

放电过程中正、负极的脱嵌反应方程式为

正极:$CoO_2 + Li^+ + e^- \rightarrow LiCoO_2$

负极:$C_6Li \rightarrow 6C + Li^+ + e^-$

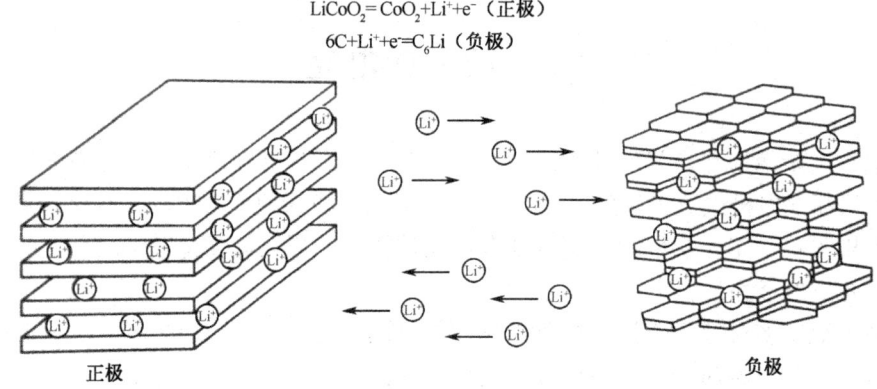

图 4.8 锂离子反应示意图

2．锂离子电池的特点

锂离子电池具有以下优点：

（1）能量密度高。目前能达到的实际比能量为 100～125Wh/kg 和 240～300Wh/cm^3，随着技术的不断进步，锂离子电池比能量能够达到 150Wh/kg 和 300～400Wh/cm^3。

（2）输出电压高。单体锂离子电池的电压为 3.6V，是镍—镉（Ni-Cd）或镍—金属氢化物（Ni-MH）电池的 3 倍。

（3）循环寿命长。锂离子电池循环寿命可达 1000 次以上，若使用小电流放电则更高。

（4）安全性能好。由于使用了优良的负极材料，克服了电池充电过程中锂枝晶的生长问题，使得锂离子电池的安全性大大提高，不存在诸如 Ni-Cd 或 Ni-MH 电池的"记忆效应"。

（5）自放电小。室温下充满电的锂离子电池储存 1 个月后的自放电率为 10%左右。

（6）环保性能好。生产和使用过程中均无污染，称为绿色电池。

（7）充放效率高。充放效率可接近 100%。

（8）可实现快速充电。

（9）工作温度范围宽。目前为-25～45℃，将来可达-40～70℃。

锂离子电池存在的主要不足之处如下：

（1）成本高。因钴（Co）材料的资源少，导致正极材料钴酸锂（LiCoO$_2$）的价格高，电解质体系的提纯较难。

（2）须有特殊的保护电路。需设置对电池过充电和过放电的保护线路控制。电池过充电将破坏正极结构而影响性能和寿命，同时过充电也使电解液分解，内部压力过高而导致漏液等问题，故必须在 4.1～4.2V 的电压下充电；电池过放电会导致活性物质的恢复困难，也需要有保护线路控制。

4.5.2 磷酸铁锂电池

磷酸铁锂电池是指用磷酸铁锂（LiFePO$_4$）作为正极材料的锂离子电池。LiFePO$_4$ 与传统的 LiCoO$_2$、LiNiO$_2$、LiMnO$_2$ 和 LiMn$_2$O$_4$ 等正极材料相比，制备的原料来源广泛、价格低廉、对环境友好，用作正极材料时具有良好的电化学性能，充放电平稳，充放电过程中材料结构稳定，并且该材料还具有无毒、无污染、安全性能好、可在高温环境下使用等优点，被认为是动力锂离子电池的理想正极材料，被当前电池界与汽车业竞相开发研究，并成为了人们关注的热点。锂电池的几种典型正极材料的特性比较见表4.3。

表4.3 锂电池的几种典型正极材料的特性比较

特性	钴酸锂 (LiCoO$_2$)	镍酸锂 (LiNiO$_2$)	锰酸锂 (LiMnO$_2$)	磷酸铁锂 (LiFePO$_4$)
密度（g/cm^3）	2.8~3.0	2.0~2.3	2.2~2.4	1.0~1.4
比表面积（cm^2/g）	0.4~0.6	0.2~0.4	0.4~0.8	12~20
克容量（mAh/g）	135~140	155~165	100~115	130~140
电压平台（V）	3.6	3.5	3.7	3.2
原料成本	很高	高	低	很低
安全性	差	较好	良好	很好
应用	小电池	小电池/小型动力电池	动力电池	动力电池/超大容量电源

1. 磷酸铁锂电池的结构与工作原理

磷酸铁锂电池的内部结构如图4.9所示，左边是由LiFePO$_4$构成的电池正极，具有橄榄石结构，这种空间力学结构具有稳定性好的特点，增加了电池的循环寿命，LiFePO$_4$与金属正极引脚的连接由铝箔实现。中间是聚合物的隔膜，它把正极与负极隔开，锂离子可以通过隔膜而电子不能通过；右边是由层状石墨组成的电池负极，分子结构呈六边形结构，通过铜箔与电池的负极引脚相连。电池的上下端之间充满电解质，电解液目前主要采用含有六氟磷酸锂的碳酸乙烯酯、碳酸甲乙酯有机溶剂组成的混合溶液，用金属外壳密闭封装。

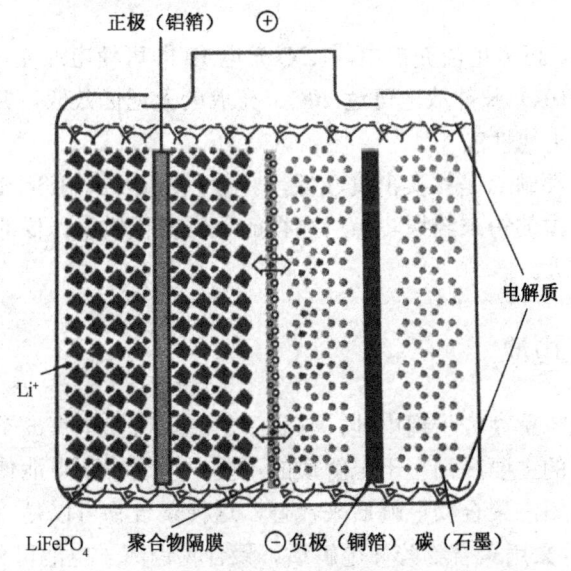

图4.9 磷酸铁锂电池的内部结构

充电时，正负极的化学反应方程式如下：

$$LiFePO_4 \rightarrow FePO_4 + Li^+ + e^-$$

Fe^{2+} 变成 Fe^{3+}，释放出一个电子，正极上生成 $FePO_4$ 和一个 Li^+。

Li^+ 在电场力的作用下，从正极脱出，进入电解液，从正极向负极运动，穿过隔膜，到达负极。

在负极发生下式所描述的化学反应：

$$6C + Li^+ + e^- \rightarrow C_6Li$$

到达负极的 Li^+ 与 C 发生反应，吸收一个电子，生成 C_6Li，嵌入到负极基体材料碳的六边形结构中。

放电过程是以上两个化学反应的逆反应：

正极：$FePO_4 + Li^+ + e^- \rightarrow LiFePO_4$

负极：$C_6Li \rightarrow 6C + Li^+ + e^-$

2．磷酸铁锂电池的性能特点

磷酸铁锂电池的标称电压为 3.2V，终止充电电压为 3.6V，终止放电电压为 2.0V。磷酸铁锂电池具有以下优点：

（1）成本低。由于磷酸铁锂电池所需资源（磷酸、铁、锂）储量丰富，材料易得，所以随着制造工艺等技术的进一步成熟，其价格有望大幅下降。

（2）寿命长。最高循环寿命可达 2000 次，经 500 次循环后其放电容量仍大于 95%。

（3）安全性好。无论电池内部或外部有何损伤，电池都不会燃烧或爆炸。这一优点对电动汽车行业尤为重要。

（4）环保性好。磷酸铁锂电池的所有原料都无毒，生产与使用对环境无污染。

（5）温度特性好。适于常温下使用，耐高温，电池温度升至 160℃时，电池的结构仍安全、完好。

（6）充放电特性好。可大电流充放电，1.5C 充电 1h 即可使电池充满，短时放电电流可达（2~10）C，瞬间（约 10s）脉冲放电可达 20C。充放电无记忆效应，并在一定的亏电存放条件下，仍能保持较好的电池性能。

磷酸铁锂电池的主要缺点是振实密度较低，一般只能达到（1.3~1.5）g/cm^3。振实密度是指在规定条件下容器中的粉末经振实后所测得的单位容积质量。低的振实密度使得比表面积很大，电池体积也较大。

4.5.3 聚合物锂离子电池

聚合物锂离子电池也称高分子锂电池，它属于第二代可充电锂电池。聚合物锂离子电池与其他锂离子电池的主要区别在于电解质的不同，锂离子蓄电池使用的是液体电解质，聚合物锂离子电池则用固态聚合物电解质来代替，这种聚合物可以是"干态"的，也可以是"胶态"的，目前大部分采用聚合物胶体电解质。聚合物锂离子电池可分为三类：

（1）固体聚合物电解质锂离子电池。电解质为聚合物与盐的混合物，这种电池在常温下的离子电导率低，适于高温下使用。

（2）凝胶聚合物电解质锂离子电池。在固体聚合物电解质中加入增塑剂等添加剂，从而提高离子电导率，电池可在常温下使用。

（3）聚合物正极材料的锂离子电池。采用导电聚合物作为正极材料，其比能量可以是现有锂离子电池的3倍，它是目前较有发展前途的锂离子电池。

1．聚合物锂离子电池的工作原理

聚合物锂离子电池的正、负极活性物质与液态锂离子电池类似，其负极采用高分子导电材料、聚乙炔、聚苯胺或聚对苯酚等，正极多为 $LiCoO_2$、$LiNiO_2$、$LiMnO_2$ 和 $LiMn_2O_4$ 等。如电解质为 $LiPF_6$ 的有机碳酸酯混合物聚合物锂离子电池，正极用 $LiMn_2O_4$，负极为人造石墨，其电池总化学反应方程式为

$$Li_{x-y}Mn_2O_4 + yC_6Li = Li_xMn_2O_4 + yC_6$$

2．聚合物锂离子电池的性能特点

聚合物锂离子单体电池的工作性能指标：工作电压为3.8V，质量比能量为150Wh/kg，体积比能量为246Wh/L，比功率为315W/kg，循环寿命大于300次，自放电小于0.1%/月，工作温度为-25～60℃，充电速度1h达到80%容量，3h达到100%容量。

它与液态锂离子电池相比，具有安全性能好、小型化程度高、超薄化、轻量化、使用范围宽、自放电小、能量密度高及成本低等明显优势，是一种比较理想的动力电池。特别是安全性能好，聚合物锂离子电池由于不存在漏液问题，在结构上采用了铝塑软包装。而液态锂离子电池需要用金属外壳，容易爆炸，聚合物锂离子电池最多只会气鼓。并且其保护线路的设计也相应简化，从而可节约其成本。聚合物锂离子电池外形可根据需要定制，厚度可以做得很薄，使得其应用领域相当广泛。另外，由于聚合物锂离子电池是柔性固态聚合物，金属锂箔密封在电池中，使得在较高温度环境下仍然能正常工作。

需要注意的是当多个聚合物锂离子电池串联成电池组使用时，要防止过充电和过放电。另外聚合物锂离子电池的快速充电性能还有待于进一步提高。

4.6 燃料电池

早在1839年，英国人William Grove首次提出了氢和氧反应发电的原理，建立了氢—氧燃料电池的概念。20世纪60年代，美国为阿波罗登月飞船研制了一套燃料电池装置，用于为登月的宇航员提供电力和水。进入21世纪后，由于一次能源的匮乏和环境保护的突出要求，人们开始转向开发利用新的清洁再生能源。燃料电池由于具有能量转换效率高、对环境燃料污染小等优点，因而受到世界各国的普遍重视。

燃料电池是一种通过电化学反应的方式将燃料和氧化剂的化学能直接转化为电能的装置。虽然也称为电池，但燃料电池无论是原理、结构还是管理方式都与其他电池有着本质的区别。燃料电池具有非常复杂的系统，其活性物质储存在电池外的容器中。燃料电池放电时，电极本身是不发生变化的，只要供给燃料和氧化剂，燃料电池就可以像传统的柴油机、汽油

机一样连续工作，而常规蓄电池必须充电后才能使用。

4.6.1 燃料电池的特点

1. 燃料电池的优势

（1）能量转换效率高。

燃料电池是将储存在燃料和氧化剂中的化学能通过电极反应直接转化为电能，其反应过程不涉及燃烧和热机做功，因此能量转换效率不受"卡诺循环"的限制，理论上燃料电池的化学能转换效率可达100%，实际能量转换效率也已高达60%～80%，是普通内燃机热效率的2～3倍。

（2）环境相容性好。

燃料电池是真正意义上的高效清洁能源。燃料电池不仅排放的水量少，而且非常干净，不存在水污染问题。由于没有运动的机械部件，其噪声也很小。

（3）使用寿命长。

只要燃料和催化剂能从外部源源不断地供给，燃料电池即可持续不断地发出电能，其使用寿命远高于其他电池。

（4）能源补充快。

燃料电池所需的燃料主要是氢，充气或更换氢气瓶一般只要几分钟，比纯电动汽车的蓄电池充电时间或更换电池的时间要短得多。

（5）燃料的来源广泛。

氢燃料可以从甲烷、天然气、石油气以及其他能分解出氢的烃类化合物获得，来源广泛。

2. 存在的问题

氢燃料不易获得、不易储存，燃料电池高温时寿命及稳定性不理想，电池成本高昂。

总之，由于燃料电池同时具备效率高、污染小、寿命长等优点，被公认为是今后替代传统内燃机的最理想的汽车动力装置，并将在国防、通信和民用电力等更多领域发挥其重要作用，燃料电池已被列入新经济和21世纪可持续发展的三大支柱之一，与信息技术、生物技术并驾齐驱。但目前存在制氢、储氢等的问题，还有待通过技术上的进一步探索提高来解决。

4.6.2 燃料电池的分类

燃料电池通常可按其工作温度、燃料种类、电解质类型来进行分类。

1. 按照工作温度分

按照工作温度划分，燃料电池可分为高、中、低温三类。工作温度从常温到100℃，称为低温燃料电池，这类电池包括固体聚合物电解质燃料电池等；工作温度介于100～300℃的为中温燃料电池，如磷酸型燃料电池；工作温度在500℃以上的为高温燃料电池，这种类型的电池包括熔融碳酸盐电池和固体氧化物燃料电池。

2. 按照燃料的种类分

按照燃料的种类划分，燃料电池可分为直接式、间接式和再生燃料电池三类。直接式燃料电池，即燃料直接使用氢气；间接式燃料电池，其燃料不是直接使用氢气，而是通过某种方法把甲烷、甲醇或其他烃类化合物转变成氢或富含氢的混合气后再供给燃料电池；再生燃料电池，把燃料电池生成的水经适当方法分解成氢和氧，再重新输送给燃料电池进行发电。

3. 按电解质类型分

燃料电池还可按其电解质类型进行分类，这是目前最常用的燃料电池分类方式。可分为质子交换膜燃料电池、碱性燃料电池、磷酸燃料电池、固体氧化物燃料电池和熔融碳酸盐燃料电池5类。按电解质划分的各类燃料电池的特性见表4.4。可见质子交换膜燃料电池是主要用于汽车的燃料电池，下面重点介绍这种燃料电池。

表4.4 按电解质类型划分的燃料电池的特性

电池种类	质子交换膜燃料电池	碱性燃料电池	磷酸燃料电池	固体氧化物燃料电池	熔融碳酸盐燃料电池
电解质	PEM	KOH	H_3PO_4	Y_2O_3-ZrO_2	Li_2CO_3-K_2CO_3
燃料	氢气	氢气	天然气、甲醇	天然气、甲醇、石油	天然气、甲醇、汽油
导电离子	H^+	OH^-	H^+	O^{2-}	CO_3^{2-}
操作温度/℃	室温~90	65~220	180~200	500~1000	650
质量比功率/(W/kg)	300~1000	35~105	100~220	15~20	30~40
寿命/h	5000	10000	15000	7000	15000
优点	空气作为氧化剂，固体电解质，室温工作，启动快	启动快，常温常压下工作	成本相对较低	可用空气作为氧化剂，可用天然气或甲烷作为燃料	可用空气作为氧化剂，可用天然气或甲醇作为燃料
缺点	对CO敏感，反应物需要加湿	需要纯氧，成本高	对CO敏感，启动慢	工作温度较高	工作温度较高
应用情况	汽车	航天	工业用200kW电池	100kW实验电厂	280kW~2MW实验电厂

4.6.3 质子交换膜燃料电池的工作原理

图4.10所示为质子交换膜燃料电池（Proton Exchange Membrane Fuel Cell，PEMFC）的原理结构图。

由图4.10可见，PEMFC由三种基本组件构成：质子交换膜（两个表面上敷有催化剂Pt）、电极（兼气体扩散区）、双极板。质子交换膜将阳极和阴极隔开，质子交换膜中安装有固态酸电解质，电解质内含有自由氢离子H^+。

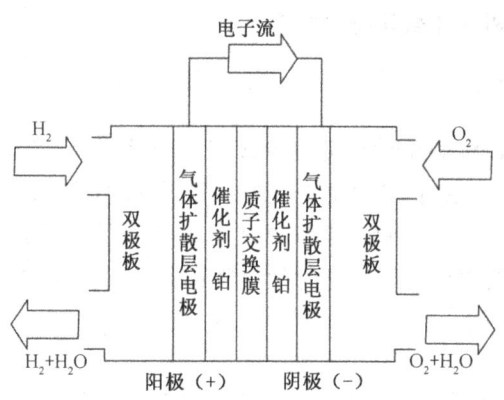

图 4.10 PEMFC 原理结构图

质子交换膜内部的固态酸电解质中充满液态的水，使得游离的 H^+ 可以从阳极到阴极自由通过，而电子不能通过。由于氢原子由一个质子和一个电子构成，H^+ 是氢原子失去电子后的产物，只有一个质子，所以 H^+ 可以通过进行交换的膜称为质子交换膜（Proton Exchange Membrane，PEM）。

下面分步骤来分析 PEMFC 的工作过程。

（1）从图 4.10 左侧双极板送来的氢气经过阳极的气体扩散层，与阳极表面的催化剂 Pt 接触，氢分子被分裂，并键合在 Pt 的表面，形成弱的 H-Pt 键。

（2）氢分子被分裂的过程就是氧化反应的过程，一个氢原子分裂后，释放出自己的电子，沿着阳极通过外电路，奔向阴极。同时，氢原子失去电子后，变成氢离子 H^+，很快从 H-Pt 键中挣脱，黏附在膜表面的水分子上，形成水合氢离子，进入电解质内，穿过质子交换膜，向阴极扩散。反应式为

$$2H_2 \rightarrow 4H^+ + 4e^-$$

（3）从图 4.10 右侧双极板送来的氧气经过阴极的气体扩散层，与阴极表面的催化剂 Pt 接触，氧分子被分裂，并键合在 Pt 的表面，形成弱的 O-Pt 键。

（4）氧分子被分裂的过程就是还原反应的过程，一个氧原子分裂后，在阴极吸收从阳极通过外电路送来的两个电子，并与阳极通过质子交换膜在电解质中送来的两个 H^+ 结合，生成水。反应式为

$$O_2 + 4H^+ + 4e^- \rightarrow 2H_2O$$

氢原子和氧原子分别在阳极和阴极同时发生了两个"半反应"：氢原子在阳极发生了氧化反应，失去了电子，变成了氢离子；氧原子在阴极发生了还原反应，得到了电子，与氢离子生成了水。这两个反应构成了一个完整的氧化—还原反应，氢气与氧气反应生成水。

$$O_2 + 2H_2 \rightarrow 2H_2O$$

图 4.11 所示为反映这一过程的单体 PEMFC 的工作原理示意图。

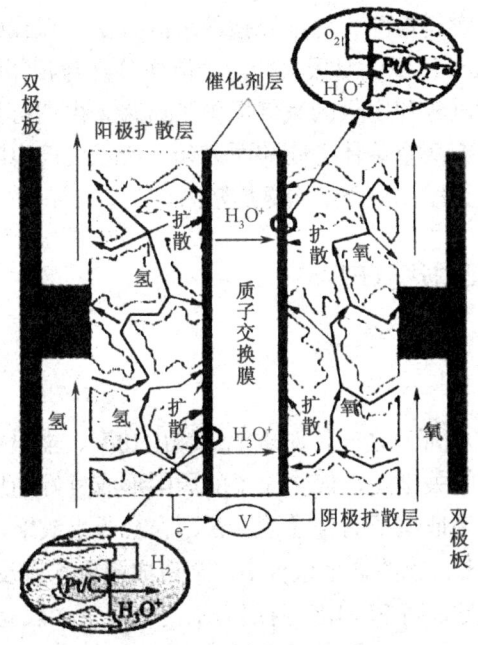

图 4.11 单体PEMFC的工作原理示意图

4.6.4 PEMFC 的双极板技术

单个单体 PEMFC 所产生的电压只有 0.7V，要得到足够高的工作电压，就必须把多个单体串联起来，形成燃料电池堆。图 4.12（a）所示为实现串联的最简单的方法，即利用导线将相邻两个单体的电极进行连接。这种连接的问题是电流要流经所有的电极面和所有的连接导线，也就是说，把所有的电极电阻和连接导线电阻串联起来，作为燃料电池堆的内阻。大家知道，内阻太大对电池的比功率的影响非常大，所以这种方案不适用。

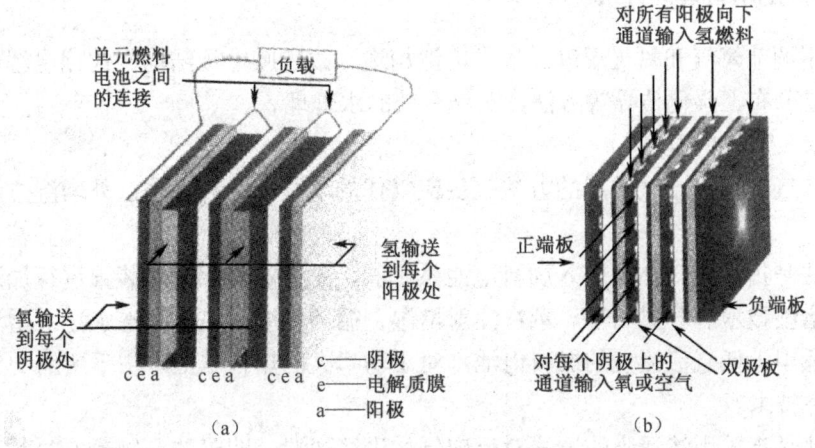

图 4.12 燃料电池单体连接的两种方法

采用双极板技术是实现燃料电池堆内部连接的最好办法。双极板技术曾在铅酸蓄电池一节中作过介绍,如图4.12(b)所示,双极板的两个侧面分别与相邻燃料电池的阴极和阳极接触,同时双极板还为阳极的氢气和阴极的氧气提供了通路。由图可见,采用双极板技术后,电池堆内部的电流是通过横穿两个单体之间的面流动,所以内部电阻大幅度减小。此外,双极板也对电极进行了牢固地支撑,整个结构更加坚固。

4.6.5 燃料电池的水管理与热管理

1. 水管理的意义

膜电极是 PEMFC 的核心部件之一,对电池的输出功率、能量密度及工作寿命有着决定性的影响。提高膜电极性能的关键是在催化粒子的周围形成良好的质子、电子和气体通道,使膜具有一定的含水量,以保证质子的传导性。否则膜会脱水皱缩,甚至破裂,而严重阻碍质子传导;同时水也不能太多,膜的含水量过多,会造成阴极水淹没。水堵塞了氧气的通路,会使电池性能大大下降。可见,对 PEMFC 内部的水进行有效管理是非常重要的。

2. PEMFC 内部水平衡的影响因素

膜电极中的水含量取决于膜的水平衡,水分子在膜中的分布受以下因素的影响:

(1)电渗力的拖动作用。质子从阳极迁移到阴极时,会携带一部分水分子,以水合质子 $H^+(H_2O)_n$(n=1~2.5)的形式到达阴极。电池的工作电流越大,带过去的水就越多。

(2)电池工作时,还原反应在阴极生成水,生成水的多少与电流大小成正比。

(3)由于氢气和氧气供进来是要加湿的,会带进来水分。

(4)阴极向阳极的反扩散作用。由于以上(1)、(2)条原因,膜电极的阴极侧水含量大于阳极侧时,阴极侧的水会向阳极侧扩散。

3. 燃料电池水管理的方法

通常采用调节氢气和氧气湿度、改进电池构造、改建膜电极结构、优化电池内部传导过程、改进流场分布、强化传导等方法,实施有效的水管理。

(1)调节反应气的湿度。

调节反应气的湿度是最常用的方法。反应气体的增湿有两种方法:外增湿方法和内增湿方法。

外增湿法是指反应气体在进入燃料电池系统前,先通过外部附加装置进行加湿。通常所应用的外部增湿技术有升温增湿、蒸汽注射增湿、循环增湿和直接液态水注射增湿四种。外部增湿技术适用于低气流流量的燃料电池,对于功率大的燃料电池,由于所需的气流量大,不能运用这种技术。

内增湿法是指采用渗透膜的方式对反应气体进行加湿,即膜的一侧通入热水,另一侧通入将要被增湿的气体,利用膜的阻气特性和水在膜内的浓差扩散效应实现对气体的增湿。还有一种内增湿法是采用新型的双极板,置于阴阳两极的两侧,利用反应气体的压力所构成的势能，进行加湿。内增湿法是利用电池反应本身生成的热量来加热水的，不必单独设置加热装置，减少了系统的外部辅助设备。

（2）改进电池的内部结构。

通过改进电池的内部结构进行增湿的技术主要集中在新型极板的设计和膜电极结构的优化两方面。

目前新型结构极板设计在两个方向进行。一是采用多孔的炭极板代替传统的刻有导流槽的极板。这种炭极板具有很高的孔隙率，分布着很多微孔，反应生成的水可以留在微孔内，用于质子交换膜的增湿；二是采用封闭式流道，反应气体靠强制性对流到达催化层，流道中的水分渗透到膜电极中，用于膜的加湿。

膜电极结构的优化目前在两个方向进行。一是采用较薄的膜，以减少阴极侧向阳极侧水分子扩散的距离，增加扩散的水量。二是设计自增湿膜，比如将纳米级 Pt 微粒散布在质子交换膜中，使从催化层漏到膜中的氢气和氧气在膜中生成水，对膜进行加湿。

4．燃料电池的热管理

燃料电池中有 40%～50%的能量耗散是以热能的形式表现出来的。热能使电池温度升高，如果不加以管理，温度过高，会使电解质膜脱水、收缩甚至破裂。

（1）燃料电池中的热量来源主要有四个，分别是

① 化学反应产生的热量；

② 欧姆极化产生的焦耳热量；

③ 加湿气体带来的热量；

④ 吸收环境辐射的热量。

其中，化学反应产生的热量占转化化学能的 60%左右，是热量的主要来源。

（2）对于这些热量通常分几种情况，分别采取不同的处理方式。

① 自然冷却：对于功率在 200W 以下的燃料电池，利用供给阴极的空气来散热，一般不需要进行专门的热设计。

② 风冷：对于功率在 250W～2.5kW 的燃料电池，也可以采用利用空气散热的方式，但是，双极板上必须要设计有专用的风冷通道。

③ 水冷：对于功率在 2.5kW 以上的燃料电池，一般都采用水冷方式散热。

无论是风冷还是水冷，都应该是具有强制循环功能的系统，只有这样，才能达到有效散热的目的。

4.6.6 增压式燃料电池与常压式燃料电池

由有关理论分析得知，在燃料电池里，分压为 P_H 的 1mol 氢气和分压为 P_O 的 1/2mol 氧气，反应产生分压为 P_{H_2O} 的 1mol 水时，获得的开路电压的值为

$$E = E^0 + \frac{RT}{2F} \ln \frac{P_H P_O}{P_{H_2O}} \tag{4-3}$$

式中，$R=8.314\text{J}/(\text{K}\cdot\text{mol})$ 为气体常数；T 为温度；$F=96485\text{C/mol}$，为法拉第常数。

式（4-3）称为能斯特等式（Nernst Equation）。由这一等式可知，在反应生成物水处于常压的前提下，提高反应气体氢气和氧气的分压，可使电压提高。也就是说，燃料电池系统可以通过提高反应气体压力的方法增加其功率密度，这种燃料电池系统称为增压式燃料电池系统。而反应气体压力约为 1 个大气压的燃料电池系统称为常压燃料电池系统。

1. 增压式燃料电池

图 4.13 所示为一种增压式燃料电池的系统构成示意图。图中，质子交换膜燃料电池堆有两个进口，两个出口，分别与氢气回路（阳极）和空气回路（阴极）相连接。来自储气罐的氢气经过调压阀、射流泵进入阳极入口 In1，图中系统对氢气采取过量供应，从阳极出口 Out1 排出的氢气又回到射流泵中，实现氢气的循环回收。

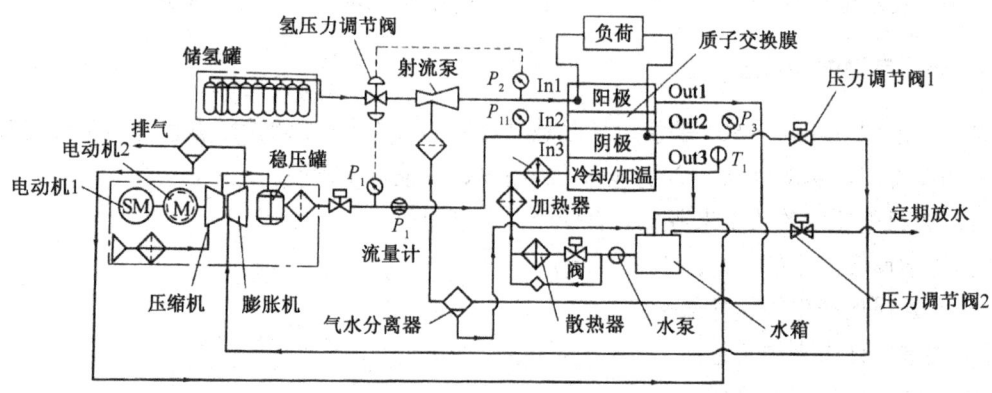

图 4.13　增压式燃料电池的系统构成示意图

压缩机与膨胀机安装在同一根传动轴上，燃料电池启动时，压缩机由电动机 1 驱动（电动机 1 由蓄电池供电），压缩机将空气经稳压罐压入阴极入口 In2。燃料电池启动后，压缩机改由电动机 2 驱动，电动机 2 由燃料电池驱动，而且该电动机功率大，电压高。通过控制电动机 2 的转速，来调节空气流量，以满足空气过量系数和功率的要求。

膨胀机的作用是回收阴极出口 Out2 排出的剩余压缩气体的能量，助力压缩机工作，以减少压缩机所消耗的电能。

增压式燃料电池虽然增加了燃料电池的功率密度，却为了维持反应气体的压力，需要为压缩机等辅助设施消耗很多电能，也就是说，增加功率的相当一部分（约占总功率的 20%）用于自己消耗（这部分功率称为寄生功率），造成了整个系统效率较低的问题。针对这一缺点，美国 UTC 公司开发了一种常压燃料电池系统，这种系统的寄生功率很小，只有 5%左右。图 4.14 所示给出了两种燃料电池的结构对比图。

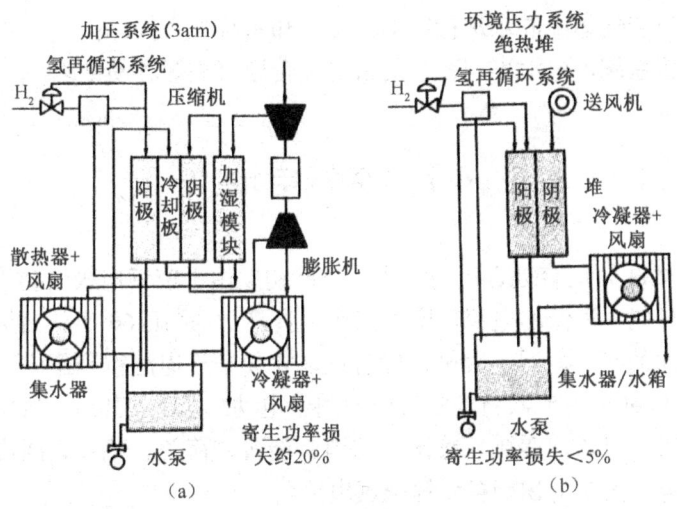

图 4.14 增压式与常压式燃料电池结构比较图

2. 常压式燃料电池

常压式燃料电池的基本结构如图 4.15 所示。系统中的膜片式水泵将水送到阳极的水道里,以便对电解质膜直接用液态水加湿,为了防止氢气窜到水道中来,在水管路上设置一个背压阀,时刻保持电池堆内的水压力大于氢气管路中的压力。从图中可以看出,有一条氢气的循环通路,氢气从电池堆出来后,首先要经过水箱,然后再通过膜片式泵,送回阳极入口。

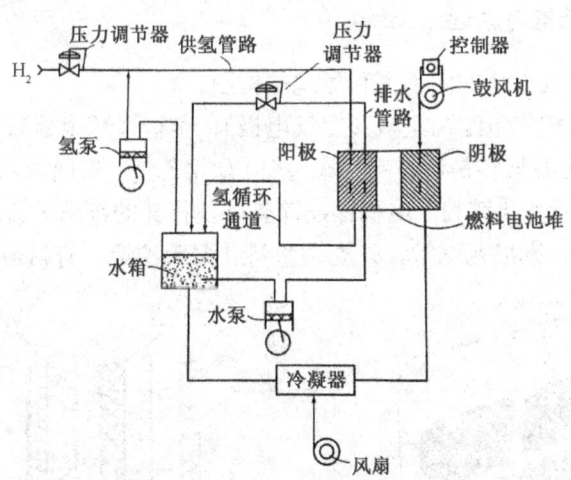

图 4.15 常压式燃料电池的基本结构

常压式燃料电池具有以下特点:
(1) 阳极上直接用液态水对膜加湿,保证电解膜充分含水;
(2) 阴极供应空气近似常压,所以寄生功率小;
(3) 给阴极供应的不是加湿空气,不需要加湿模块;
(4) 供给阴极的空气量很大,可以清除阴极上生成的大部分水;

(5）通过蒸发反应气体中的水进行冷却，使冷却系统大大简化；
(6）由于是低压系统，电池堆与系统的密封、管道接头等容易处理。

4.7 空气电池

空气电池（Air Cell）已有近百年的历史，发展初期由于空气电极的结构落后，且没有使用合适的催化剂，只能在很低的电流密度下工作。直到20世纪60年代后期，人们在适应室温的碱性电解液方面的研究取得了突破性的进展，才使空气电池得到了进一步的发展。1995年，以色列 Electric Fuel 公司首次将锌空气电池用于电动汽车上，其后空气电池在电动汽车领域进入了实用化阶段。目前，美国、德国、法国、瑞典、荷兰、芬兰、西班牙、葡萄牙和南非等多个国家都在电动汽车上积极推广锌空气电池。

空气电池是以空气中的氧气作为正极活性物质，以金属为负极活性物质的一类电池。空气电池的电解液常用氢氧化钾溶液。因为用做负极的金属材料可选性很多，所以空气电池的种类也较多。一般以负极材料的金属名为电池的第一个字，后加空气电池即为电池名。常见的有锌空气电池、铝空气电池、锂空气电池等。

4.7.1 锌空气电池

1. 锌空气电池的结构与原理

图4.16给出了锌空气电池的实物图和原理结构图。

如图4.16所示，锌空气电池由正极（空气电极）、负极（锌电极）、电解液、隔膜和外壳5个部分组成。正极的主要材料是活性炭、疏水剂（如聚乙烯、聚四氟乙烯）、催化剂（如银），负极的主要材料是锌（汞齐化锌粉、电积锌或锌屑以及打孔的锌箔等），电解液是氢氧化钾水溶液，隔膜采用玻璃纸、维尼龙纸等，外壳由塑料（聚苯乙烯、有机玻璃、ABS等）制成。

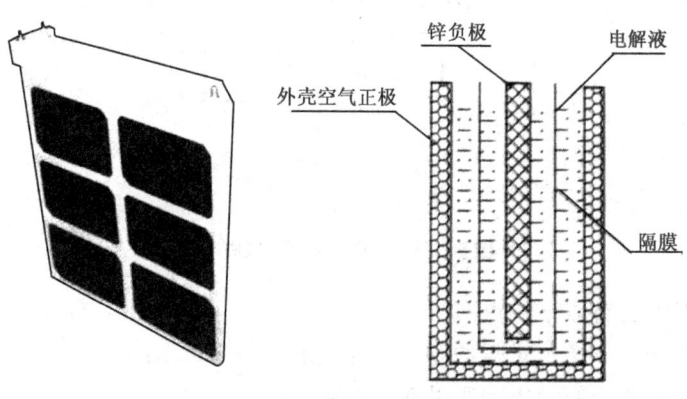

图4.16 锌空气电池的实物与原理结构图

锌空气电池的化学反应与普通碱性电池类似,在催化剂的催化作用下,当电池放电时,锌摄取疏松碳块内从空气中吸附到氧气,锌和氧发生化学反应生成氧化锌,其正极、负极和总反应放电时的化学反应方程式为

负极：$Zn + 2OH^- \rightarrow ZnO + H_2O + 2e^-$

正极：$\frac{1}{2}O_2 + H_2O + 2e^- \rightarrow 2OH^-$

总反应：$Zn + \frac{1}{2}O_2 \rightarrow ZnO$

锌空气电池在放电过程中,由于其锌板或锌粒通常被氧化成氧化锌而几乎失效,使得锌空气电池充电过程进行的十分缓慢。加快反应速度要有足够的催化剂（如铂、银）。含有催化剂的电极表面需要同时与氧及电解液接触,才能发生氧的还原。又由于对还原有催化作用的铂族、银族氧化剂价格很贵,一般采用直接更换锌板或锌粒和电解质的方法,使锌空气电池完全更新,所以锌金属的消耗量较大。

2. 锌空气电池的特性

锌空气电池主要有如下优点：

（1）比能量大。锌空气电池的理论比能量可达 1350Wh/kg,目前实际质量比能量虽仅为 180-230W.h/kg,但仍是铅酸蓄电池的 4～6 倍。体积比能量达 230Wh/L,是铅酸蓄电池的 2～3 倍。

（2）性能稳定。单体电池一致性好,允许深度放电,电池容量不受放电强度和温度的影响,能在-20～80℃的温度范围内正常工作,可实现全密封维护,更便于电池组能量管理。

（3）安全性好。能够有效防止因泄露、短路引起的起火或爆炸。锌没有腐蚀作用,对人体不会造成伤害。

（4）充电时间快。采用机械充电模式,充电时间只需几分钟。

（5）使用成本低。锌金属来源丰富,生产成本低。电池可回收再生产,可进一步降低成本,锌在循环使用过程中不污染环境。

锌空气电池的主要问题是对空气湿度和二氧化碳非常敏感,一旦锌空气电池的密封被破坏,空气中的水分和二氧化碳就进入内部激活电化学反应,此时即使再封装,电化学反应也会继续下去直到电量耗尽。另外,锌空气电池释放电流速度缓慢,比功率较低,对车辆的动力驱动影响较大。

3. 锌空气电池的应用

大型锌空气电池的容量一般在 500～2000Ah,主要用于铁路和航海灯标装置上。纽扣形锌空气电池的容量在 200～400mAh,已广泛用于助听器中。

对于在汽车上的应用,因其比功率较低,在车速较高、爬坡等工况下性能不够理想；这种电池寿命只有约为 300 次,与其他电池相比,寿命还是太短。

4.7.2 铝空气电池

1. 铝空气电池的工作原理

铝空气电池的化学反应与锌空气电池类似,铝空气电池以高纯度铝 Al(含铝 99.99%)为负极、氧为正极,以氢氧化钾(KOH)或氢氧化钠(NaOH)水溶液为电解质。铝摄取空气中的氧,在电池放电时产生化学反应,铝和氧作用转化为氧化铝。其化学反应方程式为

$$2Al+3O_2+3H_2 \rightarrow 2Al(OH)_3$$

2. 铝空气电池的特点

铝空气电池的发展十分迅速,它在电动汽车上的应用已取得良好效果,是一种很有发展前途的空气电池。

它的主要优点如下:

(1) 比能量大。铝空气电池的理论比能量可达 8100Wh/kg,目前的铝空气电池的实际比能量值达到 350Wh/kg,但也是铅酸电池的 7~8 倍、镍氢电池的 5.8 倍、锂电池的 2.3 倍。采用铝空气电池后,车辆能够明显地提高续驶里程,国外有关资料介绍,美国加利福尼亚在使用铝空气电池的电动汽车上,有过只更换一次铝电极续驶里程达 1600km 的记录。

(2) 质量轻。我国开发和研制的牵引用动力型铅酸蓄电池的总能量为 13.5kWh,总质量为 375kg。而同样能量的铝空气电池总质量仅为 45kg,为铅酸蓄电池质量的 12%由于电池质量大大减轻,车辆的整备质量也降低,可以提高车辆的装载能量或延长续驶里程。

(3) 铝没有毒性和危险性。铝对人体不会造成伤害,可以回收循环使用,不污染环境。铝的原材料丰富,已具有大规模的铝冶炼厂,生产成本较低。铝回收再生方便,回收再生成本也较低。而且可以采用更换铝电极的方法,来解决铝空气电池充电较慢的问题。

铝空气电池所存在的缺点与锌空气电池差不多,主要还是比功率较低,充电和放电速度比较缓慢,电压滞后,自放电率较大,需要采用热管理系统来防止铝空气电池工作时过热。

4.7.3 锂空气电池

锂空气电池的原理同其他空气电池类似,它以金属锂为负极,有碳基材料组成的多孔电极为正极,在放电过程中,金属锂在负极失去电子成为锂离子,电子通过外电路到达多孔正极,电子并没有将多孔电极上的碳还原,而是像人类的呼吸一样,将空气中的氧气还原,这一反应持续进行,电池便可以向负载提供能量。充电过程正好相反,在充电电压的作用下,放电过程中产生的放电产物首先在多孔正极被氧化,重新放出氧气,锂离子则在负极被还原成金属锂,待该过程进行完全,则电池又可重新向负载提供能量。

锂空气电池与锂离子电池相似,区别在于前者的能量密度更大。目前电池的能量密度比化石能源要低很多,如果要获得与 50L 化石燃料相当的能量,相应地电池系统总质量大致可达 1.5~2t。因此锂基电池要想达到商用要求,必须变得小型轻便,并且拥有良好的储能表现,而这正是锂空气电池的具有发展潜力的优势所在。

目前全球已经有上千个研究单位在从事锂空气电池方面的研究,但是在实现商业化生产之前,锂空气电池也需要解决一些问题。首先,虽然锂空气电池在使用初期比传统电池轻便,但吸附氧原子后会变重;其次,这种电池在反应过程中产生的氧化锂有可能会堵塞电池通道,从而阻止氧的流通。此外,虽然锂空气电池能够充电,但充电时要求高压,考验电池元件的承载能力,会降低电池的充电次数。

4.8 超级电容

电容器是一种最常用的电子基本元件,当电容两端加有电压时,电容就会被充电。电容器的充电过程就是把电荷储存在电容器内的过程。当电容器两端电压去除后,充过电的电容器内存储有电荷,当把一个负载(如额定电压合适的小灯泡)用导线连接到电容器两端时,储存的电能会对负载做功(若电容的容量足够,小灯泡会发亮)。这个过程就说明电容是可以作为储能装置使用的,为了制造出可以用于汽车驱动的电容,人们进行了多年的探索,超级电容就是这种探索的成果。

4.8.1 超级电容的发展现状

超级电容也称为电化学电容器,或双电层电容器,是一种新型储能装置,可以进行大电流的快速充放电,提供很大的瞬时充放电功率,而且循环使用寿命长,工作电压和温度范围宽。

在 30 多年中,不同的研究机构沿着不同的方向进行超级电容的研发,研制出了各种不同类型的超级电容。表 4.5 列出了全球主要超级电容的生产商和研究机构的研究成果,供读者参考。

其中,美国的 Maxwell 公司、韩国的 Ness 公司、俄罗斯的 ESMA 公司和日本的一些公司已经实现了超级电容的批量化生产。我国的超级电容研究工作起步较晚,但通过技术引进和自主开发,发展速度较快,涌现出了以上海奥威有限公司、哈尔滨巨容新能源有限公司等为代表的研发和生产单位,可提供小批量样品用于实验和示范运行。

表 4.5 全球主要超级电容的生产商和研究机构的研究成果

国家	公司/研究机构	使用技术	电容参数	比能量 (Wh/kg)	比功率 (W/kg)
美国	Maxwell	碳微粒电极,有机电解液	3V, 800~2000F	3~4	200~400
		铝箔附着碳布电极,有机电解液	3V, 130F	3	500
	Los Alamos 国家实验室	导电聚合物电极,有机电解液	2.8V,0.8F	1.2	2000
俄罗斯	ELIT	碳微粒电极,硫酸电解液	450V (多个单体),0.5F	1	900~1000
	ESMA	混合型(NiO_x)/碳电极,KOH 电解液	1.7V(单体),17V(模块),50000F	8~10	80~100

续表

国家	公司/研究机构	使用技术	电容参数	比能量 (Wh/kg)	比功率 (W/kg)
日本	Panasonic	碳微粒电极，有机电解液	3V, 800~2000F	3~4	200~400
	NEC	碳微粒电极，水基电解液	5~11V(多个单体), 1~2F	0.5	5~10
法国	Saft	碳微粒电极，有机电解液	2.8V, 3500F	6	3000
韩国		碳微粒电极，有机电解液	2.3V,1200F 2.7V,5000F	5.8	5200

4.8.2 超级电容的结构与工作原理

超级电容的正式名称是电化学电容（Electrochemical Capacitor），是一种介于电解质电容器和电化学蓄电池之间的新型储能元件。超级电容采用了与传统电容器完全不同的储能方式，储能容量大幅度增加。超级电容器的电容量可以达到 $10^3 \sim 10^4$ 法拉的量级，而普通电解质电容的电容量最大只能达到 10^{-2} 法拉量级，两者相差 10~100 万倍。

超级电容是靠极化电解液来储存电能的一种新型储能装置。超级电容的结构和等效电路如图 4.17 所示，图中两个薄铝箔电极上均附着活性炭粉，两个电极之间采用纸质隔膜隔离并浸泡于电解液中，这些装置都被密封在铝罐中。

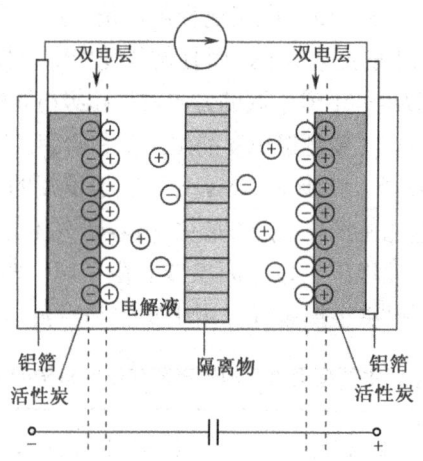

图 4.17 超级电容器结构和等效电路

同一般的电容器相比，超级电容没有电解质，而是利用电双层的结构取代电解质，实现电解质的机能。当固体电极和液体电解液这两个不同形态的物质接触时，由于库仑力、分子间作用力（范德华力）和原子间作用力（共价力）的共同作用，电极表面的净电荷将从电解液中吸引部分带异种电荷的离子，使它们在电极和电解液接触的界面上，形成一个电荷数量与电极表面剩余电荷相等而符号相反的界面层。从而形成一层电荷在电极上、一层在电解液中的符号相反的两个电荷层，称为双电层。通常状态下的超级电容，由于正极和负极采用相同的活性炭，因此没有电位差，不产生电动势。但是充电时有大量电子流向负极使负极带负电，而在靠近负电极的溶液中就汇集了与此数量相等的正离子。正极与此相反，汇集负离子，超级电容的储能机制就是这些离子在电解液中的不同位置变化,当电容充电时,离子聚集在电极周围;放电时,离子回到溶液中处于自由状态。充电储能的多少由聚集在电极的离子多少来决定。所以超级电容的工作过程是物理过程,中间没有化学反应发生。

如果用电路符号来等效超级电容,则正极、负极上的双电层各自等价于一个电容,可理解为通过电解液串联。

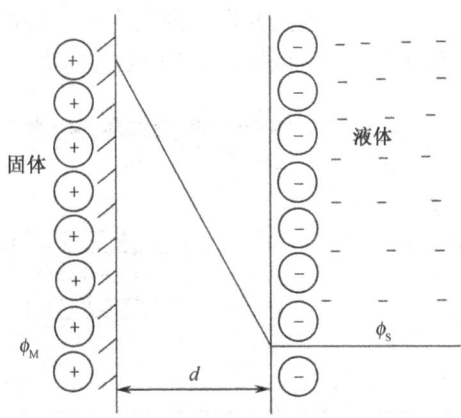

图 4.18 双电层电容器电荷与电位分布图

如图 4.18 所示,超级电容的电容量由双电层的电容量决定,双电层的电容量为

$$C = \frac{Q}{\Delta\phi_{M-S}} = \frac{Q}{\phi_a} \tag{4-4}$$

式中,$\Delta\phi_{M-S}$ 为电极与电解液之间的双电层之间的电位差;ϕ_a 为从零电荷算起的电极电位。

电容器能存储的最大能量为

$$E = 0.5CV_W^2 \tag{4-5}$$

式中,V_W 为电容器的最大工作电压。

由于超级电容与传统电容相比,储存电荷的面积大得多,电荷被隔离的距离小得多,一个超级电容单元的电容量高达 1F(法拉)至几万 F。而且由于采用特殊的工艺,超级电容的等效电阻很低。电容量大和内阻小,使得超级电容可以有很高的尖峰电流,因此具有很高的比功率,高达蓄电池的 50~100 倍,可达到 10kW/kg 左右,该特点使超级电容非常适合短时大功率的应用场合。

4.8.3 超级电容的充放电

充电方式是电流由 0A 逐渐上升至一个特定值,然后以这个特定电流为恒定电流,进行恒流充电,等到超级电容达到额定电压时,再进行恒压充电。恒压时,电流逐渐减小,直到降为 0A。所以可以将整个充电过程看做恒流转恒压的过程。根据电容的原理,电容的端电压与电流有如下关系

$$C\Delta V = \int i \mathrm{d}t \tag{4-6}$$

式中,i 为通过电容的电流。

若 i 恒定为 I 时，式（4-6）变为

$$C\Delta V = IT \tag{4-7}$$

式中，I 为充电电流；T 为电流持续的时间。

如果在充电过程中，假设 C 不变，则超级电容端电压就与时间 T 存在线性关系。

一般超级电容和电阻共同组成 R-C 电路，用电阻作为负荷。超级电容容量大小和充电电阻的大小都会影响充电时间，通常通过改变充电电阻的大小来控制超级电容的充放电时间。图4.19 和图 4.20 给出了不同负荷电阻下的超级电容充放电曲线。

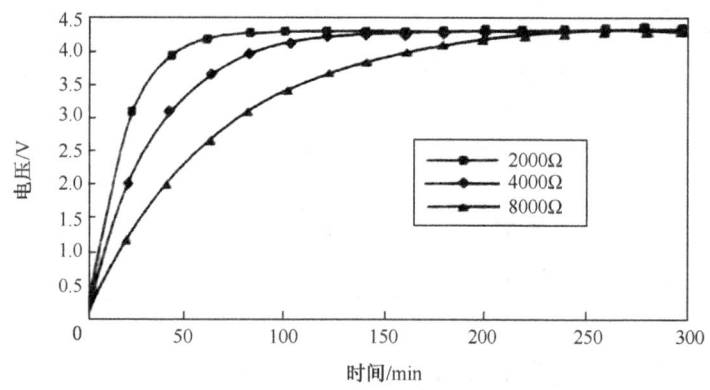

图 4.19　超级电容充电曲线

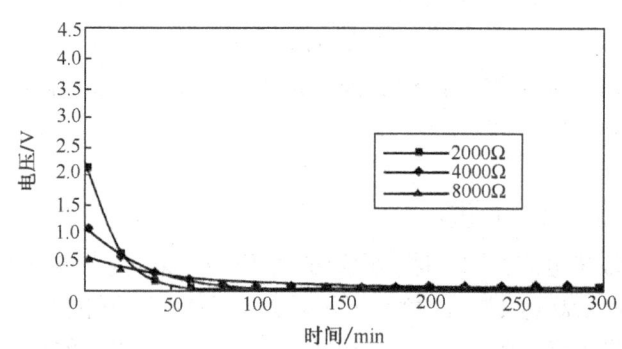

图 4.20　超级电容放电曲线

超级电容与直流母线依靠双向 DC/DC 变换器连接，在保持变压器两端的直流电压极性不变的情况下，能够根据需要调节传输的直流电流大小和传输方向，以满足超级电容放电和制动能量回收的需求。

4.8.4　超级电容器的优点

超级电容器作为一种新型能源器件，主要具有以下优点。

（1）功率密度高。

超级电容器的内阻很小，且在电极/溶液界面和电极材料木体内部均能够实现电荷的快速储存和释放，因此它的输出功率密度高达数千瓦/千克，是任何一种化学电源都无法比拟的。

(2）充放电循环寿命长。

超级电容器在充放电过程中只有离子和电荷的传递，没有发生电化学反应，因此其容量几乎没有衰减，循环寿命可达万次以上，远远大于蓄电池的充放电循环寿命。

（3）充电时间短。

从目前已经做出的超级电容器充电实验结果看，用相当于一般蓄电池的充电电流密度，全充电时间只要10～12min，而蓄电池在这么短的时间内是无法实现全充电的。

（4）特殊的功率密度和适度能量密度。

对于普通蓄电池来说，如果能量密度高，其功率密度不会太高；而功率密度高，其能量密度则不会太高。但超级电容器在提供1～5kW/kg高功率密度输出的同时，其能量密度可以达到5～20Wh/kg。若将它与蓄电池组合起来，就会组成为一个兼有高能量密度和高功率密度输出的储能系统。

（5）储存寿命长。

超级电容器在充电之后的储存过程中，虽然也存在微小的漏电电流，但这种发生在超级电容器内部的离子或质子迁移运动是在电场的作用下产生的，并没有出现化学或电化学反应，电极材料在电解质中也是相对稳定的，因此超级电容器的储存寿命几乎是无限的。

（6）工作温度范围宽。

超级电容器可在-50～75℃的温度条件下工作，性能优于传统电容器和蓄电池。

4.8.5 超级电容器在新能源汽车上的应用

超级电容器具有容量大、成本低、对环境无污染等特点。大功率的超级电容器对于电动汽车的启动、加速和上坡行驶具有极其重要的意义。在汽车启动和爬坡时快速提供大功率电流；在汽车正常行驶时由蓄电池快速充电；在汽车制动时快速存储发电机产生的大电流，这些可以减少电动汽车对蓄电池大电流充电的限制，大大延长蓄电池的使用寿命，提高电动汽车的实用性。鉴于电化学超级电容器的重要性，各工业发达国家都给予了高度重视，并成为各国重点的战略研究和开发项目。

1. 在纯电动车上的应用和发展

超级电容器比功率大，其特性是：充电量大，充电快；放电量大，放电快。应用于电动车辆中运行时，起步和加速快，爬坡有力。

超级电容器比能量小，其特性是：同等重量超级电容器续驶里程，仅为铅酸电池的1/3，这是超级电容器的一大缺陷。超级电容器续驶里程短，但充电速度快，可以弥补续驶里程短的缺陷，解决的方法是在城市交通线路的两端建立充电站，这样超级电容器电动车的续驶里程，可以不受限制。在城市市区运行的公交车，其运行线路在20km以内，以超级电容为唯一能源的电动汽车，一次充电续驶里程可达20km以上，在城市公交车将会有广阔的应用前景。

超级电容器能量密度小，充电一次的续驶里程短，但它的充电速度快，这一点比铅酸电池要好，铅酸电池充一次电需要5～8h，所以只要在线路上适合的地方建立一个超级电容器电动大客车充电站就可以了，而投资建设一个这样的充电站的费用比建一个加油站少得多，也比建设一个同样规模的加气站或铅酸电池充电站成本低。

2. 在混合动力汽车上的应用

超级电容的特性正好满足混合动力电动汽车的特殊要求。利用超级电容瞬时高功率的特性，避免了对发动机频繁启动和蓄电池提供瞬间大功率的特殊要求，同时还可以对制动能量进行回收利用。从而可以节约能源、减少排放污染，尤其适合经常在城市行驶的混合动力电动汽车。在回收制动能量方面，汽车在行驶过程中至少有 30%的能量因热量散发和制动而消耗，特别是在城市行驶中，经常遇到红灯，这样不仅造成能源浪费，而且增加环境污染。

3. 作为辅助启动装置

在内燃机汽车的电启动系统中采用超大容量电容器辅助启动装置，显示了较突出的优势，主要表现在以下几个方面。

（1）由于启动功率的增加，缩短了柴油发电机组的启动时间。柴油机旋转加速度增加，提高了燃烧质量。

（2）降低了启动时蓄电池组的最大电流负荷，有助于延长蓄电池的使用寿命。

（3）确保了启动的可靠性，特别是在低温以及蓄电池组亏电或参数变坏时尤为明显。

（4）在现有蓄电池技术状态下，可以有效减小蓄电池容量。

如果能把制动所消耗的能量回收起来用于汽车启动、加速，可谓一举两得。由于蓄电池充电是通过化学反应来完成的，所需时间较长，但制动时间较短，因而回收能量效果不佳。现正处于研究中的飞轮电池，由于精度要求高、制作难度大，短时间还难以进入实用阶段。超级电容独有的特性非常适合用于制动过程中能量的回收，而且成本较低，应用前景广阔。

在为发动机冷启动时提供瞬时大功率方面，发动机的冷启动对蓄电池提出了特殊的要求，蓄电池必须提供瞬间大功率，发动机才可能启动。然而，一般蓄电池不具备这种特性，除非用启动点火型电池，但是启动点火型电池并不适合长时期小电流工作环境，而且在低温下经常失效，因此也不适合。

研究发现，如果把超级电容和蓄电池联合用在发动机启动系统上，发挥超级电容的独有特性，构成新型的启动系统，这个问题就可迎刃而解了。超级电容器在电动汽车中与蓄电池并联做辅助电源上的应用，可以弥补蓄电池在功率特性方面的不足。当汽车处于正常行驶状态时，超级电容器处于充电状态；在加速或载重爬坡的特殊情况下由超级电容器实现高功率放电，突然制动时，则通过超级电容器的高功率充电吸收制动过程中产生的能量。超级电容器的使用可以满足电动汽车的启动、制动和爬坡时对高功率放电的需求，起到平衡蓄电池负载的作用，可以延长蓄电池的使用寿命。

超级电容器作为一种新型储能元件的出现，填补了传统静电电容器和化学电源之间的空白，凭借着低成本高性能的优势，加上对环境无污染的优点，使得人们对它越来越重视。随着对电动汽车研究的深入，超级电容器在这方面应用的优势也越来越明显。超级电容器的高性能决定了其市场前景非常广阔，而低成本又决定了其显著的经济效益。虽然超级电容器存在着比能量偏低的缺陷，但相信通过改进，一定会推动汽车行业发生质的飞跃。

4.8.6 其他类型的超级电容器介绍

根据电极材料的不同,目前已经提出方案的超级电容器可以分为三类:炭电极双电层超级电容、金属氧化物电极超级电容和有机聚合物材料电极超级电容,下面分别介绍。

1. 炭电极双电层超级电容

炭电极双电层超级电容(Double Layer Capacitor,DLC)主要使用多孔碳材料作为电极,比如活性炭或白炭黑的碳布、碳粉和碳纤维等。炭电极的主要优点在于材料来源广泛、成本低、加工技术成熟,活性物质表面积大。缺点是随着活性面积的增大,电极的稳定性和导通性有所降低。这种超级电容就是在本节前面所描述的超级电容类型。

2. 金属氧化物电极超级电容

以金属氧化物为电极材料的超级电容利用法拉第效应来存储能量。这种电容器使用 RuO_2、IrO_2 等金属氧化物作为电极,充放电时,在电极上会发生一系列氧化还原反应。在充电时,电解液中的离子(一般为 H+或 OH-)在外加电场的作用下,到达电极/溶液界面,而后通过界面的电化学反应(Ru(Ir)的化合价在 4~6 之间发生变化)进入电极表面活性氧化物的体相中;若电极材料是具有较大比表面积的氧化物,就会有相当多的这样的电化学反应发生,大量的电荷就会被存储在电极中。放电时这些进入氧化物中的离子又会重新回到电解液中,同时所存储的电荷通过外电路释放出来。

在电极的比表面积相同的情况下,金属氧化物超级电容器的电容是由无数微等效电容电路的网络形式形成的,其电容量直接与电极中的法拉第电量有关,所以这种电容器的比电容是双电层电容器的 10~100 倍,目前对这种电容的研究工作已经得到了各家研究机构的重视。

这种超级电容的缺点在于电极材料成本太高,对电解液有一定限制,电容的额定电压太低。

将这种超级电容技术和炭电极双电层超级电容技术结合起来,形成混合型超级电容,一方面降低了金属氧化物电极电池的过高成本,另一方面也解决了炭电极双电层超级电容比能量小的问题,俄罗斯在碳镍电极体系超级电容的研究方面取得了很大的进展。

3. 有机聚合物材料电极超级电容

这种超级电容以有机聚合物材料作为电极材料,经过杂化处理,利用法拉第效应来存储能量。其作用机理是:通过在电极上的聚合物膜中发生快速可逆的 n 型或 p 型参杂和去参杂氧化还原反应,使聚合物达到很高的储存电荷密度,从而产生很高的法拉第准电容来储存能量。它较高的工作电位源于聚合物的导带和价带之间较宽的能隙。

这种超级电容的质量比能量和比功率都比较高,对这种超级电容的研究开发正在成为热点。这种超级电容的缺点在于有机聚合物材料容易产生膨胀变形,而长期循环充放电过程中会出现性能恶化,稳定性较差。

4.9 飞轮储能器

飞轮储能器也称飞轮电池，是 20 世纪 70 年代提出的新概念电池。飞轮储能器是一种新兴的电能存储技术，它与超导储能技术、燃料电池技术一样，都是近年来出现的具有很好发展前景的储能技术。虽然目前化学电池储能技术已经发展得非常成熟，但是，化学电池储能技术存在着诸如充放电次数限制、对环境的污染严重以及对工作温度要求高等问题。这样就使新兴的储能技术越来越受到人们的重视。

4.9.1 飞轮储能器结构

飞轮储能器，主要涉及适用于高速工作环境的飞轮技术、实现电能和机械能之间相互转化的高效电动/发电机技术，以及实现各种工作模式之间切换的功率变换器技术，飞轮储能器从动力源获得电能，电动机驱动飞轮旋转，以机械能的形式储存能量，飞轮蓄积能量时转速升高，释放能量时转速降低，减少的机械能由发电机转换为电能，输出电路把发电机的电能输出给负载，工作原理如图 4.21 所示。图 4.22 所示为美国宇航局（NASA）设计的飞轮储能系统。

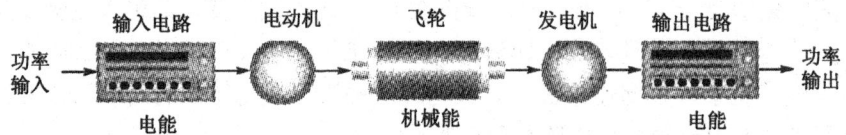

图 4.21 飞轮储能器原理

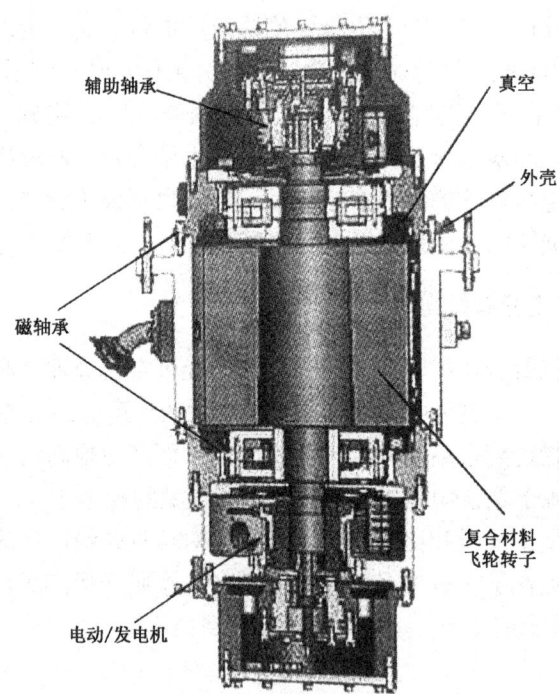

图 4.22 美国宇航局（NASA）设计的飞轮储能系统

飞轮储能系统主要由转子系统、电动/发电机、输入/输出电路和真空室四部分组成。

1. 转子系统

转子系统包括飞轮本体与支撑两部分。

（1）飞轮主体。基于飞轮材料要求比强度 σ_b/ρ（σ_b 为材料强度极限，ρ 为材料密度）最大的设计原则，一般选用超强玻璃纤维（或碳纤维等）—环氧树脂复合材料作为飞轮材料，也有少量文献介绍用铝合金或优质钢材制作飞轮。

从飞轮形状看，有单层圆柱状、多层圆柱状、纺锤状、伞状、实心圆盘、带式变惯量与轮辐状等。

（2）支撑。飞轮的支撑方式主要有超导磁悬浮、电磁悬浮、永磁悬浮和机械支撑四种，也有采用四种中的某两种组合。

2. 电动/发电机

从系统结构及降低功耗的角度出发，国外研究单位一般均采用永磁同步电动/发电机。电动机功耗还取决于电枢电阻、涡流电流和磁滞损耗，因此，无铁定子获得了广泛应用，转子选用钕铁硼永磁铁。

3. 输入/输出电路

输入/输出电路是储能飞轮系统的控制元件。它控制电动机，实现电能与机械能的相互转换。

4. 真空室

真空室的作用主要有两点：一是提供真空环境，以降低风阻损失；二是屏蔽事故。真空度是影响系统效率的一个决定因素。目前国际上真空度一般可达 10^{-5}Pa 量级。

4.9.2 飞轮储能器的工作原理

飞轮储能的工作过程可分为三个阶段，即飞轮充电阶段，外部电源通过输入电路给电动/发电机供电，此时，电动/发电机就作为电动机使用，它的作用是使飞轮加速，储存能量；能量保持阶段，飞轮空闲运转，整个装置就以最小损耗运行；飞轮放电阶段，当负载需要电能时，飞轮给电动/发电机施加转矩，此时，电动/发电机又作为发电机使用，通过输出电路给外部设备供电。利用电动/发电机的四象限运行原理，把发电机和电动机合并为一台电动/发电机的方法，不但可以提高效率，还可以减少飞轮的尺寸，使飞轮储能密度大大提高。

飞轮储存的能量 E 为

$$E = \frac{1}{2}J\omega^2 \tag{4-8}$$

式中，J 为飞轮的转动惯量，$J = kmR^2$，m 为飞轮质量，R 为飞轮半径，k 为常数（k 与飞轮的形状有关，对于圆环 $k=1$，对于厚度均匀的实体圆盘 $k=0.5$，对于实体圆球 $k=0.4$）；

ω 为飞轮的角速度。

由式（4-8）可知，飞轮储存的能量与转速的平方成正比，与转动惯量成正比。大直径小轴向尺寸低速飞轮和小直径大轴向尺寸的高速飞轮可以储存相等的能量。飞轮转速越高，则储能越大，但飞轮的转速受转子材料的强度限制，转速不可能无限提高。

衡量飞轮储能性能的另一个指标是储能密度，即飞轮单位质量所能储存的能量

$$e = \frac{E}{m} = k_s \frac{\sigma_b}{\rho} \tag{4-9}$$

式中，k_s 为飞轮的形状系数。

可见，若要提高飞轮的性能，需要选择强度极高、密度低的材料制作飞轮，碳纤维增强的复合材料成为最佳的选择。

4.9.3 飞轮储能器的优点

飞轮储能器兼顾了化学电池、燃料电池和超导电池等储能装置的诸多优点，主要表现在以下几个方面：

（1）能量密度高。能量密度可达 100~200Wh/kg，功率密度可达 5000~10000W/kg。

（2）能量转换效率高：工作效率高达 90%。

（3）体积小、质量轻：飞轮直径约为 20cm，总重在 15kg 左右。

（4）工作温度范围宽：对环境温度没有严格要求。

（5）使用寿命长：不受重复深度放电影响，能够循环几百万次运行，预期寿命 20 年以上。

（6）低损耗、低维护：磁悬浮轴承和真空环境使机械损耗可以忽略，系统维护周期长。

4.9.4 飞轮储能器的应用

在电动汽车领域，飞轮储能器非常适合应用于混合动力车辆中。车辆在正常行驶和制动时，给飞轮电池充电，飞轮电池则在加速或爬坡时，给车辆提供动力，保证车辆运行在一种平稳、最优的状态下，可减少燃料消耗，降低空气和噪声污染，延长发动机的维护周期，延长发动机的寿命。美国 TEXAS 大学已研制出一种汽车用飞轮电池。电池在车辆需要时，可提供 150kW 的功率，能加速满载车辆到 100km/h。德国西门子公司也已研制出长 1.5m，宽 0.75m 的飞轮电池，可提供 3MW 的功率。

作为一种新兴的储能方式，飞轮电池拥有传统化学电池无法比拟的优点，它非常符合未来储能技术的发展方向。目前，飞轮电池除了上面介绍的应用领域以外，也正在向小型化、低廉化的方向发展。可以预见，伴随着技术和材料的进步，飞轮电池将在未来的各行各业中发挥重要的作用。

第5章　新能源汽车的能量管理系统

在新能源汽车驱动系统中，不同形式的能量混合后必须要经过能量管理才能有效地向车辆提供动力，能量管理是新能源汽车的核心功能，没有有效的能量管理就无法实现新能源汽车性能的提升。车辆行驶提出的转矩需求必须经过能量管理模块，根据车辆动力混合方式、部件、策略的不同，合理地将能量需求分配到不同的驱动系统中。新能源汽车驱动系统中各种辅助能量装置的电气特性往往有很大差异，如何使这种由各种能量装置构成的混合动力系统能够稳定、可靠、高效地工作，成为提高新能源汽车动力性能的关键问题。各种电池多能量的分配控制是一个关键技术，对汽车经济性、动力性及部件寿命有很大影响。对新能源汽车多能量分配方案的优化控制技术将成为推动新能源汽车发展的一项关键技术。

通过对纯电动汽车和混合动力汽车能量管理系统的研究和分析，再通过对燃料电池混合动力汽车能量管理优化控制的研究，建立适合的控制模型来克服燃料电池动态响应慢的弱点，快速跟踪车辆随时变化的行驶状态；根据车辆的动力需求，合理分配两种动力能量，使燃料电池和辅助电池都工作在较为理想的工作区间，使车辆获得最佳的动力性能；建立合理的能量反馈机制，以提高车辆的续航能力。也就是说能量管理在新能源汽车中起到了核心控制的作用。

5.1　能量管理系统的作用

对新能源汽车动力系统能量转换装置的输出能量进行协调、分配和控制的软、硬件系统称为能量管理系统。

能量管理系统的硬件由一系列传感器、控制单元 ECU 和执行元件等组成；软件系统的功能主要是对传感器的信号进行分析处理，对能量转换装置的工作状态进行优化分析，并向执行元件发出指令。因此，新能源汽车能量管理系统的功能是在满足汽车基本技术性能（如动力性、驾驶平稳性等）和成本等要求的前提下，根据各个能量储存装置、能量转换装置的特性及汽车的运行工况，实现能量在能量转换装置（如发电机、电动机、储能装置、功率变换器模块、动力传递装置、发电机和燃料电池等）之间按最佳路线流动，使整车的能量利用效率达到最高。

不同种类的电动汽车的能量转换系统构成不同，因而其能量管理的软、硬件系统装置构成就不同。蓄电池电动汽车的能量转换系统由发动机/发电机、蓄电池、功率变换模块及动力传递装置等组成，能量传递路线主要有从蓄电池到车轮（行驶）和从车轮到蓄电池（能量回收）两条，因而其能量管理系统最为简单，其主要任务是在满足汽车动力性能需求的前提下，使蓄电池储存的能量得到最有效的利用，并能使其汽车的减速和制动能量得到最大限度的回收，使汽车的能量达到效率最大。纯燃料电池电动汽车（指无储能装置的 FCV）也与此类似。混合动力燃料电池和混合动力电动汽车，其能量转换装置通常有发电装置（如发动机/发电机或燃料电池）、能量储存装置（蓄电池、超级电容等）、功率变换模块、动力传递装置、充放电装置等。其能量传递路线有四条：①由发电装置到车轮的动力传递路线；②由蓄电池到车轮；③由发电机装置到能量储存装置；④由车轮到能量储存装置（能量回收）的能量流动路线。

为了使新能源汽车具有良好的力学性能、电驱动性能及合理的能量分配等，新能源汽车的能量管理系统必须对能量系统的工作进行有效的监测和控制，使新能源汽车的能量进行最佳流动，以实现最大限度地利用能量，提高汽车的经济性能。所以，能量管理系统是电动汽车整车设计的一个重要环节。

5.2 纯电动汽车能量管理系统

纯电动汽车的能源是电能，电能的储存方式和来源不尽相同。目前电动汽车动力电池类型复杂，规格众多，性能不一，如锂电池、燃料电池、铅酸动力电池等。对于不同的电动汽车，所选用的动力电池的要求也是不一样的，其能量管理系统也有一定的差别。

5.2.1 系统组成

纯电动汽车能量管理系统的基本结构如图 5.1 所示。

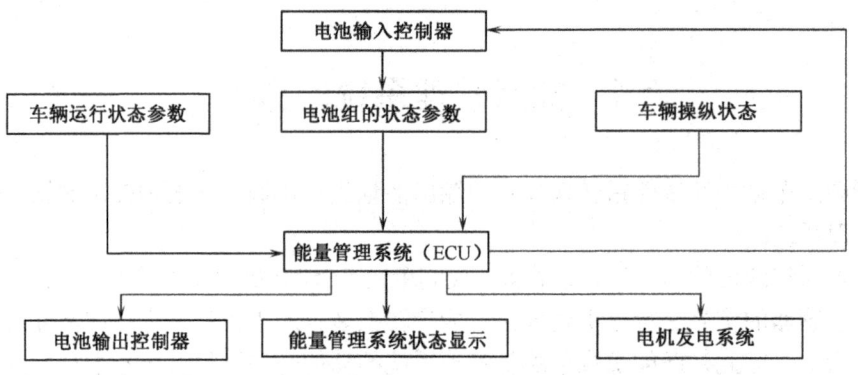

图 5.1 纯电动汽车能量管理系统的基本结构

系统中各相关模块向能量管理系统电控单元（ECU）提供的参数有各电池组的状态参数（如工作电压、放电电流和电池温度等）、车辆运行状态参数（如行驶速度、电动功率等）和车辆操纵状态（如制动、启动、加速和减少等）等。能量管理系统具有对检测的状态参数进行实时显示的功能。ECU 对检测的状态参数按既定的算法和控制策略进行运算和决策，并向电池、电机等发出合适的控制指令等，实现电池能量的优化管理与控制。

5.2.2 荷电状态指示器

电池荷电状态指示器是能量管路系统的一个重要组成部分。电动汽车蓄电池中储存有多少能量,还能行驶多少里程,是电动汽车行驶中驾驶员必须知道的重要参数。与燃油汽车的油量表类似的仪表就是电池荷电状态指示器,它是能源管理系统的一个重要装置。因此,在电动汽车装备中满足这一需求的仪表就是电池荷电状态指示器。

基于化学原理的蓄电池是一个非常复杂的系统。电池性能取决于极板材料、电解溶液浓度、反应温度、充电状态、放电时间等诸多因素。充放电时呈现明显的非线性和非常小的动态内阻,并且随着充电次数的增加,各特性参数均有变化。电池能够放出电量的多少与充电状态、放电方式有关。由于上述原因,对能量管理系统的参数进行准确检测和设计一个先进的、有效的能量管理系统难度还是很大的。

计算静态剩余电量时,应考虑电池放电电流、温度、电池老化和自放电等对容量的影响。剩余电量的预测可采用检测电压和内阻,进一步计算电量的方法。在实验室中,电量预测的精度可达到5%,但在电动汽车运行过程中,其指示精度难以长时间满足要求。

5.2.3 电池管理系统

电池管理系统是能量管理系统的一个子系统。它通过实时检测和估算电池状态,包括外电压、温度、电流、直流内阻、极化电压、SOC、最大可用容量、老化程度以及一致性等,并据此提供电池组的优化使用方法,既防止电池组出现不合理使用,保障其使用的安全性和长寿命,又能最大限度地发挥其性能,提高车辆运行效率、驾驶的舒适性,实现电池容量和能量利用的高效性。电动汽车电池携带的能量是有限的,也是非常宝贵的。为了增加电动汽车的续航里程,对电池系统进行全面有效的管理是十分重要的。蓄电池管理系统在汽车运行过程中需要完成的任务多种多样。其主要任务是保持电动汽车蓄电池性能良好,并优化各蓄电池的电性能和保存、显示测试数据等,见表5.1。

表5.1 蓄电池管理系统的主要任务

任 务	测试方式	测试装置
防止过充电	电压、电流、温度测试仪	充电器
防止过放电	电压、电流、温度测试仪	电动机控制
温度控制及平衡	温度测试仪	加热及制冷装置、温度平衡单元
能量系统信息提示	电压、电流及温度、充电状态、剩余容量测试仪	显示器
电池状态测试及显示	电压、电流、温度测试仪	显示器、PC、总线分析软件

1. 防止蓄电池过充电

在充电期间,蓄电池管理系统应能连续测量电池组的各个蓄电池的电压、温度等参数,并能根据检测到的充电状态、电池的电压、温度等参数,调整充电参数,控制充电器,并尽量使所有蓄电池的状态一致,在充电过程结束时,应能及时停止充电,防止电池过充电。

2. 防止蓄电池过放电

蓄电池过度放电将导致使用寿命缩短。因此,在放电期间,蓄电池管理系统应能检测电池的放电状态,并控制蓄电池的放电过程,在每个蓄电池深度放电之前,停止放电过程,避免电池的过放电,使电能达到最佳利用。在放电结束时,蓄电池管理系统给出电动机控制单元的最大放电电流的参考值,使蓄电池的电压保持在正常的范围内。

3. 温度控制及平衡

蓄电池的充电容量对温度特别敏感,电池组的各蓄电池应有相同的温度。因此,温度平衡系统便成了蓄电池管理系统的一部分。蓄电池管理系统应能测量各蓄电池的温度,并能通过加热和制冷方式控制蓄电池温度。

4. 能量系统信息提示

在电动汽车行驶中,为了使驾驶员能及时了解汽车可行驶的极限里程数和充电所需的时间等,蓄电池管理系统应能检测蓄电池的剩余容量等,并显示能量系统的有关信息。对汽车用电系统进行管理,以达到电能的合理分配和使用,最终实现节能、增加续航里程的目的。

5. 电池状态测试及显示

为了保持蓄电池的优良性能,蓄电池管理系统应实时检测电池状态。根据驱动系统性能、电池温度、使用的时间等预测和显示剩余容量;提供蓄电池性能参数,存储整个过程中的数据并传给控制计算机;可对获得的蓄电池信息进行分析,提供电池的诊断、故障分析信息,以便于及时维护和更换。检测所有特性参数,为发现较差的蓄电池提供信息,便于早期发现容量已衰减的电池并得到及时维护,对于电池不一致性严重的产品,这种功能非常重要。

5.3 混合动力电动汽车的能量管理系统

由燃料电池(或燃油发动机)与储能装置组成的混合动力汽车,其能量传递路线有四条。在每一条能量流动路线上的能量流的开始时刻、关闭时刻和大小等对整车的性能都有重要的影响。能量管理系统属于车辆控制系统的一部分,应在车辆控制系统选定的工作模式下,对能量流的分配进行优化和最佳控制。

下面以长安混合动力汽车的系统结构为例,如图 5.2 所示,说明能量管理系统与车辆其他系统的关系。

该车的动力源(能量)传递路径有:①由传统的四缸电喷发动机到轮胎;②由动力电池到轮胎;③由轮胎到动力电池组,在汽车下坡或刹车制动工况时,由集成的发电机/电动机 ISG (Integrated Starter and Generator)将汽车的再生或制动的能量存储在动力电池中;④由发电装置 ISG 到动力电池组。ISG 通过控制器和驱动器进行控制,电池能量管理系统对电池组的荷电状态进行控制。发电机由电控单元（ECU）和电子油门进行控制。混合动力系统中所有的控制子系统，通过 CAN 总线向多能量动力总成管理系统发送子系统运行信息，同时接受多能量总成管理系统的控制命令，混合动力系统的控制协调通过多能量总成管理系统实现。

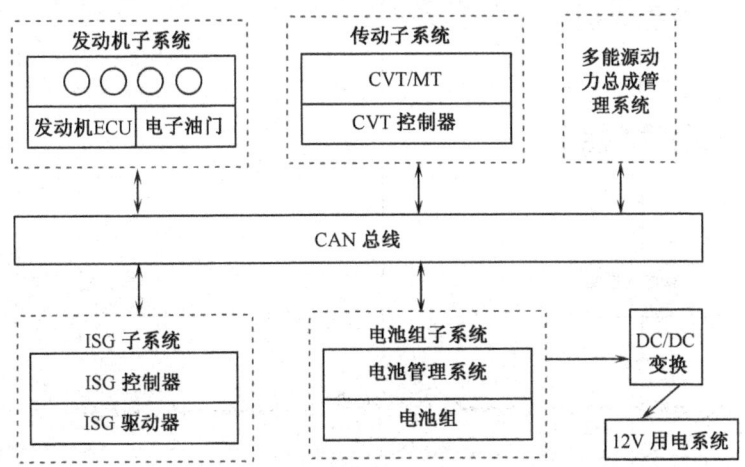

图 5.2 长安混合动力汽车的系统结构

混合动力汽车的能量管理系统十分复杂，并且随系统组成的不同而呈现出很大的差异。下面分别对串联型混合动力汽车和并联式混合动力汽车的能量管理系统进行分析。

5.3.1 串联式混合动力汽车的能量管理系统

串联式混合动力汽车的发电机与汽车行驶工况没有直接关系，系统从外界获取能量的途径主要有三条：①由燃料化学能转换来的能量；②由电网充入蓄电池的能量；③回收的制动及减速能量。系统消耗的能量除了驱动车轮的动力能量外，还有电动机自身的损耗、电池充放电过程中的损耗、发电机的损耗等。能量管理系统的目标是使发动机在最佳效率区和排放区工作，并尽量减少系统本身损耗，以实现最高的能量转换效率。串联型混合动力汽车的发动机能量管理系统的控制策略有多种，如"恒温器型"控制策略和"功率跟踪型"控制策略等。

"恒温器型"控制策略也称开关型控制策略，其特点是让发动机开机后恒定地工作于效率最高点。为了保证良好的蓄电池组充放电工作性能，预先设定蓄电池充放电状态（State of Charge, SOC）的最大值与最小值。当蓄电池的 $SOC=SOC_{min}$ 时，发电机工作并向蓄电池充电；当 $SOC=SOC_{max}$ 时，发电机便停止向蓄电池充电。

"恒温器型"控制策略系统控制流程如图 5.3 所示。

系统软件主要由系统初始化模块、数据采集模块、数据分析模块和数据显示模块组成。SOC_{max} 和 SOC_{min} 的数值分别设定为 80%和 60%。系统主要功能包括监控电池组工作状况；根据电池组电量自动启动或关闭发电机组，对电池组进行充电或停止充电；控制发电机控制器，监控和管理电动机控制器等。

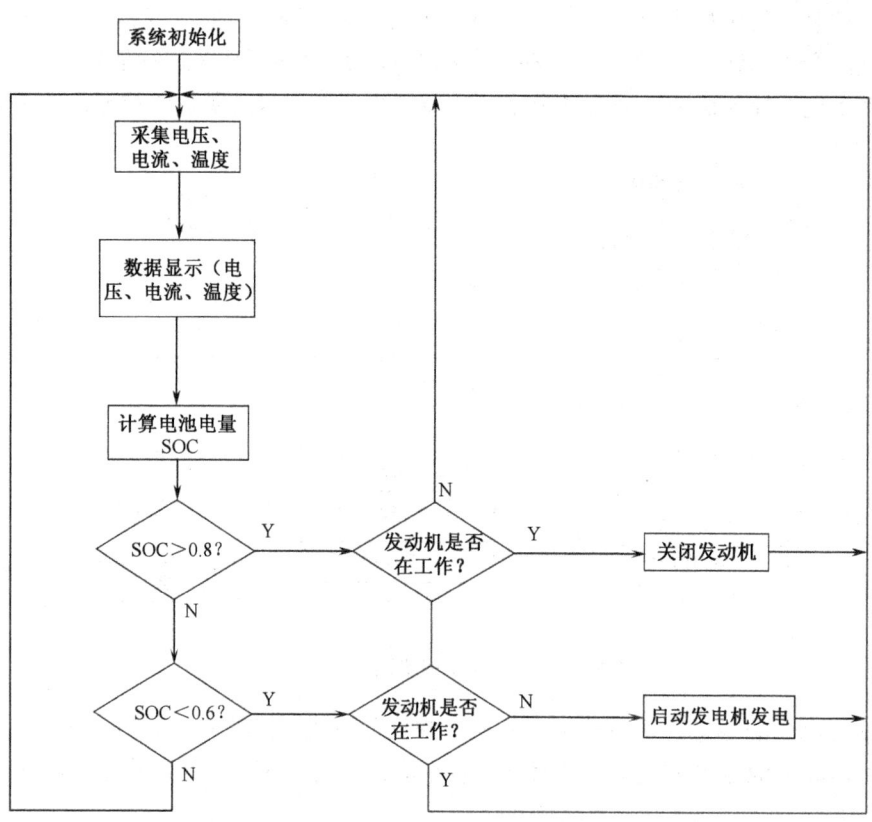

图 5.3 "恒温器型"控制策略系统控制流程图

"功率跟踪型"控制策略的特点是由发动机全程跟踪车辆功率需求,仅在蓄电池 $SOC=SOC_{max}$ 且仅由蓄电池提供的功率满足车辆需求时,发动机才停止或怠速运行。这种策略的优点是可以采用小容量的蓄电池,使汽车的质量减轻,行驶阻力减少;另外,由于蓄电池充放电次数减少,因而系统内部损失也减小。其主要缺点是发动机必须工作在较大的工况范围中运行,发动机的平均热效率较低,有害排放较多。

"功率跟踪型"混合动力汽车的能量管理系统如图 5.4 所示。

该系统用于 WG6120HD 式混合动力城市公交车。在能量管理系统中建有公交线路数据库,并设定相应的营运控制模式。汽车运行中,对图中所示的各种信号进行实时采集,并对采集的数据进行分析处理,根据汽车的行驶状况,对各动力部件发出控制指令。系统中对发动机的控制采用了功率跟踪的方式,使发动机的输出功率响应车辆需求功率的波动,进行自适应调节。发动机在预先设置的上、下限进行自适应功率跟踪,以保证车辆动力性和发动机的负荷率。

"综合控制策略系统"控制模式是上述两种控制模式的一个折中方案。在电池的 SOC 较高时,主要用纯电动模式。而当电池的 SOC 降低到设定的范围内时,发动机带动发电机工作,考虑到发动机的排放和效率,将其输出功率严格限定在一定的变化范围内。如果能预测到车辆行程内的总能量需求,则一旦电池中储存了足够的能量,在剩余的行程中车辆就可转换为纯电动模式,到了行程终点正好耗尽电池所允许放出的电能。这种控制模式也称为最佳串联混合动力模式。

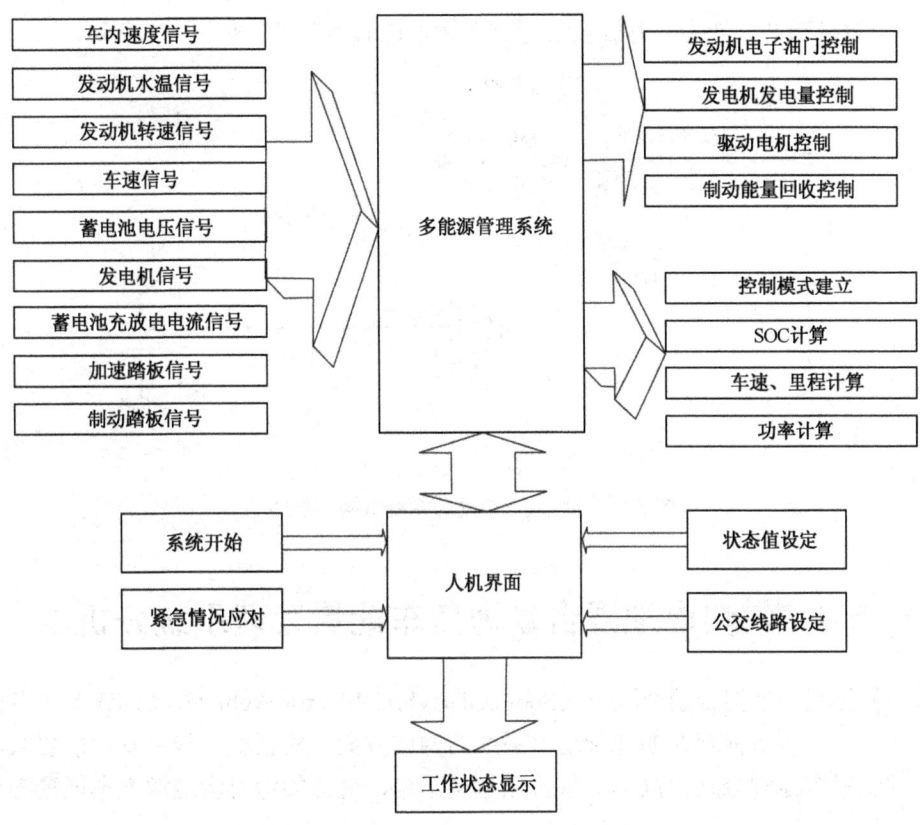

图 5.4 "功率跟踪型"混合动力汽车的能量管理系统

5.3.2 并联式混合动力汽车的能量管理系统

并联式混合动力汽车主要有两种基本工作模式。

1. 内燃机辅助混合动力模式

该模式主要利用电池—电动机系统来驱动车辆,仅当以较高的巡航速度行驶、爬坡和急加速时才能使内燃机开机。这种控制模式的优点是:大多数情况下车辆都是用电池的电能来工作的,车辆的排放和燃油的消耗减少,同时启动电动机可以取消而利用车辆的运动来启动内燃机。这种策略的缺点是:由于内燃机每次关机后重新启动时,内燃机和催化转换装置的温度达到正常温度需要一定的时间,这段时间内发动机的效率降低,尾气排放增加。

2. 电动机辅助混合动力模式

该模式主要利用内燃机来驱动车辆,电动机仅在两种状态下使用:一是利用瞬间加速和爬坡需要峰值功率时,可使内燃机工作在最高效率区间,以减少排放和燃油消耗;二是在车辆减速制动时电机被用来回收车辆的动能(再生制动)对电池进行充电。该模式的主要缺点是：车辆不具备纯电动模式，以及在行驶过程中若经常加速，电池的电能消耗到最低限度，则会失去"电机辅助"能力，驾驶员会感到车辆性能有所降低，如图5.5所示。

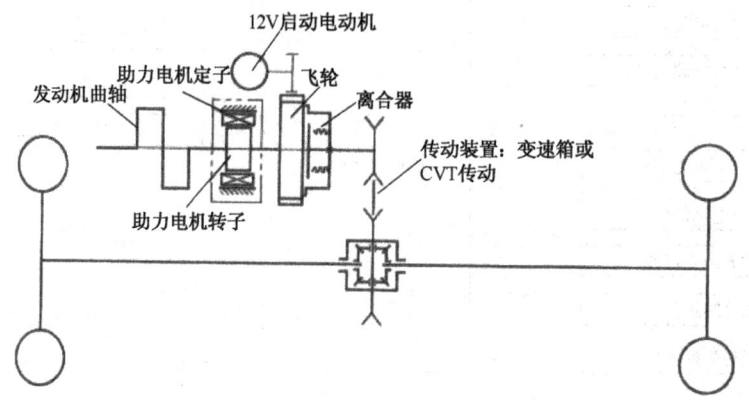

图 5.5 并联式混合动力系统结构示意图

5.4 燃料电池混合动力汽车能量管理系统分析

本节分析燃料电池混合动力汽车（Fuel-cell Hybrid Electric Vehicle，FHEV）的各能量源的特性，比较、分析目前存在的几种动力系统的构成方案。根据整车能量管理的要求，提出一种合适的燃料电池混合动力汽车能量管理系统结构，进而加深对新能源汽车能量管理系统的认识。

5.4.1 燃料电池混合动力汽车能量特性分析

1. 燃料电池特性分析

燃料电池带负荷后的输出电压—电流特性曲线如图5.6所示。

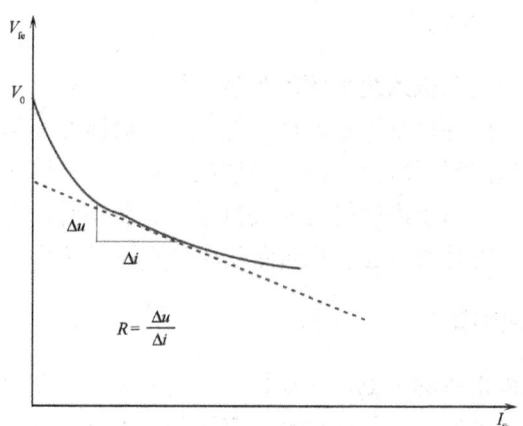

图 5.6 燃料电池带负荷后的输出电压—电流特性曲线

从特性曲线可以看出,燃料电池在加负荷的起始阶段,电压 V_{fc} 下降很快,并且随着负荷的增加,电流(功率)增大,输出电压也随着曲线比普通电池大得多的斜率 R 下降,即燃料电池的输出特性相对较软。

燃料电池汽车必须具有较强的机动性,以适应不同的路况正常行驶,如爬坡、下坡、加速、减速、转弯、启停和制动等。这样燃料电池汽车的驱动功率就不可避免的会产生波动,这与燃料电池的输出特性相矛盾。当行驶工况需要系统增加功率时,燃料电池输出功率应该增加,而功率的增加是要通过电流的增加来实现的,由燃料电池输出特性可见,当燃料电池输出电流增加时,系统母线电压会以较快的斜率下降,所以燃料电池的输出特性难以满足汽车加速或爬坡工况的要求。同时,若输出功率频繁地波动,就会较大幅度地降低燃料电池的效率,反过来又影响其动力性能。因此,燃料电池不太适合作为单一的直接驱动电源,需要在燃料电池与汽车驱动之间加入稳压装置。一般使用 DC/DC 变换器,使燃料电池和 DC/DC 变换器共同组成供电装置对外供电,从而稳定输出电压。此外,还有必要引入辅助能量共同供电,适应功率波动,提高峰值功率,以改善燃料电池输出功率的瞬态特性,以降低燃料电池成本。

2. 车辆辅助能量的选择及其特性分析

蓄电池可以作为燃料电池混合动力车的辅助动力源。动力电池的主要性能指标是比能量(Wh/kg)、比功率(W/kg)和使用寿命等。作为动力电池,需要满足以下要求:①比能量高,它是保证电动汽车能够达到合理行驶里程的重要指标;②比功率大,它涉及电动汽车的加速性能和爬坡能力;③连续放电率高,自放电率低,电池要能适应快速放电的要求,自放电率要低,能够长期存放;④免维护、电池循环使用寿命长;⑤安全可靠,有利于回收避免污染。因此,在众多蓄电池中,采取镍氢(Ni-MH)蓄电池是较为合适的。其比能量达到 75~80Wh/kg,比功率达到 160~230W/kg,循环寿命超过 600 次,并且具有化学性质稳定、无毒性、无致癌物质等特点。估计随着镍氢蓄电池技术的发展,其比能量可超过 80Wh/kg,循环使用寿命可超过 2000 次。

超级电容与燃料电池等高能量密度的物质相结合,能够提供快速的能量释放,满足高功率需求,从而使燃料电池可以仅作为能量源使用。超级电容的能量密度可高达 20kWh/kg,已经开始抢占传统电容器和电池之间的这部分市场。超级电容的 ESR 值很低,从而可以输出大电流,也可以快速吸收大电流。同化学充电原理相比,超级电容器的工作原理使这种产品的性能更稳定,因此超级电容的使用寿命更长,它无疑是一个很理想的电源。超级电容由于原理上的因素也存在着一定的缺点,由于漏电流的存在,需要旁路电阻来控制整个单元的漏电流;如果电压超过单元的额定电压。将会缩短单元的使用寿命。对于高可靠性超级电容来说,如何维持电压在要求的范围内是很关键的,必须控制充电电压,以确保其不超过每个单元的额定电压。

此外,超高速飞轮也可以作为储能装置在混合动力汽车中使用。它采取旋转的转子储能,用做辅助能量源具有能量高,比功率大的特点。可以使主要能量工作于高效率区,提高整个系统的能量利用效率。在混合动力传动方案中,飞轮的主要选择要考虑飞轮壳体和附件的质量,合理选择工作转速范围,飞轮转子的最大比能量,与主能量和功率输出装置一起工作时,满足飞轮能量效率特性的最佳转子负荷特性设计等。

镍氢蓄电池的工作特性，镍氢蓄电池的单体额定电压为1.2V，有圆筒形和方形两种结构。圆筒形是由片状的正极板和负极板加上隔板卷绕后，装入容器中而成；方形是由中间夹有隔板的正极板和负极板叠加后，装入容器中而成。为了确保镍氢蓄电池工作的可靠性，在蓄电池的顶端一般都装有排气阀。当电池内部压力达到一定程度时，就向外排气，避免电池在使用不当（如过大电流充、放电等）时发生爆裂。在使用Ni-MH电池时，需要注意：一是要确保电池和所连接的整机安全；二是要注意合理的充、放电，以获得高于电池额定值的可靠性和充、放电寿命，尤其要防止过充电，通常采用检测和控制充电状态的方法防止电池过充电。

由于镍氢蓄电池具有较高的比能量（60～70Wh/kg）、较高的比功率（150～250W/kg）、寿命长（500～1000次循环）、材料来源丰富、环保特性、放电曲线平坦和快速充电性能等优点，被认为能满足电动汽车使用的一个目标。但目前阻碍其应用的一个重要问题是初始成本高，而且有记忆效应和充电发热严重等问题。

5.4.2 燃料电池混合动力汽车混合动力结构及方案

燃料电池由于其特性曲线较软的特点，不适宜作为电动汽车的唯一驱动能源，必须采取辅助能源与之配合，才能构成整个燃料电池电动汽车的动力系统。而动力蓄电池由于其各方面都具有成为车载辅助能源的优势，完全能与燃料电池匹配构成多能源动力系统为整车提供能量。

1. 不同的连接结构

由于燃料电池和辅助动力电源提供的都是电功率，它们将各自的功率输出到直流母线上，然后通过电动机带动传动系。它是一个并联的系统，在并联方案上也有很多不同的拓扑结构。

（1）镍氢蓄电池组并联直连混合方案。

燃料电池经单向DC/DC变换器后与Ni-MH电池组直接并联，并通过电动机控制器为电动机提供能量，如图5.7所示。

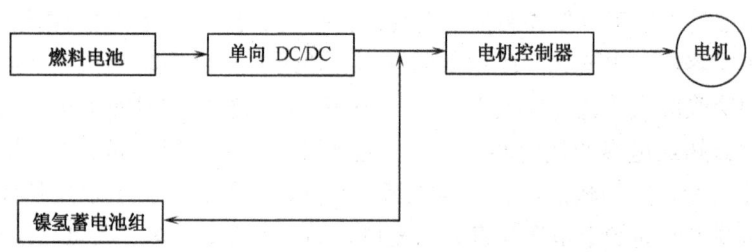

图5.7 镍氢蓄电池组并联直连混合方案

控制方案一般采用功率取电方式，通过相应工况下的踏板信号给定负荷的功率需求，是单向的DC/DC斩波控制燃料电池的输出功率，并与镍氢电池组并联，共同向电动机供电。引入的单向DC/DC变换器，将燃料电池的输出电压和系统电压分开，功率母线上的电压可以设定较高，一方面在固定输出功率下可以降低驱动系统电流值，有利于延长各功率器件的寿命；

另一方面更高的系统电压可以充分满足动力电池的充电需要。更重要的是单向DC/DC的引入可以有效地解决燃料电池输出电压受功率变化影响较大的缺点。

（2）并联混合方案。

该方案在前一方案的基础上，在镍氢电池组与直流母线间也增加了一个双向DC/DC转换器，对辅助能源的输出加以控制，这是考虑了镍氢电池组特性后为使其安全稳定工作的改进方案，如图5.8所示。

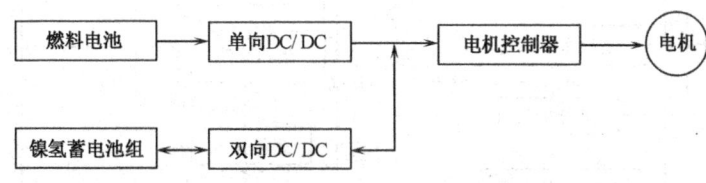

图5.8　主辅能量均通过DC/DC转换器并联混合方案

此方案仍采用功率取电方式工作，因此并未对上一方案的缺点有实质的改进，并且增加了一套双向DC/DC转换器，降低了镍氢电池组的能量转换效率，同时也增加了系统开发的成本。

（3）燃料电池并联直连混合方案。

该方案的燃料电池与电动机控制器之间的能量是单向流动的，镍氢电池的输出能量可以通过能量管理单元输送到母线上。电动机回馈能量通过能量管理单元后由镍氢电池组吸收，如图5.9所示。

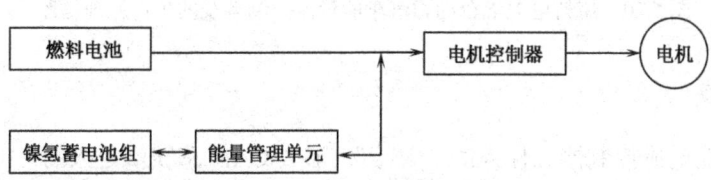

图5.9　燃料电池并联直连混合方案

这种方案利用能量管理单元中的主要部件双向功率变换器来实现控制，从成本及其拓扑结构的复杂程度以及工程实现上来说，不如镍氢蓄电池组并联直连混合方案对控制策略修改更加方便，对系统的设计、改造更加高效。

2．能量控制系统组成

由于燃料电池混合动力汽车运行的实际情况，在控制方面有一些特殊的要求，从能量（功率）流的角度出发，燃料电池混合动力汽车能量流控制系统的工作原理如图5.10所示。

能量管理系统主要由能量流控制器、燃料电池、Ni-MH 电池组、DC/DC 变换器和 CAN 总线等几个主要部分组成。图 5.10 中粗线箭头表示能量流动的方向，粗实线为 CAN 总线通信网络，细实线箭头表示控制信号及输入信号流向，虚线箭头表示再生制动时的能量回馈方向。燃料电池和镍氢电池组采取这种并联的组合结构，既可以让燃料电池长时间、高效、稳定向外供电，又能发挥镍氢蓄电池组响应快、能量回馈容易的特点，以弥补燃料电池由于成本和体积等因素导致最大功率难以提高的不足和无法实现再生能量回收的缺陷。同时也使系统结构简单明了，有利于进一步开发和利用。

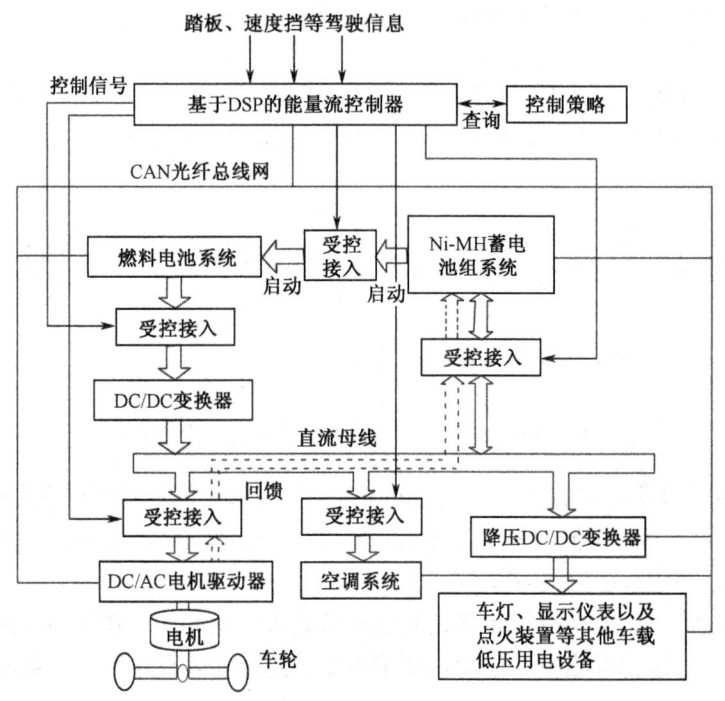

图 5.10　燃料电池混合动力汽车能量流控制系统的工作原理框图

3. CAN 总线

如果把上述能量流控制器比作人的"大脑"，那么 CAN 总线就是人的"中枢神经"，大部分控制命令和状态信息都要通过 CAN 总线传送和接收。

控制区域网络（Controller Area Network，CAN）属于现场总线的范畴，它是一种有效支持分布式控制或实时控制的串行控制网络。CAN 总线是为了解决汽车监控系统中的诸多复杂技术和难题而设计的数字信号通信协议，它属于总线式串行通信网络。由于采用了许多新技术和独特的设计思想，与同类产品相比，CAN 总线在数据通信方面具有可靠、实时和灵活的优点，在汽车电气系统以及其他一些实时控制单元中得到了广泛的应用。

CAN 总线的主要特点：① CAN 总线为多主总线，网络上的任意节点在任意时刻都可以主动地向其他节点发送信息，不分主次，方式灵活；②通信介质可以用双绞线、同轴电缆或光纤等，非常方便快捷；③CAN 支持优先级处理，网络节点依据优先权进行总线访问，以满足和协调不同的实时性要求；④基于优先权的无破坏性仲裁，按优先级高低顺序通信，节省总线冲突仲裁时间，避免网络瘫痪；⑤通信速率最高可达 1Mb/s（40m），最长传递距离达 10km（速率≤5kb/s）；⑥网络节点目前可达 110 个，报文标识符 2032 种，扩展标准中报文标志符几乎不受限制；⑦短帧数据结构，传输时间短、抗干扰能力强、检错效果好，网络节点在错误严重的情况下可以自动关闭输出功能，脱离网络。

CAN 总线自诞生之后就被广泛地应用于工业控制领域，特别是在汽车行业中，有着特殊的优越性：CAN 总线可以很方便地将分布于汽车内不同位置的检测模块所采集到的信息送给中央处理器进行处理，中央处理器可以方便地通过 CAN 总线向各控制节点发送控制命令，实现对整车的控制；将 CAN 总线应用于汽车控制系统中，有利于促进系统的智能化，提高其可靠性，以获得较好的性价比。基于 CAN 总线的控制系统已经被 BMW、福特等世界上多家大型汽车制造商所采用的，CAN 总线已经成为当今车辆控制系统发展的潮流与趋势。

5.4.3 燃料电池混合动力汽车能量管理模式研究

1．基于工况的控制策略研究

如果针对单一的道路类型进行策略的设计和研究，就会形成单一的控制规则集，这种控制思想忽略了道路类型、拥堵情况以及驾驶状况等给车辆能量管理带来的影响。在这种控制规则之下，车辆的能量管理系统不可能对能量分配和消耗进行最优的控制管理，从而影响整车的燃料消耗水平、续航里程以及车辆在不同道路条件下的动态性能。因此，我们提出了基于道路类型、拥堵水平以及行车趋势的多个模糊控制规则子集下的控制思路。从而达到车辆在不同道路状态下以及不同驾驶趋势下都能够有良好的表现。

例如，在高速路上的加速、减速都是采取的小力矩来实现的，而且加减速持续时间都有其特点。如果一味地采取与普通道路上相同的策略，势必造成车辆提速、减速过猛（这是由于力矩的模糊控制领域等级不变、控制规则不变造成的），同时也会无谓地增加更多的燃料消耗。而采取上面提出的控制思路，就会根据高速路上的行车特点和驾驶趋势判断，给出合适的力矩变化的领域等级，同时在与其相适应的控制规则下进行能量的控制和管理，以降低燃料的消耗、提升乘坐舒适感，使车辆行驶更加安全可靠。

2．基于控制对象的控制策略研究

通过对车辆的控制目标的分析，可以看到燃料电池混合动力汽车是通过对两个能量源匹配，进行能量流动的。因此，以哪个能量源为主进行控制就成为一个问题。目前，按照燃料电池和蓄电池之间分配的控制策略来分，可分为功率跟随式和开关式两种控制模式。功率跟随式的基本思想是：当电池荷电状态在容许范围内时，燃料电池应在某一设定的范围内输出功率，输出功率不仅要满足车辆驱动的要求，还要为电池组充电，该功率称为均衡功率（对电池进行了补充使电池在最佳荷电状态）。开关式的基本思路是：对燃料电池氢气消耗量进行最优控制，即以最低氢气消耗为目标调节燃料电池在某一工作点工作，该工作点是整个燃料电池组的最佳效率点。

燃料电池混合动力汽车能量管理控制策略模式的比较见表 5.2。

表 5.2 燃料电池混合动力汽车能量管理控制策略模式的比较

控制模式	控制目标	优　点	缺　点
功率跟踪模式	蓄电池处于荷电最佳状态	蓄电池处于浅循环充放电工作状态；可以延长电池工作寿命；能及时为车辆提供足够的辅助动力	燃料电池的工作点在一定范围内进行调节，增加对燃料电池发动机系统的控制难度
开关工作模式	燃料电池处于效率最佳状态	燃料电池工作点固定；不需要考虑蓄电池的充放电状态，控制策略设定相对简单	蓄电池处于较深的充放电循环，影响电池工作寿命；当 SOC 较低时可能不能满足车辆的功率需求，影响车辆的动态性能

5.5　动力锂离子电池管理系统的方案

5.5.1　锂离子电池的外特性

锂离子电池的外特性是指锂离子电池电压、充放电电流、使用寿命、过充、过放及过温现象，这些外特性是研究和开发动力锂离子电池充电器及其管理系统的基础。

1. 锂离子电池电压

锂离子电池的开路电压与电池的正负极材料、电池的充放电状态有关。充满电时的终止充电电压与电池阳极材料有关，石墨的阳极材料为 4.2V；焦炭的阳极材料为 4.1V；锂离子电池的终止放电电压为 2.5~2.75V。低于终止放电电压继续放电称为过放，过放对电池会有损害。单体锂离子电池与镍镉、镍氢蓄电池电压的对比见表 5.3。

表 5.3　单体锂离子电池与镍镉、镍氢蓄电池电压的对比

电池种类	充电终止电压/V	额定电压/V	放电终止电压/V
镍镉蓄电池	1.43	1.2	1.11
镍氢蓄电池	1.43	1.2	1.11
锂离子电池	4.2	3.7	2.75

由表 5.3 可知，单体锂离子电池电压相当于镍镉、镍氢蓄电池电压的 3 倍。为了得到同样的端电压需要锂离子电池的数目只是镍镉、镍氢蓄电池的1/3。

但是锂离子电池对过充电和过放电十分敏感，所以它要求精密的充放电电路以保证充电的安全。终止充电电压精度允差为额定值的±1%，若充电电压过高将会影响电池寿命，甚至造成过充现象，对电池造成永久性的损坏；若充电电压过低，又会使充电不完全，电池容量得不到最大的发挥，使电池的可使用时间变短。

2. 锂离子电池的充放电电流

锂离子充放电的最大电流都有一定的限制，所以充电电流应根据电池生产厂家的建议，并要求有限流电路以免发生过电流。一般常用的充电率为 0.25C,在大电流充电时往往要检测

电池温度,以防止过热损坏电池或产生爆炸。同样,锂离子电池也不适合用做大电流放电,过大电流放电时会降低放电时间(内部会产生较高的温度而损耗能量),同时对电池的组成物质造成损坏、减少电池容量和使用寿命。因此,电池生产厂家会给出最大放电电流,一般限制在2C左右,在使用中应小于最大放电电流。

3. 锂离子电池的使用寿命

锂离子电池和其他电池一样,也存在着使用寿命的问题。在使用正确的前提下,其容量也会随着循环次数慢慢减少,这是因为:①负极材料(石墨)中的锂逐渐被电解质氧化,造成可使用的锂离子少数量减少;②在循环中,正极材料的老化,使晶状结构慢慢遭到破坏,可容纳的锂离子数目减少。

4. 锂离子电池的过充、过放及过温现象

(1)过充现象:当加载锂离子电池两端的电压超过4.5V时,就会发生过充现象。过充时,负极的石墨嵌入的锂离子完全饱和,锂将在负极沉积下来,形成锂枝晶,使电池的容量减少;同时电池继续从正极抽取过量的锂离子,造成正极材料的活性降低,也会使电池的容量减小。

(2)过放现象:是电池电压低于放电终止电压后,仍继续放电使电池电压继续降低。过放时,电极产生枝晶,电路迅速短路。虽然此时由于电池完全放电,不会造成安全方面的问题,但是电解液已经遭到了不可恢复的破坏,不能再继续使用了。

(3)过温现象:锂离子电池对温度有一定要求,电池生产厂家会给出充电温度范围、放电温度范围及保护温度范围。若超过给定的温度则发生过温,过温时,锂离子电池中的活性物质与电解液可能会发生化学反应,产生过多的热量,而电解液中存在着可燃的有机溶剂成分,此时,电池温度将失去控制,越来越高,最终导致电池燃烧,甚至爆炸。

根据以上分析的锂离子电池的外特性,可将锂离子电池的充电过程分两个阶段进行:先用恒流充电到(4.2±0.05)V,再转入(4.2±0.05)V恒压的第二阶段充电,恒压充电电流会随着时间的推移而逐渐降低,待充电电流降到恒流充电电流的1/10时,表明电池已充到额定容量93%或94%,此时可认为基本充满,如果继续充下去,充电电流会慢慢降低到零,电池基本充满。为防止对过放的电池进行大电流的恒流充电,要先检测各单体锂离子电池的端电压,若发生过放现象,则要以恒流充电电流的1/10对电池进行预充电,直到其端电压上升到终止放电电压以上再进行大电流的恒流充电。

5.5.2 锂离子电池的管理系统

根据锂离子电池的外特性可知,锂离子电池对充放电电流、充放电截止电压、充放电过程中的温度都有苛刻的要求,所以必须有一个对锂离子电池设计性能优良的管理系统。而以电动汽车的车载动力电池为代表的动力锂离子电池对这个管理系统的要求就更加苛刻了,动力锂离子电池管理系统不仅要考虑到每个单体锂离子电池的外特性,不能让任何一个单体锂离子电池过充或者过放,而且还必须考虑到动力锂离子电池组进行充放电时各个单体锂离子电池之间的电压均衡问题,所以这就对电池管理系统提出了更高的要求。为了满足这些要求,

动力锂离子电池管理系统主要由以下几个单元组成

（1）对动力锂离子电池运行状态的各种参数进行检测并执行相应动作以实现对电池保护的保护单元。

（2）对动力锂离子电池组中各单体锂离子电池充放电时的电压进行均衡的单元。

1. 管理系统构成方案

动力锂离子电池充电器及管理系统的总体结构如图 5.11 所示。

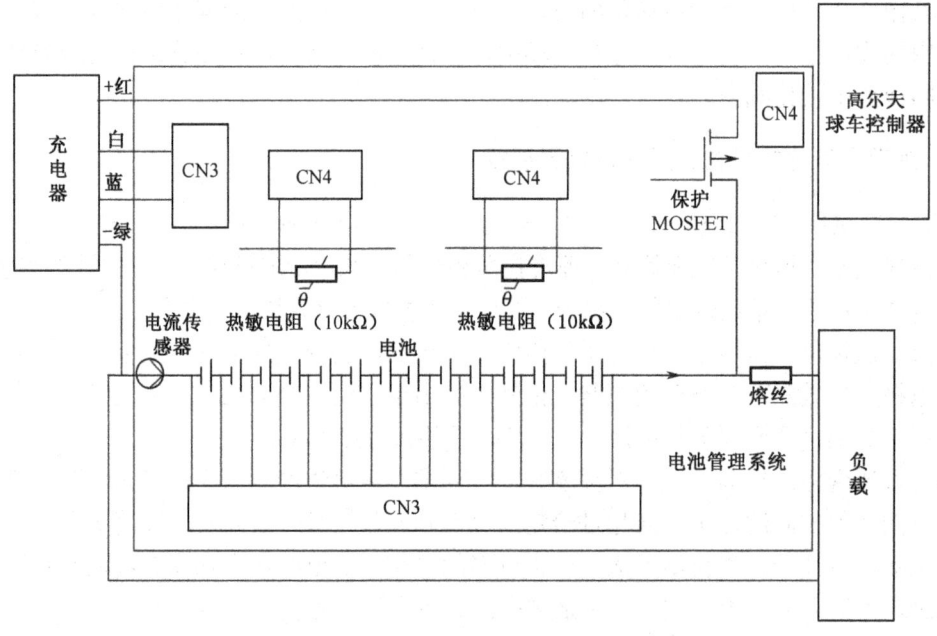

图 5.11　动力锂离子电池充电器及管理系统的总体结构示意图

由图 5.11 可知，本系统分为充电器和管理系统两部分。充电器的作用是将 220V/50Hz 的市电转化为动力锂离子电池所需要的电压并提供足够的功率；管理系统如图 5.11 中点画线框所示，其作用是实时监测运行状态（电池电压、电流和温度），根据电池的运行状态做出相应的保护和执行动作，并将电池的运行状态参数传送给电子控制单元（ECU），从而使充电器和控制器做出相应的动作。

2. 动力锂离子电池管理系统的分析

对于电池管理系统，需要检测电池的电压、电流和温度，根据这些所测得数据对电池进行过电压、过电流和过温保护，并根据所测得电流值和电压值利用安时法和开路电压法对电池的荷电状态(SOC)进行预测。动力锂离子电池管理系统总体方案框图如图 5.12 所示。

以杭州万向集团生产的 IMP160/240/265 锂离子电池为例，这种电池的管理系统的各项指标见表 5.4。

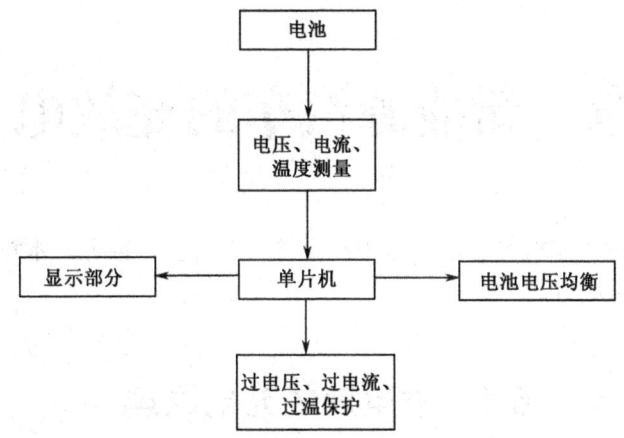

图 5.12 动力锂离子电池管理系统总体方案框图

表 5.4 电池管理系统的性能指标

主 要 指 标	对 应 数 值	主 要 指 标	对 应 数 值
充电器输入电压	30~60V	电池过温度报警值	50℃
待充蓄电池容量	30A·h	电流采样误差	小于 0.3A
单体间的平衡性	最高单体电压和最低单体电压之差不超过 0.1V	电压检测误差	小于 0.01V
单体电池放电限制电压	(2.80±0.05) V	工作温度	-20~50℃
单体电池上限保护的电压	(4.20±0.05) V	相对湿度	0%~90%
静态工作电流	小于 160mA	存储温度	-25~70℃

第6章 新能源汽车的充放电系统

新能源汽车的充放电系统是新能源汽车能量管理系统的一部分。本章介绍蓄电池的充放电原理以及能量回收系统等。

6.1 蓄电池的充电原理

无论蓄电池电动汽车,还是燃料电池和蓄电池、内燃机和蓄电池组成的混合动力汽车,都存在着提高蓄电池的充电效率、缩短充电时间等问题。因此,了解蓄电池的充电原理和充电过程的基本知识就非常重要了。

由于蓄电池容量的限制,需要根据具体情况选择不同的充电方式对其进行充电。研究发现,蓄电池充电过程对蓄电池的寿命影响很大,放电过程的影响相对较小。即大多数蓄电池不是"用坏"的,而是"充坏"的。由此可见,采用正确的充电方式对延长蓄电池的使用寿命具有举足轻重的作用。下面以铅酸蓄电池为例讨论充电的方法和原理。

1. 恒压充电

恒压充电是指充电过程中电源电压保持恒定的充电方法。汽车蓄电池采用的就是这种充电方法。在恒压充电开始时,充电电流很大,根据 $I_c=(V-E)/R$,随着蓄电池电动势 E 的增加,充电电流 I_c 逐渐减小,至充电终止时,I_c 降到最小值,如果充电电压 V 调节适当,当充足电时,I_c 降为零。由于恒压充电过程充电时间短、能耗低,一般充电 4~5h 后蓄电池即可达到额定容量的 90%~95%;如果 V 选择得当,8h 即可完成整个充电过程,并且在整个充电期间不需要看管和调整充电电流,如图 6.1 所示。

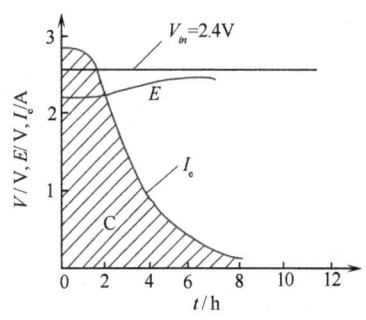

图 6.1 恒压充电特性曲线

因此,恒压充电适合蓄电池的补充充电。由于充电电流不可调节,因而恒压充电不适于初充电和去硫充电。

2. 恒流充电

恒流充电是指蓄电池充电时,充电电流保持恒定的充电方法。它是一种标准的充电方法,常用的有以下几种。

(1) 涓流充电,即维持电池的满充电状态,恰好能抵消电池自放电的一种充电方法。其充电速率对满充电的电池长期充电无害,但对完全放电的电池充电,电流太小。

(2) 最小电流充电,在能使深度放电的电池有效恢复电池容量的前提下,把充电电流尽可能地调整到最小的方法。

(3) 标准充电,即采用标准速率充电,充电时间为 14h。

(4) 高速率(快速)充电,即在 3h 内就给蓄电池充满电的方法,这种充电法需要自动控制电路保护电池不损坏。

由于充电电流 $I_c=(V-E)/R$,随着蓄电池电动势 E 的升高,要保持充电电流 I_c 一定,就必须逐步提高充电电压 V。为了缩短充电时间,充电过程分为两个阶段:第一阶段采用较大的充电电流,使蓄电池的容量得到迅速恢复;当蓄电池电量基本充足、单个电池的端电压升到 2.4V、电解液开始产生气泡时,转入第二阶段,将充电电流减半后保持恒定,直到电解液密度和蓄电池端电压达到最大值,且在 2~3h 内不再上升、蓄电池内部剧烈冒气泡为止。

恒流充电时,被充蓄电池采用串联连接。每个单格蓄电池充足电时需 2.7V,故串联的单个电池数=充电器的额度电压/2.7V。充电电流应按小容量蓄电池选择,待其充足电后应及时摘除,再继续给大容量电池充电。

此充电方法有较大的适应性,可以任意选择和调整充电电流,有利于保持蓄电池的技术性能和延长蓄电池的使用寿命。因此,可以对各种不同情况及状态的蓄电池充电(如新电池的初充电、使用过的蓄电池的补充充电以及去硫充电等),特别适用于小电流长时间的活化充电模式及有多个电池串联的电池组充电,并且有利于容量恢复较慢的蓄电池的充电。其缺点是整个充电过程时间长、析出气体多、对极板的冲击大、能耗高、效率低(不超过 65%),且整个充电过程必须有专人看管,需经常调节充电电流。

3. 脉冲快速充电

采用小电流充电,电池内产生的热量可以自然散去,因而温度不会过高,电池内也不会产生过多的气体。其缺点是充电时间太长,无法满足电动汽车的使用要求,特别是临时补充充电的要求。因而,可缩短时间的快速充电方法就成了研究和开发的热点之一。作为电动汽车的快速充电方法,应能缩短充电时间,可避免充电过程中电解液大量分解析气和温度过高,同时有较高的充电效率。

如前所述,在充电过程的后期,蓄电池两极板间的电位差会高于两极板活性物质的平衡电极电位(每单体蓄电池为 2.1V),这种现象称为极化。极化阻碍了蓄电池充电过程和化学反应的正常进行,是造成充电效率低及充电时间长的主要因素。

为了能最大限度地加快蓄电池的化学反应速度,缩短蓄电池达到满充状态的时间,同时也要保持蓄电池正、负极板的极化现象尽量少或轻,提高蓄电池的使用效率,近年来,快速充电技术已得到迅速发展。

快速脉冲充电可克服充电过程中所产生的极化现象，有效地提高了充电效率。它是指在大电流充电过程中，自动进行短暂停充电并在停充电中自动加入放电脉冲的充电方式。在快速充电时，既不产生大量的气体又不发热，从而达到缩短充电时间的目的。

脉冲快速充电首先利用充电初期极化现象不明显、蓄电池可以接受大电流充电的特点，初期采用（0.8～1）C_{20} 的大电流对蓄电池进行恒流充电，使蓄电池容量在短时间内达到60%左右的额定容量；当单体蓄电池端电压达2.4V、电解液开始冒气泡时，控制电路使充电转入脉冲快速充电，即停止充电25ms（前停充）左右，接着反向脉冲快速充电（反向充电电流的脉宽一般为150～1000μs，脉幅为（1.5～3）C_{20}，再停止放电25ms（后停充），然后利用正向脉冲进行充电。如此反复，直至蓄电池充足电为止。其充电电流波形如图6.2所示。

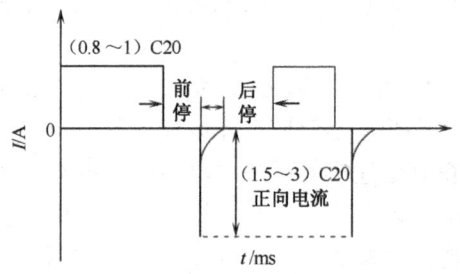

图6.2 脉冲快速充电的电流波形

脉冲快速充电具有充电时间短（一般新电池初充电不超过5h，补充充电只需0.5～1.0h）、空气污染小、省电节能以及不需要专人看管等优点，同时由于脉冲快速充电时化学反应充分，使蓄电池的容量有所增加。故一般在电池集中、充电频率高或应急部门使用快速充电。但是这种充电方法由于充电速度快，析出的气体总量虽然少，但出气率高，对极板活性物质的冲刷力强，使活性物质易脱落；还有其输出能量较低，能量转换效率也较低，对蓄电池的寿命影响很大。因此，在正常情况下不宜采用此充电方法对新启用的蓄电池进行初充电。

4. 蓄电池间歇充电方法

蓄电池间歇充电方法是指在充电过程中增加一段停歇时间，消除极化作用。间歇充电方法是建立在恒流充电和脉冲充电基础上的一种快速充电方法。它分为变电流间歇充电法和变电压间歇充电法。变电流间歇充电法的特点是将恒流充电段改为限压变电流间歇充电段。充电前期的各段采用变电流间歇充电的方法，保证加大充电电流，获得绝大部分充电量。充电后期采用定电压充电段，获得过充电量，将电池恢复至完全充电状态。通过间歇停充，使蓄电池经化学反应产生的氧气和氢气有时间重新化合而被吸收掉，使浓差极化和欧姆极化自然得到消除，从而减轻了蓄电池的内压，使下一轮的恒流充电能够更加顺利地进行，使蓄电池可以吸收更多的能量。

变电压间歇充电方法，与变电流间歇充电方法的不同之处在于第一阶段的不是间歇恒流，而是间歇恒压。

变电流间歇充电方法更加符合最佳充电的充电曲线。在每个恒电压充电阶段，由于是恒压充电,充电电流自然按照指数规律下降,符合电池电流可接受率随着充电的进行逐步下降的特点。

5. 智能充电方法

智能蓄电池充电是集充电、在线监测于一体,对蓄电池组进行充电和容量检测、深度放电后对电池补充充电及对电池组日常维护的一项技术。

采用蓄电池智能化充电方案,能较好地解决普通蓄电池或蓄电池组在充电过程中存在的问题,实现正常模式充电或快速充电。在正常充电模式下,解决串联蓄电池组在充电过程中存在的过充电或充电不足的现象;在快速充电过程中,较好地解决了蓄电池的发热、能量回收等问题。充电过程无须人工干预,严格按照蓄电池充电特性曲线进行充电,采用"恒流—恒压限流—涓流浮充"智能三阶段充电模式,使每节电池都能够较快地充满电,完全做到全自动化状态。

其原理是:在整个充电过程中,动态跟踪蓄电池可接受的充电电流,应用 dv/dt 技术,即充电电源根据蓄电池的状态自动确定充电工艺参数,使充电电流自始至终保持在蓄电池可以接受的充电电流曲线附近,保持蓄电池几乎在无气体析出的状态下充电,从而保护蓄电池。该方法适用于对各种状态、类型的蓄电池充电,安全、可靠、省时、节能。

智能充电技术的应用,不仅要考虑多充电电压、多充电电流、多充电时间选择,而且要具有温度检测、电压和电流检测功能,尤其要具备自动判断停止充电功能、自动判断过渡充电并报警功能,这样才能有效地提高蓄电池的使用效率。

6. 电池的充电过程

理想充电器的实际充电过程应分为预充电、快速充电、补足充电和涓流充电四个阶段。对于长期不用的电池或新电池,一开始就采用快速充电,会影响电池的寿命。因此,这种电池应先用小电流充电,使其满足一定的充电条件,这个阶段称为预充电。快速充电就是用大电流充电,迅速恢复电池能量。快速充电速率一般在 1C 以上,快速充电时间由电池容量和充电速率决定。快速充电结束后,电池并未充足电,为了保证电池充入100%的电量,在快速充电终止后,还应增加补足充电过程。补足充电的速率为 0.2C 左右,在补足充电过程中,当电池温度上升到 55℃ 时,应使充电器自动转入涓流充电过程。

在补足充电结束后,充电器自动转入涓流充电过程。涓流充电可以使电池温度降低,还可以补偿电池因自放电而损失的电量。涓流充电速率可根据电池的自放电特性选择,一般为 C/10、C/20、C/30 或 C/40 等,涓流充电时间约为 8h,这样可以保证电池一直处于充足电状态。

7. 常用充电方法的比较总结

上面叙述的几种方法是蓄电池的一些常用的充电方法,通过表 6.1 可以对这几种充电方法的优缺点做一比较。

表 6.1 各类充电方法的优缺点比较

充电方法		优 点	缺 点
常规充电方法	恒流充电	可以任意选择和调整充电电流,适应性较慢,特别适合蓄电池容量恢复的小电流长时间充电	初始充电电流过小,充电后期电流过大、充电时间长、析出气体多、能耗较高、效率较低
	恒压充电	充电过程较接近于最佳充电曲线,电解水很少,避免了蓄电池过充,控制装置简单	充电初期电流过大,对蓄电池寿命造成很大影响,并且容易使蓄电池极板弯曲,造成电池报废
	阶段充电	析出气量小,较以上两种常规充电方法快	不容易控制,前后两端都包含恒流和恒压充电的缺点
脉冲式充电方法		充电过程不产生大量的析气,并且不发热,从而可以缩短充电时间	快速充电的能量转换效率低,易造成极板活性物质脱落
间歇式充电方法		充电过程析气量少、能量效率高、速度快	控制硬件复杂,难以精确控制
智能充电方法		适用各种状态、类型的蓄电池,充电安全、可靠、节能、省时	实现比较困难

6.2 新能源汽车制动能量回收系统

新能源汽车的能量再生制动,简称再生制动,是指在车辆减速或制动时,使驱动电动机工作于发电机工况,将车辆的一部分动能转化为电能并回馈至电源的过程。目前电动汽车产业化的最大障碍是电动汽车续航里程短,而再生制动系统能充分发挥电动汽车的优点,将汽车制动时的部分动能转化为电能回馈到蓄电池,从而有效地利用电池能量,提高电动汽车的续航里程。据美国对电动汽车的实际运行测试结果表明,再生制动给作为储能动力源的蓄电池补充的能量可使电动汽车一次充电后的行驶里程增加 10%~25%,丰田的 Prius 可以回收大约 30%的能量,使电动汽车的续航里程得到较大提高。

再生制动是电动机的固有特性,可以同时实现节能与电气制动两个目的。因此再生制动在各种电动机应用场合都得到了广泛重视和深入研究。由于再生制动对电动汽车续航里程的提高具有重要意义,因此针对电动汽车这一应用场合,电动机再生制动方法的研究得到了特别的重视。

6.2.1 制动能量回收方法

电动机在切断电源后,不可能立即完全停止旋转,总是在其本身及所带负荷的惯性作用下旋转一段时间后才能停止。因而,在能源供应紧张并且电动汽车续航能力较小的情况下,利用电动机制动过程中的剩余能源自然就成了研究开发的一个热点。

电动机制动的方法可分为机械制动和电气制动两大类。电气制动又可分为反接制动、能耗制动和回馈发电制动三种形式。电动汽车的制动方式应考虑机械制动和电气制动两种类型的组合，尽可能多地用回馈发电方式取代机械式制动。在电动汽车刹车和下坡滑行时，通过控制系统将电动机的状态改为发电状态，将发电机发出的电能储存于电池之中，这样既可减少机械刹车系统的损耗，又能提高整车能量的使用效率，达到节约能源和提高电动汽车续航里程的目的。

一般而言，回馈发电制动只能起到限制电动机转子速度过高的作用，即不让转子的速度比同步速度高出很多，但无法使其小于同步转速，即回馈制度系统仅仅能起到稳定运行的作用。因此，回馈制动系统工作时应根据汽车运行状况改变，如在车辆制动、下坡滑行、高速运行和减速运行时等不同场合应采用不同的对策。

根据储能方式，车辆制动能量再生方法可分为空气储能、液压储能、飞轮储能和化学储能等。

1. 飞轮储能

飞轮储能是利用高速旋转的飞轮来储存和释放能量，其基本工作原理是：当车辆制动或减速时，先将车辆在制动或减速过程中的动能转换为飞轮高速旋转的动能；当车辆再次启动或加速时，高速旋转的飞轮又将存储的动能通过传动装置转化为车辆行驶的驱动力。其能量转化过程如图 6.3 所示。

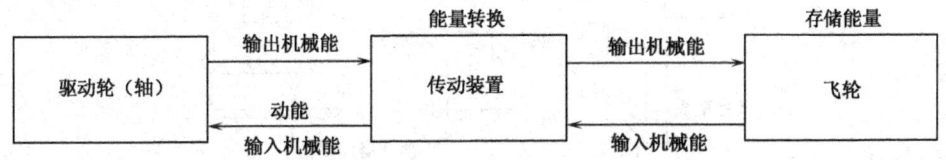

图 6.3 飞轮式储能制动能量转换过程示意图

飞轮储能式制动能量再生系统构成如图 6.4 所示，主要由发动机、高速储能飞轮、增速齿轮、飞轮离合器和驱动桥组成。发动机用来提供驱动车辆的主要动力，高速储能飞轮用来回收制动能量以及作为负荷平衡装置，为发动机提供辅助的功率以满足峰值功率要求。由于市区公共车辆具有很大的惯性，在正常行驶时又具有很高的可逆能量——动能，可用高速储能飞轮将其回收。在起步或加速过程中释放出去，既减少了能源的浪费又提高了车辆的性能。

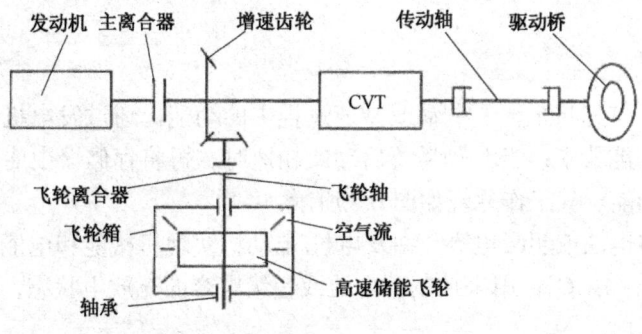

图 6.4 飞轮储能式制动能量再生系统示意图

2. 液压储能

其工作原理是：先将车辆在制动或减速过程中的动能转换成液压能，并将液压能储藏在液压储能器中；当车辆再次启动或加速时，储能系统又将储能器中的液压能以机械能的形式反作用于车辆，以增加车辆的驱动力。其工作过程如图 6.5 所示。

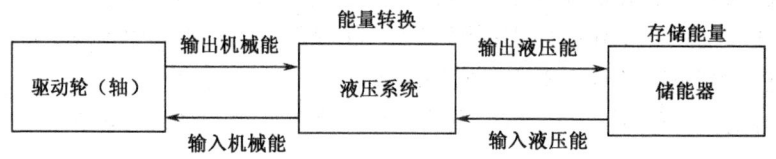

图 6.5　液压储能式制动能量再生系统原理图

图 6.6 所示为利用液压储能原理设计的一种制动能量再生回收系统。

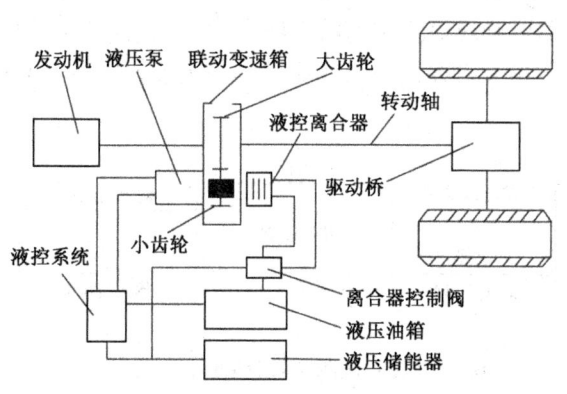

图 6.6　液压储能式制动能量再生回收系统示意图

系统由发动机、液压泵/电动机、液压储能器、联动变速箱、驱动桥、液控离合器和液压控制系统组成。启动、加速或爬坡时，液控离合器接合，液压储能器与联动变速箱连接，液压储能器中的液压能通过液压泵/电动机转化为驱动车辆的动能，用来辅助发动机满足驱动车辆所需的峰值功率。减速时，电控元器件发出信号，使系统处于储能状态，将动能转化为压力能储存在液压储能器中，致使车辆行驶阻力增大，车速降低直至停车。

3. 电化学储能

其工作原理是：首先将车辆在制动或减速过程中的动能，通过发电机转化为电能并以化学能的形式存储在储能器中；当车辆需要启动或加速时，再将存储器中的化学能通过电动机转化为车辆行驶的动能。其工作原理如图 6.7 所示。

储能器可采用蓄电池或超级电容，由发电机/电动机实现机械能和电能之间的转换。系统还包括一个控制单元（EUC），用来控制蓄电池或超级电容的充放电状态，并保证蓄电池的剩余电量在规定的范围内。

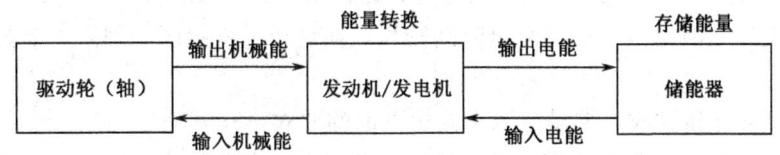

图 6.7 电化学储能式制动能量再生回收系统原理图

一种用于前轮驱动轿车的电化学储能式制动能量再生系统如图 6.8 所示。

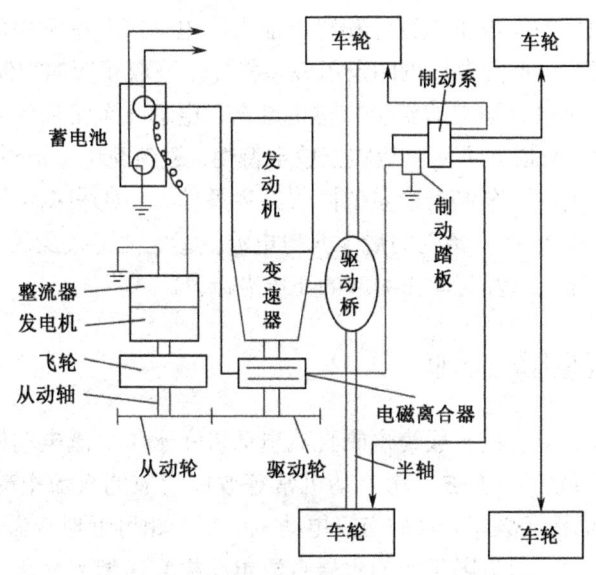

图 6.8 电化学储能式制动能量再生系统示意图

该系统工作过程为：当车辆以恒定速度或加速度行驶时，电磁离合器脱开。当车辆制动时，行车制动系统开始工作，车辆减速制动，电磁离合器接合，从而接通驱动轴和变速器的输出轴。这样，车辆的动能由输出轴、离合器、驱动轴、驱动轮和从动轮传到发电机和飞轮上。制动时的机械能由电机转换为电能，存入蓄电池。在发电机和飞轮回收能量的同时产生负荷作用，作为前轮驱动的阻力。

6.2.2 电动汽车制动能量的回收

根据制动车速与制动时间的不同，电动汽车制动模式可分为以下三种。

（1）急制动：对应于制动加速度大于 $2\,\mathrm{m/s^2}$ 的过程。出于安全方面的考虑，急制动应以机械为主，电制动同时作用。在急制动时，可根据初始速度的不同，由汽车的 ABS 控制提供相应的机械制动力。

（2）中轻度制动：对应于汽车在正常工况下的制动过程，其中又可分为减速过程与停止过程。电制动负责减速过程，停止过程由机械制动完成。两种制动形式的切换点由电机发电特性决定。

（3）下长坡时的制动：汽车下长坡（缓坡）时，制动力一般不大，可完全由电制动提供，其充电特点表现为回馈电流较小但充电时间较长。在这一过程中限制因素主要为电池的荷电状态和接收能力。

电动汽车制动能量回收，要满足以下几个方面的要求。

（1）满足制动的安全要求，符合驾驶时的制动习惯。在制动过程中，对安全的要求是第一位的。需要找到电制动和机械制动的最佳结合点。在确保安全的前提下，尽可能多地回收能量。应充分考虑电动汽车的驾驶员和乘客的感受，具有能量回收系统的电动汽车的制动过程，应尽可能地与传统的制动过程近似，这将保证在实际应用中系统可以为大众所接受。

（2）考虑驱动电动机的发电工作特性和输出能力。电动汽车中常用的是永磁直流电动机和感应异步电动机，应针对不同电动机的发电效率特性，采取相应的控制手段。

（3）确保电池组在充电过程中的安全，防止过充。电动汽车常用的电池为镍氢蓄电池、锂蓄电池和铅酸蓄电池。应根据不同电池的充放电特性，避免充电电流过大或充电时间过长。

由以上分析可发现电动汽车制动能量的回收约束条件为：①根据电池放电深度，即电池的荷电状态 SOC 的不同，电池可接受的最大充电电流；②电池可接受的最大充电时间；③能量回收停止时电动机转速，以及与此相对应的充电电流值。

6.2.3 永磁电动机再生制动原理

电动汽车所用的永磁电动机一般为永磁直流电动机和永磁交流电动机。永磁直流电动机和永磁交流电动机本质统一，永磁交流电动机常等效成相应的直流电动机进行分析。由于 PWM 频率远大于电动机换相频率，永磁交流电动机的每一相可近似看做一台直流电动机。因此，通常以半桥电路驱动、四象限工作的永磁直流电动机为模型来简化分析，对永磁电动机进行理论分析和实验研究。

永磁直流电动机再生制动电路原理图如图 6.9 所示。

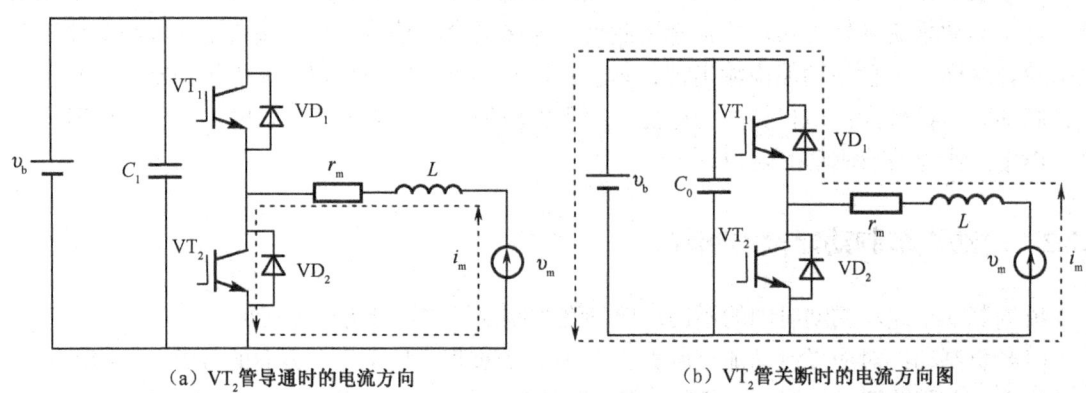

(a) VT_2 管导通时的电流方向　　　　(b) VT_2 管关断时的电流方向图

图 6.9　永磁直流电动机再生制动电路原理图

其驱动器为二象限型 DC/DC 直流变换器，即由 VT_1、VT_2 组成的驱动半桥电路。车辆驱动时，VT_2 截止，VT_1 工作于 PWM 模式，实现减压驱动。再生制动中，VT_1 截止，VT_2 工作于 PWM 模式。在每个 PWM 周期内，VT_2 导通时回路电流方向如图 6.9（a）所示，在此期间电感储能。VT_2 关断后,如图 6.9(b)所示,电枢电流 i_m 经 VT_1 的续流二极管 VD_1 向蓄电池充电,实现再生制动。

IGBT 缓冲吸收电路的设计考虑以下几个方面。

1. 过电压产生的原因

大功率 IGBT 使用的驱动电路板上一般提供 IGBT 的驱动电路、过电流保护。软降栅压和软关断驱动保护电路,这些保护措施是一种逐个脉冲保护。在实际使用过程中,IGBT 在关断时集电极电流 I_c 下降率较大,IGBT 的开关时间一般为 1μs 左右。当 IGBT 由通态迅速关断时,尤其在短路和有故障的情况下会有很大的 $-di/dt$ 产生。该 $-di/dt$ 在主回路的布线上引起较大的尖峰电压 $-Ldi/dt$,如图 6.10 所示。

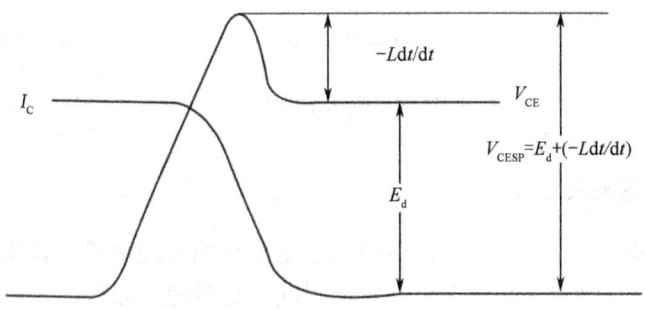

图 6.10 IGBT 关断时的电路波形图

这个尖峰电压与直流电源电压叠加后加在关断的 IGBT 的 C-E 极之间。如果尖峰电压很大,可能使叠加后的总电压 V_{CESP} 超出 IGBT 的反向安全工作区,或者由于 dv/dt 太大而引起误导通,两者都会对 IGBT 造成损害。

2. 缓冲吸收电路的工作原理

抑制过电压的有效方法是采用缓冲吸收电路(Snubber Circuit)。IGBT 的关断缓冲吸收回路分为充放电型和放电阻止型两类。充放电型吸收回路由于功率较大,当运行频率较高时会严重影响装置的运行效率。而对于频率为 20kHz 左右的 IGBT 开关,采用放电阻止型吸收电路更为合适。

放电阻止型高效缓冲吸收电路有两种类型:C 型放电阻止型和 RCD 型放电阻止型吸收回路,如图 6.11 所示。

图中,L_1、L_2 为主电路导线的寄生电感与滤波电容 C_0 的寄生电感之和,C_s 为吸收电容,L_s 为 C_s 的寄生电感,R_s 为放电电阻,吸收电容 C_s 应采用无感(低感)专用吸收电容。图 6.11(b)所示为高效 RCD 放电阻止型吸收电路适用于中等容量的装置(<200A);图 6.11 中每个 IGBT 单元均有一个 RCD 放电阻止型吸收电路缓冲吸收电路,具有更好的吸收效果,用于大容量的装置中(>200A)。

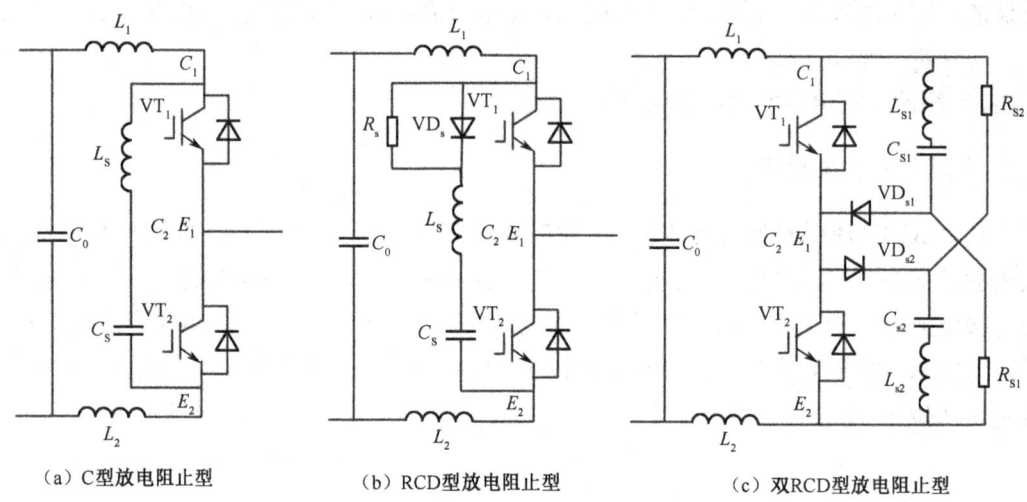

(a) C型放电阻止型　　(b) RCD型放电阻止型　　(c) 双RCD型放电阻止型

图 6.11　IGBT放电阻止型缓冲吸收回路原理图

3. 缓冲吸收电路的设计要点

首先要合理布置电动汽车蓄电池，尽量减小主电路的布线电感。其次，吸收电容采用无感电容，为了减小吸收电容的寄生电感，它的引线应尽量短，吸收二极管应选用快开通和快恢复二极管。为保证每次关断前吸收电容的过电压放完，R_s 应满足：

$$R_s < \frac{1}{6C_s f} \tag{6-1}$$

式中，f 为开关器件的工作频率。

同时，为防止 C_s 的放电引起振荡，R_s 还应满足：

$$R_s > \frac{1}{2 \cdot \sqrt{\dfrac{L_s}{C_s}}} \tag{6-2}$$

6.2.4　电动汽车再生制动控制策略

下面就永磁电动机最大回馈功率制动、最大回馈效率制动及恒定力矩制动三种再生制动策略进行分析。

1. 最大回馈功率制动方式

最大回馈功率制动方式以在制动中尽可能多地回收能量为目的，其控制对象为电动机绕组电流 I_m，而不考虑电池允许充电电流的限制，一般用于电力机车上，这是因为电力机车直接从电网取电，而回馈电流大小对电网的影响不是很大。

当制动电流 $I_m = \dfrac{V_m}{2r_m}$ 时（r_m 为电枢电阻，V_m 为电动机反电动势），电动机系统处于最大回馈功率再生制动状态，并将最大功率制动方式应用于电动机车上。电动汽车采用的电动机功率大,对电动机效率要求较高,因此电动机电阻都比较小,以 XJTUEV-1 电动汽车为例,采用最大回馈功率制动策略时电动机反电势和电枢电流的对应关系如图 6.12 所示。

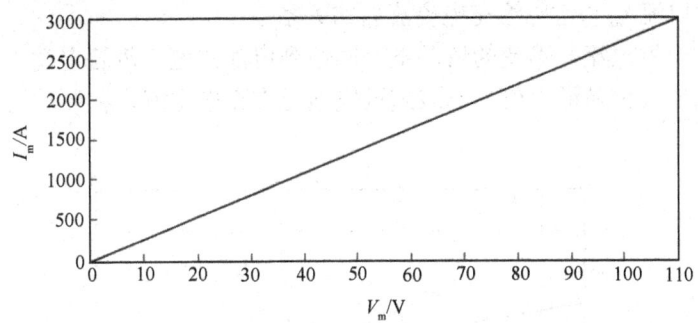

图 6.12 最大回馈制动方式下的电枢电流

显而易见,最大回馈功率制动方式即使在电动机低速情况下也会产生很大的电枢电流,无论电动机本身,还是蓄电池和功率器件都难以承受,因此,这种制动方式实现起来有很大难度。

2. 最大回馈效率制动方式

最大回馈效率制动方式定义回馈效率为

$$\eta_p = \frac{V_b i_b}{(T_L + K_e i_m)\Omega} = \frac{K_e \Omega i_m - i_m^2 r_m}{(T_L + K_e i_m)\Omega} \tag{6-3}$$

式中,T_L 为负荷力矩。

V_b 为电源电压

i_b 为蓄电池充电电流

K_e 为涡流损耗系数

i_m 为电枢电流

r_m 为电枢电阻

以 i_m 为自变量,对式(6-3)求导,并令其等于零。即

$$\frac{d\eta_p}{di_m} = 0 \tag{6-4}$$

得到最大回馈效率再生制动时的电动机电枢电流为

$$i_m = \frac{\sqrt{r_m^2 T_L^2 + K_e^2 \Omega r_m T_L} - r_m T_L}{K_e r_m} \tag{6-5}$$

再生制动过程中,由式(6-5)计算出电枢电流,并将其作为指令值,控制器通过调节 VT_2 的占空比使电枢电流跟踪此指令值,即可实现最大回馈效率制动。最大回馈效率制动方式需要实时检测车辆阻力,这在实际应用中存在较大的难度。

3. 恒定力矩制动方式

对于永磁直流电动机,恒定力矩制动等效于恒定电枢电流制动,在这种控制方式中,控制对象为电动机的电枢电流,使制动踏板的位移与电枢电流(即制动力矩)成正比。电动汽

车恒定力矩制动方式如图 6.13 所示。

图 6.13 所示为电动机初始反电动势为 110V，蓄电池端电压为 120V，电枢电流为 50A 时制动过程中的电枢电流 i_m 和蓄电池充电电流 i_b 的关系。

在制动力矩（电枢电流）不变的情况下，回馈到电池的电流将随电动机反电动势的降低而减小，且其初始值（也是最大值）不应超过电池允许充电电流，在制动过程中能量不能得到有效的回收。

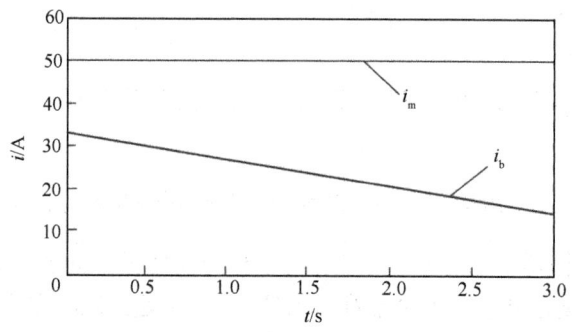

图 6.13　电动汽车恒定力矩制动方式

4．恒定充电电流制动方式

为避免过大的回馈电流对蓄电池造成损坏，提出了恒定充电电流制动方式，即以蓄电池充电电流为被控对象，兼顾能量回收与系统保护，是一种更实用的控制策略。在车辆控制过程中，控制系统维持蓄电池充电电流不变，而随着车速的降低，电动机的反电动势也在不断地降低，根据电动机回馈功率和蓄电池充电功率相等的关系，电枢电流也在不断的上升，如图 6.14 所示。

图 6.14 所示为电动机初始反电动势为 100V，电池电压为 120V，蓄电池充电电流为 40A 情况下的蓄电池充电电流 i_b 和电动机电枢电流 i_m 的关系。由图可知，控制系统在车辆制动过程中维持蓄电池充电电流 40A，而随着车辆的减速，电动机反电动势持续下降，电枢电流持续上升，其峰值达到 130A 左右。

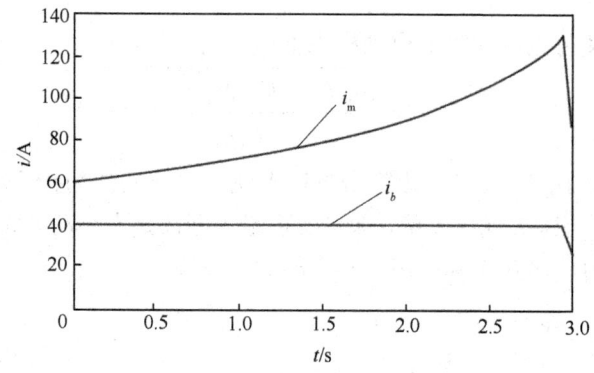

图 6.14　恒定回馈电流制动方式

恒定充电电流制动方式适用于采用蓄电池单电源系统的电动汽车，由于蓄电池电压在再生制动过程中不会发生明显的变化，因此电枢电流的上升不会太大。而在超级电容—蓄电池复合电源系统中，由于超级电容端电压在单次再生制动过程中就会发生很大的改变，随着制动过程中超级电容端电压的上升和电动机反电动势的下降，电枢电流将急剧上升，有可能对功率器件，甚至电动机造成损坏。

5．恒定充电功率制动方式

基于上述分析，提出了一种适合超级电容—蓄电池复合电源系统的再生制动控制策略，即恒定充电功率制动方式——对再生制动过程中储能部件的充电功率进行控制。在超级电容电压低的时候采用大电流充电，当电容电压上升时，充电电流指令值下降，兼顾能量回收与系统器件保护。

图 6.15 所示为复合电源系统，分别采用恒定充电电流和恒定充电功率制动方式下的超级电容充电电流和电枢电流实测结果。由实验结果可知，当超级电容充电电流控制在 45A 时，见图 6.15（a），在车辆制动末期，电枢电流峰值达到 260A，不但超过电动机额定电流 200A 的限制，而且也接近功率器件额定电流 300A 的限制，会对系统造成严重威胁。而采用恒定充电功率情形下，见图 6.15（b），充电功率维持在 9.5kW 左右时，制动初始时刻电容充电电流为 60A，而制动末期电容充电电流降至 35A，此时电枢电流峰值约为 200A，电动机和功率器件都是安全的。因此和恒定充电电流制动方式相比，恒定充电功率制动方式更实用，而且由于蓄电池端电压变化缓慢，其充电电流恒定等效于充电功率恒定，因此可以说恒定充电电流制动方式是恒定充电功率制动方式在以蓄电池作为电动机回馈能量储存器件的系统中的一个实例。

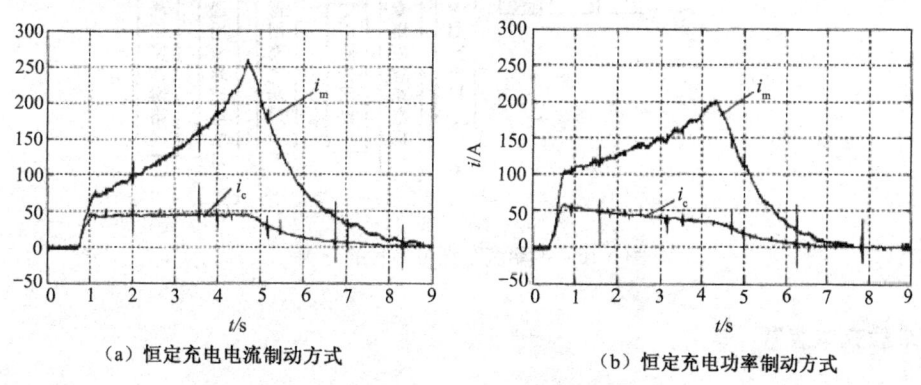

（a）恒定充电电流制动方式　　　　（b）恒定充电功率制动方式

图 6.15　恒定充电电流和恒定充电功率制动方式对比

6.3　新能源汽车的充电装置

以电动汽车充电装置为例。电动汽车充电装置泛指将公共电网或发电装置的电能转变为车载动力电池组中的化学能的各种形式的变流装置的总称。充电机、充电桩、充电站、车载充电机，电动机驱动系统中的能量回收装置，燃料电池汽车动力系统中双向 DC/DC 变换器的充电部分等都应纳入电动汽车充电装置的范畴。

充电装置相当于燃油汽车的加油站,是电动汽车的重要基础支撑系统。充电装置的性能和建设布局,直接影响到电动汽车的性能和使用方便性。没有与电动汽车的车载电池系统匹配的充电装置,电动汽车将难以实现商业化。

6.3.1 充电装置的分类

电动汽车充电装置的分类有不同的方法。按电路结构进行划分,可以分为工频相控类和高频开关电源类。按用途进行划分,可分为车载充电装置和地面充电装置两大类。电动汽车充电装置的分类如图 6.16 所示。

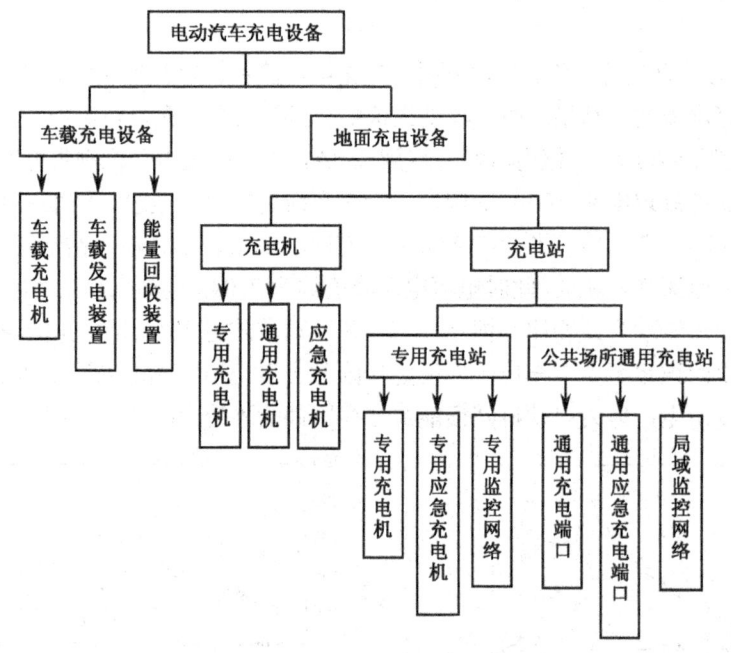

图 6.16 电动汽车充电装置的分类

1. 车载充电装置

车载充电装置是指安装在电动汽车上的,可采用地面交流电网电源对车载电池组进行充电的装置。其主要特点是:①体积和质量受到严格限制,所以功率不允许过大,一般在 5kW 以下,一般都是根据目标应用电动车的个性,为其量身定做的专用机。②受到充电电源(一般是非动力电源)的限制,我国大多数地区非动力用交流电上输入额定电压为 220V,最大输入电流在 16A 以内。③为了保证充电安全,充电机必须与电池检测系统建立良好的信息交换通道,并具有适应特定电动车用电池特点的充电控制策略。④操作简单,一般仅需正确连接和接通电源即可自动完成安全充电过程。

2. 地面充电装置

地面充电装置主要包括专用充电机、专用充电站和公共场所通用充电机及充电站等。专用充电机、专用充电站是指专门根据特定目标的电动汽车、电池系统和车队充电需求而设计的，具有控制功能相对简单、适用范围单一、监控系统独立并且自成体系的特点的充电系统。

在地面充电设施中一般都配备应急充电装置，其目的是为了电动汽车在行驶过程中由于种种原因使电池组电量不足，需要短时间内补充一定量的电量而设置的。其特点是充电装置输出功率大，可大电流充电，在短时间内（一般不超过30min）补充电池组40%～60%的容量。

公共场所通用充电机及监控网络主要用于社会化电动汽车群的公共充电网络系统。此类充电装置与专用充电装置的主要区别如下。

（1）能适应多种类型的电池系统。电动汽车的动力电池不但有传统的铅酸类电池，还有Ni-MH和锂离子电池，而且根据车辆的不同，电池组的容量、电压等级也不完全统一。公共场所的充电装置必须具有适应多种类型电池系统的能力，具有多种类型电池的控制算法，可与各类电动汽车上的不同电池系统实现充电特性匹配。

（2）能适应多种电压等级的电池系统。公共场所的充电装置，必须能适应进入市场的各种电压等级的电动汽车。从技术范畴考虑，充电装置可以设计出适应任何电压等级的产品，但电压等级过宽将增加充电装置设计的复杂性，由于复杂系数的增加必将影响到产品的价格和可靠性，由此影响到充电系统运行的经济性。因此，国家从电动汽车行业发展全局考虑，应该从标准上尽可能规范动力电池的电压等级，以便公共充电系统的建设。

（3）有与各种电动汽车电池管理系统信息交换的接口和多种充电控制算法。国家已经颁布了 GB/T20234—2011《电动汽车传导充电充电连接装置》的国家标准以及汽车行业标准QC/T842-2011《电动汽车电池管理系统与非车载充电机之间的通信协议》，这就为公共充电装置的建设奠定了基础。

（4）具有自动实现充电装置个性化设置的功能。公共充电装置必须具有能根据特定电动汽车自动进行自身个性化设置的功能。即对于进入充电系统的每一台电动汽车，充电机都能根据制造商提供的充电技术要求或电动汽车电池组当前技术状态对充电的特殊要求，自动完成充电装置系统的设置。

（5）具有方便的电量计量收费装置和智能化安全保障措施。准确的电量计量是实现商业化运作计费收费的基础。为此，充电装置必须设置满足商业计费要求的电量计量收费装置，包括可对峰谷电价计费的系统。

6.3.2 充电模式的选择

1. 充电站的构成

充电站按照功能可以划分为 4 个子模块：配电系统、充电系统、电池调度系统、充电站监控系统。一个完整的充（换）电站需要配电室、中央监控室、充电区、更换电池区和电池维护间 5 个部分。

（1）配电室为充电站提供所需的电源，不仅给充电机提供电能，而且还要满足照明、控制设备的用电需求，内部建有变配电所有设备、配电监控系统、相关的控制和补偿设备。

(2) 中央监控室用于监控整个充电站的运行情况，并完成管理情况的报表打印等。

(3) 充电区主要完成电池充电功能。

(4) 更换电池区是车辆更换电池的场所，需要配备电池更换设备，同时应建设用于存放备用电池的存储间。

(5) 在电池维护间进行电池重新配组、电池组均衡、实际容量测试、故障的应急处理等工作。

2. 充电的模式

充电站给电动汽车充电一般分为普通充电、快速充电和电池组快速更换三种方式。

(1) 普通充电就是所谓的常规充电或慢速充电。这种充电模式为交流充电方式，由外部电网提供 220V（或 380V）交流电源给电动汽车车载充电机，由车载充电机给动力蓄电池充电，充满电一般需要 5~8h。

常规充电的优点：充电桩成本低、安装方便；可利用电网晚间的低谷电进行充电，降低充电成本；充电时段充电电流较小、电压相对稳定，保证动力电池组安全和延长使用寿命。

常规充电的缺点：充电时间过长，难以满足车辆紧急运行的需求。

(2) 快速充电（即应急充电）的充电电流要大一些，这就需要建设快速充电站，它并不要求把电池完全充满，只满足继续行驶的需要就可以了。这种充电模式下，在 20~30min 的时间里，只为电池充电 50%~80%。这种充电方式为直流充电，地面充电机直接输出直流电能给车载动力蓄电池充电，电动汽车只需提供充电及相关通信接口。

快速充电的优点：充电时间短，充电站场地更换快，节省停车场面积。

快速充电的缺点：充电效率较低，充电机制造、安装和工作成本较高；充电电流大，对充电的技术和方法要求高，对电池的寿命有负面影响；易造成电池异常，存在安全隐患，且大电流充电会对公用电网产生冲击，会影响电网的供电质量和安全。

(3) 电池组快速更换。通过直接更换电动汽车的电池组来达到充电的目的。由于电池组重量较大，更换电池的专业化要求较高，须配备专业人员并借助专业机械来快速完成电池的更换、充电和维护。

电池组快速更换的优点：解决了充电时间长、续航里程短的难题；提高了车辆的使用效率，方便用户的使用；更换下来的蓄电池可以在低谷时段进行充电，降低了充电成本，提高了车辆运行的经济性；便于电池的维护、管理，提高了电池的使用寿命；有利于废旧电池的集中回收和再利用。

电池组快速更换的缺点：建设换电站和购买备用电池组成本较高，对于电池与电动汽车的标准化、电动汽车的设计改进、充电站的建设和管理以及电池的流通管理等有严格的要求。

3. 两种充换电模式简介

(1) 上海（北京）电巴新能源科技有限公司的充换电站。

电巴新能源科技有限公司开发的动力电池快速更换系统，就是为了解决电动公交汽车因电池一次充电续航里程不足、充电时间过长导致运行效率太低，从而影响影响电动汽车大规模推广应用的难题。

主要特点：采用原地回转、双侧分箱同步自动更换，自动化程度高，对场地要求条件较宽松。

系统基本构成部分：为电池组充电的电池站和动力电池组快换装卸装置设置专门的固定地点；充电站与快换装置分别装备有控制系统和通信装置；装备有可更换动力电池组和车载控制系统的电动公交车。

基本控制流程：快换装置控制系统、车辆控制系统与电站控制系统可相互通信；当控制系统监控并接收到即将返回充电站的电动公交车车载控制系统发出的信号时，装卸装置预先定位到充电站相应位置前等待；当电动公交车到达充电站相应位置时，装卸装置执行更换电池组作业，从而实现了电动公交车的连续在线运行。

（2）Better Place 的充电解决方案。

Better Place 方案的设计目的是为世界各地的纯电动汽车驾驶人提供充电基础设施系统和服务，以便能推广使用电动汽车。Better Place 和整个电动汽车产业链的各方（汽车制造商、电池制造商、电力公司、政府、用户及潜在用户等）合作，建立和运营基于开放标准的综合基础设施系统。该系统为驾驶人提供比传统的石油燃料开支更低、环保效果更好、更方便的车辆动力源。

Better Place 使电池和电动车的购买分离，并将固定成本很高的电池转换为消耗品。Better Place 拥有电池，并向消费者出售各种基于里程数和用户偏好的会员计划，通过多年期合同收取月费。Better Place 提供最新电池技术作为会员服务的一部分，也会利用其全球购买力来实现这一目标。

充电桩：电动车推广应用的一个根本要求是必须有足够的充电网点。

电池更换站：在便利、容易找到的同时，可使驾车人在不到 2min 的时间里更换即将耗尽的电池（少于加满空油箱的时间），这样可以克服电动车的里程限制和充电时间过长的不便之处。

车载系统：Better Place 的车载软件平台会成为用户、电池、车辆和 Better Place 服务与控制中心之间的通信界面。车内软件系统为驾车者提供如何到充电桩或电池替换站享受服务、导航协议和其他增值服务的可靠信息。

服务与控制中心：Better Place 的服务与控制中心（SCC）采用智能方式来管理一个区域的能源需求及与电动车、电力公司、电池存货和用户管理等的协调沟通服务，与控制中心和车载软件相结合，可增加驾车人信心，加强公用事业的可管理性和有效性，并改善 Better Place 的成本和效率。

能源和电网管理：Better Place 的解决方案包括能源需求和负载管理，可在耗电高峰期将充电要求降到最低点。Better Place 提供供电服务时，将尽可能使用可再生电力，以此降低有害排放。

电动车智能充电方法可尽量减少充电需求对电网的潜在影响，并能更好地利用电力资源和可再生能源。

电动汽车产业化进程在国家"十五"863 重大专项、"十一五" 863《节能与新能源汽车》重大项目的推动下，取得了举世瞩目的重大进展，向电动汽车的产业化和商业化推进了一大步。国内电动汽车充电装置的研发也取得了重大进展，出现了多种具有特色的电动汽车充电装置。高效、节能、非接触式充电方式也已经研发和实验。电动汽车的产业化进程离不开充电站等基础设施建设的支撑。但是，我国现阶段电动汽车充电装置和充电系统的开发还适应不了电动汽车商业化的需要。还要继续把电动汽车充电装置纳入电动汽车产业化项目的总体规划中，以促进电动汽车充电装置的研究与电动汽车产业化进程有序、协调的发展，电动汽车充电装置研发和电动汽车充电基础设施研发滞后于电动汽车产业化进程的快速推进，也会拉大与国际先进水平的差距。

若将电动汽车充电基础设施纳入电动汽车产业化进程，统一规划、协调发展，使我国电动汽车充电基础设施及充电基础设施处于国际先进水平是完全可能的。

第7章　新能源汽车的循环冷却系统

新能源汽车的冷却散热技术是车辆辅助系统的核心技术之一。冷却散热系统是新能源汽车整车的动力、传动装置正常工作的重要保证系统，其技术水平及工况如何，将直接影响新能源汽车性能指标的正常实现。新能源汽车对通风、冷却系统的功能要求与普通机械传动车辆基本相同，但由于结构差异，其热源及散热方式有所不同。新能源汽车主要的热源有能量储存系统（如电池）、控制器、电动机等。在这样一个系统中，总的散热量与同功率的燃油汽车有所不同，而且这些热源的工作温度范围又有较大的差别，要将这些部件工作时所产生的热量及时散并，维持各部件可靠工作，就必须有一套有效的冷却系统。

7.1　新能源汽车中的热源和发热机理

新能源汽车的热源主要集中在三类部件中：一是能量储存系统中，比如蓄电池、燃料电池等；二是电动机控制器；三是电动机。

7.1.1　蓄电池的发热机理

下面以镍氢电池为例，分析蓄电池的发热机理。

镍氢电池的正极采用氢氧化镍为活性物质的镍电极，负极采用由储氢合金储氢而形成的金属氢化物电极，电解质是水溶性氢氧化钾和氢氧化锂的混合物。它与镍镉电池一样属于碱性蓄电池，只是以吸收氢气的合金材料（MH）取代镍镉蓄电池中的负极材料镉（Cd），从而解决了镉污染问题。目前来说，它是一种较为理想的电动车用蓄电池。

不同的电池反应不同，因而有不同的充放电热特性。镍氢电池由镍氢化合物正电极、储氢合金负电极以及碱性电解液组成。在充放电过程中，氢镍电池电化学反应表示如下

$$M + Ni(HO)_2 \Leftrightarrow MH_x + NiOOH + \Delta Q$$

过充电时的电化学反应如下。

正极：　　$2HO^- - 2e^- \Rightarrow \frac{1}{2}O_2 + H_2O$

负极：　　$2H_2O + 2e^- \Rightarrow H_2 + 2HO^-$

总反应：　$H_2O \Rightarrow H_2 + \frac{1}{2}O_2$

再化合：　$H_2 + \frac{1}{2}O_2 \Rightarrow H_2O$

镍氢电池的生热因素主要有四项：电池化学反应生热、电池极化生热、过充电副反应生

热、内阻焦耳热。

电池充电过程中的反应生热可以分为两个阶段：在没有发生过充电副反应之前为第一阶段，发生过充电副反应之后为第二阶段。

第一阶段的热量主要来自电池化学反应生热、电池极化生热、内阻焦耳热。

生热量可用下式计算：

$$Q_{\text{charge}} = 0.547I_c + 3.6I_c^2 R_t$$

式中，I_c 为充电电流，单位为 A；R_t 为蓄电池内阻和极化内阻之和，单位为 Ω；Q_{charge} 为充电生热量，单位为 kJ/h。

第二阶段，生热量主要来自电池化学反应生热、电池极化生热、过充电副反应生热、内阻焦耳热。其中大部分的生热量来自于过充电副反应生热。充电末期和过充电时，过充电副反应就开始发生，其生热量如下：

$$Q_{\text{charge}} = 5.334I_c + 3.6I_c^2 R_t$$

电池放电过程中的生热量主要来自电池化学反应生热、电池极化生热、内阻焦耳热。需要指出的是镍氢电池放电时化学反应是吸热反应，能吸收一部分热量，所以生热问题不是很严重，生热量如下：

$$Q_{\text{dischanrge}} = -0.547I_d + 3.6I_d^2 R_t$$

式中，I_d 为放电电流，单位为 A；R_t 为蓄电池内阻和极化内阻之和，单位为 Ω；$Q_{\text{discharge}}$ 为放电生热量，单位为 kJ/h。

由于阴极反应的热应力不同，充电过程的后期（不平稳段）比放电过程的后期放出的热量大得多。

7.1.2 燃料电池的发热机理

燃料电池中的热量来源主要以下有四个方面。
（1）化学反应产生的热量。
（2）欧姆极化产生的焦耳热量。
（3）加湿气体带来的热量。
（4）吸收环境辐射的热量。

其中，化学反应产生的热量占到转化化学能的 60%左右，是热量的主要来源。

燃料电池堆中产生的热量为

$$Q_{\text{waste}} = niA(V_{\text{ocv}} - V_c)$$

式中，n 为燃料电池堆中包括的电池单体的数量；i 为电流密度；A 为有效的反应面积；V_{ocv} 为燃料电池的理论开路电压；V_c 为电池的实际工作电压。

7.1.3 电动机控制器的发热机理

电动机控制器是将蓄电池等能量储存系统的电能转换为驱动电动机的电能，并输出给电动机的部件。由于驱动电流大，因此控制器产生热量是难免的。

电动机控制器的主要生热器件是输出级的功率绝缘栅型双极场效应管 MOSFET 器件。由于功率 MOSFET 具有驱动电流小、开关速度快等优点，已经被广泛地应用在电动车的控制器里。这些功率模块的损耗主要包括晶体管工作时的导通损耗、关断损耗、通态损耗、截止损耗和驱动损耗，这些功率损耗都会转换成热能，使控制器发热。其中，截止损耗和驱动损耗数量很小，可以忽略不计，而最重要的是通态损耗和关断损耗，这两项损耗是电动机控制器热量的主要来源。

通态损耗是指 IGBT 在导通过程中，由于导通压降而产生的损耗。导通期间的总损耗由饱和电压和饱和电流的乘积来计算。在脉冲宽度调制（PWM）系统中，通态损耗还需与占空比因子相乘，即

$$\overline{P}_{sat} = V_{CE(sat)} \cdot \overline{I}_C \cdot D_T$$

式中，$\overline{P}_{sat}$ 为 IGBT 的通态损耗；$V_{CE(sat)}$ 为 IGBT 饱和时的输出压降；$\overline{I}_C$ 为 IGBT 的平均电流，即向电动机的输出电流；D_T 为（PWM）系统的占空比因子。

可见电动机控制器的通态损耗的大小取决于三个因素：一是 IGBT 的饱和压降，取决于晶体管的特性；二是向电动机输出的电流的大小，电动机的工作电流越大，通态损耗就越大；三是取决于占空比系数，占空比实际上代表的是控制器向电动机输出的平均电压值的大小，占空比越大，表示电动机控制器向电动机输出的平均电压就越高，控制器本身的通态损耗就越大。

开关损耗是指晶体管在饱和和截止过渡过程中所产生的损耗。当 PWM 频率超过 5kHz 时，这种损耗会很严重。

7.1.4 电动机的发热机理

电动机内部由铁芯和绕组线圈组成，电动机通电运行都会有不同的发热现象。绕组有电阻，通电会产生损耗，损耗大小与电阻和电流的平方成正比，这就是我们常说的铜损；通常，除直流电动机外，电动汽车电动机控制器输出的电流多为方波，不是标准的正弦波，会产生谐波损耗；铁芯有磁滞涡流效应，在交变磁场中也会产生损耗，其大小与材料、电流、频率、电压有关，这就是铁损。铜损和铁损都会以发热的形式表现出来，从而影响电动机的效率。电动汽车所采用的电动机一般追求定位精度和力矩输出，效率比较低，电流比较大，谐波成分高，电流交变的频率也随转速而变化，因而电动汽车的电动机普遍存在发热情况。

7.2 新能源汽车散热系统的主要类型

不同类型新能源汽车的发热机理不同，产生的热量多少不同，所以采用的散热方式和散热系统也有所不同。通常有如下几种类型。

1. 自然散热

自然散热是指不采用特别的散热措施，让发热部件通过自身表面与环境空气的作用，或

通过相邻部件的传导作用,将热量传送出去,达到散热的目的。在设计中为了提高自然散热的效率,在发热部件的外形、材料,以及安装位置等方面,需要进行特别的设计考虑。

2. 风冷散热

通过空气流过发热部件表面或特别设计的风道,带走发热部件内部所产生的热量,这种方式称为风冷散热。

风冷散热可分为利用汽车行驶时与空气相对运动所产生的风进行散热和强制风冷散热两种形式。其中,强制风冷散热需要配置风扇强制空气流过发热部件表面或专门风道,而前者则不需要专门配置风扇。

3. 液体循环散热

让液体(水、专用油或其他介质)通过发热部件内部专门设计的水道,吸收发热部件内部的热量,并将热量带到外部的散热器,通过风冷方式给散热器中的液体降温,再将降温后的液体送回发热部件内部继续吸收热量。这样就形成一个循环的液体散热系统,液体的循环通常靠水泵强制进行。所以也称为液体强制循环冷却系统。

4. 运用相变材料的冷却系统

材料在固态、液态、气态中发生转变的过程称为相变。材料在相变过程中,会放热或者吸热,利用相变材料的这种特性在发热部件工作时,吸收热量,不工作时散发热量,来维持发热部件的正常温度。运用这种相变材料可以构成冷却系统。

相变材料的分类:按照相变过程的不同,相变材料可分为固—固相变、固—液相变、固—气相变和液—气相变材料四种,目前应用较多的是固—液相变材料。

按照其化学组成可分为无机相变材料、有机相变材料和复合相变材料。无机相变材料包括结晶水合盐(可逆性不好)、熔融盐、金属合金等无机物;有机相变材料包括石蜡、羧酸、酯、多元醇等有机物;混合相变材料主要是有机和无机共融相变材料的混合物,多种相变材料混合可以获得合适的相变温度。

相变冷却系统具有以下特点。

(1)它属于吸收型被动冷却,与常规散热有很大的不同。它不靠温差散热,因此不受外界环境温度变化的影响,使元件或设备始终稳定在需要的温度上。尤其在大功率密度和要求平衡温度低时,这种情况下的散热问题是常规散热无法解决的难题,而采用相变温控系统可使问题迎刃而解。在低气压或真空条件下需要散热的设备采用这种温控技术效果更好。

(2)与主动散热比较,它不用电,没有运动部件,可在振动、冲击、加速度等恶劣的力学条件下工作,可靠性很高。

(3)在一定条件下,它可取代水冷和风冷进行散热,如对半导体制冷器件的热端温控,不用水冷或风冷,节水节电,具有较大的经济价值。

(4)它能周期性工作,长久使用。

(5)它比普通散热器体积可缩小 5/13 左右,重量可减轻 2/9 左右。

7.3 电池散热系统

电池组作为电动汽车上装载的主要储能主体,是电动汽车的关键部件,直接影响到电动汽车的性能。

以锂离子电池为例,锂离子动力电池因其优异的功率输出特性和长寿命等优点,目前在电动汽车中得到良好应用。但锂离子动力电池的性能对温度变化较敏感,特别是车辆上运用的大容量高功率锂离子电池,由于车辆上的装载空间有限,车辆所需电池数目较大,电池都是紧密排列连接的。

当车辆在高速、低速、加速、减速等交替变换的不同行驶状况下运行时,电池会以不同倍率放电,以不同速率产生大量热量,加上时间累积以及空间影响会产生不均匀热量聚集,从而导致电池组运行环境温度复杂多变。

由于发热电池体的密集摆放,中间区域必然热量聚集较多,边缘区域较少,增加了电池组中各单体之间的温度不均衡,加剧了各电池模块单体内阻和容量不一致性。如果长时间积累,会造成部分电池过充电和过放电,进而影响电池的寿命与性能,并造成安全隐患。

如果电动汽车电池组在高温下得不到及时通风散热,将会导致电池组系统温度过高或温度分布不均匀,最终将降低电池充放电循环效率,影响电池的功率和能量的输出,严重时还将导致热失控,影响电池的安全性与可靠性。

因此,为了使电池组发挥最佳性能和寿命,需要优化电池组的结构,对它进行热管理,增加散热设施,控制电池运行的温度环境。

7.3.1 主动散热系统与被动散热系统

电池组散热系统可以分为被动散热系统和主动散热系统两大类。主动方式是指对热传导介质加热或制冷后再送入电池组的方式,否则为被动方式。采用主动方式还是被动方式散热,效率会有很大差别。

被动系统所要求的成本比较低,采取的设施也较简单;主动系统结构相对复杂一些,且需要更大的附加功率,但它的热管理更加有效。考虑成本、质量和空间的布置,早期在温和气候条件下使用的车辆都没有使用冷却单元,并且只依靠空气来散热电池,如图 7.1 所示。

目前生产的一些混合电动汽车也是使用环境空气来被动冷却电池组。尽管空气是经过汽车空调(交流)冷却的车内空气,但它仍然被认为是一种被动系统,如图 7.2 所示。运用这种被动系统,环境空气必须在一定温度范围(10~35℃)中才能正常进行热管理,在环境极冷或极热条件下,使用这种方式可能会使电池组内部产生更大的温度不均匀分布。

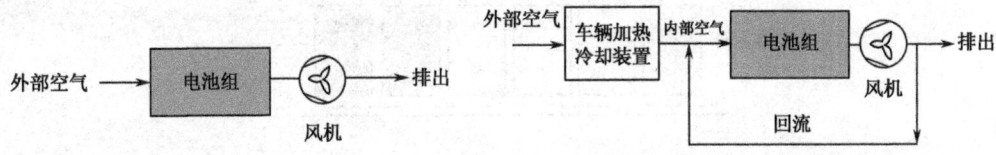

图 7.1 利用外部空气流通的被动散热方式　　图 7.2 利用内部空气流通的被动散热方式

图 7.3 和图 7.4 分别为风冷和液冷主、被动散热系统示意图

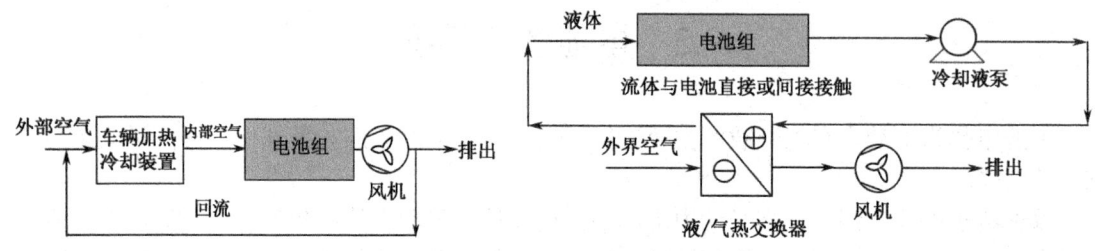

图 7.3　利用空气流通的主动散热方式　　　　图 7.4　利用液体循环的被动散热方式

7.3.2　散热系统

根据传热学理论，固体与气体，固体与液体接触产生传热现象。气体的对流换热系数远远没有液体的对流换热系数大，液体和固体接触对流换热能力更强。传热系数越大所交换的热量越多，换热效果就越明显，因此要选择合适的传热介质。各种传热现象的传热系数范围见表 7.1。

表 7.1　表面传热系数的一般范围

对流换热问题的类型		h/[w/(m²k)]
自然对流换热	气体	2~25
	液体	50~1000
强迫对流换热	气体	25~250
	液体	50~25000
相变对流换热	沸腾	2000~50000
	凝结	2000~100000

使用液体作为传热介质，需要考虑导电性，安全性，还有密封性，以及以后的维修方便性，还要考虑到电池组整体的质量。相变材料（如液体石蜡）的传热蓄热能力最强，且在达到相变温度时可以大量吸热或放热而不升温降温。通过选用合适的相变材料能够使电池单体有效地达到热平衡，很好地控制电池温度上下限，避免产生温度过高过低现象。但是考虑到材料的研发制造成本等问题，目前最有效且最常用的电池组散热还是采用空气作为散热介质。目前多采用的空冷主要有串行和并行两种通风方式，如图 7.5 和图 7.6 所示。这就要求在电池组结构上设计相应导风口，尽量减小空气流动阻力，保证气流的均匀性。

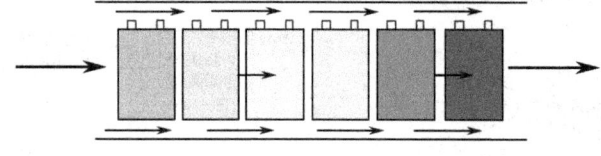

图 7.5　串行通风

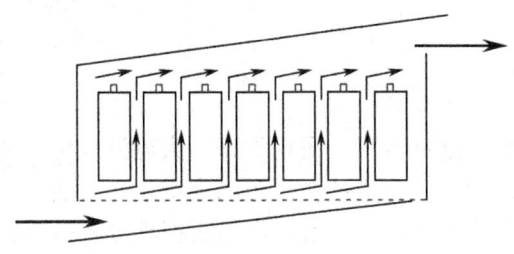

图 7.6　并行通风

串行情况下一般是使空气从电池组一侧流往另外一侧,从而达到带走热量的效果。因此气流会将先流过的地方的热量带到后流过的地方,从而导致各处温度不一致且温差较大。

而并行情况下模块间空气都是直立上升气流,这样能够更均匀地分配气流,从而保证电池组中各处散热一致。

在设计电池组散热加热系统时,应该综合考虑各种因素。

采用气体(空气)作为传热介质的主要优点有:结构简单,质量轻,有害气体产生时能有效通风,成本较低;不足之处在于:与电池壁面之间换热系数低,冷却速度慢,效率低。

目前应用较多的另一种散热系统是采用液体作为传热介质的散热系统,有以下主要优点:与电池壁面之间换热系数高,冷却速度快;不足之处在于:密封性要求高,重量相对较大,维修和保养复杂,需要水套、换热器等部件,结构相对复杂。

采用相变材料的主要优点有:与电池壁面之间换热系数高,冷却加热速度快,效率高,还能在一定程度上控制温度上下限;不足之处在于其研发制造成本高。

在新能源汽车所使用的电池系统中,由于各类电池的性能和结构差异较大,因而在实际使用中散热量的需求差别也较大。

电池的散热通风必须满足电池内部热量均匀散发的需求,应有较明显的气流运动条件。电池的冷却环境也需要进行必要的规划,以充分发挥电池组的最大功效,除电池组本身需要散热外,还要遵循以下规则。

(1) 电池的安装位置与电动机和电动机控制器距离应合理。过远的安装位置将会使得连接电缆相应加长,而导致电缆电阻增加,长时间使用条件下,电缆的温度将会升高同时电阻继续升高,也会加剧电缆上的电能损耗,会对整车的续航里程产生影响,还会加剧电缆绝缘的老化,造成事故。

(2) 电池的安装空间要有良好的通风环境。一般电池的工作环境温度设定为-10~60℃,如果电池组的安装空间散热不佳,电池散失的热量不能很好地释放,将会在电池舱内累积,导致工作环境温度升高,对电池组的使用寿命产生重大的影响。

(3) 电池组的安装位置应尽可能地高。电池组受到的另一个威胁是水,电池组位置过低,将会导致车辆的涉水能力不足。一旦电池浸水,将会引发绝缘事故,导致电池组的管理系统、散热风扇等损坏。

(4) 电池组要便于检修和拆卸。由于电动汽车采用的电池数量较多,电池的一致性难以保证,容易导致个别电池早损,需要进行维护和检修。

7.3.3 铅酸蓄电池散热

铅酸蓄电池由于成本低、适应性好、可逆性好、大电流放电性能良好、可制成密封免维护结构等优点,得到了广泛应用。在新能源汽车的应用中,主要集中在低速电动汽车上,且功率密度较低,续航里程要求也不高,一般不需要进行强制散热,采取普通的自然通风散热即可满足其散热要求。

在铅酸蓄电池放电过程中,硫酸不断地减少,与此同时,电池中又有水生成,这样就使电池中电解液浓度不断地降低;在充电时,硫酸不断地生成,电解液浓度不断地增加。充电末期,$PbSO_4$ 已基本还原为 PbO_2 和 Pb,这时部分充电电流将电解水,使正极冒出氧气,负极冒出氢气。氢气属于易燃易爆气体,因而应用在电动汽车上时,除了保障蓄电池安装牢固可靠外,还必须考虑蓄电池的通风系统,避免氢气的聚集而引起事故。

铅酸蓄电池的电解液硫酸属于强腐蚀性液体,在蓄电池安装设计时,还应考虑电解液泄漏收集和排放装置,避免电解液对车体的腐蚀。

7.3.4 锂离子电池散热

锂离子电池种类繁多,适用于新能源汽车的锂离子电池,根据正极材料的不同,具有技术竞争性的锂离子电池有:锂镍钴铝(NCA)、锂镍锰钴(NMC)、锂锰尖晶石(LMO)、磷酸铁锂(LFP)四种。这些锂离子电池受温度的影响较大,过高的温度容易使电池电解液分解,引起电池早衰。如果电池温度差别较大,还会引起电池充放电不均衡等问题,因而在应用中均需要强制通风散热。

锂离子电池本身的散热量相对较低,但是由于在安装和使用过程中,一般将电池做成电池组。大量锂电池在一起工作就容易产生热量的堆积,影响电池的使用寿命,因而对锂离子电池系统的散热主要是为了避免热量堆积。

锂离子电池的使用条件和要求相对较高,根据不同的锂离子电池组,冷却的方式可以采用自然散热,也可以强制散热。一般通过加装散热风扇的方式进行强制散热,风扇的位置可以位于电池组底部,如图 7.7(a)所示,这种结构一般采用吹风的方式进行散热;也可以位于顶部,如图 7.7(b)所示,这种结构一般采用吸风的方式进行散热;还可以位于电池组侧面,如图 7.7(c)所示,这种散热方式一般是采用横流风的方式,带走电池表面的热量。

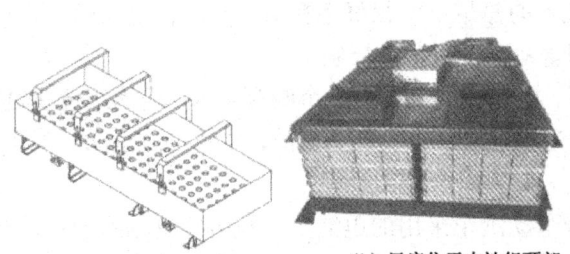

(a)风扇位于电池组底部　　(b)风扇位于电池组顶部　　(c)风扇位于电池组侧部

图 7.7　几种电池组散热设计

由于锂离子电池受到温度的影响较大，特别是在低温环境，充放电受到严重的影响，为了保证电池的正常使用，电池箱在散热设计上不是采用空气冷却，而常采用液体冷却；如图 7.8（a）所示，这种冷却方式需要将电池置于不导电的油中，通过油的流动带走热量。系统处于散热状态时，电加热器断电，散热器散热。

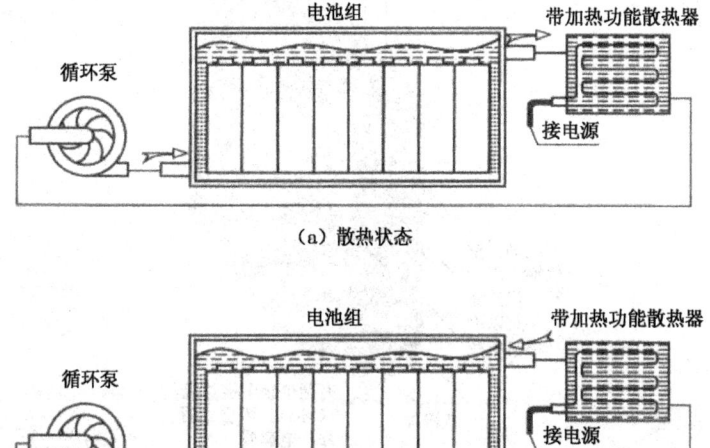

图 7.8 液冷电池箱工作原理示意图

在寒冷的冬季，环境温度过低，需要对电池进行保温，这时散热器的散热功能关闭，电加热器接通电源，对油液加热，通过油液流动，对电池进行加热，以保证电池组的正常工作，如图 7.8（b）所示。

7.3.5 燃料电池散热

为了避免燃料电池所产生的热量积累，造成电池过热，而影响电池的性能，威胁电池部件的安全和寿命，必须采用有效的散热方法及时地排出这些热量。

通常，燃料电池的尾气会带走一些热量，电池外表面空气的自然对流也会带走一部分热量。但这两种方式所能带走的热量只是极少的一部分。

对于燃料电池所产生的主要的热量通常分几种情况，分别采取不同的处理方式。

（1）自然冷却：对于功率在 200W 以下的燃料电池，利用供给阴极的空气来散热，一般不需要进行专门的热设计。

（2）风冷：对于功率在 250W～2.5kW 的燃料电池，也可以采用利用空气散热的方式，但是，双极板上必须要设计有专用的风冷通道，如图 7.9 所示。

（3）水冷：对于功率在 2.5kW 以上的燃料电池，一般都采用水冷方式散热。

采用风冷方式散热虽然简单，但是对于功率较大的燃料电池而言，这种冷却方式很难保证整个电池的各个部位都能均匀地冷却到基本相同的温度。为了得到较好的散热效果，就需要加大空气的流量，为了减小冷却空气的风阻，就需要加大空气的通道，这样就会增加燃料电池的尺寸，显然是不合适的。

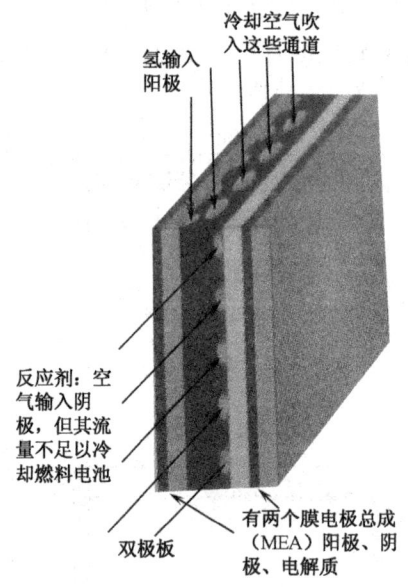

图 7.9　燃料电池双极板上的专用冷却通道

对于这种情况，采用水冷方式是一个较好的解决方案。采用水冷方案时，双极板上也需要设置水通道，水通道设置的尺寸和分布由电池的功率决定。

PEMFC 的散热方法一般是通过设置在电堆内部的双极板表面的通水槽道内的强制循环水，将燃料电池内部产生的热量带走。

冷却介质的选择需要考虑以下几方面的因素。

首先冷却介质必须具有良好的传热特性，热容量大；其次要具有优良的材料相容性，不会对燃料电池的密封胶和双极板造成腐蚀或与之发生化学反应；第三是要具有良好的介质特性，保证在其意外泄露时，不会对电气设备和环境造成破坏。

水是普遍应用的冷却介质。为了进一步提高冷却效果，应用沸点更低的有机介质具有更好的冷却效果。

另外，电池内部合理的冷却通道排列方式、合理的冷却流体流动条件和各通道中流量分配的均匀性，也是提高整个燃料电池冷却系统效率的有效途径。由于质子交换膜燃料电池的内部温度和外部环境温度之间的温差很小，通常需要进行强制对流冷却，因此，需要用泵将冷却介质送到电池组的各个冷却通道。泵的运行增加了电能的消耗，所以总体上也增加了系统的复杂性和成本，降低了整车的效率。

无论是风冷还是水冷，都应该是具有强制循环功能的系统，只有这样，才能达到有效散热的目的。

燃料电池是以燃料的电化学反应发电的，常见的电动汽车用燃料电池主要有 PEMFC、AFC 和 PAFC 三种。这三类燃料电池的温度需求也不尽相同，其工作温度一般在 60~100℃，须设有专门的冷却装置。

美国研制的电动汽车用燃料电池的散热器体积是相同功率内燃机用散热器体积的 1.5 倍。

燃料电池的冷却介质为无离子水。一般其排热方式有：电池组本体外部冷却法，冷却剂通过电池组内部管道进行循环，电极气体通过外部冷却器进行循环，电解液通过外部冷却器循环等方法冷却。电池的散热装置一般由电池公司设计制作。

7.4 电动机与控制器散热

电动机和控制器属于低发热部件，在正常情况下的发热量较低，一般不会导致冷却液的温度升高较大。但是在长时间运行或大功率运行的情况下，还是容易导致冷却液温度偏高。由于电动机和控制器的温度要求非常苛刻，往往与环境的温度相差较小。由于温差过小，对于散热系统的要求就会大大提高。

7.4.1 电动机与控制器冷却方式

电动机和控制器的最高允许温度和冷却方式有所不同，因而冷却要求略有差别。

1. 电动机冷却

电动汽车的驱动电动机有别于传统的电动机。由于采用驱动电动机后，电动汽车一般不要装配离合器，车辆变速器挡位也变得较少甚至可以取消，车辆的起步、加速、高速行驶全靠驱动电动机来实现。而电动机的内阻不可能为零，因此在行驶中需要大电流的情况下，驱动电动机的内耗也会急剧增加，其内耗几乎全部以热量的方式释放。如果驱动电动机得不到有效的冷却，电动机的内部温度会不断地升高，导致电动机效率下降，如果温度过高，就会造成电动机内部线圈烧蚀甚至导致线圈短路而使电动机损坏。另外，多数电动机内部均有磁性材料，如果温度过高，就会导致磁性材料稳定性下降，磁性降低，甚至磁性消失，也会导致电动机损坏。因此，控制电动机的工作温度（尤其是最高温度）就非常重要了。

电动机常见的冷却方式有风冷和液冷两种。采用风冷方式较为常见，如一些小型直流电动机、交流电动机、开关磁阻电动机、异步电动机等；液冷方式主要用在一些永磁电动机上。从理论上讲，几乎所有的电动机既可以采用风冷也可以采用液冷方式，最大的区别主要体现在电动机的设计用途和功率密度上。

如果车辆安装空间自由度较大，通风情况良好，电动机的重量要求不是很苛刻，可以采用风冷电动机。为了节约车辆空间，缩小电动机的体积，降低电动机的重量，提高电动机的功率，可以采用液冷方式。

由于风冷电动机不需要散热水道，在制作工艺和结构上要求较低，因此成本也较低。液冷电动机结构相对复杂，一般在外壳体上布置冷却水道，而且需要增加较为严格的防护措施，因而制造成本较风冷电动机要高。风冷电动机为了获得必要的冷却效果，体积相对较大，外壳一般采用冷却栅的方式增加散热面积，而且还要在电动机的封闭端增加散热风扇以增加散热效果，因而风冷电动机体积和质量都较大。多数电动汽车尤其是大功率电动汽车一般采用液冷电动机驱动。液冷电动机需要增设额外的电动水泵和散热器等装置来为电动机提供冷却。

这增加了额外功耗,也使电动机结构较为复杂,并且布置和安装较为复杂。

2. 控制器冷却

电动汽车系统控制器除了有主电动机控制器外,还有若干小功率的 DC/DC 或者 DC/AC 逆变器。其中 DC/DC 逆变器将高压直流转变成低压直流,为低压电路供电或为低压蓄电池充电;DC/AC 逆变器则产生交流电来驱动空调压缩泵电动机、动力转向泵电动机、制动泵电动机和冷却泵电动机。主电动机控制器与电动机的冷却方式一样,也有风冷和液冷两种方式。在外观上,风冷的控制器体积要较液冷的控制器体积大,风冷控制器一般需要装备多个强冷散热风扇,进行强制通风。车载电动机控制器的冷却方式主要取决于电动机的冷却方式。一般情况下,这两者均可采用相同的冷却方式进行冷却。而 DC/DC 或 DC/AC 逆变器的冷却,因其控制装置一般允许最高温度为 60~70℃,而最佳工作环境温度在 40~50℃,因此这些装置都要有自身附带的散热设备,对其温度进行控制,需要做的就是选择合适的安装位置,并且预留必要的散热空间。

7.4.2 电动机与控制器的冷却需求

风冷和液冷方式,要根据电动机和控制器的冷却需求而选用。对于风冷电动机及控制器,只能从本身的设计上进行改善,如增加散热面积、增加必要的强制通风设备等。在安装时,设备必须安装在开放位置或通风良好的环境下。

对于液冷的电动机和控制器来说,需要对电动机和控制器进行合理的设计和安装,采用相匹配的散热系统,方能满足使用要求。电动机的热源来自电动机内部,即电流流过定子绕组时产生的铜损耗,在铁芯内当磁通变化时所产生的铁损耗,轴承摩擦所产生的机械损耗及附加损耗。电动机产生的热量,首先通过传导方式传送到电动机的外表面,然后借辐射和对流作用将热量从电动机外表面散发到周围冷却介质中。电动机的冷却情况决定了电动机的温升,温升又直接影响电动机的使用寿命和额定容量。电动机的冷却介质一般选用水、冷冻液或油等。

为了保证冷却效果,电动机和控制器的安装位置尤为重要,为了保证冷却液的通畅流动,通常会将电动机安装设计成有一定的倾角的布置方式,位置较低的水口作为进水口,位置较高的水口作为出水口。而控制器内部由于设计较为特殊,为了避免散热不均对内部产生影响,一般采用控制器生产厂家要求的安装方式,经常采用水平安装方式。某大型电动客车电动机及控制器布局如图 7.10 所示。

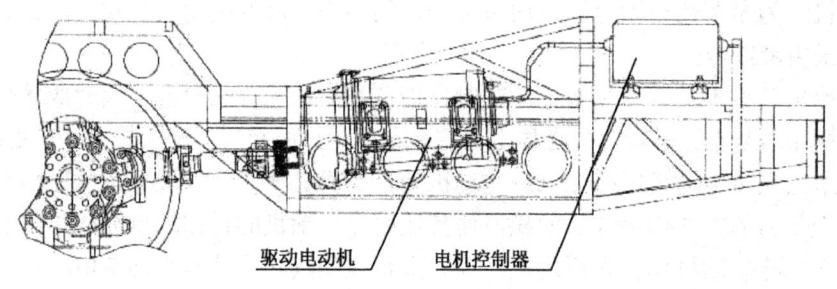

图 7.10 某大型电动客车电动机及控制器布局图

由于电动汽车采用一套液冷设备,因此对于电动机和控制器而言,要想获得最佳的冷却效果,冷却液的流向十分重要。某电动汽车循环水路布置图如图7.11所示。

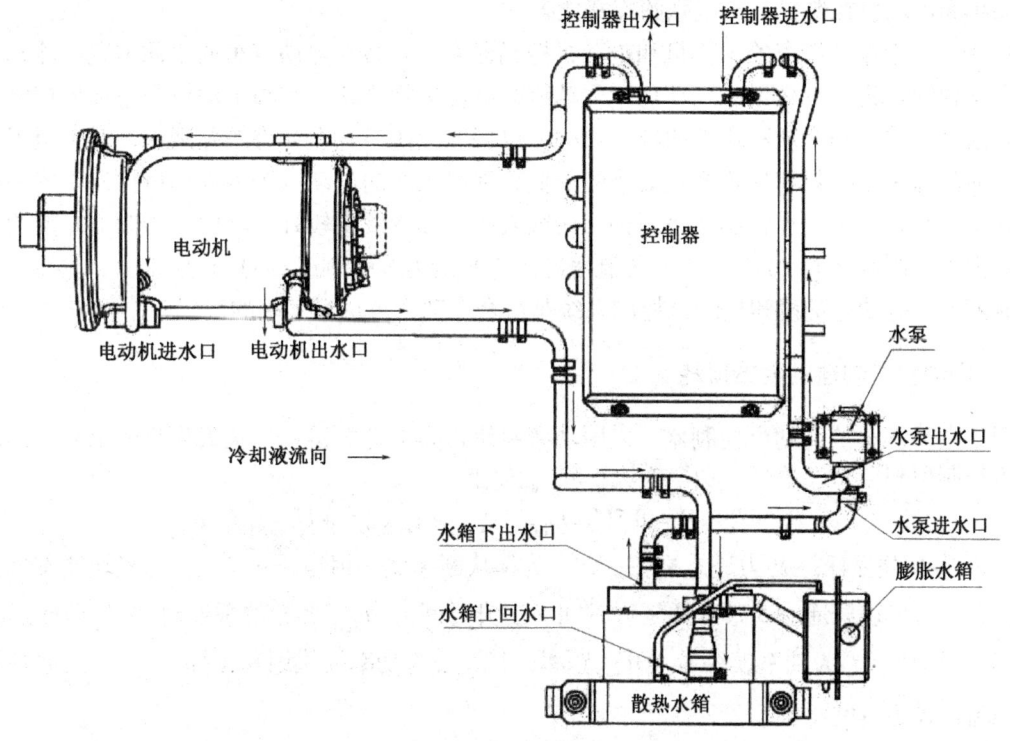

图 7.11　某电动汽车循环水路布置图

冷却液的流向是从散热水箱下部出来后,经水泵后先冷却电动机控制器,从电动机控制器流出的冷却液进入电动机的低位进水口,然后回流到散热水箱的上回流口。这样一个循环下来,保证了控制器的冷却需求,使电动机控制器得到整个系统最低温度的冷却液。

为了保证整个系统的冷却效果和可靠性,上述循环系统的水泵需要在车辆的整个运行期间内连续工作,同时为了节约车载能源,散热水箱的风扇可采用温控风扇,能够根据冷却液的温度控制转速,当冷却液温度较低时,可以关闭散热风扇以节约电能;当循环水温度较高时,以一个较低的风扇转速对散热水箱进行冷却;当循环水温高时,散热风扇全速运行,以获得较大的散热量,保证散热系统的温度不至于过高。

7.5　电动机与控制器散热量分析

随着电力电子技术和交流电动机控制技术的大力发展,采用交流传动的电动汽车是今后发展的必然趋势,因而交流电动机和电动机控制器(也称为驱动器)是交流传动电动汽车的关键零部件之一。与其他应用场合相比,应用在电动汽车上的电动机和电动机控制器具有功率密度高、输出电压变化范围大、过载能力强、运行效率高和冷却性能好等特点,特别是从性能和冷却要求上对电动机和电动机控制器提出了更高的要求。

例如，电动汽车常常要求能够在坡道上频繁地直接启动，则要求电动机和电动机控制器具有很强的过载能力和优越的性能；电动汽车的运行环境温度很高（通常在 70℃ 以上），则要求电动机和电动机控制器具有很强的冷却能力。

目前，用于电动汽车的电动机和电动机控制器大多安装在电动汽车的不同位置，冷却方式也不尽相同。为了有效地对电动机和电动机控制器进行冷却，各种电动机和电动机控制器必须采用适当的冷却介质和合理的冷却结构，以保证系统温升在允许的范围内，并不至于产生过大的冷却系统损耗和导致系统效率的降低。现已生产的电动汽车中电动机控制系统的冷却方式主要有强制风冷和强制液冷两种。研究表明，液冷效果较好，其中，强制油冷的相对冷却能力为强制风冷的 20 倍以上，强制水冷的冷却能力为强制风冷的 50 倍以上。因而，采用强制液冷系统的电动机和电动机控制系统是适合电动汽车运行工况的。

1．电动机控制器的发热损耗

用于电动汽车的电动机控制器，采用功率模块作为主开关器件，负载为交流电动机。对于电压控制型和电感性负载，功率模块损耗 P_{d1} 如下：

$$P_{d1} = P_s + P_c = 0.5 U_{CE} I_{CE(PK)} (t_{s(on)} + t_{s(off)}) f_s + U_{CE(sat)} I_{CE} \delta$$

式中，P_s 为开关损耗；P_c 为通态损耗；U_{CE} 为模块断态集—射电压；$I_{CE(PK)}$ 为模块通态峰值电流；$t_{s(on)}$ 为模块开通时间（开通延迟时间 +上升时间）；$t_{s(off)}$ 为模块关断时间（下降时间+关断延迟时间）；f_s 为功率模块最大开关频率；$U_{CE(sat)}$ 为功率模块饱和压降；I_{CE} 为功率模块通态电流；δ 为占空比。

对于电动机控制器，冷却系统的耗散功率应与功率模块损耗相平衡，因而电动机控制器冷却系统的耗散功率可用 P_{d1} 来等效。

2．电动机的发热损耗

电动机的损耗主要来自于电动机的铁损、机械损耗和附加损耗等。电动机的损耗 P_{d2} 为

$$P_{d2} = P_{Fe} + P_{fw} + P_{ad} = C_{Fe} \cdot \left(\frac{E_1}{f_1}\right)^2 \cdot \left(\frac{f_1}{f_{1n}}\right)^a + C_{fw}[f_1(1-s)]^3 + 0.005 P_2$$

式中，P_{Fe} 为电动机铁损；P_{fw} 为电动机机械损耗；P_{ad} 为电动机附加损耗；P_2 为电动机轴输出功率；C_{Fe} 为电动机铁损；E_1 为电动机定子感应电动势；f_1 为电动机定子频率；f_{1n} 为电动机额定频率；a 为指数，取值在 1.5～2.0；C_{fw} 为机械损耗常数；s 为电动机实际运行时的转差率。

同样，对于电动机的冷却系统，耗散功率应与电动机的损耗相平衡，所以电动机的冷却系统的耗散功率可用 P_{d2} 来等效。

3．电动机与电动机控制器一体化强制液冷系统

为了降低成本，节约空间，同一辆车上的电动机和控制器通常采用一体化的一套冷却系统进行冷却。在冷却系统内部，电动机和控制器之间可以采用并联的方式连接，也可以采用串联的方式连接。由于电动机和控制器的能耗变化基本是同步的，一般采用串联的方式连接。

无论采取并联还是串联的连接方式，系统的发热量都为电动机耗散功率 P_{d2} 和控制器耗散

功率可用 P_{d1} 之和。即电动机和控制器一体化冷却系统的耗散功率为
$$P_d = P_{d1} + P_{d2}$$

7.6 强制液冷的电动机与控制器冷却系统分析

7.6.1 电动机与控制器的液冷系统结构

采用液冷的电动机和控制器冷却系统，通常由控制单元、循环水泵、设置在电动机和控制器中的内外冷却套、散热水箱、散热风扇等组成。

1. 控制器冷却套的结构

控制器的冷却方式是在控制器的底部加装循环散热板，与控制器中的主要功率模块通过导热而绝缘的绝缘层进行连接，而循环散热板内部则分布有水套。电动机控制器的循环散热板的结构图如图 7.12 所示。

2. 电动机冷却套的结构

电动机内的冷却系统主要由电动机的冷却套和电动机冷却内套组成。如图 7.13 所示，电动机的冷却系统水道有轴向布置和圆周方向布置两种方式。

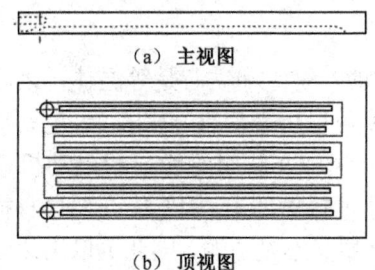

图 7.12 电机控制器的循环散热板的结构图

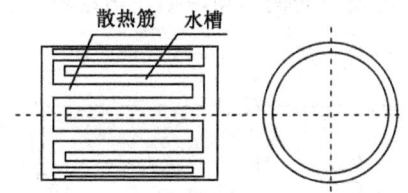

图 7.13 电机的定子内套的结构图

7.6.2 热阻等效电路分析

下面通过热阻等效电路的方式来分析电动机和控制器冷却系统。等效时，将冷却系统耗散功率等效为电流源，热阻产生的温差等效为电压，热阻等效为电阻。

1. 电动机控制器的热阻等效电路

假设电动机控制器的所有功率模块采用并排密集布置方式，可以近似认为功率模块为单一热源；同时假设冷却系统的热量能够及时散发，即散热器是一个均值发热体。则可以依据上述等效关系得到电动机控制器冷却系统热阻等效图，如图 7.14 所示。

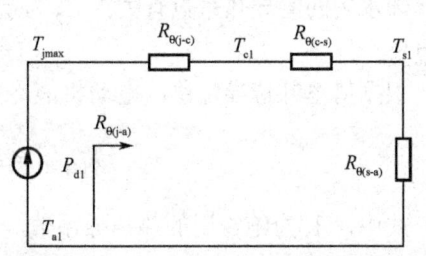

图 7.14 电机控制器冷却系统热阻等效电路图

图 7.14 中，$R_{\theta(j-c)}$ 为功率模块的结—壳热阻；$R_{\theta(c-s)}$ 为管壳到液冷散热器的热阻；$R_{\theta(s-a)}$ 为液冷散热器到冷却水的热阻；T_{jmax} 为功率模块芯片的最高结温；T_{c1} 为功率模块的管壳温度；T_{s1} 为液冷散热器温度；T_{a1} 为冷却水温度。

液冷系统等效热阻可表示为

$$R_{\theta(j-a)} = R_{\theta(j-c)} + R_{\theta(c-s)} + R_{\theta(s-a)}$$

式中，$R_{\theta(j-c)}$ 与功率模块性能相关；$R_{\theta(c-s)}$ 与功率模块和液冷散热器的接触面状况有关。将液冷散热器和冷却水之间的热交换看做一种平壁导热，根据傅里叶热传导定律，传导热阻 $R_{\theta(s-a)}$ 可表示为

$$R_{\theta(s-a)} = \frac{\delta_1}{\lambda_1 S_1}$$

式中，λ_1 为液冷散热器导热系数，单位为 W/（m·K）；δ_1 为液冷散热器壁厚，单位为 cm；S_1 为液冷散热器与冷却水之间的热交换面积，单位为 cm^2。

由图 7.14 所示热阻等效电路，根据均值发热体发热过程的动态温升计算办法，可以得到在控制器功耗为 P_{d1} 时，液冷散热器达到热平衡条件下的稳态温度：

$$T_{s1} = R_{a1} + P_{d1} R_{\theta(s-a)} (1 - e^{-t/\tau_1})$$

式中，τ_1 为控制器发热过程中的时间常数；T_{a1} 为实验测得数据。

2. 电动机的热阻等效电路

由于绕组的铜损和铁损在电动机定子中是均匀分布的，绕组和铁芯是等温体，因此绕组和铁芯的温度可以用平均温升来表示。电动机冷却时的热量主要集中在绕组绝缘层和电动机液冷散热器与冷却水的接触面上，因绝缘介质自身损耗很小，而冷却介质又不是热源，因此可以用热阻等效电路来分析液冷条件下绕组和铁芯的平均温升。电动机强制循环液体冷却系统的热阻等效电路如图 7.15 所示。

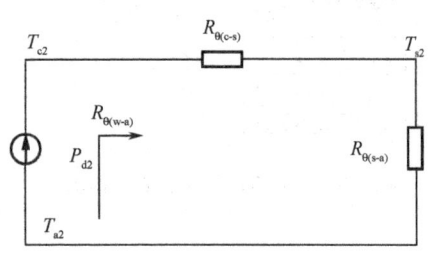

图 7.15 电机冷却系统热阻等效电路图

图 7.15 中，$R_{\theta(c-s)}$ 为定子绕组和铁芯表面与液冷散热器之间的热阻，它与绕组和铁芯表面与液冷散热器之间的绝缘介质的导热系数有关；$R_{\theta(s-a)}$ 为液冷散热器到冷却水的热阻，与液冷散热器与冷却水之间的导热系数有关；T_{c2} 为定子绕组表面温度；T_{s2} 为液冷散热器温度；T_{a2} 为冷却水温度。

根据傅里叶传导定律，电动机液冷系统等效热阻 $R_{\theta(c-a)}$ 可表示为

$$R_{\theta(c-a)} = R_{\theta(c-s)} + R_{\theta(s-a)} = \frac{\delta_2}{\lambda_2 S_2} + \frac{\delta_3}{\lambda_3 S_3}$$

式中，λ_2 为绝缘层的热传导系数，λ_3 为液冷散热器导热系数，单位为 W/（m·K）；δ_2 为定子绕组、铁芯与液冷散热器之间的绝缘层厚度，δ_3 为电动机液冷散热器壁厚，单位 cm；S_2 为绝缘层的热交换面积，S_3 为电动机液冷散热器与冷却水之间的热交换面积，单位为 cm^2。

根据图 7.15 所示热阻等效电路,采用均值发热体发热过程的动态温升计算办法,可以得到在电动机功耗为 P_{d2} 时,液冷散热器达到热平衡条件下的稳态温度:

$$T_{s2} = R_{a2} + P_{d2}R_{\theta(s-a)}(1-e^{-t/\tau_2})$$

式中,τ_2 为电动机发热过程中的时间常数;T_{a2} 为实验测得数据。

7.6.3 电动机及其控制器液冷系统参数计算

1. 流体状态分析

在电动机中和控制器的循环散热板上分布着各种形式的液冷管道,这些管道通过连接管与水泵、散热水箱一起构成了一个闭合的液冷通道。在这一通道中,不同的管道有不同的形状,而且存在着很多弯曲和截面形状、截面积的变化。流体在管道中的流动状态不仅与流体的速度有关,而且与管道的几何尺寸和流体的黏着系数有关,通常用雷诺数(Reynolds Number)R_e 来表示流体的状态。

$$R_e = \frac{vd\rho}{\mu}$$

式中,v 为管道中流体的流动速度,单位为 m/s;d 为管道直径或等效直径,单位为 m;ρ 为流体的密度,单位为 kg/m^3;μ 为流体的黏着系数,单位为 $kg/(m \cdot s)$。

雷诺数是一种可用来表征流体流动情况的无量纲数,利用雷诺数可区分流体的流动是层流还是湍流,也可用来确定物体在流体中流动所受到的阻力。雷诺数较小时,黏滞力对流场的影响大于惯性力,流场中流速的扰动会因黏滞力而衰减,流体流动稳定,为层流;反之,若雷诺数较大时,惯性力对流场的影响大于黏滞力,流体流动较不稳定,流速的微小变化容易发展、增强,形成紊乱、不规则的紊流流场。

实验表明:当 $R_e > 4000$ 时,流体在管道中以紊流为主,紊流状态下的流体,同时沿着管道轴向和径向流动,管道中各点的流动状态十分不规则,流速时刻在变化,使得流体流动阻力急剧增加,附着在管道壁的边界层大大减薄。

2. 流量计算

电动机及其控制器对冷却系统的起码要求,首先是要让足够多总量的冷却介质通过电动机及其控制器,使其能够带走电动机和控制器所产生的热量;其次是这些冷却介质的分配要合理,每一处分配的冷却介质的多少和该处产生热量的多少对应,使得电动机及其控制器内部均匀散热,避免局部过热而影响整个系统的寿命。

电动机及其控制器液冷系统中冷却水在单位时间内的流量 q_v 用下式计算:

$$q_v = \frac{\sum P}{c \Delta T}$$

式中,q_v 为冷却水流量,单位为 m^3/s;$\sum P$ 为冷却介质需要带走的热量,单位为 W,这里 $\sum P = P_{d1} + P_{d2}$;c 为冷却介质的比热容,单位为 $J/(kg \cdot K)$;ΔT 为冷却介质通过电动机及其控制器后的温升,单位为 K,通常 $\Delta T = 8 \sim 10K$。

3. 流阻计算

冷却介质在管道中的流动受管道形状变化的影响很大，如管道直径（或等效直径）突然扩大、缩小，管道弯曲等，就可能使流体产生涡流、加速和旋转等变化，这些都将产生流体能量的损耗，这种能量的损耗可以通过流阻 Z 来表征。

当流体通过管道时，流体所承受的流阻可表示为

$$Z = \frac{\xi \cdot \rho}{2S^2}$$

式中，Z 为管道流阻，$Z = Z_1 + Z_2$，Z_1 为电动机控制器液冷系统流阻，Z_2 为电动机液冷系统流阻，单位为 kg/m^3；ξ 为局部阻力系数，与管道的形状有关；ρ 为管道中的流体的密度，单位为 kg/m^3；S 为管道的截面积，单位为 m^2。

4. 水泵功率的计算

液冷系统是一个强制循环系统，水要保持持续地在水道中循环，带走电动机和控制器中的热量，经散热水箱冷却后再持续进入电动机和控制器。水的持续循环需要水泵为其提供足够的能量，使其能克服流阻，使管道中的水保持一个稳定的流速。水泵功率 P_f 为

$$P_f = Z q_v^3$$

式中，Z 为管道流阻，q_v 为电动机及其控制器液冷系统中冷却水在单位时间内的流量。

第8章　新能源汽车的辅助系统

新能源汽车和传统的内燃机汽车虽然在动力驱动装置上相差很大，但对于驾驶员而言，无论什么车，都必须满足驾驶的动力性、操控性、舒适性等基本要求。例如，内燃机汽车冬季可以利用发动机的冷却水进行取暖，而对于纯电动汽车而言，没有这种热水的来源，那就必须在设计时考虑到运用其他方式解决这个问题，如采用电动空调系统，这样，就出现了新能源汽车特有的一些辅助系统。本章主要介绍新能源汽车的电动助力转向系统、线控转向系统、线控制动系统、电控悬架系统和电动空调系统的特点、组成和工作原理。

8.1　电动助力转向系统

8.1.1　概述

1. 设置助力转向系统的必要性

汽车在行驶过程中，经常需要改变方向。就轮式汽车而言，改变行驶方向的方法如下：驾驶员通过一套专设的机构，使汽车转向桥上的车轮相对于汽车纵轴线偏转一定角度。此时路面作用于转向轮上向后的反作用力就产生了垂直于车轮的分量，并成为汽车做转弯运动的向心力。这一套用来改变或恢复汽车行驶方向的专设机构称为汽车的转向系统。

随着现代汽车技术的发展，人们对汽车转向系统提出了越来越高的要求，以下这几个方面性能改进都对增设转向助力系统提出了要求。

（1）良好的操纵性。即对方向盘的操纵轻便灵活，特别是在低速行车时，由于轮胎与地面的摩擦阻尼，对传统机械转向系的方向盘转动操作会相当费力，虽然增大其转向器传动比，能放大方向盘操纵力的转向力矩，但方向盘的转动角度也成正比增加，并影响了转向灵敏度。

（2）较高的转向灵敏度。指操纵转向器，车轮就能快速响应使车身转向。对于传统的机械转向系统而言，除了要求转向系的空行程间隙较小外，还需要转向器具有较小的传动比，以小的方向盘转角获得迅速转向，所以它与操纵轻便性矛盾。而对于动力转向系，灵敏度主要反映在产生助力响应的快慢程度，助力作用快，转向就灵敏。

（3）转向车轮的运动规律正确稳定。要求内、外侧转向轮的偏转角及驱动轮的差速比正确稳定，两者的比值与方向盘的转角始终保持一定的关系，以保证在转向时各个车轮只有滚动而无滑动现象。

（4）具有良好的稳定操控性。方向盘具有转向结束时自动回正功能，并使汽车具有直线行驶的稳定性。在转向过程中，驾驶员通过方向盘对车轮与地面之间的运动状况能保持适当的"路感"。

（5）安全可靠性。当汽车发生碰撞时，转向装置应能减轻或避免对驾驶员的伤害。对于动力转向系，当动力转向失效或发生故障时，应保证通过人力转向仍能进行转向操纵。

2．助力转向系统的分类

按转向系统有无助力可分为机械转向系和动力转向系两大类。机械转向系就是原来传统的没有助力的机械转向系统；动力转向系是将发动机动能或蓄电池电能，经液压泵、空气压缩机或电动机，转换为液体压力、气体压力或电动机输出的机械能，从而增加（助力）驾驶员操纵转向轮转向的力。

动力转向系按传力介质的不同，可分为液压动力转向、气压动力转向、电动式动力转向三大类。本节将介绍电动助力转向系统（EPS）及其结构特点。

3．电动助力转向系统的由来和特点

最早的电动助力转向系统（Electric Power Steering，EPS）出现在20世纪70年代中期，这种系统提出的初衷是为了解决行驶中车辆发动机突然停止工作，失去液压助力时的行车安全问题。一旦发动机停止工作，用蓄电池供电的EPS立即投入工作。这种技术出现后，EPS逐渐成为汽车技术发展的研究热点，但是，其推广应用进展缓慢，原因是EPS的成本太高。近年来随着电子技术的不断发展，EPS的成本不断降低，很多车型上应用了这一系统。国际上几个知名的汽车转向系统供应商都已经开始批量生产EPS，这些厂商包括日本的NSK、KOYO、SHOWA和美国的DELIPHI、TRW以及德国的ZF等。

对于新能源汽车而言，液压动力转向和气压动力转向系统都需要利用压缩机先把电能转换为液压或气压的机械能的形式，然后才能驱动助力转向系统，不如直接用电动助力转向系统效率高，而且便于实施智能控制。

与液压和气压助力转向系统比较，EPS具有以下特点。

（1）EPS能在各种行驶工况下提供最佳助力，减小由路面不平所引起的对转向系统的扰动，改善汽车的转向特性，减轻汽车低速行驶时的转向操作力，提高汽车高速行驶时的转向稳定性，进而提高汽车的主动安全性，并且可通过设置不同的转向手感特性来满足不同使用对象的需要。

（2）EPS只有在转向时电动机才提供助力（不像液压助力，即使在不转向时，油泵也一直运转），因而能减少燃料消耗。

（3）EPS取消了油泵、传动带、带轮、液压软管、液压油及密封件等，其零件与液压助力系统相比大大减少，因此质量更轻、结构更紧凑，在安装位置选择方面也更容易，并且能降低噪声。

（4）EPS没有液压回路，比液压助力系统更易调整和检测，装配自动化程度更高，并且可以通过设置不同的程序，能快速与不同车型匹配，因而能缩短生产和开发周期。

（5）EPS不存在渗油问题，可大大降低维修成本，减小对环境的污染。

（6）EPS与液压助力系统相比具有更好的低温工作性能。

8.1.2 EPS 系统的基本组成

EPS 系统主要由传感器（车速传感器、转矩传感器、转向角传感器）、电子控制器 ECU 和执行机构（电动机、电磁离合器、齿轮减速及其传动件）三大部分组成。图 8.1 所示为电动助力转向系统的基本组成。

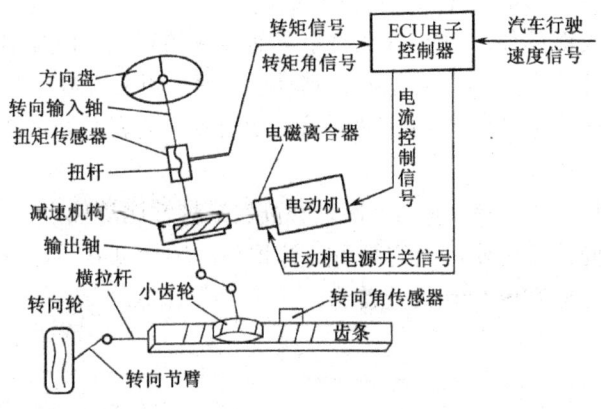

图 8.1 电动助力转向系统的基本组成

下面分别介绍主要部件的作用和工作机理。

1. 转矩传感器和车速传感器

转矩传感器是为了让 EPS 系统获知驾驶员的驾驶意图而设置的传感器。用于测量驾驶员作用在转向盘上的力矩大小和方向，转向盘转角的大小和方向。

转矩测量系统比较复杂而且成本很高，在 EPS 系统的成本中占据较大的比例。所以，精确、可靠、低成本的转矩传感器是决定 EPS 系统是否具有市场前景的关键之一。目前，采用较多的方案是在转向轴位置上加一个扭杆，通过测量扭杆的变形程度来测量扭矩。另一种方案是采用非接触式转矩传感器。图 8.2 所示的非接触式转矩传感器中有一对磁极环，当输入轴和输出轴之间发生相对扭转位移时，磁极环之间的空气间隙发生变化，引起电磁感应系数的变化，用这一信号作为判断扭矩大小和方向的依据。这种传感器体积小、精度高，缺点是成本高。

车速传感器是为了给 EPS 系统提供车速的信息，作为 EPS 系统决定产生助力大小的依据。

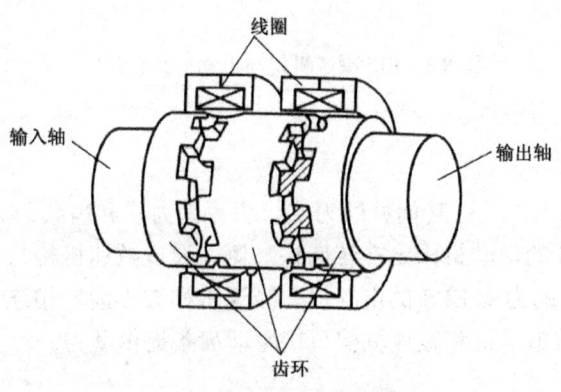

图 8.2 非接触式转矩传感器

2. 电动机

转矩传感器是向 EPS 的 ECU 提供驾驶员意图的信息的，ECU 根据转矩传感器和车速传感器提供的数据，产生控制指令，电动机就是执行控制指令的一个执行机构，电动机的功能就是根据控制指令输出合适的转动方向和合适的转动扭矩，输送给转向拉杆，以帮助驾驶员更加灵活、轻便、准确、稳定地完成转向的功能。

电动机是 EPS 的关键部件，对 EPS 的性能具有很大的影响。EPS 对电动机的要求是低转速大转矩、波动小、转动惯量小、尺寸小、质量轻，而且可靠性高、易于控制。在设计上常常对原有电动机做一些改进以满足 EPS 的要求，如沿转子的表面开一些斜槽或螺旋槽，定子磁铁设计成不等厚的形状等。

永磁同步电动机具有高功率、高功率因数和高转矩惯性比等优点，是 EPS 的理想电动机。这种电动机无机械换向器和电刷，结构简单，体积小，运行可靠，环境适应能力强，比功率远远大于一般电动机，是 EPS 电动机的首选。

3. 减速机构

EPS 减速机构与电动机组合装置如图 8.3 所示，减速机构的作用是减速增矩，即降低转速增加转矩，常采用蜗轮蜗杆机构和行星齿轮机构形式。有的 EPS 减速机构还配有离合器，装在减速机构一侧，当车速达到一定值时，已经不再需要助力转向，这时用离合器切断电动机和减速系统的连接，EPS 停止工作。当电动机发生故障时，离合器也自动分离，转向系统进入无助力机械转向模式工作。

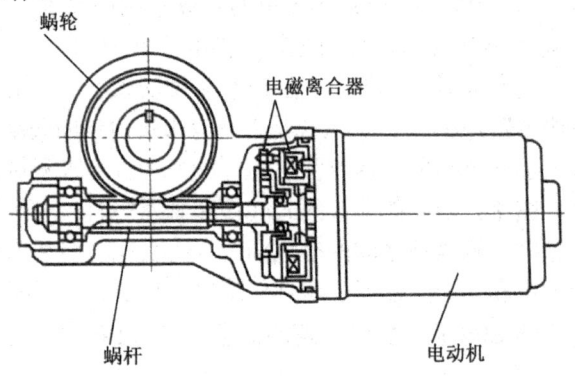

图 8.3 EPS减速机构与电动机组合装置

4. 三种助力方式

EPS 通常有三种助力方式：转向柱助力式、齿轮助力式和齿条助力式，如图 8.4 所示。

转向柱助力式 EPS 的电动机固定在转向柱一侧，通过减速机构与转向轴相连，直接驱动转向轴助力转向。齿轮助力式 EPS 的电动机、减速机构与小齿轮相连，直接驱动齿轮助力转向。齿条助力式 EPS 的电动机和减速机构直接驱动齿条提供助力。

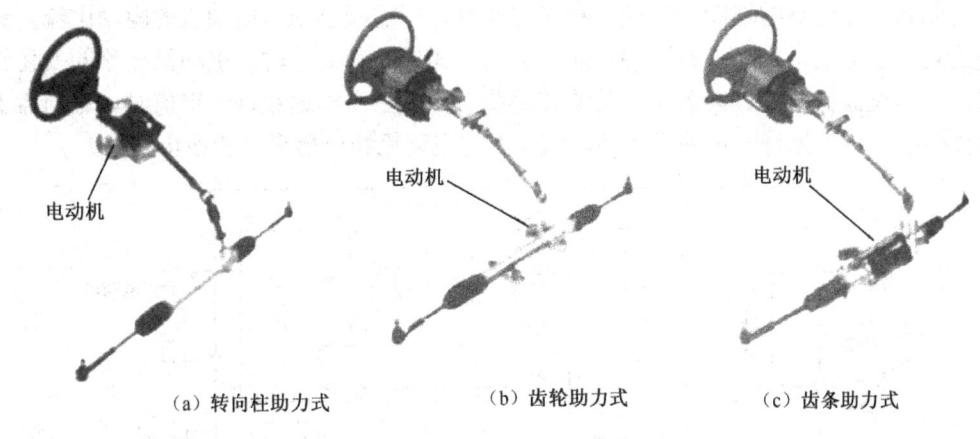

图 8.4 EPS的三种助力方式

8.1.3 EPS 系统的工作原理

转矩传感器和车速传感器将采集到的信号经滤波放大处理后，输入电子控制器 ECU，ECU 通过运行其内部的控制算法，向执行机构发出指令，控制执行部件的动作。如图 8.1 所示，其工作过程为：当操纵方向盘时，转矩传感器产生与输入转向力矩相对应的电压信号，该信号与车速信号同时输入 ECU，由 ECU 中的计算机系统运算处理后，确定其助力转矩的大小和方向，即选定电动机的驱动电流和方向，调整转向的辅助动力。电动机的转矩通过电磁离合器输出，再经减速机构减速增扭后，加在汽车的转向机构上，使之得到一个与工况相适应的转向作用力。

8.1.4 电子控制器 ECU 及其控制策略

电子控制器 ECU 的基本组成如图 8.5 所示，它包括 RAM、ROM、单片机及与其相应的外围接口电路。外围接口电路主要包括整形放大输入接口电路、A/D 转换器、D/A 转换器、电流控制电路、驱动电路、故障诊断输出及稳压电源等。

汽车转向运行时，转向转矩、转向角和车速信号经整形放大后，通过 A/D 转换器将模拟信号转换为数字信号输入微处理器 CPU。CPU 根据这些信号计算出最优化的助力转矩值，然后把该值作为电流命令值送到 D/A 转换器转换为模拟量，再将其输入电流控制电路。电流控制电路把来自 CPU 的电流命令值同电动机电流的实际值进行比较，产生一个差值信号，该差值信号被送到电动机驱动控制电路。同时 CPU 控制电动机驱动电路输出一个决定电动机（左转或右转）的转动方向的信号，电动机按其要求的电流值和方向提供转向机构相应的助力，当汽车速度达到一定值不需要转向助力或系统出现故障时，CPU 发出信号经继电器切断电动机和离合器驱动电路的电源，停止其转向助力。

随着汽车车速和方向盘输入力矩的变化，助力电动机通过改变驱动电流也做相应地变化。ECU 电流的控制逻辑如图 8.6 所示。由于地面对轮胎偏转阻力随车速的提高而减少，因此随着车速的提高，方向盘的辅助动力应该相应地减少，即需减小助力电动机的驱动电流。然而在实际控制中，电动机电流是按阶梯规律下降的。在启动和低速时，电动机电流的变化比较大，因为在车速极低时，方向盘上所需的转矩要大得多，当车速超过一定值时，方向盘上的操纵力会很小，为了保持一定的操作性，这时助力电动机和电磁离合器停止工作。

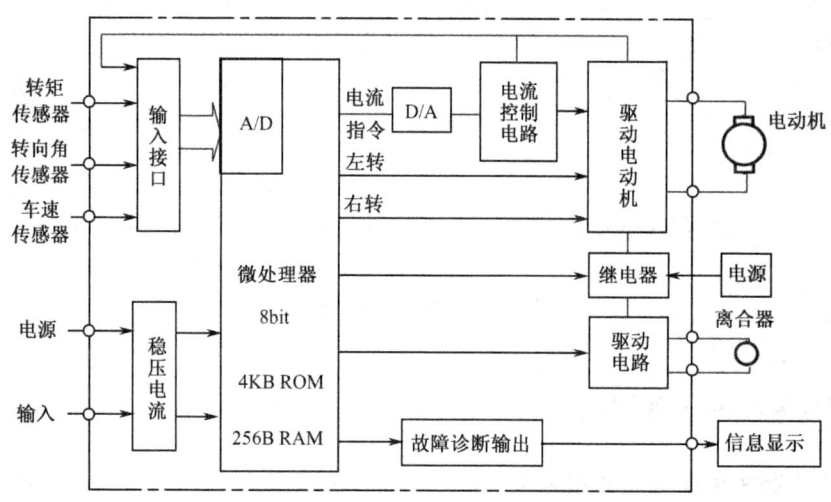

图 8.5　电子控制器ECU的基本组成框图

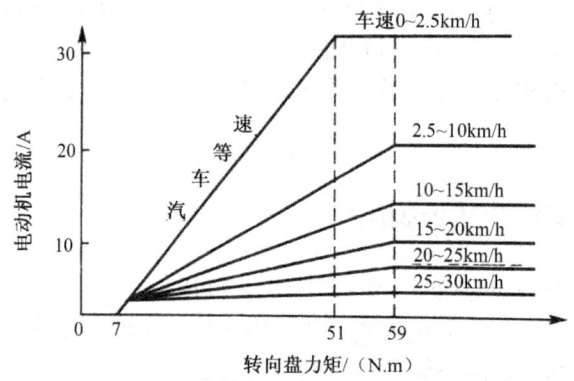

图 8.6　ECU电流的控制逻辑

另外，助力电动机的电流还随着方向盘转矩的增加而增加，当方向盘转矩增加到一定程度后，在一定的车速范围内，电动机电流就维持不变。因为更大的方向盘转矩出现的概率很小，所以从整体上来说对驾驶员的转向操纵力影响不大。

由图8.6所示的控制逻辑曲线可以看出：随着方向盘力矩的增加，要求电动机电流增加，当方向盘力矩增加到一定程度时，在该车速范围内电动机电流维持不变；而随着车速的升高，电动机电流呈阶梯规律减小，并且随着车速的提高，其阶梯变化也越来越小。

8.1.5 EPS 系统的优点

EPS 系统由电动机直接提供转向助力，具有调整简单、控制灵活，以及无论在何种工况下都能提供相适应的转向助力的特点。

EPS 最为突出的优点是：该系统可在不更换系统硬件的情况下，提供改变控制器软件的设计，十分方便地调节系统的助力特性，使汽车能在不同的车速工况下获得所要求的助力特性。车轮转向时，轮胎与地面的摩擦阻尼随车速降低而增大，因此要求所控制的转向助力随车速增加而减小，EPS 系统提供控制电动机电流即可方便地控制转向助力，使驾驶员在低速停车时可获得较大的转向助力。而在车速很高时，由于方向盘的转动力会很轻，需要避免地面侧向力对方向盘轻微干扰而引起的汽车方向偏离，并且消减因路面不平将转向轮的冲击传到方向盘而造成的"打手"现象。另外，在转向结束时，方向盘都有自动回正功能，使汽车保持稳定直线行驶，并使驾驶员通过方向盘对转向过程中车轮与地面之间的运动状况能始终保持适当的"路感"。因此在汽车高速行驶时，要求助力系统能对转向系统有一种"反向"助力，即适当增加转向系统的阻尼。这一点传统的液压或气压动力转向系统很难做到，而 EPS 系统利用电动机特性即可实现。

由于没有液压式动力转向系统所必须的常运转油泵，电动机只有在要求转向时才接通电源运行，从而节省了能源的消耗。另外，由于结构紧凑，没有液压系统所需的质量较高的储油罐、油泵、管路等，使其整个助力转向装置的质量大大减轻，并且也不必补充油液等，一般电动助力转向装置要比同规格的液压助力转向系统轻 25%。这对于车载能源不富裕的电动汽车来说尤为适用，使工作更加可靠。

此外，EPS 系统有助于四轮转向的实现，还能促进车辆悬架系统的发展。

8.2 线控转向系统

线控转向系统（Steering By Wire System，SBW）是继 EPS 后发展起来的新一代转向系统，具有比 EPS 操纵稳定性更好的特点，而且它在转向盘和转向轮之间不再采用机械连接，彻底摆脱传统转向系统所固有的限制，在给驾驶员带来方便的同时也提高了汽车的安全性。

德国奔驰公司在 1990 年开始了前轮线控转向的研究，并将它开发的线控转向系统应用于概念车 F400Carving 上。日本 KOYO 也开发了线控转向系统，但为了保证系统的安全，仍然保留了转向盘与转向轮之间的机械部分，即通过离合器连接，当线控转向失效时通过离合器结合回复到机械转向。宝马汽车公司的概念车 BMWZ22，应用了 Steer-By-Wire 技术，转向盘的转动范围减小到 160°，使紧急转向时驾驶员的忙碌程度得到了很大降低。意大利 Bertone 设计开发的概念车 "FILO"，雪铁龙越野车 "C-Crosser"，DaimlerChrysler 概念车 "R129"，都采用了线控转向系统。2003 年，日本本田公司在纽约国际车展上推出了 LexusHPX 概念车，该车也采用了线控转向系统，在仪表盘上集成了各种控制功能，实现车辆的自动控制。线控转向系统的应用正在从概念车逐步走向实用车型。

8.2.1 线控转向系统的结构及工作原理

1. 线控转向系统的结构

汽车线控转向系统主要由转向盘模块、前轮转向模块、主控制器（ECU）以及自动防故障系统组成，如图8.7所示。

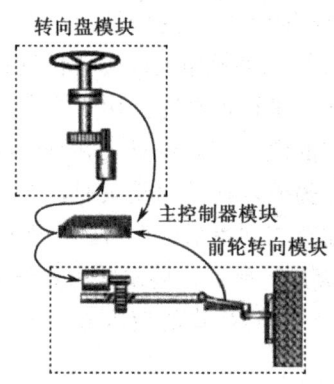

图8.7 线控转向系统构成示意图

（1）转向盘模块。

转向盘模块包括转向盘组件、转向盘转角传感器、力矩传感器、转向盘回正力矩电动机。其主要功能是将驾驶员的转向意图（通过测量转向盘转角）转换成数字信号并传递给主控制器，同时主控制器向转向盘回正力矩电动机发送控制信号，产生转向盘回正力矩，以提供给驾驶员相应的路感信息。

（2）前轮转向模块。

前轮转向模块包括前轮转角传感器、转向执行电动机、电动机控制器和前轮转向组件等。其功能是将测得的前轮转角信号反馈给主控制器，并接受主控制器的命令，控制转向执行电动机完成所要求的前轮转角，实现驾驶员的转向意图。

（3）主控制器。

主控制器对采集的信号进行分析处理，判别汽车的运动状态，向转向盘回正力矩电动机和转向电动机发送命令，控制两个电动机协调工作。主控制器还可以对驾驶员的操作指令进行识别，判定在当前状态下驾驶员的转向操作是否合理。当汽车处于非稳定状态或驾驶员发出错误指令时，前轮线控转向系统将自动进行稳定控制或将驾驶员错误的转向操作屏蔽，以合理的方式自动驾驶车辆，使汽车尽快恢复到稳定状态。

（4）自动防故障系统。

自动防故障系统是线控转向系统的重要模块，它包括一系列的监控和实施算法，针对不同的故障形式和故障等级做出相应的处理，以求最大限度地保持汽车的正常行驶。线控转向技术采用严密的故障检测和处理逻辑，以最大程度地提高汽车安全性能。

2. 线控转向系统的工作原理

线控转向系统的工作过程：来自转向盘传感器和各种车辆当前状态的信息送给电子控制子系统 ECU 后，ECU 对这些信息进行控制运算，然后对前轮转向模块发出指令，使车辆转向。同时前轮转向模块中的转向阻力传感器给出的信息也经 ECU，传送到转向盘模块中，由转向盘回力电动机模拟路感，使驾驶员有驾驶普通转向机构车辆的感觉，这种路感的力度大小可以根据不同的情况由 ECU 控制调节。

8.2.2 线控转向系统的性能特点

由于线控转向系统中的转向盘和转向轮之间没有机械连接，而是通过总线传输必要的信息，故该系统又称为柔性转向系统。该系统具有如下性能特点。

（1）柔性转向能消除转向干涉问题，为实现多功能全方位的自动控制、汽车动态控制和汽车平顺性控制的系统集成提供了先决条件。

（2）对传统的发动机前置轿车，在安装发动机时需要考虑刚性转向轴的占用空间，转向轴必须依据汽车是左侧驾驶还是右侧驾驶安装在发动机附近，设计人员在安排部件时必须满足这种需要。而柔性转向去掉了原来转向系各个功能模块之间的刚性机械连接，大大方便了系统的总布置。

（3）舒适性得到提高。在刚性转向系统中，路面不平和转向轮的不平衡，可以回传到转向轴，而柔性系统不会产生这样的问题。

（4）转向回正力矩能够通过软件依据驾驶员的要求进行调整。因此在不改变设计的情况下，可以个性化地适应特定的驾驶者和驾驶环境，与转向有关的驾驶行为都可以通过软件来实现。

（5）消除了碰撞事故中转向柱伤害驾驶员的可能性，不必设立转向防扭机构。

（6）驾驶员腿部活动空间增加，出入更方便自由。

8.2.3 线控转向系统的关键技术

1. 传感器技术

现代汽车技术发展的特征之一就是越来越多的部件采用电子控制。汽车电子控制系统的控制效果依赖于传感器的信息采集和反馈的精度。汽车 SBW 系统需要的相关传感器有角位移传感器、转矩传感器、车速传感器、侧向加速度传感器、横摆角速度传感器等，这些传感器的开发应用必须依赖传感器技术的发展。

2. 动力电源

动力电源承担着 SBW 系统中电子控制单元、4 个电动机的供电（2 个冗余转矩反馈电动机和 2 个冗余转向电动机）。2 个转矩反馈电动机功率为 50～80W，2 个转向电动机功率为 500～800W，电源负荷相当重，因此要保证整个系统的稳定工作，动力电源的性能至关重要。随着电子元件及高功耗零部件的不断增加，汽车负荷也成倍增加。若继续维持 12V 供电系统，就必须通过提高电流来获得更多的功率。但是过高的电流将给整个系统带来安全隐患，汽车电路上的热能消耗大大增加，所以汽车供电系统必须提高电压以满足现代汽车电气系统负荷日益增长的需要。

对于新能源汽车而言，动力电池提供的电压较高，容量较大，动力电源的问题随之解决。

3. 可靠性技术

线控转向系统发展过程中最大的困扰是可靠性的问题。由于线控转向系统中转向盘和转向车轮之间没有直接的机械连接，当电控系统出现故障时，车辆将无法保证正常的转向功能，而处于失控状态。随着技术的发展，电控系统的可靠性不断得到提高，在系统设计中大量引入了"冗余设计"的理念，比如：传感器的冗余、电动机的冗余、车载电源系统的冗余等。

4. 总线技术

随着汽车总线技术的发展，出现了多种汽车总线标准和协议。转向盘模块、前轮转向模块与控制器模块之间存在着大量的数据传输，数据传输的实时性、准确性至关重要。从现在的发展情况来看，由于 FlexRay 是基于时间和事件的触发协议，更加适用于 SBW。基于总线技术的 SBW 系统将传统的机械转向系统变成通过高速容错通信总线相连的电气系统，实现系统的自动化、智能化、网络化与信息化。

8.3 线控制动系统

从 20 世纪 90 年代开始，国际上的汽车公司和电子公司就着手进行线控制动系统（Brake By Wire，BBW）的研究。1994 年，Analogy 公司用 Saber 仿真模拟的方法开发出了一套电子液压式制动系统（Electro Hydraulic Braking，EHB）的控制系统。1996 年，博世公司对其开发的 EHB 系统进行了实车试验，得到了满意的效果，该系统后来在实际应用中也取得了巨大的成功，在缩短制动距离及保证车辆稳定性方面效果明显。天合、德尔福、大陆特威斯等公司也相继开发出了类似的 EHB 系统，并于 2000—2002 年获得了一系列的专利。

2001 年 9 月，装备了博世传感制动控制（Sensotronic Brake Control）系统的奔驰 SL 新型跑车在法兰克福国际汽车展上首次展出，2002 年该系统装备于新型的奔驰 E 级车上，2003 年装备于 Estate 型车上。同年，博世首次推出了加装在奔驰 E-Class 4Matic 型车上的四轮驱动 SBC，这也是 EHB 系统首次应用于系列化生产的汽车。2002 年初，在北美底特律车展上，美国通用推出的 Autonomy 双座概念跑车上，同时采用了燃料电池和线控电子机械制动系统。

线控制动系统（BBW）可分为两类：电子液压式制动系统（Electro Hydraulic Braking，EHB）和电子机械式制动系统（Electro Mechanical Braking，EMB）。

8.3.1 电子液压式制动（EHB）系统

如图8.8所示，EHB系统主要由制动踏板单元、电子控制单元（ECU）、液压控制单元（HCU）以及一系列的传感器组成。

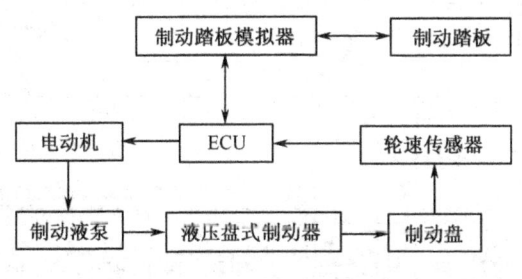

图 8.8　EHB系统原理图

① 制动踏板单元

制动踏板单元包括踏板感觉模拟器、踏板力传感器和踏板行程传感器以及制动踏板等。踏板感觉模拟器是EHB系统的重要组成部分，为驾驶员提供与传统制动系统相似的踏板感觉（踏板反力和踏板行程），使其能够按照自己的习惯和经验进行制动操作。踏板传感器用于监测驾驶员的操纵意图，一般采用踏板行程传感器，而采用踏板力传感器的较少。也有二者同时应用的情况，以提供冗余传感器且可用于故障诊断。

② 液压控制单元（HCU）

制动压力调节装置用于实现车轮增减压操作，（HCU）中一般包括如下几个部分。

独立于制动踏板的液压控制系统——该系统带有由电动机、泵和高压蓄能器组成的供能系统，经制动管路和方向控制阀与制动轮缸相连，控制制动液流入/流出制动轮缸，从而实现制动压力控制。

人力驱动的应急制动系统——当伺服系统出现严重故障时，制动液由人力驱动的主缸进入制动轮缸，保证最基本的制动力使车辆减速停车。

平衡阀——同轴的两个制动轮缸之间设置有平衡阀，除需要对车轮进行独立制动控制的工况之外，平衡阀均处于断电开启状态，以保证同轴两侧车轮制动力的平衡。

③ 传感器

传感器包括轮速传感器、压力传感器和温度传感器，用于监测车轮运动状态、轮缸压力的反馈控制及不同温度范围的修正控制等。

图8.9所示为博世公司发布的一种关于EHB系统的专利，系统带有踏板感觉模拟装置，一套采用液压伺服控制的行车制动系统和一套人力操纵的应急制动系统，其中，液压伺服系统控制4个车轮的压力，而人力应急制动系统只能控制两个前轮。系统共有14个电磁阀，均为二位二通阀。

正常的行车制动中，当制动开关被触发时，电控单元判定制动发生，由踏板行程传感器感知驾驶员制动意图，进而通电关闭隔离阀，在人力作用下从制动主缸输出的制动液进入踏板感觉模拟器，使驾驶员产生与操作传统制动系统时相同的感觉。

车轮制动所需的能源由动力源提供,经主供油管路送往各轮缸,轮缸进油阀和出油阀可以实现各轮缸压力控制。同轴两轮缸间各设有一个平衡阀,用于在常规制动时保持两侧车轮制动力的协调。

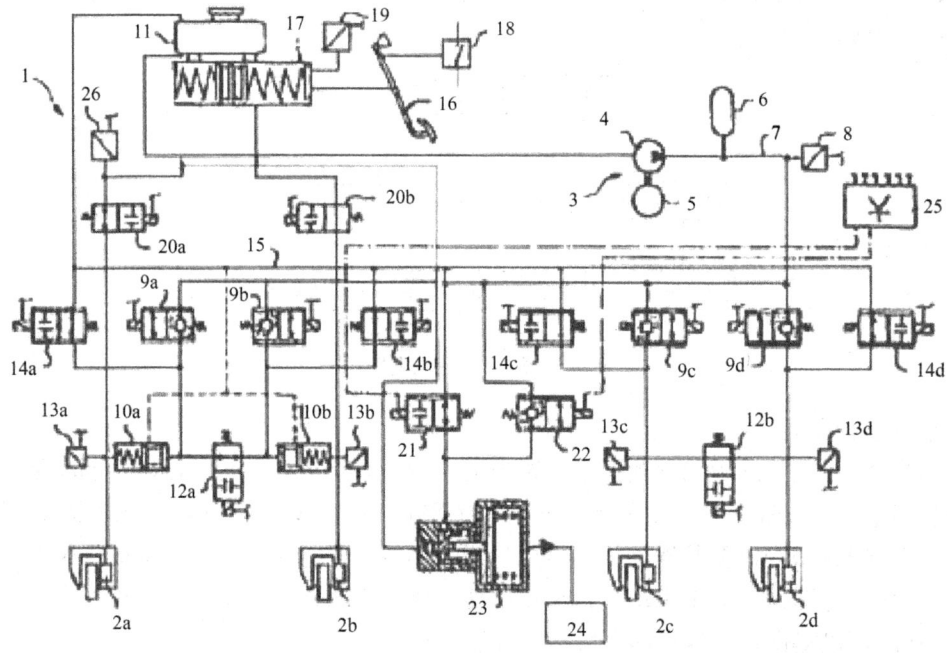

1—液压调节装置;2—制动轮缸;3—动力源;4—泵;5—电动机;6—高压蓄能器;7—主供油管路;
8—主供油管压力传感器;9—轮缸进油阀;10—液压隔离活塞;11—储液罐;
12—前、后轴平衡阀;13—轮缸压力传感器;14—轮缸出油阀;15—回油管;16—制动踏板;
17—制动主缸;18—制动灯开关;19—踏板行程传感器;20—隔离阀;21—模拟器泄油阀;
22—模拟器进油阀;23—踏板感觉模拟器;24—气源;25—ECU;
26—回油管压力传感器

图 8.9 博世公司的EHB系统

EHB所要实现的制动动作分为基本制动和控制制动。

基本制动是指驾驶者根据自己的意图,施加或大或小的踏板力,控制车辆的减速度并保证所期望的行驶方向,踏板力的值还达不到使车轮抱死的程度。而此时的EHB系统要充分反应驾驶者的意图,给予车轮驾驶者所期望的制动力。

控制制动则指在必要的附加干预下施行的制动。即当驾驶者欲对车辆采取紧急的全力制动,而大力并快速地踩下制动踏板时,EHB系统就应该识别出这一要求,在给予车轮足够大的制动压力的同时,对车轮上的制动压力进行控制以防止车轮抱死、车辆的制动稳定性下降等情况的出现。

EHB系统还可以融合以下多种车辆控制系统:

当车辆在低附着路面起步或加速时,以及车辆从高附着路面行驶到低附着路面时,系统集成驱动防滑功能;在车辆转弯时,EHB系统通过车轮制动实现车辆稳定性控制;此外,自动清水功能、电子辅助制动功能、电子驻车制动功能等均属于控制制动。

EHB 系统具有传统制动系统无法比拟的优越性，但 EHB 系统仍然采用电液控制方式，严格意义上说并不是纯粹的线控制动系统，而电子机械式制动系统才是真正的线控制动系统。

8.3.2 电子机械式制动（EMB）系统

EMB 最早是应用在飞机上的，如美国的 F-15 战斗机就采用了 EMB 制动器，后来才慢慢转化运用到汽车上。EMB 与传统的制动系统有着非常大的差别。EMB 的执行机构需要能够把电动机的转动平稳转化为制动蹄块的平动，需要能够减速增矩，需要能够自动补偿由于长期工作而产生的制动间隙等，而且由于体积的限制其结构也必须精巧和紧凑。要求 EMB 的控制部分能精确控制电动机的转速和转角，从而防止制动抱死。EMB 系统构成图如图 8.10 所示。

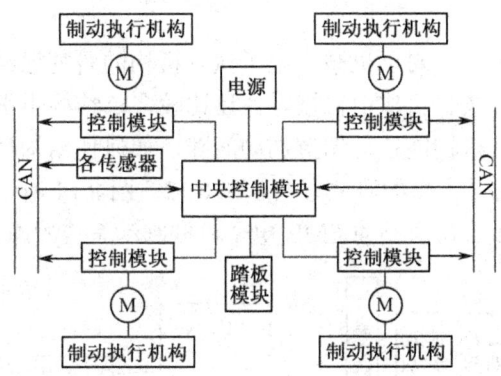

图 8.10　EMB系统构成图

EMB 制动系统从节省能量的角度来说可以分为两种：第 1 种是电动机直接带动机械执行机构作用到制动盘上，其典型代表是 Continental Teves 公司研制的制动器；第 2 种是电动机通过一个自增力机构，间接作用到制动盘上，可以大大降低 EMB 系统所消耗的能量，German Aerospace Center（DLR）研制的 EMB 制动系统 E-Brake 就是这种系统。

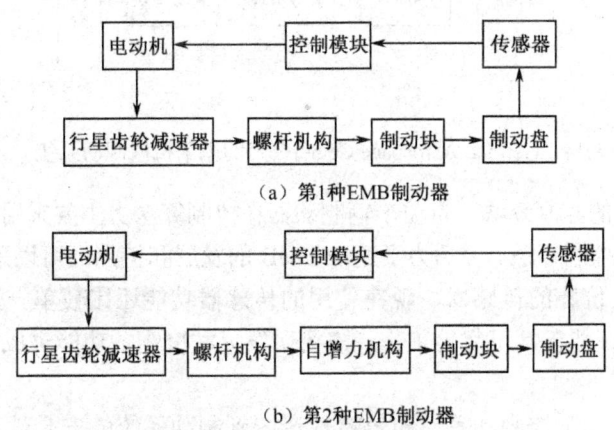

图 8.11　两种EMB制动器的原理结构图

图 8.11 所示为这两种 EMB 制动系统的原理结构图。第 1 种结构形式的制动器的特点是控制简单、制动过程稳定，但是由于需要电动机提供所有推动制动块所需的推力，就要求驱动电动机的功率很大，从而造成电动机的尺寸、质量和能耗都较大。第 2 种结构形式的制动器，由于间接利用了汽车的动能作为制动自增力，驱动电动机所需功率可大幅下降，只需要约 3%的其他替代方案的能耗，其体积、尺寸和质量也必然比第 1 种结构形式的制动器小，不过目前这种形式的制动器控制难度大，制动稳定性也不如前者。

　　目前 EMB 制动系统的技术还不成熟，需要解决的技术问题还很多，国外把对电制动系统的研究重点集中在如下几个方面。

　　（1）耐高温电子元器件。对耐高温电子元器件的研究主要涉及两个方面：一个是在电子元器件本身上下工夫，提高其对高温的承受能力和在高温下的工作稳定性；另一个就是改良制动盘的材料和提高其散热能力，通过优化设计提高整个制动器的散热性能，为电子元器件的工作提供良好的环境。

　　（2）机械—电子执行机构。对于机械—电子执行机构的研究已经有几家公司提出了设计方案并申请了专利，目前的执行机构中机械零件还比较多，结构也很复杂。如何有效地传递转矩、增大转矩，如何保证机构能自动调节制动间隙，如何使结构尽量小巧并可靠，都是设计过程中要面对的难题，也是重要的研究方向。图 8.12～图 8.14 所示分别是 Bosch、Siemens 和 German Aerospace Center 公司研制的 EMB 电子机械制动系统的原理框图。

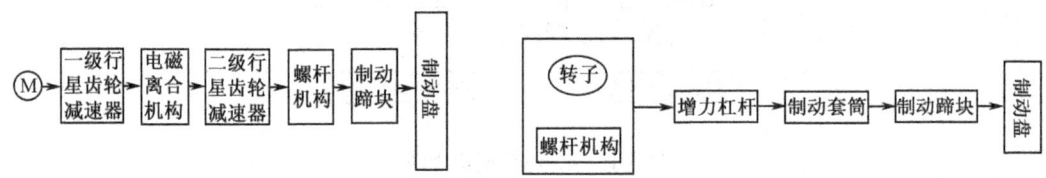

图 8.12　Bosch公司的电子机械制动系统　　　　图 8.13　Siemens公司的电子机械制动系统

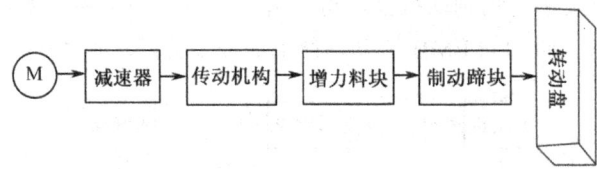

图 8.14　German Aerospace Center公司的电子机械制动系统

　　（3）可自适应调节的控制算法。目前车辆制动器在控制算法上主要采用 3 种：滑模控制、逻辑门限值控制和最优控制算法。以后为了适应 EMB 的发展和特点还可以采用新的控制算法。

　　（4）灵敏度高而又价廉的传感器。现在使用的传感器功能还比较单一，灵敏度也有待提高。为了保证 EMB 系统能正常可靠地工作，需要研发灵敏度高、功能集成、质优价廉的新型传感器。

　　（5）系统容错控制。电控制动系统的容错性牵涉到制动系统的安全性和可靠性，因此是一个至关重要的研究方向。有些学者是用实验的方法去检测和评估 EMB 对制动请求的响应情况,并通过一定的算法来忽略瞬间的错误信号借以实现系统的容错控制;有的是在分布式的线控制动系统中加入一个中央控制芯片,这是一个专门进行容错控制的冗余设计,并配以专门编写的软件来进行容错控制处理;最新的研究是在系统中引入一个监控器,用于检测可能导致系统错误和失效的信号,然后产生错误检测代码,根据代码来处理失效的信号和提高安全性。车辆电控系统的容错控制是一个牵涉到计算机硬件、软件、通信协议等多方面的比较难解决的问题。

(6)高可靠性的电线和连接件。在新的 EMB 制动系统中,电线和连接件取代了原来的制动管路等零部件,因此要求必须可靠,这将直接影响整个系统的安全性和可靠性。

(7)力矩电动机的设计。EMB 的一个最大优势就是制动响应快,所以要求电动机必须响应速度快。此外也要求电动机功耗小、输出的力矩大。另外,在制动过程中,电动机将在"堵转"的恶劣环境下工作,因此对电动机的可靠性要求高,而且必须结构小巧紧凑、便于安装、能在各种恶劣环境下可靠工作。

8.4 电控悬架系统

汽车悬架是指车身(或车架)与车轮(或车桥)之间的一切传动连接装置的总称。其功用是把路面作用于车轮上的垂直反力(支撑力)、纵向反力(牵引力和制动力)和侧向反力,以及这些反力所形成的转矩传递到车身上,并缓和其冲击,吸收来自车轮振动的能量,在汽车启动与制动时,抑制车身的俯仰,在转向时承受来自车身的侧倾力。传统的被动悬架主要由弹性元件、减震阻尼器和导向机构三部分组成。悬架特性由弹簧和阻尼元件的特性所决定,但是汽车行驶的平顺性和操纵稳定性对悬架的设计要求往往是互相矛盾的,需缓冲和减震的行驶平顺性要求弹簧阻尼系统较软,而需抑制侧倾、俯冲和点头的操纵稳定性又要求弹簧阻尼系统较硬,传统被动式悬架的弹簧阻尼系统无法彻底解决这对矛盾。为了更好地解决这个矛盾,电控悬架应运而生。

8.4.1 电控悬架系统的功能

电控悬架系统(Electronic Controlled Suspension System,ECSS)的功能是根据汽车行驶速度、路面状况、整车载荷等行驶条件的变化,实时地主动调节悬架的刚度、减振器的阻尼系统、车身高度,使悬架性能总是处于最佳状态附近,即能同时满足汽车行驶平顺性、操纵稳定性等方面的要求。电控悬架系统通常具有下述三项功能。

(1)刚度调节功能。悬架刚度主要根据车速、路况、车身姿态来控制。当车速很高时应增大悬架刚度,以提高汽车高速行驶时的操纵稳定性。当汽车前轮遇到路面接缝或单个凸起时,应减小后轮悬架的刚度,以减小车身的振动和冲击。而汽车在平路面行驶时,为抑制车身产生大的振动,需使悬架刚度处于中等或偏硬模式。当汽车在急转弯、紧急制动、突然起步或加速时,均应增大悬架刚度,以分别抑制车身的侧倾、俯仰,并使汽车的姿态变化减至最小,以改善操纵性。

(2) 阻尼调节功能。通过调节减震器阻尼使悬架具有相对较"柔软"或更"坚硬"的状态。例如，在以下 4 种工况下，需调节减震器阻尼使其变得更"坚硬"些，即汽车转弯，车速高于 60km/h 时制动，车速低于 10km/h 时加速，车速低于 20km/h 时急加速。而在汽车转弯行驶 2s 后、制动结束 2s 后、加速时间已过 3s、起步加速至 15km/h 或车速已达 50km/h 的条件下，则均应将减震器阻尼调得稍"柔软"些。

(3) 车体高度调节功能。提高对悬架高度的控制，是指车辆负载在规定范围内变化时保证车高一定，减小汽车在转弯时产生的侧倾。当车辆在凹凸不平的道路上行驶时，可适当提高车身高度以确保车辆的通过性。当车辆高速行驶时，可降低车身高度来减少风阻，并提高车辆的操纵稳定性。当车辆卸载、驻车时，又可调节悬架高度来降低车身因卸载后所升高的高度，以改善汽车驻车性能。

8.4.2 电控悬架系统分类

电控悬架按控制方式可分为机械控制式和电子控制式两种。按功能又可分为半主动悬架、慢主动悬架和全主动悬架三类。将电控悬架系统分为电控变高度空气悬架系统、电控变刚度空气悬架系统、电控变阻尼减震器悬架系统、电控变高度—变刚度空气弹簧悬架系统和电控变高度—变刚度空气弹簧—变阻尼减震器悬架系统五类。

全主动悬架通常是对悬架的高度、刚度及阻尼进行全控制，根据汽车运动状态和路面状况，进行实时调节使其处于最佳状态。全主动悬架为保持所需动力介质（通常为空气或油液）的压力，具有一定功率的空气压缩机或液压泵电动机需经常运转，从而消耗相当的车载能源，占空间大且结构复杂。而半主动悬架只调节阻尼，阻尼可调的减震器由一台小型步进电动机驱动，只在调节时运转，功耗很低，结构简单，几乎不额外占用空间，所以被许多汽车所采用。以下将详细介绍全主动式电控悬架系统。

8.4.3 全主动式电控悬架系统

1. 全主动悬架系统优点

与其他悬架系统相比，全主动悬架具有以下优点。

(1) 汽车载荷变化时，主动悬架系统能自动维持车身高度使其变化较小，保证了汽车即使在凹凸不平路面上行驶时也能使车身平稳。

(2) 悬架刚度可以设计小些。使车身的固有振动频率在 1.2Hz 左右，保持在人感到乘坐非常舒适的范围内，由于刚度可自动调整，能有效防止和减缓汽车转弯时出现的车身倾斜，以及在起步、加速时引起车身的纵向摆动等。

(3) 一般的悬架系统，在汽车制动时，尤其是紧急制动时，车头会向下俯冲，使后轴载荷剧减，造成后轮与地面的附着条件严重恶化，制动失灵。主动悬架系统能防止这一不良后果，保证应有的附着条件和制动距离。

(4) 主动悬架可使车轮与地面一直保持良好接触，因而使附着力稳定，提高了制动力、牵引力、抗侧滑力，可提高动力性、安全性和经济性。

（5）由于很好地控制和调整悬架的刚度和阻尼，消除了恶性振动冲击，提高了车辆的运行寿命。

2. 全主动式电控悬架系统控制原理

图 8.15 所示为全主动式空气悬架电子控制系统结构原理图。输入 ECSS 计算机控制系统的信号包括方向盘转角感应器、加速度传感器、制动压力传感器、车速传感器、车身高度传感器、车门传感器及模式选择开关等多种信号。其中方向盘转角传感器安装于转向柱上，提供方向盘的转角信号，间接地把汽车转向程度（快慢、大小）的信息送给 ECU；加速度传感器的作用就是把加速踏板的加速动作信号送给 ECU；而制动压力传感器把制动踏板上的制动信号、制动时间转换成一个阶跃信号向 ECU 送出，使 ECU 产生并输出抑制"点头"的信号；车速传感器安装于车轮上，送出与转速成正比的脉冲信号，ECU 利用该信号与方向盘转角信号，可计算出车身的倾斜程度；车身高度传感器有 4 个，分别位于前左、前右、后左、后右位置的相应悬架上，用来测量车身与车轮的相对高度，其变化频率和幅度可反映车身的平顺性信息，同时也用于车高的自动调节；车门传感器是为防止行车过程中车门未关闭而设置的；模式选择开关位于驾驶室仪表盘上，驾驶员根据需要可有"软"和"硬"两种控制模式选择，每种模式下根据刚度和阻尼的大小依次有低、中、高三种状态，由 ECU 来决定。

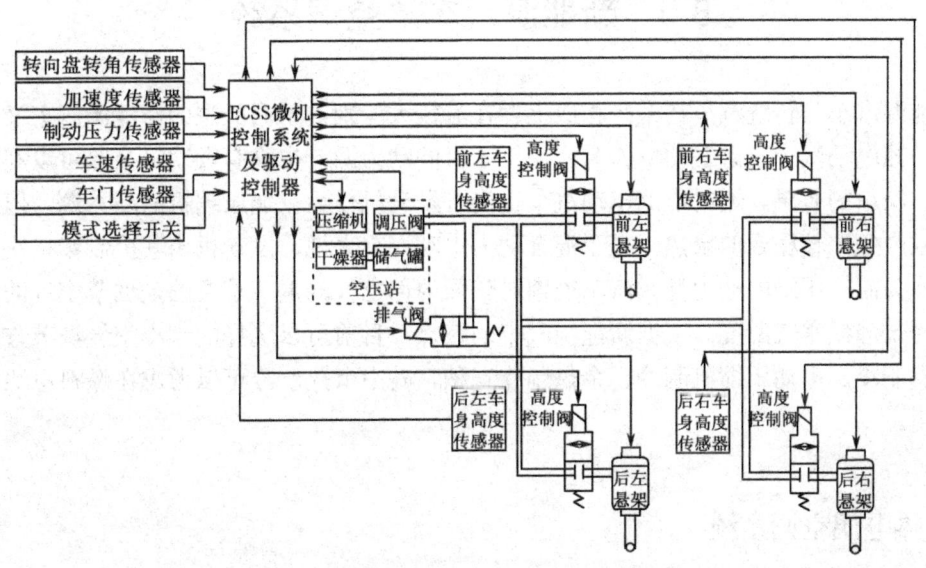

图 8.15　全主动式空气悬架电子控制系统结构原理图

全主动式电控悬架系统按其控制功能，可分为车速路面感应控制、车身姿态控制、车身高度控制三种，具体控制原理如下。

（1）车速路面感应控制。这种控制主要是随着车速和路面的变化，改变悬架的刚度和阻尼，使之处于"软"或"硬"状态。在油气弹簧悬架系统中它是由悬架 ECU 自动控制的，而在空气弹簧悬架系统中它是由驾驶员手动控制的。在"软"或"硬"状态中，按刚度和阻尼的大小，又各分为低、中、高三个程度不同的层次。在"软"状态时，悬架经常处于低刚度、低阻尼层次，在"硬"状态时，悬架经常保持在中间层次。综合起来，根据汽车不同的运行工况，有 6 种不同的刚度、阻尼层次可供优选，使汽车平顺性、稳定性达到最佳值。车速感应控制包括高速感应控制、前后轮关联控制和路面感应控制。

（2）车身姿态控制。当车速和行驶方向急剧变化时，会引起车身姿态变化，这不但使乘坐不舒适，严重时会使车身侧倾失去稳定性。所以随着设计车速的提高，车身姿态控制是必不可少的。车身姿态控制主要有转向车身侧倾控制、制动车身点头控制和起步车身俯仰控制。

（3）车身高度控制。车身高度直接影响汽车行驶稳定性，尤其在不平路面上高速行驶时，必须对车身高度给予控制。车身高度控制分"常规状态"、"高状态"两种模式。由驾驶员根据运行工况选择。每种状态又从低到高分为"低"、"中"、"高"三个层次，通常在"常规状态"模式中，车身高度处于中层次，在"高状态"模式中车身高度处于高层次，当工况变化时，悬架 ECU 根据传感器输入信号，发出指令选择层次。当汽车上乘员人数和载荷变化时，悬架 ECU 能根据传感器输入的信号发出指令，在已选择的状态内自动选择合理的车身高度层次，车身高度控制主要包括高速感应控制和连续坏路面行驶控制两种功能。

8.5 新能源汽车的空调系统

新能源汽车与传统汽车在系统构成上存在着较大差别，不同类型的新能源汽车又有不同的特点。纯电动汽车没有发动机作为空调压缩机的动力源，也没有发动机余热可以利用以达到取暖、除霜的效果。燃料电池电动汽车也没有发动机作为空调压缩机的动力源，但是燃料电池可以产生比较稳定的余热。对于混合动力电动汽车来说，发动机由其控制策略决定，不能随时作为制冷压缩的动力源。汽车空调对车厢内部空气的调节首要的是调节空气的温度，通过制冷来降低空气温度。根据新能源汽车的特点，目前可以选择的制冷空气调节方式主要有热电偶制冷、电动压缩机制冷、余热制冷三种。其中余热制冷可以考虑在燃料电池电动汽车上采用。

8.5.1 热电偶空调系统

热电偶技术自 20 世纪 50 年代末发展起来，其理论基础是佩尔捷—塞贝克物理效应。热电偶制冷、制热工作原理如图 8.16 示，图中 N 型和 P 型半导体通过金属导流片连接，当电流由 N 通过 P 时，电场使 N 中的电子和 P 中的空穴反向流动，在导流片Ⅰ、Ⅱ上吸热，在导流片Ⅲ上放热，产生温差。

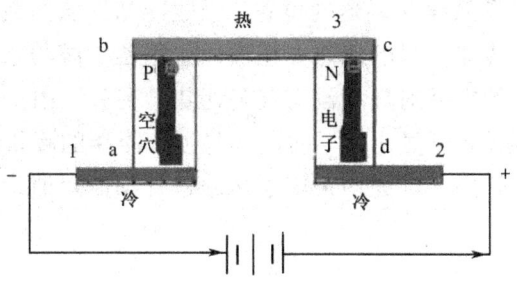

图 8.16 热电（偶）制冷、制热工作原理图

因其具有独特的优点而得到了较广泛的应用，解决了许多特殊场合的空气调节问题，满足了人们在各种场合的需要。目前，该项技术已经应用到汽车冰箱、核潜艇空调器、宇航员及坦克乘员的空调服等方面。我国从 20 世纪 60 年代开始对热电偶技术进行研究，并生产出性能良好的热电偶材料。

热电偶堆制冷量随工作电流及冷热端温差变化曲线如图 8.17 所示，由图可见，制冷量随工作电流变化而变化。因此，可以通过调节冷却器或散热器的工作电压改变其工作电流，从而改变其制冷量，来控制车内的送风温度。

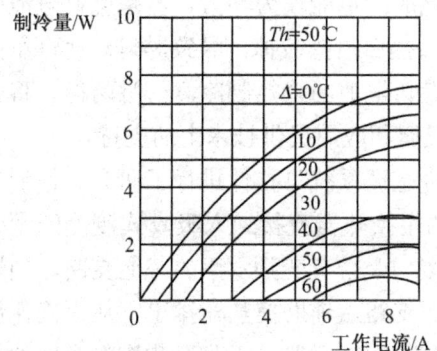
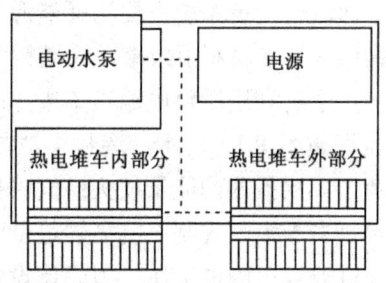

图 8.17 热电偶堆制冷量与电流和温差的关系曲线　　图 8.18 电动汽车热电偶空调系统原理结构示意图

该项技术具有很多适合电动汽车使用的特点，并且与传统机械压缩式空调系统相比，热电偶空气调节具有以下特点：热电偶元件工作需要直流电源；改变电流方向即可产生制冷、制热的逆效果；热电偶制冷片热惯性非常小，制冷时间很短，在热端散热良好冷端空载的情况下，通电不到 1 分钟，制冷片就能达到最大温差；调节组件工作电流的大小即可调节制冷速度和温度，温度控制精度可达 0.001℃，并且容易实现能量的连续调节；在正确设计和应用条件下，其制冷效率可达 90%以上，而制热效率远大于 1；体积小、质量轻、结构紧凑，有利于减小电动汽车的整备质量；可靠性高、寿命长并且维护方便；没有转动部件，因此无振动、无摩擦、无噪声且耐冲击。

电动汽车热电偶空调系统原理结构示意图如图 8.18 所示。冷却器位于传统汽车空调系统蒸发器的位置，用于除去被调节空气的热量及水分，并将热量传给系统中的载热介质。

散热器则位于传统汽车空调系统冷凝器的位置，吸收冷却器放给载热介质的热量，并将该热量排放到环境大气中。传递热量的载热介质可以采用乙二醇与水的混合物，与汽车水箱中使用的工质相同，价格便宜并对环境没有任何污染。另外，由于热电制冷效率的高低取决于热电偶堆冷热端的温差，而强化热端的散热与强化冷端的冷量散发有利于降低热电堆冷热端的温差，故在车内外热电堆处均采用了风扇进行强制对流，以增加冷量的传递和制冷效率的提高。

8.5.2 余热制冷空调系统

目前利用余热的空调制冷技术主要有氢化物制冷空调、固体吸附式制冷空调及吸收式制冷空调，其工作原理、特点、系统组成不尽相同。氢化物空调是指利用金属氢化物作为介质，通过在不同温度下金属氢化物释放或吸收氢气的特点而实现制冷。固体吸附式制冷是利用某些固体物质在一定温度、压力下能吸附某种气体或水蒸气，在另一种温度、压力下又能把它释放出来的特性，通过吸附与解吸过程导致压力变化，从而起到压缩机的作用。吸收式制冷也是以热能为动力，利用由两种沸点不同的物质组成溶液具有的气液不平衡特性来完成制冷循环。溴化锂和氨水吸收式制冷是最常见的吸收式制冷。

对于燃料电池电动汽车来说，用燃料化学能转化成的电能作为动力，但是燃料电池的化学能转化效率只有50%左右，其余的能量都转化为余热白白排放掉，导致燃料电池汽车能耗非常大。而汽车空调系统需要消耗能源，若能利用燃料电池的余热制冷，一举两得，将大大提高燃料电池的能源利用效率，为燃料电池汽车的发展和应用提供技术上的支持。

同济大学对利用燃料电池汽车废热的吸收式制冷空调系统可行性进行了研究。他们设计的系统流程如图8.19所示，燃料电池热管理系统的主换热器直接通入吸收式制冷的发生器中，避免了二次换热的能量损失；同时换热器上部接一个带有变频水泵的旁通支路，当燃料电池的热量多于吸收式制冷所需的热量时，通过旁通支路从辅助换热器排出，从而确保燃料电池在允许温度范围内工作；为简化设备，吸收式制冷的冷凝器、吸收器和燃料电池的辅助换热器共用一套冷却系统通至车外的风冷式换热器中。通过计算，该吸收式制冷的热力系数为0.762，燃料电池的发热量能够满足吸收式制冷所需的热量。但是吸收式制冷空调体积大，需要占用较大空间；系统复杂，对结构安装要求较高，并且对路面要求和汽车的减振要求较高；质子交换膜燃料电池的稳定工作温度为80℃，这一温度对于吸收式制冷来说属于最低的要求，只能采用单效吸收式制冷机组，所以该系统的热力系数比较低；燃料电池需要稳定的工作温度，因此燃料电池的热管理系统要求精确控制，使用吸收式制冷之后，由于该制冷系统与热管理系统相耦合，因此对于电池控制系统的要求提高；溴化锂吸收式冷水机组运转一段时间后，在传热管内壁与外壁将逐渐形成了一层污垢，传热性能变差，机组制冷量下降，故需要定期清除污垢。

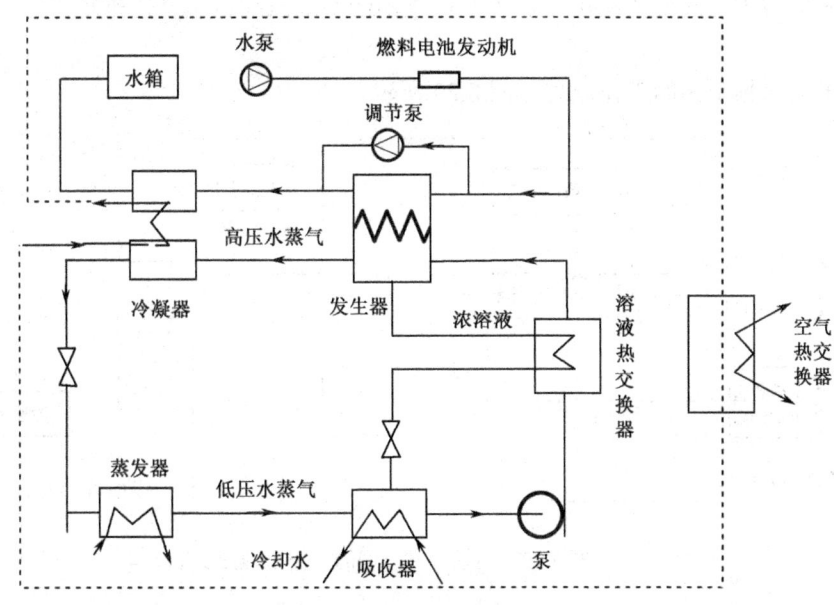

图 8.19 燃料电池汽车吸收式制冷空调系统流程图

总之，余热制冷技术在燃料电池电动汽车上的应用尚不太成熟，有待进一步研究。

8.5.3 电动压缩机空调系统

电动空调系统由于能量效率高、调节方便、舒适性好等优点逐步成为车辆空调研发应用的热点和发展趋势。电动汽车与传统汽车空调系统的区别在于：电动空调压缩机可以采用电动机直接驱动，电动空调系统在环境保护、动力舱结构布置以及车厢舒适性等各项指标上均处于优势，其主要优点如下。

（1）电驱动压缩机空调系统可以采用全封闭的 HFC134a 系统及制冷回收技术，整体的高度密封性可以减小正常运行以及修理维修时制冷剂的泄露损失，从而减少了对环境的污染。

（2）电动空调的压缩机靠电动机驱动，因此可以通过精确地控制以及在常见热负荷工况下的高效率运行来降低空调系统的能耗，从而提高整车的经济性。

（3）采用电驱动，噪声较低、可靠性高、故障率低、使用寿命长。

（4）对于一体式电动压缩机，取消了发动机与压缩机之间的传动带，没有了张紧件的质量，相对于传统结构减小了整车质量。

（5）可以在上下车之前预先启动电动空调，对车厢内的空气进行预先调节，增加乘客的舒适性，而传统空调则必须先启动发动机才能启动空调。

传统空调与电动空调的主要区别在于它们拥有不同的心脏——压缩机。一般空调压缩机采用开启式活塞压缩机，效率低、噪声大，且无法制热，存在制冷剂泄漏等问题。而车用空调不能采用高效的全封闭涡旋压缩机等先进技术，其原因就在于没有三相交流驱动电源，而电动汽车上的动力电池恰恰可以解决这一问题。新型电动变频空调系统应用高效全封闭涡旋压缩机等先进技术，改变了车用空调的机械驱动活塞式压缩机模式，推动了车用空调整车技术的提升。

新型电动变频空调的工作原理如图 8.20 所示。

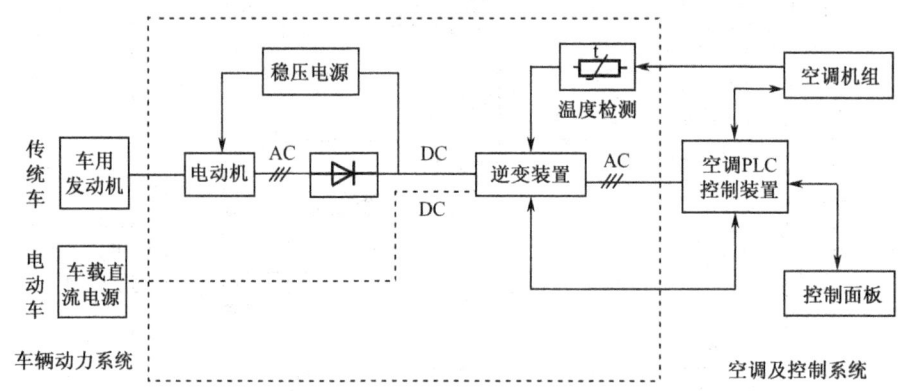

图 8.20　电动变频空调的工作原理图

其核心技术是空调变频电源系统，包括高电压自整流发动机及其稳压模块、逆变电源模块两大部分。通过交直逆变电源的模块控制，对电动涡旋式压缩机进行电压空间矢量调制，实现电动涡旋式压缩机无级变频启动、基频制冷和降频保持等过程，彻底改变传统车用空调控制模式，节能效果明显，提高了舒适度。应用全封闭式涡旋压缩机，采用全焊接连接方式组成整体全封闭无漏点系统，彻底解决了车用空调的制冷剂泄漏和密封技术难题，同时简化了安装，实现了空调系统的一体化集成设计。应用热泵循环原理，通过增加四通换向阀及调整相应地控制方式，方便地进行制冷制热模式切换，实现车用空调的冷暖一体化。采用两台涡旋式压缩机、两套冷凝器和蒸发器构成两个独立系统，可以同时启动也可以单独启动，实现了空调效果与节能的有机结合。

全封闭式涡旋压缩机电驱动方式与开启式压缩机机械驱动方式相比，其主要优势如下。

（1）能效高。能耗与同等规格传统车用空调相比节约 15% 左右，与传统电加热制相比，热能效比提高 40%。制热能效比是空调器的制热性能系数，表示空调器的单位功率制热量。

（2）噪声低。比传统空调噪声低 5dB 以上。

（3）彻底解决制冷剂泄漏难题，有利于降低温室效应。

（4）工况不受发动机影响，变频调节温度，舒适性好。

（5）热泵系统，不需要辅助设备，制热效率高。

（6）可实现一体化设计，简化了安装。

（7）可以达到免维护，使用寿命更长。

参 考 文 献

[1] 康龙云. 新能源汽车与电力电子技术. 北京：机械工业出版社，2009.
[2] 陈全世. 先进电动汽车技术. 北京：化学工业出版社，2013.
[3] 刘立军，佟钦智. 电动汽车接口与原理. 北京：北京大学出版社，2012.
[4] 赵立军. 电动汽车测试与评价. 北京：北京大学出版社，2012.
[5] 王文伟，毕荣华. 电动汽车技术基础. 北京：机械工业出版社，2010.
[6] 段万普. 电动汽车技术与商业运行. 北京：中国电力出版社，2012.
[7] 周苏. 新能源汽车解析. 上海：同济大学出版社，2012.
[8] 曾帅，张娜，徐兆坤. 燃料电池电动车技术. 上海汽车杂志，2010，10.

反侵权盗版声明

电子工业出版社依法对本作品享有专有出版权。任何未经权利人书面许可，复制、销售或通过信息网络传播本作品的行为；歪曲、篡改、剽窃本作品的行为，均违反《中华人民共和国著作权法》，其行为人应承担相应的民事责任和行政责任，构成犯罪的，将被依法追究刑事责任。

为了维护市场秩序，保护权利人的合法权益，我社将依法查处和打击侵权盗版的单位和个人。欢迎社会各界人士积极举报侵权盗版行为，本社将奖励举报有功人员，并保证举报人的信息不被泄露。

举报电话：（010）88254396；（010）88258888
传　　真：（010）88254397
E-mail：　dbqq@phei.com.cn
通信地址：北京市万寿路 173 信箱
　　　　　电子工业出版社总编办公室
邮　　编：100036